加 藤 直 人 著　　　　　　汲古叢書 131

清代文書資料の研究

汲 古 書 院

目　　次

序　章　清代文書資料と満洲語 …………………………………………………… 3
　　第1節　問題の所在と研究の目的 ………………………………………… 3
　　第2節　本書の構成 ………………………………………………………… 7

第1部　入関前清朝における文書制度の展開と「史書」の編纂

　第1章　入関前清朝文書資料に関する学説史的検討 ………………… 17
　　　はじめに ………………………………………………………………… 17
　　第1節　『満文老檔』と『満文原檔』（『旧満洲檔』） ………………… 18
　　第2節　太祖実録──『太祖武皇帝実録』、『満洲実録』── ………… 23
　　第3節　太宗実録 ………………………………………………………… 30
　　第4節　崇徳三、四年刑部満文檔案 …………………………………… 33
　　第5節　内国史院満文檔冊 ……………………………………………… 36
　　第6節　版刻、石刻史料 ………………………………………………… 41
　　第7節　「漢文旧檔」、その他の漢文史料 …………………………… 45
　　　おわりに ………………………………………………………………… 47
　第2章　八旗値月檔と清初の記録 ……………………………………… 57
　　　はじめに ………………………………………………………………… 57
　　第1節　清初の文書記録 ………………………………………………… 57
　　第2節　八旗の当直記録と「逃人檔」 ………………………………… 61
　　第3節　八旗「値月」の記録 …………………………………………… 64
　　第4節　八旗値月檔と「書房（文館）」 ……………………………… 67
　　　おわりに ………………………………………………………………… 70
　第3章　清初の文書記録と「逃人檔」…………………………………… 75
　　　はじめに ………………………………………………………………… 75

ii 目 次

第1節 「逃人檔」 ………………………………………… 77

第2節 「逃人檔」所収の記事 ………………………… 80

第3節 「逃人檔」と『満文原檔』、『満文老檔』 …………… 86

第4節 アサンの逃亡と「逃人檔」 …………………… 103

おわりに ………………………………………………… 109

第2部　19世紀以降における清朝文書制度の展開
──天理図書館所蔵の清朝檔案群を例として──

第1章　天理図書館所蔵「伊犁奏摺稿檔」について …………… 115

はじめに ………………………………………………… 115

第1節 天理図書館所蔵の清代檔冊 …………………… 116

第2節 「伊犁奏摺稿檔」 ………………………………… 119

第3節 イシャンとトゥジャブ ………………………… 119

第4節 所収檔案の内容 ………………………………… 121

おわりに ………………………………………………… 133

「伊犁奏摺稿檔」所収檔案一覧 ………………………… 139

第2章　天理図書館所蔵「伊犁奏摺」について ……………… 156

はじめに ………………………………………………… 156

第1節 「伊犁奏摺」 ……………………………………… 157

第2節 「伊犁奏摺」に収められた対露外交文書 ……… 159

第3節 「伊犁奏摺」とワリー・ハーンの「聖戦」 ……… 160

第4節 「伊犁奏摺」よりみた清朝の東トルキスターン統治 ……… 164

おわりに ………………………………………………… 165

「伊犁奏摺」所収檔案一覧 ……………………………… 167

第3章　天理図書館蔵、グキン（固慶）の奏摺について
──とくに科布多参賛大臣時代の奏摺を中心として── …… 190

はじめに ………………………………………………… 190

第1節 「wesimbure bukdari jise（奏摺稿）」 ……………… 191

目　次　iii

第2節　ホブドにおける清朝の「支配」とその実態 ……………………192

第3節　科布多参賛大臣とモンゴル王公 ………………………………196

おわりに …………………………………………………………………198

「wesimbure bukdari jise（奏摺稿）」所収檔案一覧 ………………………200

第3部　清朝文書の多様性——宮中、旗人、私文書——

第1章　清代起居注の研究 …………………………………………209

はじめに …………………………………………………………………209

第1節　起居注の設置 …………………………………………………211

第2節　康熙朝の起居注 ………………………………………………213

第3節　起居注の廃止と雍正朝の起居注 ……………………………219

第4節　起居注冊と草本 ………………………………………………222

第5節　乾隆太上皇帝起居注冊 ………………………………………225

第6節　起居注の衰退 …………………………………………………230

おわりに …………………………………………………………………232

第2章　嘉慶帝の即位と皇后の冊立
　　　　　　——「嘉慶元年冊封皇后貴妃妃嬪檔」の分析をとおして——…237

はじめに …………………………………………………………………237

第1節　清代の立后 ……………………………………………………238

第2節　「嘉慶元年冊封皇后貴妃妃嬪檔」と皇后冊立 ………………240

第3節　嘉慶元年皇后冊立の準備・典礼・事後処理 ………………246

おわりに …………………………………………………………………250

第3章　清代双城堡の屯墾について
　　　　　　——咸豊元年の副都統職衛総管設置をめぐって——………257

はじめに …………………………………………………………………257

第1節　双城堡屯墾 ……………………………………………………260

第2節　双城堡における屯丁管理 ……………………………………262

第3節　双城堡総管衙門の設置とその背景 …………………………265

iv　目　次

　　おわりに …………………………………………………………270

第4章　19世紀後半、オロチョン人の編旗とブトハ問題 …………276

　　はじめに …………………………………………………………276

　　第1節　オロチョン人の編旗 …………………………………277

　　第2節　布特哈総管衙門副総管ボドロの直訴 ………………279

　　第3節　ブトハのアンダとオロチョン人 ……………………283

　　第4節　ブトハ内部の諸矛盾 …………………………………285

　　おわりに …………………………………………………………288

終　章　清代文書資料の地平 ………………………………………293

附　篇　「逃人檔」訳注 ……………………………………………301

参考資料、引用文献 …………………………………………………393

初出一覧 ………………………………………………………………417

あとがき ………………………………………………………………419

索　引 …………………………………………………………………425

清代文書資料の研究

序章　清代文書資料と満洲語

第1節　問題の所在と研究の目的

　宮崎市定は「清朝に於ける国語問題の一面」という論文のなかで、清代内閣の特徴について、次のように述べる。

　　清朝の内閣も明の旧を受けて票擬を行ふの機関たるに変わりはない。而も
　　清の内閣が明の内閣に異なる一大特色はそれが同時に翻訳機関たるの点に
　　存する。抑も清朝の内閣は、その前身が内三院であり、内三院の前身は文
　　館であり、文館は翻訳をその最大職掌とした。故に清朝の内閣はその成立
　　の始より翻訳機関たるの性質を有し、最後までこの性質を脱却するを得な
　　かった。而して清の内閣が後に軍機処の出現によりてその権を奪はるゝに
　　至りしも、実にその翻訳機関たる性質の必然的に招きし結果であるとも云
　　ひ得る[1]。

　宮崎のこの論文は、北村敬直の「征服王朝にとって宿命ともいえる満語＝漢語の翻訳という問題を通して、清朝政治の直面した核心点を論じている」という評価[2]をまつまでもなく、清代の政治を考える上で必読の文献である。宮崎は、このなかで、清代の内閣は、満洲語、漢語を中心に、翻訳をとおしてその相互の疎通をとり、天子の旨を発下する「票擬[3]」を作成する機関であるとするのである。清朝（後金）の領土拡大にともない必然的に拡大した満洲語、漢語、そしてモンゴル語等を使用する人々が生活する空間を支配貫徹するために、天子（ハン）は、その中枢に政務補助と翻訳の機関を置き、自らの意思を伝達せしめたという指摘は興味深い。そして、清朝は「最後までその性質を脱却するを得なかった」と主張する。

　内閣の前身とされる文館は、かならずしも「翻訳をその最大職掌とした」も

4　序章　清代文書資料と満洲語

のではなく、「本朝往来の文移及び得失の事蹟[4]」を記録する部署でもあった
ことは、本書第1部第2章で論じるところであるが、清代内閣のもつ一側面と
して宮崎の主張にうなずける点も多い。

　宮崎はまた「雍正年間までは満洲語が一般の通用語で…（中略）…次の乾隆
帝の時代に入ると形勢は急転して満洲人にして満洲語を知らざる大官も生じて
朝廷を狼狽せしめた[5]」と記し、乾隆帝期が通用語として満洲語を用いる転換
点となると指摘している。そして、清末には「満洲語は満洲朝廷の治下に於い
て已に過去の遺物となってその生命を失っていた……[6]」と述べる。たしかに、
意思疎通のための伝達用具、あるいは会話手段としての満洲語の意義について
は、宮崎のいうとおりであろう。ただ、宮崎の言葉とはうらはらに、現実には
満洲語による文書記録や臣下からの奏疏等は、すくなくとも清末にいたるまで
日常的に継続され、かつ有効に利用されていたのである。

　中国第一歴史檔案館満文部の呉元豊は、主として同館所蔵の満文文書の整理・
研究を行っているが、1999年に、その成果のひとつとして『清代辺疆満文檔案
目録[7]』を刊行した。本書は「軍機処満文月摺包」所収のいわゆる「辺疆[8]」
檔案を目録化したものであるが、呉元豊はその史料群について、以下のように
述べる。

　　1994年12月、軍機処満文月摺包の整理と記録作業が完了した後、初歩的な
　　調査で明らかになった内情によると、15万件余りの記録カードのうち、辺
　　疆事務に関する記録カードが12万枚近くもあり、記録カード総数の4分の
　　3を占めている。これはつまり、軍機処満文月摺包内の大部分の文書が辺
　　疆事務に関係するものだということである[9]。

　18世紀以降に拡大した清朝の「辺疆」には、基本的に満洲、蒙古、そして漢
軍旗人（「満缺」）がその支配組織の中心として活躍した。清末に例外的に「漢
缺」が起用される例はあるものの、基本的に「将軍」「参賛大臣」「辦事大臣」
「都統」「副都統」「城守尉」等の職は「満缺」が任命された[10]。そして、それ
らの地からもたらされる奏疏類は、のちに述べるような理由で、多く満洲語で
記されていた。

一方「中央」においても「満缺」に係わる官署、たとえば各旗都統衙門、そして「内務府[11]」関係（たとえば「掌儀司[12]」）等、中央官庁の一部においても、多く満洲語による文書の作成が行われていた。たとえば、東洋文庫に所蔵される八旗都統衙門のひとつ鑲紅旗満洲都統衙門に関する文書群「鑲紅旗満洲衙門檔案」では、19世紀以降、いや清末にいたっても、旗人たちの職位承襲に関わる文書、系図等、満洲語文書の占める割合がきわめて大きい[13]。そして、これらの満洲語文書の存在は、その種類、厖大な数量からみて、単に「中央」の一部、あるいは「辺疆」または「旗人」の特殊事例として例外化することはできない。

　呉元豊は、満文檔案が清末にいたるまで多く蓄積された理由について、次のように述べている。

　　清代は満洲語を国語と定め、満文を清字と称した。中央から地方の各級の満・蒙の官員に到るまで、特に八旗事務及び辺疆事務を担当する満・蒙の官員は、一般に皆満文を用いて公文書を作成し、勝手に漢文を使用することが許されなかった。違反すれば、重い者は処罰され、軽い者は訓戒を受けた。これにともなって、諭旨、寄信及び各部院の公文に関するものがすべて満文を用いて書かれた。このため清一代に大量の満文の公文書檔案が形成された[14]。

　また、18世紀以降の軍機処業務について詳述した梁章鉅、朱智撰『枢垣記略』巻十四、規制二には、

　　凡満・漢章京繕写諭旨、記載檔案、査覈奏議、係清字者、皆由満洲章京辦理、係漢字者、皆帰漢章京辦理。在京旗営及各省駐防、西北両路補放応進単者、内、外蒙古、藩部及喇嘛並哈薩克、霍罕、廓爾喀朝貢応擬賞者、皆隷満洲章京[15]。

とある。すなわち、軍機処では、京旗、駐防の旗人、また「辺疆」の官員の担当は、満洲章京であった。そのために文書作成には「清字」（満洲語）が基本的に用いられたのである。すなわち、すくなくとも清末にいたるまで、満洲語は情報伝達の手段として生き続けたのであり、また、それを可能にする文書シス

テムが清朝には存在したのである。

　呉と同じく中国第一歴史檔案館で満文檔案の研究に従事していた屈六生は、歩翼鵬撰『奏摺体例輯要・国書』を利用し、嘉慶朝以降における「満缺」の文書作成について、以下のように述べる。

　　嘉慶朝以前に前後して官文書の満文使用のいくつかの規程が制定された。まとめてみると以下のようである。

　　（1）清字の上諭を奉るときには漢字の覆奏を准さない。

　　（2）満洲大員が各部院の尚書及び各省の総督・巡撫等の缺に補署されたとき、在京にての謝恩は清字の摺を用いるが、抵任の奏報、到任の日期には漢字の摺を用いる。

　　（3）旗員が提・鎮に補放された謝恩には、倶に清文を用いる。

　　（4）満洲の提・鎮は公事の摺には、清字を用いる。

　　（5）西北両路の将軍、各陵の守護大臣及び泰寧、馬蘭両鎮の総兵は、地方の公事に漢字の奏摺を用いる以外、その餘の謝恩、雨雪等の奏報等のことは、均しく清字の摺を用いる。

　　　以上のいくつかの点から、満員の上奏は、基本的には満文を用いねばならなかったことが見て取れる[16]。

　すなわち、この時代、官文書における満洲語の使用について、ある程度限定されてはいるものの、いわゆる満員すなわち「満缺」は、満洲語による文書作成を規程で定められた範囲で義務づけられていたのである。

　宮崎市定の、清末には満洲語が過去の遺物であったという指摘（評価）は、先述したように、旗人、とくに八旗満洲等に属する人々自身の「漢語化＝日常語としての満洲語の喪失」という側面では理解できる。しかし、呉元豊の上記の指摘にもみられるように、19世紀中葉以降にいたってもなお、厖大な数の満洲語文書が流通し、それが清朝の人民統治・支配貫徹に重要な役割を果たしていたのである。

　それではなぜ清末にいたるまで、このように多くの満洲語文書が流通し、かつ機能していたのであろうか。この理由をあきらかにするためには、政務遂行

上必要な「言語」としての満洲語の位置、また漢語文書との関係を正確にとらえる必要がある。すなわち、乾隆中期以降の満洲語文書の存在を、単に「満缺」等に属する人々の「義務的な所産」として矮小化して捉えるのではなく、外交、藩部関係、「辺疆」政策、旗務、旗人生計等、清朝の基本構造に係わる場面に登場する満洲語文書のもつ意味について、漢語資料との関係をも含め具体的な検討を加えていく必要がある。

　本書では、これら清朝における文書資料の特質を大きく分けて三つの側面から検討した。ひとつは、清朝において、満洲語だけでなく漢文を含めた各種言語で記された「文書」が、どのように出現し、かつ歴史的に展開されてきたのか、またそれらの「文書」によって編纂された「史書」はどのような性格を有するものかというものである。

　もうひとつは、19世紀以降に作成された清代の文書資料の特徴に関する検討である。ここでは、天理大学附属天理図書館（以下「天理図書館」）に所蔵されるいわゆる「辺疆」檔案をもとに、清朝文書の変遷、とくにいわゆる「辺疆」地区における清末の満洲語文書のもつ特徴、そしてその意味について考察するものである。

　そして、もうひとつの側面は、清代の宮中、また旗人間といった空間で作成されたさまざまなかたちの文書に関わる検討である。具体的には、清代「史書」の編纂過程において利用された文書、また「宮中儀礼」に係わる檔案類、そして「旗人」の入植に関する資料について考察する。そして特殊な事例として、清末光緒年間に提出された満洲語「直訴文」等についても触れる。

第2節　本書の構成

　本書は、その内容にしたがい、以下の三部から構成される。
　　第1部：入関前清朝における文書制度の展開と「史書」の編纂
　　第2部：19世紀以降における清朝文書制度の展開

——天理図書館所蔵の清朝檔案群を例として——

第3部：清朝文書の多様性——宮中、旗人、私文書——

各部の概要と各章の内容は、以下のとおりである。

a　第1部

第1部は、清朝における文書制度の歴史的な展開と「史書」の編纂に関する研究である。

本章第1節で述べた問題を理解するためには、まず、それらの制度が登場した中原進出以前の清朝文書制度について知る必要がある。清初（後金を含む）、すなわち太祖ヌルハチ、太宗ホンタイジ時代、明および朝鮮、そしてモンゴル系諸勢力との間の外交文書の作成等に携わった人々については、すでに数多くの研究蓄積がある。ただ、これら先学の研究は、いずれも公文書の作成、史書の編纂、古典や法典、正史の翻訳などにかかわる人物、またはその業績に係わるものであり、日常の出来事に関する記録およびその業務がいかに行われていたのかについてはいまだその検討が及んでいないのが現状である。とくに清朝独自の満洲語文書の存在については、清初とくに太宗時代において、文書記録・保管組織との関わりのなかで捉えられたことがない。すなわち、現在残されている満洲語資料がいかなるかたちで、また理由で作成され、またそれを利用してなにがなされてきたのか、という基本的な問題について、いまだ充分な検討が加えられておらず、どの組織・機関がそれら文書を作成したのかという根本部分すらも、正確に理解されているとはいえない。

第1章は、入関前、太祖、太宗時代に清朝で作成された文書、史書に関する研究を、学説史的な整理を行い、その成果と課題について指摘したものである。現在、筆者をはじめとして、研究者は「満文原檔」、満漢文の太祖および太宗各種実録はもちろんのこと、それら実録の稿本のひとつとも考えられる内国史院満文檔冊等、20年前では考えられなかった「原典」史料をもとに考察することが可能となった。これらあらたに利用が可能となった史料についても、その紹介と検討を加えた。

第2章は、ホンタイジ即位当初よりみられる八旗の旗色を一にする二旗が輪番で諸事を記録した「八旗値月檔」について論じたものである。記載内容は多岐にわたるが、現在みることのできるその代表的な存在「天聡五年檔」から判断すると、ハンの起居をはじめとする日々の記録が、当直の旗の構成員によってなされていたことがわかる。筆者は、現在までのところ、太宗即位直後の天命十一年（1626）から天聡六年（1632）までの分を確認している。本章では、二旗当直制度と太宗初期には成立していたと考えられる「bithei boo 書房（文館）」との関わりについても触れた。

　第3章は、中国第一歴史檔案館に所蔵される「逃人檔」を検討し、清初史研究の基本史料「満文原檔」の編纂過程についても論じたものである。「逃人檔」は、いわゆる「八旗値月檔」で、後金から外地へ、外地から後金へ逃れてきた人々に関する、天命十一年から天聡四年までの記録である。「逃人檔」所載の記事は、そのほとんどが他の記録にみられないものであるが、なかでも重要なのは「満文原檔」作成の際にその資料とされた記事が存在することである。いままで、清初史研究の根本史料「満文原檔」がどのような資料をもとに作成されていたのかという問題については、まったく不明であった。本書では「満文原檔」作成の一過程を、この原典「逃人檔」と比較しながら検討した。

　b　第2部

　第2部は、天理図書館所蔵の満・漢文檔冊に関する研究である。同図書館には、15件の「檔冊」が保存されているが、本書で検討を加えたのは、19世紀後半の日付を有する清朝「新疆」統治の中心地イリ関係の檔冊が2件、モンゴル・ハルハの西部ホブド、東北の吉林で参賛大臣、将軍をつとめたグキンの奏摺を収めた「wesimbure bukdari jise（奏摺稿）」（道光十八年〈1838〉から咸豊元年〈1851〉まで）が1件の計3件である。これら19世紀中葉の檔冊は、いずれも原檔案から抄写されたもので、実際に通行した「原典」ではないが、当時の清朝「辺疆」経営をあきらかにする上で貴重な資料といえよう。第2部では各章末に「文書一覧」を附し、この時代、どのような種類の満・漢文檔案が流通していたのか

がわかるように配慮した。

第1章は、天理図書館所蔵の「伊犂奏摺稿檔」と表題された檔冊について検討を加えたものである。本檔冊は、咸豊四年（1854）三月から同五年四月にいたる、伊犂将軍イシャン（奕山、Išan）、伊犂参賛大臣トゥジャブ（図伽布、Tujabu）の満・漢文奏摺（そのほとんどが二人による合奏）を収めている。本章では、財政が逼迫する新疆における諸施策とその影響、とくに「大銭」鋳造問題、現地遣犯（流刑人）と当時本土で展開されていた「会匪」たちとの関係、そして「越境」問題の取扱い等について検討を加えた。

第2章は、同じく天理図書館所蔵の「伊犂奏摺」と表題された檔冊について検討を加えたものである。本檔冊に収められた対露外交文書（伊犂将軍営務処とロシア西シベリア総督府間）は、当時の外交の生の声を伝えており、きわめて重要であるが、なかでも特筆すべきは、この両者の間では「満洲語」を用いた交渉が行われていた点である。19世紀中葉以降の「満洲語」の存在意義がここにひとつ存在すると考えてよい。また、同檔冊には1857年に起こったワリー・ハーンの「聖戦」に関わる記事が収められており、それらは、編纂史料である『方略』等を利用した従来の研究の誤りをただすものとして貴重である。

第3章は、同じく天理図書館所蔵の「wesimbure bukdari jise 奏摺稿」と表題された檔冊について考察したものである。本檔冊は、科布多参賛大臣、そしてのちに吉林将軍をつとめたグキン（Gūking、固慶）の満・漢文奏摺を収めたものである。第1章、第2章は「新疆」に関わる檔冊であったが、この「wesimbure bukdari jise 奏摺稿」は、19世紀前半から中葉にわたるモンゴル、東北に関する檔案である。本章では、それらの檔案のうち、グキンがモンゴルのハルハ西部に位置するホブドで参賛大臣をつとめた時代の奏摺を利用して、ホブドにおける当時の駐防兵たちの生活の管理、また、当地のラマがフレー（庫倫）のジェブツンダンバ・ホトクトに会いに行く際に必要な執照の発給、フレーに対し、同地おけるこれらラマたちの監視依頼、といった仏僧関連「業務」の実態、そして、当時起こった所轄のトルグート王公に関する管理問題等について考察した。

c　第3部

第2部においては、19世紀以降のいわゆる「辺疆」に関する清朝文書資料とそれから理解される当時の現地における状況について論じた。第3部では、入関後の宮中、旗人といった空間で作成されたさまざまな文書のなかで、満洲語による文書を含めた清朝文書資料の「多様性」について考察を加えた。

第3部では、入関後の清朝文書のなかでとくに「政書」「宮中」「旗人」「私文書」に分けて検討を加えた。まず「史書」としての性格を有する「政書」である「起居注冊」について、次いで「宮中」関係文書の代表として、宮中儀礼を司る「掌儀司」の檔案と皇后冊立儀礼とそれに関わる問題について考察した。次に、乾隆以後、19世紀初頭から中葉にかけて行われた双城堡（現黒龍江省双城市）の屯墾について、それに関わる檔案、そしてその実務にあたった人物による記録（撰者自らが係わった公文書の摘録）を分析した。そして最後に、19世紀末に清朝の「辺民」たちが暮らす大興安嶺地区から京城に赴いて提出した「直訴状」をもとに、当時の「辺民」たちが抱えていた諸矛盾について検討を加えた。この「訴状」は、もちろん公的な手続きを踏んだ「文書」ではなく「私的」な性格を有するものであるが、清末、大興安嶺周辺に暮らす現地人官人（ダグ〈ウ〉ール人の副総管）が、満洲語で記したものであり、当時の「辺民」の声を伝えるものとしてきわめて貴重な資料である。

第1章は、清代起居注の歴史について論じたものである。清朝では、太祖時代から、ハンの言・行については記録がなされてきたが、歴代中国王朝の制度としての「起居注」の創設は、康煕十年であり、同年九月・十月分から作成がはじまった。起居注冊には満・漢文が存在するが、その両本の比較、草本からみた起居注の編纂過程、乾隆太上皇帝起居注と嘉慶起居注、そして起居注の衰退にいたるまで、清代起居注制度の全般をはじめてあきらかにした論考である。なお、清代の起居注は、乾隆三十年代後半まで、その満文表題を「ilire tere be ejehe dangse 起居を記した檔子」とされており、諸文書から作成された「史書」とはいえ、18世紀後半まで、その性格は「檔案」としての意識をもたれていた

ものであった。

　第2章は、乾隆帝は、乾隆六十年（1795）九月、第15子嘉親王顒琰を皇太子とし、翌丙辰の年を嘉慶元年と建元して皇太子を皇帝に即けることとしたが、新皇帝の即位にあたっては、皇后、貴妃、妃、嬪等の冊立・冊封が必要であった。東洋文庫には、このときの式典進行を担当した掌儀司の満・漢文檔冊が保存されており、本章では、これを利用して、その準備、当日の進行次第等について論じた。冊立、冊封式典では、冊文等を満洲語で読み上げ、進行の号令も満洲語で行う必要があったため、満洲語のできる女官が必要であった。当時、在京の旗人ばかりでなく東三省（dergi ilan golo）まで声をかけたが、十二月の段階で、満洲語のできる女官は、鑲藍旗満洲にわずか二人しかいないという状況であった。乾隆末年における女性を含めた旗人一般の満洲語保持の状況を知る上で、生のきわめて貴重な資料ということができよう。

　第3章は、困窮旗人対策として実施された双城堡屯墾の実態と、咸豊元年の副都統職衙総管設置問題について論じたものである。南京大学図書館には、この双城堡屯田を指導した王履泰なる人物が編んだ同地屯田関係檔案資料集（いずれも漢文）が残されている。その内容は「上諭」「奏略」「咨会」「札檄」「示約」に分けられている。「上諭」と「奏略」以外の資料は、現地でなくては確認できないものも多く貴重なものである。本章では、この『双城堡屯田紀略』を用いて、該地屯墾の概要と問題点について検討した。その結果、当初より同地では入植旗人たちによる、いわゆる「自治」的な管理がみとめられていたが、やがて入植後30年もたつと、さまざまな矛盾が露呈していたことがあきらかとになった。咸豊元年に吉林将軍として着任したグキンは、この問題を解決するために、双城堡に公缺の副都統職衙総管設置を決めた。この事実は、本書第2部第3章で紹介した天理図書館所蔵『wesimbure bukdari jise 奏摺稿』所収の檔案を利用することによりあきらかとなった。

　第4章では、19世紀末、ロシアの進出と条約の締結により、その行動範囲が制限されたオロチョン人とそれを管理するブトハの人々との関係について検討を加えた。その材料となったのは、筆者自身が、東北学院大学の細谷良夫教授

（現名誉教授）とともに1992年に内蒙古自治区莫力達瓦達翰爾族自治旗図書館で見出した同地の布特哈総管衙門副総管ボドロ Bodoro が京師に赴いて「直訴」した際に提出した満洲語の訴状である[17]。ブトハに暮らすソロン人（エベンキ人）たちの満洲語習得とその文化については別に触れたことがある[18]が、第4章では、この訴状（「私的」な「文書」）をもとに、清末の大興安嶺地区に暮らす人々が有していた矛盾、ひいては清朝の支配体制の問題について論じた。

　註

（ 1 ）　宮崎市定「清朝に於ける国語問題の一面」『東方史論叢』第一（北方史専号）、
　　　　1947年、4頁（のちに『宮崎市定全集』14所収、1991年、東京・岩波書店、284
　　　　頁）。

（ 2 ）　北村敬直「Ⅷ　清」『アジア歴史研究入門　1　中国Ⅰ』1983年、京都・同朋舎出
　　　　版。

（ 3 ）　宮崎によれば、票擬とは、

　　　　　　天子に代り、予め臣工の上奏を閲してその対策を立て、天子の採決の下準備
　　　　　　をなす機関として現はれたのが内閣である。臣下の奏疏に対し、内閣大学士
　　　　　　は予め片紙に天子の答ふべき辞を記して用意しおき、天子の旨を得て之を天
　　　　　　子の命令として発下する。この大学士の準備する原案が票擬或いは票旨と称
　　　　　　せらるゝものである。

　　　　という（前掲「清朝に於ける国語問題の一面」4頁、『宮崎市定全集』版、284頁）。

（ 4 ）　順治初纂『太宗文皇帝実録』（漢文本）、天聡三年四月一日。

（ 5 ）　宮崎註（ 1 ）論文、53〜54頁、『宮崎市定全集』版、335頁。

（ 6 ）　宮崎註（ 1 ）論文、55頁、『宮崎市定全集』版、336〜337頁。

（ 7 ）　中国第一歴史檔案館、中国人民大学清史研究所、中国社会科学院辺疆史地研究
　　　　中心編『清代辺疆満文檔案目録』全12冊、1999年、桂林・広西師範大学出版社。

（ 8 ）　ちなみに、呉元豊のいう「辺疆」とは、陸疆と海疆に分かれ、陸疆は盛京、吉
　　　　林、黒龍江、内蒙古、烏里雅蘇台、新疆、広西、雲南、西蔵等の省・地区を含ん
　　　　でおり、海疆は盛京、直隷、山東、江蘇、浙江、福建、広東、広西等の省の沿海
　　　　地区、及び台湾、海南、南海諸島を含んでいる（呉元豊〈楠木賢道、村上信明訳〉
　　　　「満文月摺包と『清代辺疆満文檔案目録』」『満族史研究通信』第9号、2000年、

14 序章 清代文書資料と満洲語

15頁）。

（9）　呉元豊（楠木賢道、村上信明訳）「満文月摺包と『清代辺疆満文檔案目録』」15
頁。

（10）　梁章鉅、朱智撰『枢垣記略』（清代史料筆記叢刊）1984年、北京・中華書局排
印、141頁。また、章伯鋒編『清代各地将軍都統大臣等年表 1796-1911』1965年、
北京・中華書局、所載の将軍、参賛大臣等「辺疆」官人を閲しても、一部を除い
て清末に至るまでみな「満缺」である。

（11）　たとえば、米国議会図書館 the Library of Congress には、内務府関係の檔案が
所蔵されているが、その多くが満洲語で記されている（加藤直人「関于美国国会
図書館収蔵的清代檔案」『明清檔案与歴史研究論文集 慶祝中国第一歴史檔案館成
立80周年 上』2008年、北京・新華出版社、121～126頁、参照）。

（12）　東洋文庫所蔵の掌儀司檔冊群、とくに本書第3部第2章「嘉慶帝の即位と皇后
の冊立──「嘉慶元年冊封皇后貴妃妃嬪檔」の分析をとおして──」を参照。

（13）　東洋文庫研究部東北アジア研究班清朝満洲語檔案資料総合的研究チーム（加藤
直人）編『東洋文庫所蔵鑲紅旗満洲衙門檔案 光緒朝目録』2006年、財団法人東
洋文庫。

（14）　呉元豊、註（8）論文、7頁。

（15）　梁章鉅、朱智撰『枢垣記略』、141頁。

（16）　屈六生「清代軍機処満文檔案綜述」『歴史檔案』1989年第1期、124頁。

（17）　加藤直人「莫力達瓦達翰爾族自治旗の満文資料」『満族史研究通信』 第3号、
1993年、25～33頁。

（18）　加藤直人「大興安嶺地区における満洲文化」*Altai Hakpo, Journal of the Altai
Society of Korea*, No.11, pp.1-14、2001年6月30日、the Altaistic Society of Korea,
Seoul.

第1部

入関前清朝における文書制度の展開と「史書」の編纂

第 1 章　入関前清朝文書資料に関する学説史的検討

は じ め に

　ヌルハチの登場から後金国、そして大清国の成立からその中原進出、すなわち1644年までの事実を知るうえに必要な「資料」には、大きく分けて 2 つ存在する。ひとつは、ヌルハチ、ホンタイジ時代に公的な政治機関またはそのなかにいる人物によって作成された文書資料であり、もうひとつは、ヌルハチやホンタイジが築いた政治的な組織の周辺に存在した第三者の政治組織またはそれに所属する人々による記録である。代表的なものは明朝の公的な記録（明代各朝実録、起居注冊、諸官署の公文書等）や朝鮮の記録（各朝実録、日記、及び派遣官員の報告等）である。これらの史料、とくに明、朝鮮史料については、従来数多くの研究成果があり、ここであえて触れることはしないが、前者については、近年中国よりあらたな文書資料の公開がなされ、若干、混乱をきたしているのが現状である。これら新出の文書資料が、どのような系統に属し、またどのような性格を有しているのか、もっとも基本的なことを含めて、いまだ総合的な把握検討がなされていない。

　本章は、これら入関前清朝で作成された文書資料について、すでに研究蓄積があるものについては、学説史的に整理したうえで、その資料が有する性格、そしてその価値を考察し、あらたに登場し、いまだ検討がなされていない文書資料については、その史料的な特質を含めて文献学的に論じようとするものである。

第1節　『満文老檔』と『満文原檔』（『旧満洲檔』）

　清朝入関前の基本史料は『満文老檔』である。『満文老檔』は18世紀の後半、乾隆時代につくられた鈔本で、太祖の時代から太宗の「大清」の建国（崇徳元年、1636年）までの記録をほぼ編年体でまとめている。ただ、この『満文老檔』が作成された段階でその依拠する資料、すなわちのちに述べる『満文原檔』に欠落がみられたため、かならずしもその治世のすべてを網羅しているわけではなく、大きいところでは天聡七年（1633）、同八年、同九年の三か年がまとめて欠けており、また、崇徳二年以降の分もみられない。この『満文老檔』一八〇巻は、1905年、瀋陽の盛京宮殿崇謨閣で内藤湖南により確認され、のちにその写真がわが国に将来された。この『満文老檔』の将来の経過、また将来後の翻訳・研究の状況、その史料的価値等については神田信夫がすでにあきらかにしており、その神田の研究[1]に拠りながら、清入関前の史料としての『満文老檔』、『満文原檔』の位置について検討することにする。

　中国では民国初年に、当時瀋陽故宮博物院院長であった金梁が十数人の翻訳者をあつめて『満文老檔』を漢訳し、『満洲老檔秘録』（のちに『満洲秘檔』として再刊）と題して出版した。しかし、その訳は『皇清開国方略』や、『東華録』等の編纂史料に多く依拠しており、今西春秋、神田信夫の説くとおり「杜撰極まりないもの[2]」である。また、神田がハーヴァード大学燕京研究所のクリーヴス（F. W. Cleaves）の研究室で調査した際に、かなり原文に忠実な漢訳鈔本を確認しているが、その具体的な姿については不明である[3]。また、文某（名は不詳）なる人による漢訳『盛京崇謨閣満文老檔訳本』（金毓黻編「東北文献叢書」所収）もあるが、神田信夫によれば、この訳は金梁の訳に依拠しており「金梁訳と同様に到底史料として利用できるものではない[4]」ものである。やがて人民共和国成立後、1978年より翌年にかけて、遼寧大学歴史系の「清初史料叢刊」第1種として『重訳　満文老檔（太祖朝）』（全3冊）が鉛印・刊行され、中国の清初史研究者に多大な影響を与えた。法制史を含めて現在でも多くの中国の研

究者がこの訳本を利用している。また別に『満文老檔』の原本からの漢訳事業が組織的にすすめられ、1978年、中国第一歴史檔案館と中国社会科学院歴史研究所は合作で「満文老檔訳注工作組」を組織し、その他の機関の研究者も参加して漢訳・出版した（中国第一歴史檔案館、中国社会科学院歴史研究所編『満文老檔』全2冊、1990年3月、北京・中華書局）。

　さて、わが国においては、東京帝国大学の教授であった藤岡勝二が、内藤から南満洲鉄道の「白山黒水文庫」に寄贈された写真を東京大学にて閲覧し、最初に和訳を行った。藤岡は、東洋文庫所蔵の写真をも参照して、1920年代後半より本格的に翻訳作業を始め、その死後、1939年に岩波書店より原稿をそのままオフセット印刷して出版された。一方、今西春秋は、北京本（のちに述べるように『満文老檔』は北京と瀋陽の2ヶ所に保管されてきた）を底本として翻訳作業に着手し、その和訳を完成した。その一部は満鉄大連図書館の雑誌『書香』中に連載されている[5]。また、鴛淵一、戸田茂喜の両氏は共同でその訳を一部『史学研究』誌上に掲載したが、未完に終わった[6]。一方、三田村泰助は、1955年より『満文老檔』（太祖朝部分）と『満洲実録』また『太祖武皇帝実録』（満文本）との対校を次々と発表し、その異同をあきらかにした[7]。

　戦後、東京では神田信夫、松村潤、岡田英弘、石橋秀雄、岡本敬二、嶋田襄平、本田實信の各氏を中心とする満文老檔研究会により、のちに「定本」ともいうべき翻訳、『満文老檔』（1955年〜1963年、東洋文庫、全7冊）が完結した。この翻訳の特徴は、従来のものが基本的に「文語訳」で行われていたのに対し、「口語訳」を採用したところにある。現在、清史、清初史研究者が史料として『満文老檔』を利用する場合、わが国に限らず、多かれ少なかれこの翻訳に拠っているといっても過言ではない。ちなみにこの成果に対しては日本学士院賞が授与された。

　さて、『満文老檔』は、乾隆四十年（1775）に編纂が開始され、原本となった『満文原檔』（当時、37冊が残存）を整理し、時代順に配列してまず草稿本がつくられた。この草稿本をもとに、乾隆四十三年、正本（大黄綾本）と副本（小黄綾本）が作成された[8]。副本の抄写は正本の告成ののちに行われ、乾隆四

20　第1部　入関前清朝における文書制度の展開と「史書」の編纂

十四年の末から翌年はじめにかけて完成されたとされる。草稿本とその原本と
なった『満文原檔』（後述）は内閣大庫に、正本は宮中に、そして副本は瀋陽
宮殿の崇謨閣に収蔵された（現在、草稿本と正本は北京の中国第一歴史檔案館に、
そして副本は瀋陽の遼寧省檔案館に保存されている）。また『満文老檔』には「有圏
点本 tongki fuka sindaha hergen i dangse 圏点を付した文字の檔子」と無圏点本
「tongki fuka akū hergen i dangse 圏点のない文字の檔子」（各一八〇巻）の二種類
が存在する。「圏点」とは、満洲文字（モンゴル文字の借用）の傍に付せられる
記号で、それにしたがって母音の識別、またｔとｄ、またｋとｇとｈ等の子音
の区別等を行う。ちなみに満洲文字に圏点が使用されるようになるのは天聡六
年（1632）ごろからである（圏点のない満文を「老（旧）満文」、圏点を付して改良
した満文を「新満文」と呼ぶ）。じつは『満文老檔』のオリジナルテキスト（『満
文原檔』）は、ほとんど無圏点満文（老満文）で記録されているので、現在『満
文老檔』の「有圏点本」に付せられた圏点は、ある「解釈」に基づいて行われ
たものである。とくに固有名詞などについて本来の音を示しているかどうかわ
からない。神田信夫の教示によれば『満文老檔』の「無圏点本」では『満文原
檔』でモンゴル文が含まれている箇所はそのままモンゴル文で記されていると
いうことであり、これから判断すると「無圏点本」とは圏点を加える前の形を
示すために作成されたと理解できる。ただ、実際に中国第一歴史檔案館所蔵の
『満文老檔』「無圏点本」を調査した松村潤の教示によれば、天聡六年以降の当
然有圏点でなければならない箇所が無圏点であったりする箇所もあるとのこと
で、この抄写に関しては、その担当者による個人差も考慮する必要があろう。
この問題に関してもまだ解明されていない部分が多い。ちなみにいままで多く
の研究者が利用してきたのは有圏点本の方であるが、この乾隆時代に付された
表音、とくに固有名詞等の表音に関しては今後言語学的な再検討がもとめられ
る。

　『満文老檔』を研究に利用する際には、その原テキスト、すなわちのちに述
べる『満文原檔』との対校を経る必要があろう。また、ほとんど研究の手が入
れられていない無圏点本を今後どのように利用していくか、現在の大きな課題

である。

　1931年、北京・故宮博物院の内閣大庫から、その『満文老檔』のオリジナル
と考えられる抄写檔冊が発見された。これが一般に『満文原檔』と称せられる
もので、その数は37冊にのぼった。この檔冊にはおのおの「天」、「地」、「黄」……
から「秋」字檔までのいわゆる「千字文」が付せられている。「玄」字檔がな
いのは、康熙帝の諱「玄燁」を避けたものであり、これらは、おそらく、乾隆
時代に整理分類されたものであると理解できる。しかし、この分類は必ずしも
時代順に配列されたものではなく、たとえば「天字檔」は天聡元年の記録であ
り、最も古い「丁未」の年、すなわち万暦三十五年の分は「荒字檔」に収めら
れている。さて、1935年9月になると、整理点検中であった内閣大庫の残乱檔
案のなかから、さらに3冊の旧満文檔冊が発見された。先の37冊は乾隆年間に
『満文老檔』の編纂にあたって利用されたものであるが、この3冊との関連は
不明である。便宜上、本稿ではこの3冊も含めて『満文原檔』とよぶことにす
る。さて、この3冊は、松村潤の説くように、順治の「太宗実録」編纂に際し
て作成された「稿本」の一部と考えられる[9]。これを含めてのちにふれるよう
に現在、中国第一歴史檔案館には、同じく順治の実録作成、またのちの国史作
成と重要な関わり合いをもつと考えられる「内国史院満文檔冊」が数多く残さ
れており、これら檔冊には『満文老檔』にみられない天聡七、八、九年や崇徳
二年以降の檔冊が含まれている。これらの檔冊がなぜ『満文老檔』作成の際に
利用されなかったのか、単に『満文老檔』編纂の際に紛失していたという理由
ではないであろう。これは『満文老檔』そのものの性格と関連する問題である
が、「内国史院満文檔冊」の文献学的考察を含めて、今後の研究を俟つ。

　『満文原檔』は、神田があきらかにしたとおり、日中戦争の混乱のなかで、
中国国内を点々とし、ついには台湾に渡った[10]。台湾では1965年に、広禄、李
学智の両氏が「老満文原檔与満文老檔之比較研究」と題してその写真と研究成
果を報告し[11]、1969年にいたると、台北・国立故宮博物院から、のちに発見さ
れた3冊を付して全40冊が影印され『旧満洲檔』（全10冊）と題して刊行された。

刊行に際しては、巻頭に陳捷先の「『旧満洲檔』述略」なる一文が付せられており、これは『旧満洲檔』を利用しようとするもの必読の解説である。また、広禄、李学智の両氏は『清太祖朝満文原檔』と題して『満文原檔』の「荒字檔」を1970年に、そして翌年に「昃字檔」を翻訳し、神田、松村、岡田の3氏は、1972、75年に『満文老檔』には含まれない『旧満洲檔』の第9冊目に収められた『満文原檔』の天聡九年（1635）の檔冊を翻訳出版した[12]。一方、台北・故宮博物院でも同文献処に当時勤務していた張葳が、翻訳を行っている[13]。ただ、この訳は満文老檔研究会訳の『満文老檔』にいささか影響を受けている。また、『満文原檔』には、47件のモンゴル文檔案が含まれているが、これについては栗林均、海蘭の研究（『『満文原檔』所収モンゴル語文書の研究』東北アジア研究センター報告、第17号、2015年2月）がある。

　さて、『満文老檔』と『満文原檔』との比較について、わが国では、すでに神田信夫[14]、松村潤、そして細谷良夫が試みている。松村潤は、『満文老檔』では天命九年（1624）六月に収められている漢訳を付せられた勅書が、じつは天命四年以前のものであると考証し[15]、さらに細谷良夫は、「黄字檔」を仔細に検討して、『満文老檔』で削除・訂正された部分の復原を行い、少なからぬ成果をあげた[16]。また、『満文原檔』の料紙については、おおむね朝鮮からもたらされたもののようであるが、明の公文書の再利用が行われている場合があり、松村潤により検討が加えられている[17]。そして、この『満文原檔』の原資料はなにか、という問題に対しても、すでに松村の先駆的な研究[18]があり、参照すべきである。このように、『満文原檔』が公開された今、清初の法制、ひいては社会制度の研究を行う場合、少なくともこの『満文原檔』を根本史料として用いねばならない状態にいたった。ただ、台北の影印本（『旧満洲檔』）は、細谷も指摘するとおり、「影印本の限界[19]」で、墨によって削除・訂正された箇所などに読みにくい部分が多くみられたが、2005年になって、同博物院より『満文原檔』と題して、あらたな撮影・印刷技術を駆使した影印版が出版された。これにより、かなりの部分が解読できるようになった。

　しかしながら、のちに述べるように、この『満文原檔』がいかなる資料に基

づいて作成されたのかという基本的な問題については、現在のところ、充分にあきらかにされているとはいえない。このことについては、筆者がその編纂に際して用いた一資料「逃人檔」の検討をとおして考察している[20]。

第2節　太祖実録──『太祖武皇帝実録』、『満洲実録』──

清代の実録は、太宗朝の崇徳元年（1636）に告成した『太祖太后実録 dergi taidzu, taiheo i yabuha yargiyan kooli bithe』（『太祖承天広運聖徳神功肇紀立極仁孝武皇帝、孝慈昭憲紀徳貞順承天育成武皇后実録』[21]）にはじまる。この実録は現在伝わっていないが、太祖はともかく「太后」の名が実録に冠されているのは、中国歴代王朝のものとはことなり興味深い。松村潤は、嫡庶の別が厳しかった女真社会において、ホンタイジが正妃（amba fujin）の子であることを強調し、その襲位の正統性を主張するためにこの「太后」を付したとする[22]。岡田英弘の説にしたがえば、太宗の生母イェヘ・ナラ氏が本当に正妃であったかどうかは不明で、太宗としては、なおさら生母をアンバ・フジンと位置づける必要があったのかもしれない[23]。一方、今西春秋は、この崇徳元年告成本は『太祖武皇帝実録』であるとする。ただ「太后」という文字の存在については「結局この問題は不可解という外ない」と結論を避けている[24]。今西の論によれば、この崇徳元年告成本は、天聡九年（1635）に完成した「太祖実録戦図」中の本文の部分のみを取り出して満・漢・蒙の3体で記したものであり、それがすなわち『太祖武皇帝実録』であるというのである[25]。しかし、この今西説に対しては松村潤の反論がある。ここでは、この両氏の意見をもとに、清代の実録、とくに入関前の太祖、太宗実録の成立について検討を加えることにする。

『満文原檔』天聡九年八月八日の条には、以下のような記述がみられる。

tere inenggi sure han, nenehe genggiyen han i yabuha kooli bithe be juwe howajan jang jiyan, jang ing küi de niru seme afabuha weile be nirume wajiha sain seme, jang jiyan de emu juru niyalma, emu ihan, jang ing küi de emu juru niyalma šangnaha

24 第1部 入関前清朝における文書制度の展開と「史書」の編纂

〔和訳〕

その日 sure han は、先の genggiyen han の行った事例の書を二人の画匠張俟、張応魁に［絵として］描けと委ねた仕事が描き終わって、［その仕事が］見事だと、張俟に一対の人、一頭の牛、張応魁に一対の人を賞賜した[26]。

この記事は、先の genggiyen han（太祖ヌルハチ）の行った事例の書の内容を描いた「絵図」なるものの完成を記したものであるが、従来、文中の「nenehe genggiyen han i yabuha kooli bithe」をどう理解するかによって、見解が分かれてきた。今西はこの「yabuha kooli bithe」を「実録」と解釈し、この部分を『太祖武皇帝実録』であると考える[27]。すなわち、崇徳元年（1636）に告成した実録、今西のいう『太祖武皇帝実録』は、この「太祖実録戦図」を作成した天聡九年（1635）にはすでに完成していたのであり、その『太祖武皇帝実録』の文に「戦図」を加えたのが「太祖実録戦図」であるとする[28]。すなわち、この天聡九年八月に完成した「太祖実録戦図」とは、図だけではなく本文も具えていたものであるとするのである。今西が抱く「太祖実録戦図」のイメージが、のちの『満洲実録』からきたものであることはあきらかで、乾隆期に告成した絵図と満・蒙・漢の本文からなる『満洲実録』は、「太祖実録戦図」を重絵したものであると考えている[29]のである。

一方、松村は、この「絵図」が、先の文面どおり絵だけが描かれたものであるとする。そして、「yabuha kooli bithe」は実録ではなく、「事例の書」すなわち太祖ヌルハチの事績を記録した書で、具体的には『満文原檔』の太祖期の部分を指すと理解する[30]。たしかに、先の『満文原檔』の記事だけからみれば、天聡九年八月に完成したものは絵だけであって、太祖の事績とそれに係わる絵を併せたかたちをしていたとは判断できない。『満文原檔』の天聡九年二月の記事にみられる同じ「nenehe genggiyen han i yabuha kooli bithe」を、順治初纂の漢文本『太宗文皇帝実録』（正式には『大清太宗応天典国弘徳彰武寛温仁聖睿孝文皇帝実録』）では「先汗旧例」とし、「太祖実録」とは翻訳していない。今西は、乾隆重修の漢文本『太宗文皇帝実録』にこの部分が「太祖実録」と翻訳されていることから、あたかも天聡九年にすでに太祖実録が完成していたと錯覚した

のであろう。

　さて、順治六年（1649）、ドルゴンにより太宗実録の編纂が命ぜられる[31]と、同時に太祖実録も編纂が開始され、翌年にはほぼ完成したらしい[32]。そして、正式には順治十二年二月に、『太宗文皇帝実録』と同時に告成した[33]。ただ、この順治重修『太祖武皇帝実録』（正式には『大清太祖承天広運聖徳神功肇紀立極仁孝武皇帝実録』）が、ドルゴンによりいくつかの削除・変改がなされていることはすでに松村の検討したとおりである。そのひとつはドルゴンの生母の記事の削除であり、もうひとつは巻頭部分の改変である[34]。周知のとおり、太祖実録にはその巻頭に「長白山」の説明がなされている。松村は、北京の中国第一歴史檔案館で、「太祖太后実録」の現存最古とおもわれる老満文の草本（天聡年間後半に作成されたと考えられる）を見出し、その草本には「長白山」の記事がみられないこと、また、台湾・故宮博物院所蔵の順治重修漢文本の第一葉、第二葉が他の各葉との行あたりの字数の違いがあることなどから、この部分は、この順治重修の際につけ加えられたものであると考えた[35]。

　さて、順治重修の『太祖武皇帝実録』には現在満文本と漢文本の二体がみられるが、蒙文本については現在まで確認されていない。漢文本は、台湾・国立故宮博物院に3本まとめて所蔵され、満文本は、北京・国家図書館（旧北京図書館）、台湾・国家図書館（旧中央図書館）、そして中国第一歴史檔案館に各々1本ずつ所蔵されている。台北の故宮博物院に所蔵される漢文本は、同院発行の『図書季刊』（第1巻第1号、1970年）に影印収録され、それには同院文献処の荘吉発の解題が付されている。ただこの影印は3本をそれぞれ対校して行われなかったため、第1冊（巻一）と他の3冊（巻二〜巻四）とは別の本が収められている[36]。

　満文本3本のうち、北京・国家図書館所蔵本については今西春秋が検討を加えており[37]、のちに影印に付している[38]。また台湾・国家図書館本については、三田村泰助が考察を加えている[39]。しかし、この2本ともいずれも完本ではなく、四巻のうちの巻一すなわち第1冊を欠いている。そして、いままでこの2本以外の満文本は所在不明であった。筆者は、1991年夏、石橋崇雄、柳澤明両

氏と北京の中国第一歴史檔案館において調査を行い、順治重修の満文本『太祖武皇帝実録』を発見した。しかもそれは、いままで存在が確認されていないその巻一を含む完本であった。体裁、寸法が同じく中国第一歴史檔案館に所蔵される順治初纂の満文本『太宗文皇帝実録』とまったく同一であり、この点からも『太祖武皇帝実録』があきらかに順治重修本であると判断できる。

中国第一歴史檔案館所蔵の満文本『太祖武皇帝実録』第1冊は、縦37.5cm、横23.3cmのいわゆる「紅綾本」で、表装は「包背装」が施され、それには朱紅色の絹地に「鳳凰に雲」の文様が織り込まれている。題簽には「daicing gurun i taidzu horonggo enduringge hūwangdi yargiyan kooli ujui debtelin:」とあり、巻頭と巻尾に1葉ずつはさまれた白紙をのぞいて全55葉である。また、記事の内容はのちにふれるように乾隆時代に編纂された『満洲実録』とほぼ同一である。満文本『太祖武皇帝実録』(のちに述べる順治初纂満文本『太宗文皇帝実録』と同じで、漢文本また康熙以降に編纂された諸本のように「諡号」を羅列することはなく、巻頭には「daicing gurun i taidzu horonngo enduringe hūwangdi yargiyan kooli〈大清国の太祖武神皇帝の実録〉」とあるのみである)の第1冊は、「太祖実録」の成立とも関わる重要なところであり、今後書誌学的な考察を含めてより詳細な検討を行う必要があろう。

ちなみにこの順治重修の『太祖武皇帝実録』漢文本は、1932年に北平・故宮博物院から『清太祖武皇帝弩児哈斉実録』と表題されて排印されたが、誤植が多く使用には注意が必要である[40]。現段階では台湾・故宮の『図書季刊』収載の影印を利用すべきであろう。

乾隆四十年代に作成されたと考えられる[41]『満洲実録』の巻末には「dasame niruha taidzu hūwangdi i yargiyan kooli afara nirugan be gingguleme irgebuhe jakūn mudan 敬題重絵太祖実録戦図八韻」なる一文が付せられている。それには次のようにある。

> yargiyan kooli jakūn dobton, musei gurun mukden de bihe fon i fe debtelin, kiyan
> cing gung de gingguleme asarahabi, juse omosi aname bahafi sabume muterakū

seme, tuttu songkoi juwe debtelin dasame nirubufi, emu debtelin be agesi bithei

boode asarabume, emu debtelin be mukden de benebufi gingguleme asarabuha,

amaga jalan de ulafi daicing gurun i tumen tumen aniya juse omosi be fukjin

doro neihe jobocun suilacun be onggorakū okini sembi,

〔和訳〕

　実録八冊は、わが国が盛京にあったときの古い本で、乾清宮に謹み収蔵して
いる。子々孫々がおしなべて見ることができないと、（この旧本を）その
ままに二本をあらためて鈔させて、一本を上書房に収蔵させ、一本を盛京
に送らせて謹み収蔵させた。後代に伝えて大清国の万万年の子々孫々に建
国の道を開いた苦労を忘れないでもらいたいという。

　乾隆の重鈔に際して、乾清宮に所蔵されていた8冊からなる盛京時代の旧本
を「重絵（書写）」したとあるのは、8冊ということからみて、松村潤は、「fe
debtelin 旧本」とは崇徳告成の『太祖太后実録』であろうとする[42]。中国第一
歴史檔案館に所蔵される満文本『太祖武皇帝実録』第一冊（巻一）をみると、
第31葉のところで葉があらためられており、あきらかに以前は2冊であったも
のが合冊されたことを示している。松村にしたがえば、『太祖武皇帝実録』は
『太祖太后実録』を「ほとんどそのまま改写」[43]したもので、『太祖太后実録』
が8冊であったのは、言語の相違により漢文より多くの葉数を必要とする満文
本が、漢文本の1冊の厚さに合わせて分冊されていたからであろう[44]とする。

　乾隆の『満洲実録』の満文と順治重修の満文本『太祖武皇帝実録』とは、ほ
とんど完全に一致する[45]。もし『満洲実録』が『太祖太后実録』を抄写したと
いう先の松村の推測が正しければ、『太祖太后実録』と『太祖武皇帝実録』と
はほとんど差違がなかったことになる。ただ、『満洲実録』の巻頭に収められ
た「長白山」の部分は『太祖太后実録』には存在せず、順治の『太祖武皇帝実
録』重修の際に組み入れられたものであり、それが忠実に『満洲実録』に収め
られていることから判断すると、『満洲実録』は、具体的には『太祖武皇帝実
録』を抄したものと理解することができるであろう（ちなみにドルゴンの生母の
問題は訂正前のかたちで『満洲実録』に収められている）。

28　第1部　入関前清朝における文書制度の展開と「史書」の編纂

　先に述べたように、「太祖実録戦図」とは「絵図」のみのものであった。し
たがって、この乾隆の『満洲実録』の編纂の際に、『太祖太后実録』（または
『太祖武皇帝実録』）の本文とおそらくこの「絵図」（現在は不明）などを参照して、
あらたな「実録」を作り上げたのであろう。この「絵図」と「実録」本文とが
元来別個のものであったらしいことは、通常知られる満・漢・蒙の三体本とは
別に満・漢二体のものが存在する事実からも推察できる。戦前の山本守の報告
によれば、瀋陽故宮の崇謨閣に満・漢二体の『満洲実録』が所蔵されており、
それは絵図と本文が併せられたものではなかったという⁽⁴⁶⁾。

　松村の分析によれば、固有名詞の漢字転写において、この瀋陽の二体本が、
満・漢・蒙三体のものより古い形を有しているという⁽⁴⁷⁾。これからみると、
『満洲実録』は少なくとも二度の編纂の過程を経ていることになり、かならず
しも三体本『満洲実録』の「敬題重絵太祖実録戦図八韻」にあるように、三体
本は「（旧本を）そのままに」鈔したものではないことがわかる。現在、二体
本『満洲実録』の研究は山本守以来ほとんどすすんでおらず、筆者もその存在
を確認していないが、今後より詳しい比較考察が必要となろう。なお、『満洲
実録』（三体本）の翻訳としては、今西春秋の労作（『満和対訳 満洲実録』1938年2
月、新京・日満文化協会）があり、今日においてもその価値を失わない。

　わが国の内閣文庫には、『大清三朝実録』と呼称される鈔本が存在する（以
下、内閣本）。これは康熙年間に改修・編纂された『太祖高皇帝実録』（正式には
『大清太祖承天広運聖徳神功肇紀立極仁孝<u>睿武弘文定業</u>高皇帝実録』〈傍線は順治重修本
の表題につけ加えられた部分〉）、『太宗文皇帝実録』（『大清太宗応天興国弘徳彰武寛
温仁聖睿孝隆道顕功文皇帝実録』）、『世祖章皇帝実録』（『大清世祖體天隆運英睿欽文
大徳弘功至仁純孝章皇帝実録』）の3朝の実録が収められていることから生じた名
称であり、内閣文庫をはじめとして京都大学人文科学研究所（内藤湖南旧蔵）
（以下、京大本）、国会図書館（以下、国会本）、東京大学教養学部図書館（以下、
東大本）、東洋文庫に所蔵されている。いずれも漢文鈔本である。このうち東
洋文庫所蔵本は、近年東大本から抄されたものであるので除くとして、その餘

第1章　入関前清朝文書資料に関する学説史的検討　29

の鈔本については、その来歴について、今西春秋、松村潤、そして神田信夫ら
の研究がある[48]。

　神田の研究よると、それは概ね以下のとおりである。

　　　江戸時代に長崎を通じて中国から輸入された書籍の台帳である『商舶載
　　来書目』によると、18世紀後半に2部の清三朝実録が日本に将来された。
　　その1部は内閣本で、もう1部は長崎奉行、勘定奉行をつとめた久世廣民
　　の所蔵本（以下、久世本）である。この久世本を抄したのが国会本と東大
　　本である。ちなみに、邨山緯、永根鉉の編により作られた、三朝実録のダ
　　イジェストである『清三朝実録採要』は、東大本をもとにしている。ただ、
　　残念ながら、現在のところ、この久世本は行方不明である。京大本は、内
　　藤湖南が1913年に東京の古書肆文求堂をとおして中国から購入したもので
　　ある。この京大本は、忌避字からみて、雍正年間に抄されたものと理解さ
　　れる。

　これらの『大清三朝実録』は中国では確認されていない貴重な記録であるが、
宮中より巷間に流れ、その鈔本が日本に伝来したわけであるから、抄写の段階
での誤字・脱字等が多くみられる点、利用には注意が必要である。

　さて、実録はその修改が行われたのち、古い実録は焼却されてしまうという
説がある。たとえば、方甦生はその論文「清実録修改問題」のなかで

　　乾隆四年の校訂告成ののち、先の明の例にならい、康熙の旧本を挙げてこ
　　れを蕉園に焚せり[49]。

と述べる。しかし、この康熙三修の満文本『太祖高皇帝実録』や康熙重修の満
文本『太宗文皇帝実録』、また康熙初纂の満文本『世祖章皇帝実録』が中国第
一歴史檔案館に保管されている。先の順治重修の満・漢文本といいこの康熙修
改本といい、少なくとも満文本においてはその焼却という「原則」は守られて
いない。ただ、現存する康熙修改本は、目堵のかぎりでは「紅綾本」のみであ
り、後代の編集用として一部保存したものかもしれない。

　さて、康熙修改の満文本には康熙帝自らが筆をとって改訂を加えている箇所
がみられ興味深い。康熙修改の清太祖・太宗実録が漢文本と満文本のどちらが

先につくられたのか、またどちらが底本となったのか、といった問題はいまだ解決されていないが、少なくとも康熙帝は満文本を閲し、それにたいしてきわめて細かい訂正指示を与えていることは事実である。そして、それに加えて帝自身が漢文本との対校をも行っており[50]、この点も注意すべき点であろう。こののち、乾隆四年十二月に『太祖高皇帝実録』（正式には『大清太祖承天広運聖徳神功肇紀立極仁孝睿武端毅欽安弘文定業高皇帝実録』〈傍線は康熙三修本につけ加えられた部分〉）が作成されたが、順治重修の『太祖武皇帝実録』、康熙三修の『太祖高皇帝実録』ならびに『満洲実録』に比較して、「戴頭」の箇所を増やし、皇帝に関する表現が丁重になされるなど、実録の「形式」としては整っているが、記事における潤色のあとが歴然であり、史料的な価値は前三者に比してきわめて劣るといわざるをえない。しかし、このような形式的にはまとまっていても内容においてきわめて問題がある「乾隆修改本」が、わが国においてもまた中国においてもひろく用いられている点は注意すべきであろう。以後、少なくとも太祖、太宗の二朝については順治本、康熙本を、そして順治朝については康熙本を用いなければならないであろう。

第3節　太宗実録

　『太宗文皇帝実録』の編纂に関しては今西春秋、松村潤らがすでに詳細な考察を行っている。ここでは両氏の考察を参考とし、あわせて筆者自身が調査した北京の中国第一歴史檔案館所蔵の順治初纂本などをもとに、『太宗文皇帝実録』の編纂過程とその諸本についてふれることにする。

　太宗実録の編纂開始の時期に関しては順治六年説と順治九年説がある。それは『世祖章皇帝実録』に、この両年にほぼ同様な『太宗文皇帝実録』編纂開始に関する記事がみられるからである。今西は、順治六年は上諭が発せられただけで実施されず、実際には順治九年に開始された[51]、と述べた。しかし、松村は、順治六年に『太宗文皇帝実録』の編纂は実際に開始され、同八年にいたり、その総裁官であった内翰林国史院掌院事大学士剛林が睿親王ドルゴンに連座し

て罪に問われた結果、実録編纂作業は一時中断してしまい、あらためて順治九年に『太宗文皇帝実録』編纂開始の上諭が出されたとする[52]。そしてこの順治初纂本は、先の『太祖武皇帝実録』の完成とときを同じくして、順治十二年二月ごろ完成をみた[53]。

　さて、神田信夫、松村潤両氏は、台北・故宮博物院所蔵の「天聡九年檔」の五月二十八日の記事に「taidzung（太宗）han」とあったところの「taidzung」を消して、「sure han」と訂正している箇所があることから、台北の「天聡九年檔」は、順治年間に『太宗文皇帝実録』編纂に際して作成されたものであると理解する[54]。ただ、実録の稿本はかならずしも一部とは限らず、実録編纂の過程で必要に応じていくつか作成されている。後述のように、現在北京・中国第一歴史檔案館には、この台北のものとは異なる「天聡九年檔」が2本所蔵されている。石橋崇雄の研究にしたがえば、台北本が時期的にはもっともふるい形であるという[55]。これらの檔冊もおそらく順治の満文本『太宗文皇帝実録』編纂の際の草稿の一部であろう。こころみに、中国第一歴史檔案館に所蔵される満文の「sure han i ningguci sahaliyan bonio aniya i dangse（スレ・ハンの六年〈天聡六年〉壬申の年の檔冊）」をみると、その寸法は縦41.8cm、横29.1cmで、表紙には満文で「baicaha / uju / acabuha / sure han i ningguci sahaliyan bonio aniya i dangse / dasame wajiha; sarkiyame ara（araha）（査べた／第一〈冊〉／照合した／sure han の第六壬申の年の檔子／改め終わった。浄書し書け〈書いた〉）」（…／…は改行を示す）とある。この表紙の記述は、『太宗文皇帝実録』編纂の過程を如実に示しているといえよう。ちなみに、中国第一歴史檔案館所蔵の順治初纂の満文本『太宗文皇帝実録』（先の順治重修満文本『太祖武皇帝実録』と同じく、漢文本、また康熙重修以後のものとは異なり、巻頭には、ただ「daicing gurun i taidzung genggiyen šu hūwangdi yargiyan kooli〈大清国の太宗睿文皇帝の実録〉」とのみある）は、朱絹に鳳凰と雲の紋様を有するいわゆる「紅綾本」で、表装は包背装、寸法は縦37.4cm、横23.3cmで、これは順治重修の『太祖武皇帝実録』と同一である。

　先にふれたように北京・国家図書館には「清太宗実録稿本」と表題される漢文鈔本が2冊所蔵されている。本鈔本はおそらく順治初纂『太宗文皇帝実録』

漢文本の稿本の一部であると考えられるが、その体裁は通常の『実録』とはかなり相違するものである。神田信夫によれば「『実録』編纂の過程におけるかなり初期のまだ体裁も整わない草稿の一本[56]」であるという。その内容は巻十四（「自崇徳元年四月至六月」）と巻三十八（「自崇徳七年九月二十五日至十月底」）である。ちなみに、巻十四すなわち崇徳元年四月は「大清」建国のときであり、本稿本のこの巻には「崇徳の会典」ではないかと称されるものが収められていることでも知られている[57]。

　神田によれば、巻十四は「日字檔」の漢訳であり、その固有名詞の漢字表記などからみて、「〈実録稿〉（〈清太宗実録稿本〉……加藤）がそのまま『太宗実録』の原稿であったのではなく、〈実録稿〉と『太宗実録』との間には、さらに別の稿本が少なくとも一種以上存在すると考えざるを得ない[58]」とする。この貴重な稿本は1978年に「清初史料叢刊」の第三種として、遼寧大学歴史系から排印され、研究者の利用に供されることになった。

　すなわち、順治の『太宗文皇帝実録』編纂に関しては満・漢それぞれの稿本がつくられており、その比較をこころみた柳澤明の教示によれば、満文本にあって漢文本にない記事、また逆の例もみられ、また『満文原檔』の記事を漢文本が載せているのに満文では省略されている、といったこともみられるという。すなわち、この編纂に際しては、どちらかの実録を先に完成させて、それをただ翻訳する、という方式はとらず、ある段階から両者が別個の編纂過程を有していたことが理解できる。また、先にふれたように神田信夫も「清太宗実録稿本」と漢文本『太宗実録』告成本の間には、さらに別の稿本が存在したであろうとし、漢文本自体、数次にわたる編纂過程がみられたことを推測している[59]。このような満・漢2本の編纂作業がいったいどの段階でわけられたのか、また両者の統一がなぜ充分にはかられなかったのか、今後は、この「清太宗実録稿本」と、満文本『太宗実録』の稿本の一部と考えられる中国第一歴史檔案館所蔵「内国史院檔冊」の「崇徳元年」、「崇徳七年」分との対校などを含めて、専論がまたれよう。また、北京大学明清史料研究会には順治の『太宗文皇帝実録』の残本や稿本が、そして台湾の中央研究院歴史語言研究所にはその稿本の一部

第1章　入関前清朝文書資料に関する学説史的検討　33

が保存されているともきく[60]。それらを含めて今後この『太宗文皇帝実録』編纂がどのように行われてきたか解明していく必要があろう。

第4節　崇徳三、四年刑部満文檔案

　中国第一歴史檔案館には、入関前の清朝の満文檔案がまとめられて「盛京満文原檔」と称せられ、分類・整理されている。その代表的なものが、天命十一年から天聡四年までの「逃人」（後金から他地へ、または他地から後金へ）に関する記事をまとめた文書綴「逃人檔」である。この檔冊は、のちに『満文老檔』の原本となった『満文原檔』（『旧満洲檔』）作成の際に利用されたきわめて貴重なものである。その具体的な内容と史料的な価値については、本書第1部第3章において詳述し、附篇として巻末に訳註を付したので、それを参照願いたい。

　「盛京満文原檔」のなかでも多くの分量を占めるのが、入関前、崇徳三年（1638）正月より崇徳四年（1639）までの「刑部」の満文檔案である。中国第一歴史檔案館の編号によれば、それは「盛京満文原檔」の第160号から第231号までの72件であり、その各件の末尾、ならびに紙を接いだ箇所に満文で「beidere jurgani doron」すなわち「刑部の印」が騎縫印として捺されている。また、各件の檔案には時代順に複数の刑事案件が記されているので、案件の総数としては434件となる。ちなみに第160号檔案の第1案件を次に示すことにする。

　　ice nadan

　　○ baturi jiyūn wang gaifi genehe, facuhūn cooha de; kubuhe šanggiyan i ekcin
　　i booi niyalma, cang ping jeo de baha juwe 1/2 hehebe; kubuhe fulgiyan i
　　gūsai ejen yejen; tecin i nirui šontohoi; gulu fulgiyan i yekšu duka de
　　tosofi, ekcin i booi 2/3 niyalma sere jakade kimuleme tantafi gaiha bi;
　　ekcin fafun de alafi duileci kimuleme durime gaiha yargiyan ofi 3/4 šontohoi
　　be tanggū šusiha tantafi oforo šan tokoho; šontohoi baha olji be gemu gaifi
　　ekcin de buhe; yejen de tuhere weile 4/5 arafi fafun de gaiha; ekcin i baha
　　akū emu hehe be gaifi ekcin de buhe;

yekšu weile be / yekšu be aliyambi; bahana beidehe;

〔和訳〕

初七日

○ Batur 郡王（多羅武英郡王）が率いて行った「乱れた軍」で、鑲白旗の Ekcin の家人が昌平州で得た二婦女を、鑲紅旗の固山額真 Yejen（の下）、Tecin ニルの Šontohoi が鑲紅旗の Yekšu の門で待ち伏せして、Ekcin の家人というので恨みを抱き殴打して（Ekcin の家人を）捕えている。Ekcin が法に訴えて審理したところ、恨みを抱き奪い取ったということは本当なので、Šontohoi を百鞭打って鼻耳刺した。Šontohoi が得た俘虜を皆取って Ekcin に与えた。Yejen に規定の罪を科して処罰した。Ekcin の得ていない一婦人を取って Ekcin に与えた。

Yekšu の罪を（Yekšu を）俟つ。Bahana が審理した。

この例のとおり、各檔案の内容は、まず事件の顛末を述べて、審理の結果を記し、審理未了のものはその旨注記されている。また、檔案の最後には審理した法官の名が記されている。周知のとおり、この「刑部檔案」をはじめて漢訳・紹介したのは郭成康、劉景憲の両氏であり、『盛京刑部原檔』という表題で1985年に鉛印出版された（北京・群衆出版社）。この表題は、説明の必要もないが、のちの盛京五部のうちの「盛京刑部」のことではなく、盛京時代すなわち入関前の刑部の檔案という意味である。

中国第一歴史檔案館に所蔵される崇徳三、四年の「刑部檔案」は、そのほとんどが同じく中国第一歴史檔案館に保管される「内国史院満文檔冊・崇徳三、四年檔」にも記載されている。些細な相違点、たとえばこの檔案では hehebe（「刑部原檔」）を hehe be（「崇徳三年檔」）とするような違いはみられるが、その両者はほぼ完全に一致する。ただ、後者には、審理未了に関する記述と、審理を行った法官の名は記されていない。

さて、この檔案中の「乱れた軍（facuhūn cooha）」とあるのは少し説明を必要とする。この部分は難解で、『盛京刑部原檔』も『清初内国史院満文檔案訳編』（崇徳三年部分、すなわち「内国史院満文檔冊・崇徳三年檔」の翻訳）も訳出していな

い。ただ、季永海、劉景憲訳編『崇徳三年満文檔案訳編』（1988年、瀋陽・遼瀋書社）のみは、この箇所を「初七日、先是、巴図魯郡王率領兵出略、于乱軍之際……」と意訳しているが、よく意味が通じない。この「乱れた軍」とは「入り乱れた戦い」ではなく「軍紀の乱れた軍」であろう。その理由は『盛京刑部原檔』には収載されていないが、「内国史院満文檔冊・崇徳三年檔」には、この同じ初七日に、先の事件に関連して、多羅武英郡王の軍に係わる記事が収められている。それには次のようにある。

ice nadan de doroi baturu jiyūn wang de dergi hesei hendume facuhūn cooha de
ekcin i baha hehe be; šontohoi hūlhafi deduhe weile be si yargiyalafi
šontohoi be damu susai šusiha tantafi ainu sindaha; gagana janggin i jui be
olji hehe gaifi deduhe turgunde waha kai weingge ohode amba weile arambi,
weingge ohode ajige weile arambi, si dere gaime haršahangge wakao; ……

〔和訳〕

初七日、doroi baturu 郡王（多羅武英郡王）に、上諭して語るのには、乱れた軍で Ekcin が得た女を Šontohoi が奪って寝た罪を、汝は審明して Šontohoi をただ五十回鞭うっただけでなぜ釈放した。Hahana janggin の子は、俘虜の女を取って寝たという理由で殺したぞ。誰の配下ならば重罪に処し、誰の配下ならば微罪に処すのか。汝は情実にしたがったことではないか。……

『崇徳三年満文檔案訳編』では、この部分の「facuhūn cooha de」もまた「乱軍際」としているが、この文面からみても「混戦のなかで」とは訳せないであろう。やはり「（軍紀の）乱れた軍で」と訳すべきであろう。この文の続きで、ホンタイジは、武英郡王が殿軍を担ったにもかかわらず輜重兵を残して先に明の辺境から引き揚げた点なども非難しており、武英郡王の率いた軍は文字どおり「乱れた軍」であった。さて、この初七日の記事で注目すべきは、武英郡王がみずから軍事行動上のさまざまな案件に関して審理を行っている点である。しかも、その審理にはきわめて情実が絡んでいたことがホンタイジの指摘によって推察される。実際、軍功などによる恩賞は、軍の指揮を執るものが逐次記録しており、微細な案件はそれら指揮官によって処理されたのであろう。

郭成康、劉景憲の両氏によれば、本檔案には「suduri yamun（〈内〉国史院）」とか「suduri（史）」といった字が記されている場合があり、これは本檔案が修史の資料となったとする。そして、その190号の各檔案上には、「ara（書け）」とか「ume（ume ara 書くな）」という指示がなされており、それは内国史院の修史の作業におけるものであるとし、また、ある檔案上には「erebe gisun eden seme amasi bederebuhe（これは記事が残欠なので撤回させた）」という記載があり、これは本檔案が『太宗文皇帝実録』の編纂過程と密接な関わりをもつものと考えられるという[61]。そして、これら檔案と太宗実録を比較し、434件の案件のうち、103件が実録に収載されていると指摘する[62]。

これら刑部檔案が「内国史院」において実録編纂に関わる資料として用いられていたという指摘は重要である。先に述べたように、『満文原檔』の記事は、崇徳三、四年に及ばず、修史の過程において、このような各部の檔案がまとめられたのであろう。しかし、先の ara、ume などの指示はわずか9件の檔案になされているだけで、すべての檔案になされているわけではない。また、実録編纂と関わりをもつと考えられる先の記述もわずか1件のみである。これは台湾・故宮博物院所蔵の「天聡九年檔」がほぼ全面的に指示されているのと比較してみるならば、余りに少ない。これをどのように考えるか、また、この刑部の檔案が中国第一歴史檔案館に所蔵される「内国史院満文檔冊」の崇徳三年、四年部分とどのような関係にあるのか、今後の検討が必要であろう。

本書の翻訳はきわめて忠実になされているが、少しく乾隆三修の『太宗文皇帝実録』（漢文本）に影響されている。利用にあたっては原檔案を確認する必要があろう。

第5節　内国史院満文檔冊

中国第一歴史檔案館には「内閣満文檔簿」と分類される一群（533冊）の満文檔冊があり、同館では現在、これらの檔冊を「国史院檔」「秘書院檔」「密本檔」「票簽檔」「清摺檔」の5種類に分類・整理している。このうち入関前に係わる

ものは「国史院檔」であり、入関前の部分47冊を含めて、康熙元年（1662）分まであわせ計122冊が現存している。

　「（内）国史院」とは周知のとおり、天聡十年（1636）に設置された内三院のうちのひとつであり、その職掌は、ハンの起居・事績の記録や表文・祭文等の作成、史書の編纂等であった。そのために内国史院では六部の文書をはじめ、外国との往来文書などを適宜記録していた[63]。入関後、順治十二年（1655）にいたって、翰林院の所管として「国史館」が開かれることになり、国史の編纂は基本的にその部署に委ねられることになるが、入関前における公的な史書編纂にはたした「内国史院」の役割は少なからぬものがあった。ただ、この一群の檔冊が、なぜ同館で内国史院のものと判断されたのか、その根拠は示されていない。しかし、いずれにしても修史に関わる檔冊であることはたしかで、本稿でもこれら檔冊を「内国史院満文檔冊」と呼ぶことにする。

　1989年、これらの檔冊のうち、天聡七、八、九年、崇徳二、三、四、五、七、八年の9冊が、中国第一歴史檔案館で翻訳され、『清初内国史院満文檔案訳編（上）　天聡朝、崇徳朝』（北京・光明日報出版社）と題して出版された。なお、天聡六年以前と崇徳元年分については、先にふれた『満文老檔』の翻訳があるため、本書には収められていない。

　さて、「内国史院満文檔冊」は、先に述べたように、順治初纂『太宗文皇帝実録』の編纂の過程でつくられた檔冊ではないかと考えられる。先にふれたように石橋崇雄によればこの「内国史院満文檔冊」の「天聡九年」の檔冊は2種類みられ、その記事の内容も微妙に相違する。また、台北の故宮博物院にも「天聡九年」の檔冊が存在するわけで、「天聡九年」の檔冊は現在のところ3冊あることになる。北京・中国第一歴史檔案館の2本と台北・故宮博物院所蔵本を比較すると、前者はあきらかに台北本に拠ったものであると推察される[64]。すなわち現在台北にある「天聡九年」の檔冊を、のちになにかの目的で修改・抄写したものがこの「内国史院満文檔冊」の「天聡九年」部分である。そして、少なくともその修改・抄写は前後二度にわたって行われていることになる。台北の「天聡九年」の檔冊は、神田信夫、松村潤両氏がすでに推測しているとお

り、『太宗文皇帝実録』編纂のためにつくられた檔冊であると考えられる。もしそうであれば、これら檔冊もその編纂の過程で作成された稿本のひとつであったと理解すべきであろう。

　これを証明することであるが、中国第一歴史檔案館の「内国史院満文檔冊」の「天聡六年檔」と順治初纂満文本『太宗文皇帝実録』天聡六年を比較すると、実録は内国史院檔の訂正に忠実にしたがい、内容もすべて一致する。これはとりもなおさずこの「天聡六年檔」が実録作成の最終稿本であったと理解できよう。ただ、おなじ中国第一歴史檔案館所蔵の「内国史院満文檔冊」の「天聡七年檔」を順治の『太宗文皇帝実録』と比較してみると、前者の訂正指示が実録でかならずしもいかされているわけではなく、「天聡七年檔」で削除と指示された箇所が「実録」で残っていたり、書き入れの指示にしたがっていない部分もきわめて多くみられる。これらの指示は複数の手でしかも数回にわたって行われており、また朝鮮国王との交換文書等の部分が抜き取られるなど、「実録」を編纂したのちに再利用されたのではないかと窺わせる点がある[65]。それがいつ、何の目的でなされたものであるか、という問題ついては今後のより詳細な研究が必要であろう。

　さて、「内国史院満文檔冊」の第1函には、老満文で記された檔冊（編号、第2号）が収められている。松村潤はこの檔冊を精査し、それがおそらく清朝最古の実録『太祖太后実録』の稿本のひとつであろうことを確認した。さきにも述べたとおり、この実録は現在不明となっており、もしそうであれば、清代の「実録」の成立過程を知るうえでも、この発見はきわめて重要である。松村によれば、天聡年間後半に書き記されたものであるという[66]。

　この「内国史院満文檔冊」第1函には、編号第1号として『金史』の満洲語訳が、同第2号として、松村潤のいう「太祖太后実録」の稿本らしき冊子が収められている。後者、第2号については、松村のほかに石橋崇雄の研究がある。石橋は、その冊子の「表紙」に記された「nenehe / genggiyen / han sain yabuha kooli」という文を「先ゲンギェン＝ハン賢行典例」と訳して、その内容について検討を加えた。この訳語について、松村は、

「実録」を yargiyan kooli、『金史』を aisin i kooli と訳している如く、kooli は「典例」の意もあるが、この場合は、「歴史的記録」の意として使われているのであり、「太祖紀」と訳すのが適当である[67]。

と述べている。

太祖の事蹟については、『満文原檔』「昃字檔」、万暦四十三年（1615）十二月の記事に、

han i ilibuha eiten hacin i sain doro be; erdeni baqsi ejeme bitheleme gaiha:

〔和訳〕

ハンが立てた一切の善政を、エルデニ・バクシが記し書としてつくりあげた。

とあり、筆者は、これが「定本 an i bithe」と呼ばれていたことを指摘した[68]。本檔冊もこのエルデニの「定本」に影響を受けていたと思われるが、本檔冊の表題「nenehe genggiyen han sain yabuha kooli」は、おそらくは「nenehe genggiyen han i yabuha sain doro be ejehe kooli」の意であろうと考えられる。直訳すると「先ゲンギェン＝ハン善政記録」となる。これから考えると、本檔冊は「太祖紀」と称する方が適切であると思われる。この檔冊については、石橋と松村の全訳がある[69]。が、両者にはかなりの違いがみられる。

さて、石橋崇雄は、この「太祖朝満文内国史院檔」が、全17巻の第1巻ではなく、全体が約17に構成された単独のものではなかったか推定し[70]、あわせて、この檔冊が、天聡年間までに作成された記事を書写して整理したおそらくは崇徳年間のごく初期の稿本であると考える[71]。ただ、これについては確たる証拠はない。松村潤は、石橋が一条と数えた本檔冊の最終葉が、太宗時代の天聡五年檔からの竄入であるとし[72]、石橋の主張に疑問を呈している。

石橋が本檔冊を崇徳年間のものとしたひとつの理由は、記事中に「taidzu（太祖）」なる言葉が出てくることからである。廟号としての「太祖」の使用は、崇徳元年四月十二日以降のことであるので、この檔案を天聡年間と断定することは必ずしも成立しないとする[73]。松村は、これに対して、① 太祖を nenehe han すなわち「先のハン」と称するようになったのは、太宗の天聡年間である。

40　第１部　入関前清朝における文書制度の展開と「史書」の編纂

② 無圏点文字で書写されている。③ 天聡九年十月に禁止されたはずの「ジュシェン」が用いられている。これらのことを根拠として、本檔冊が天聡年間に成立したと主張する。そして、石橋が述べる太祖なる語については、王朝の創始者を指すものとして当時考えられていたものと理解する[74]。

　松村は、以前「太祖実録」の三仙女伝説は、順治重修の際に採り入れられたと述べていた[75]が、その底本となった「内国史院檔」に全く同様の三仙女伝説の記事が見えていたことから、崇徳初纂『太祖太后実録』には、すでに採用されていたと自説を訂正した。一方、「太祖実録」の巻頭にある長白山に関する記事は、「内国史院檔」には見られず、中国第一歴史檔案館所蔵の順治重修満文『太祖武皇帝実録』巻一を見ると、この記載（第１葉）は、順治重修の際に、冒頭に付け加えたものであるとした。実際、満文本は、あらたに第１葉を追加するかたちをとり、漢文本は、書き直したために、第１葉と第２葉の字数が異なっている。

　さて、「内国史院満文檔冊」で着目されるのは「天聡五年檔」である。中国第一歴史檔案館には「天聡五年檔」が４種類存在するが、そのうちの１本はじつは老満文で記録されている。この檔冊はその書写の形態から、天聡年間に作成されたものではないかと考えられる。この檔冊には、月ごとに記事の冒頭に、当直した旗名が記されている。すくなくとも太宗即位頭初から、八旗中の旗色を一にする二旗が輪番で、諸事を記録する制度が存在した。いわゆる「八旗値月」の制である。この値月時に作成した記録「八旗値月檔」については、本書第１部第２章において詳述したので、それにゆずるが、当時、国内外の文書を管理した bithei boo 書房（文館）との関わりを考えると興味深い。なお、本檔冊については、中国第一歴史檔案館の関孝廉の翻訳がある[76]が、利用にあたっては原典を充分に確認する必要がある。また、筆者をはじめとする東洋文庫研究部東北アジア研究班では、本檔冊の訳註を公にしている[77]。

　これ以外に、東洋文庫東北アジア研究班（清代史研究室）では、内国史院檔のうち、天聡七年、同八年分の訳註本を『内国史院檔　天聡七年』（2003年３月、東洋文庫）、『内国史院檔　天聡八年』（2009年１月、東洋文庫）として刊行した。

また、崇徳二年、崇徳三年分については、季永海、劉景憲[78]、そして河内良弘[79]の訳註がある。

なお、この「内国史院檔」に近いものを含めて、台湾・中央研究院歴史語言研究所には、登録上35件の入関前満文資料が保管されている。なかには、この時代のものとは思われないものも含まれているが、総じて貴重な資料ばかりである。そのなかでも代表的なものについては、李光濤、李学智編著『明清檔案存真選輯』二集（1973年11月、台北・中央研究院歴史語言研究所）にその写真と解説がある。

いずれにしても、内国史院檔には、『太祖太后実録』稿本、老満文の「天聡五年檔」等いままでまったく知られなかった文献がみられる。それらには『満文原檔』『満文老檔』、そして完成した「実録」などにはみられない記事をおおく含んでおり、その史料的な価値もきわめて高い。今後の清初史研究の重要な基本資料のひとつとなるであろう。

第6節　版刻、石刻史料

遼東に進出したのち、清（後金）では、遊撃以上の官人に対して漢語文書の管理を行う人を任用したり、各旗における満洲語文書の取扱が可能な人材を育成する動きがでてきた。

『満文原檔』「張字檔」、辛酉年（1621）九月三日の記事に、

　○ice ilan de,　　　han, yamunde tücifi, du tang, sumingguwan ci fusihon, iogi de isitala, jise jafara nikasa be büme, ninggun jergi ilgame banjibuha,

〔和訳〕

　○初三日、　ハンは衙門に出て、都堂、総兵官以下、遊撃にいたるまで、草稿を取り扱う漢人を与え、六等に分けて編成した[80]。

とある。太祖ヌルハチが、遷都した遼陽旧城（新城が完成するのは翌年）に居したころ、遊撃以上には漢文書を取り扱う漢人が割り当てられていたのである。また、この年、太祖は、これに先立ち、七月十一日に以下のような旨を降して

42 第1部 入関前清朝における文書制度の展開と「史書」の編纂

いる。

　○han i bithe juwan emude wasimbuha; jontoi bebuhei sahaliyan; ubatai; yasingga koboi jahai hondai ere jakon gosai sefu seme tucibuhe; jakon baksi suweni fejile sabi dosimbuha juse be saikan kimcime bithe tacibubi siombuci gung bure; kiceme tacirako dosika juse bithe sionderako oci uile arambi dosimbuha sabisa kiceme tacirakoci sefu si beise de habsan; jakon sefu be ai ai baita de daburako;

〔和訳〕

　○ハンの書。十一日に降した。Jontoi と Bebuhei と Sahaliyan、Ubatai、Yasingga と Koboi と Jahai と Hondai、これは八旗の師傅として出した（者である）。八人の Baksi よ、汝等のもとに弟子入りさせた子らに、うまく詳しく書を教えて（文に）通暁させたなら功を与える。勤勉に学ばず弟子入りした子らが書に通暁しなければ処罰する。弟子入りさせた者たちが勤勉に学ばなければ、師傅よ、汝は諸王に訴えよ。八人の師傅は諸事に関わらせない[81]。

　すなわち、この時代になると、各旗ごとに書（いわゆる満洲語）に通暁した人材を育成するために師傅を選び、それに子供たちを預けたのである。漢人の記録担当者以外に、各旗で満洲語で記録・読解できる人をも養成していたのである。

　そして、この当時、築かれた城の門額などに、老満文で石刻されるものがあらわれてきた。現在残されているものは、「東京（新）城天祐門」、そして「牛荘城徳盛門」の門額である。

　これら門額、とくに現在、瀋陽故宮博物院石刻館に展示されている「牛荘城」のものは、フックス Fuchs, Walter がその著書で紹介し[82]、さらに今西春秋が、天命建元の年次の問題を論ずるなかでこの門額について触れている[83]。フックスは現物ではなく拓本を用いて門の名称を「tondo erdemude uwesimbuhe duka」と転写し、左右に小字で縦に記された年紀の部分を、aisin gurun-i abkai fulingga ningguci（?）aniya……ilibuha（金国天命六?……建てた）と読んだ[84]。今西は、フックスの著書に附された写真にもとづき、左側の小字の部分を「aisin gurun i abkai fulingga……aniya（金国天命……年）」、右側を「sahahūn ulgiyan aniya uyun biyade ilibuha（癸亥年九月建）」と解読した[85]。

　天命紀年の門額としては、東京城の天祐門の門額がある。これも今西がすでに「天命建元考」において、写真にもとづき、門の名称を「abkai usiha duka（天星門）」と、両傍の小さく記された部分を「aisin gurun i abka i fulingga sahaliyan／indahūn aniya juwari biyade ilibuha（金国天命壬／戌年夏月に建てた）」と読んでいる[86]。

　この門額の拓本は、現在、徳島県鳴門市の県立鳥居（龍蔵）記念博物館にある。以前同館を調査した際、鳥居龍蔵の子息鳥居龍次郎から、龍次郎自ら東京の某将軍宅にあった門額の拓本をとったという話を聞いた。この門額そのものは、現在東京・調布市郷土博物館に寄託されている。松村潤も指摘するとおり、この門の名称記載は、正確には「abkai gosika duka」と読むべき[87]であり、東京（新）城天祐門に掲げられていたものである。壬戌の年すなわち明では天啓二年、すなわち1622年のもので、さきの牛荘城徳盛門の門額より一年古い。

　松村は、この東京城の門額で「天命壬戌年」と干支のみで紀年している例などからみて、その翌年に作られた牛荘城の門額も、歳数での紀年は記されていなかったのではないかと考えている。したがって、これを根拠のひとつとして展開された今西の天命建元年次の推定は不可能であると述べる[88]。

　太宗以降の石刻資料については、『東洋文庫所蔵中国石刻拓本目録』（2001年7月、財団法人東洋文庫）と黄潤華、屈六生主編『全国満文図書資料聯合目録』（1991年、北京・書目文献出版社、245頁）によると、代表的なものとして、以下のものがあげられる。

○天聡四年、大金喇嘛法師宝記　満漢　（拓本は北京の国家図書館と遼陽市文物
　　管理所、東洋文庫所蔵、以下（……）内は所蔵機関）
○天聡四年　重建玉皇廟碑記　漢文　（東洋文庫）
○天聡四年　奶奶廟碑記　漢文　（東洋文庫）
○天聡九年　重脩娘娘廟碑記　漢文　（東洋文庫）
○崇徳元年　太平寺碑 taifin necin juktehen i bei（瀋陽北塔西五里）　（北京大学

44　第1部　入関前清朝における文書制度の展開と「史書」の編纂

図書館）

○崇徳二年　追封楊古里忠勇王碑　満漢 yangguli be amcame tondo baturu wang fungnehe bei bithe（瀋陽北上崗子二十里）（北京大学図書館、東洋文庫）

○崇徳三年　蓮華浄土実勝寺碑記 šu ilhai soorin i yargiyan etehe fucihi soorin de ilibuha wehei bei de araha bithei gisun（東碑）　満漢　剛林、羅繡錦漢訳（東洋文庫、大連市図書館）

○崇徳三年　蓮華浄土実勝寺碑記（西碑）　蒙蔵　剛林、希福蒙訳　古式道木蔵訳（東洋文庫、大連市図書館）

○崇徳六年　重修無垢浄光舎利仏塔碑銘　満漢蒙（東洋文庫）

このうち、「大金喇嘛法師宝記」と「蓮華浄土実勝寺碑記」の碑文については、鴛淵一『満洲碑記考』（1943年1月、東京・目黒書店）にそのローマ字転写と邦訳が収められている。

さて、清初の記録は、基本的に書写資料である。刻字し頒布されたものとしては、天聡四年の「七大恨告示（天聡四年〈1630〉に後金軍が北京を包囲した際に掲示したもの。元来は、1618年にヌルハチの伐明挙兵に際して天に誓った言葉）」（中国第一歴史檔案館編『歴史檔案』2012年第2期、封面二、2012年5月）であるとか「崇徳四年戸部禁烟葉告示（満漢文）」（北平・故宮博物院文献館編『文献特刊』1936年）等が挙げられるが、満洲語が本の形式で刻字・印刷されているものはほとんどみられない。

フランスのパリにあるギメ美術館 Musée Guimet 図書館には、3件の比較的古い満洲語文書が保管されている。なかでも、Manuscript 61626は、木版を用いて、老満文で「印刷」されたきわめて珍しい史料である。これについては、すでにタチアナ・パン、ジョヴァンニ・スターリ両氏がその写真を紹介している[89]。本資料は、「後金檄明万暦皇帝文」の満文版であり、漢文版のものは、北京の国家図書館に所蔵されている。漢文檄文については、すでに今西春秋、喬治忠の研究[90]があり、全文は『清入関前史料選輯』第1輯、1984年11月、北京・中国人民大学出版社、289〜296頁に収められている。また、老満文については、パン、スターリ両氏による研究がある[91]。

第1章　入関前清朝文書資料に関する学説史的検討　45

　本資料は、太祖が明に対して、「史上古今の治乱興亡の例19条を挙げて、天
が後金を援けて明を咎める所以を説いたもの[92]」である。この刻本が出された
時期であるが、今西は漢文刻本を天命後半期と推測する[93]。ただ、パンとスター
リは、檄文自体は、満文資料から漢文がつくられたもので、1620年代に遼東に
暮らす漢人たちに頒給されたものとし、板刻本については、1635年前後の成立
と考える[94]。筆者も実際この刻本をギメ美術館図書館で調査したが、満文に一
部有圏点がみられ、天聡六年以降の刻字であることはあきらかである。

　なお、このギメ美術館所蔵満文刻本については、パンとスターリによる英語
の訳註が出されている[95]。

第7節　「漢文旧檔」、その他の漢文史料

　内藤湖南が瀋陽・故宮の崇謨閣で確認した「漢文旧檔」は、入関前の政治・
社会を知るうえでの第一級の史料である。その内訳は、①「朝鮮国来書稿」
（天聡元年より同八年十二月までの朝鮮国王より太宗に送られた国書、巻末に南朝来書
を付す）、②「朝鮮国王来書」（天聡九年より崇徳四年十二月までの同国書）、③「朝
鮮国王来書簿」（崇徳元年より崇徳四年までの同国書）、④「朝鮮国来書」（崇徳五・
六年分）、⑤「各項稿簿」（天聡二年九月より天聡五年十二月の間に出された太宗の各
種勅諭、朝鮮国王への国書等86件を収録）、⑥「奏疏稿」（天聡六年正月より九年三月
にいたるとくに明から降った諸臣の上奏文を収録）の6件である。ちなみに、この
うち①〜④は、表題はすこしずつ異なるが、「朝鮮国来書簿」と総称されてい
る[96]。

　これらはいずれも内藤湖南が1905年にそれらの青写真を我が国に将来してお
り、それは現在京都大学人文科学研究所に所蔵されている。ちなみに①、②、
④と⑥については、1930年代の鈔本が東洋文庫と国際基督教大学図書館（旧池
内宏蔵書）に所蔵されており（③は②と記事が重複）、⑤の「各項稿簿」は、市村
瓚次郎によって排印されている[97]。また、⑥の「奏疏稿」については、羅振玉
が自著『史料叢刊初編』に排印の上収録（『天聡朝臣工奏議』。のちに遼寧大学歴史

46　第1部　入関前清朝における文書制度の展開と「史書」の編纂

系で排印〈『天聡朝臣工奏議（清初史料叢刊第四種）』1980年12月〉）しているが、誤字の訂正をした結果かえって誤った箇所もみられ、その上、文頭の第4〜6葉を脱落させているなどきわめて杜撰なものであり、使用には注意が必要である。

　また、これら史料は朝鮮史研究にとっても貴重なものである。①、②、そして④についてはある時期に抄写され、「朝鮮国王来書簿」として、1923年に朝鮮総督府中枢院に、そして1925年に朝鮮史編修会の所蔵となった（現在は、韓国国史編纂委員会所蔵）。中見立夫によれば、朝鮮史編修会で活躍した稲葉岩吉と内藤湖南の関係から、内藤所蔵本（現京都大学人文科学研究所図書館蔵）からの抄写ではないかと推測している[98]。

　この韓国国史編纂委員会所蔵本等を底本として、台湾の張存武、葉泉宏両氏により入関前清朝の朝鮮往来文書がまとめて『清入関前与朝鮮往来国書彙編1619-1643』として排印出版された（2000年9月、台北・国史館）。

　漢文旧檔の原本は、1930年代にはすでにその所在がわからなくなっていたが、1994年に、上記の①「朝鮮国来書簿」と⑤「各項稿簿」が、大連市図書館に所蔵されることが中見立夫によって「発見」され、神田信夫、松村潤両氏によって、これらがもと瀋陽・故宮の崇謨閣にあった原資料であることが確認された[99]。

　この漢文旧檔が大連市図書館に収蔵されるにいたった経緯については、中見立夫の研究に詳しいが、その概要を記すと以下のとおりである。

　　1905年に内藤湖南が青写真を撮ったころにはすべて瀋陽故宮の崇謨閣に所蔵されていた漢文旧檔は、1930年代に東洋文庫や池内が抄写を依頼した時期にはすでに「各項稿簿」以外所在不明となっていた。1943年になり、満鉄大連図書館に北京の書肆を通じて、まず②、③、④、そして⑥が購入された。おそらくそののちに①と⑤が購入されたと思われる。第二次大戦末期、また戦後の混乱のなかで、先に大連図書館に入った分が散逸し、のちに購入された分が残された。瀋陽からこれらを持ち出した人物は往事瀋陽故宮博物院の院長などをつとめた金梁であろう[100]

　①〜④に収録された朝鮮国書が、当時の後金、清朝の「外交」を考えるうえ

で第一級史料であることはいうまでもないが、⑤「各項稿簿」、⑥「奏疏稿」
は、当時の政権内における帰順漢人たちの位置、そして役割を知る上で欠かせ
ない史料ということができる。

　その他、漢文史料としては『明実録』（『明実録』中に記された満蒙関係記事を抜
粋したものとして、京都大学文学部編『明代満蒙史料　明実録抄』がある）、『李朝実録』
（同じく東京大学文学部編『明代満蒙史料　李朝実録抄』がある）をはじめとして貴重
なものが多くある。ただ中央研究院歴史語言研究所の史料集『明清史料』（甲
編〜癸編、全百冊）、『明清檔案存真選輯』（初集〜三集）、『明清檔案』所収の檔案
（主として漢文）も貴重な資料である。これらの史料集に収められた檔案は、
1928年に同所で購入した内閣大庫旧蔵のもので、その史料的な価値ははかりし
れないものがある。また、中国第一歴史檔案館編の『清代檔案史料叢編』（第
14輯まで刊行）などの史料集も入関前の文書資料、ひいては歴史を検討する際
にかならず目をとおす必要があろう。

おわりに

　太祖ヌルハチがまだ蘇子河流域に居住していた時代、龔正陸なる漢人がいて
明や朝鮮との公文書の作成などにあたっていたことは和田清の研究に詳し
い[101]。また、『満文原檔』「昃字檔」の万暦四十三年（1615）十二月の記事にあ
るように、ヌルハチがゲンギェン・ハンに推戴される前年の末、エルデニ・バ
クシは、「太祖紀」を書き上げたが、次章で触れるとおり、当時、エルデニの
この著作は「定本 an i bithe」として意識されたことがわかる[102]。エルデニが
用いた資料は、残念ながら現在みることはできないが、年代記としての詳細な
記述は、ヌルハチの言・行、外部勢力との交換文書、戦時の記録などが、かな
り精確になされていたことがわかるし、それ以降の『満文原檔』の記事を閲し
ても、後金にそれら文書が適切に保管されていたことがわかる。

　すくなくとも太宗が即位するころに、旗色を一にする両旗の官員が月ごとに
輪番で当直し、ハンの言・行、そのときに発生した事件、対外的な事柄等を記

48 第1部 入関前清朝における文書制度の展開と「史書」の編纂

録する制度が開始された。この当直の記録は、「天聡五年檔」に代表されるように、日記体のかたちでまとめられた。これら八旗当直の記録（「八旗値月檔」）は、確認できるものだけで判断すれば、天聡六年ごろまで続けられた。

　天聡三年（1629）四月一日、太宗は、bithei boo 書房（文館）の官員を、二つに分け、ダハイを代表とするグループには「明朝の古書」の翻訳を命じ、クルチャンを中心とするグループには「本朝往来の文移及び得失の事蹟を記」すよう指示した[103]。すなわち、この当時、八旗輪番による政事の記録とは別に、書房では、明の書籍翻訳、そして外交文書の管理、および「得失の事蹟」すなわち「史書」の編纂事業が行われており、天聡三年から業務が分けられることになったのである[104]。おそらく、この書房でクルチャンのグループにより、いわゆる『満文原檔』等の編纂作業が行われたと考えられる。

　天聡六年十一月二十八日付けの楊方興の上奏によると[105]、六部成立直後の天聡六年十一月の時点で、書房は、従来どおり、往来の国書や奏章を管理するところであったが、「刑部満文檔案」の節で紹介したように、六部設立後は六部独自に文書を作成し管理する体制に入った。また、書房では、官員の能力に関する問題の指摘を受けて[106]、天聡八年四月には考試を行い、初めてのガリン Garin 剛林をはじめとする挙人16人を選抜した[107]。そして、崇徳元年に告成する『太祖太后実録』の編纂もここで行われた可能性がたかい。

　「大清」建国の年、天聡十年、内三院が設置され、書房はそのうちのひとつ「内国史院」へとかわり、ハンの起居・事績の記録や表文・祭文等の作成、六部の文書、外国との往来文書等の記録、そして史書の編纂等を行うことになった。中国第一歴史檔案館で「内国史院檔」と分類された文書綴群であるが、「天聡五年檔」のようにあきらかに内国史院成立以前に作成された檔冊の存在もあり、すべてが「内国史院」と関係していたかどうかは不明であるが、「実録」編纂の業務はこの内国史院で行われた。現在われわれが見る「内国史院檔」は、ほとんどがこの編纂過程でできた稿本であるといってよい。

　本章においては、現在、われわれが見ることができる入関前清朝の「文書資料」を、過去の研究蓄積を踏まえ、個別に説明を加えた。太祖当時から、清朝

ではハンの言・行、対外文書の保管・整理、事件の記録等が不断に行われ、それをもとに「史書」が編まれた。とくに筆者が着目したのは、太宗朝から確認できる「八旗値月檔」の存在であり、八旗輪番による記録が天聡六年の六部成立まで重要な役割を果たす点である。この問題については、本書第1部第2章、第3章において詳述したので、併せ参照されたい。

註

（ 1 ）　神田信夫「旧満洲檔と天聡九年檔について」『東洋文庫書報』第3号、1971年、同「清朝興起史の研究──序説『満文老檔』から『旧満洲檔』へ──」『明治大学人文科学研究所年報』第20号、1979年（のち『満学五十年』1992年、東京・刀水書房、所収）。KANDA, Nobuo: From Man Wen Lao Tang to Chiu Man-chou Tang, *Memoirs of the Research Department of the Toyo Bunko*. No. 38, 1980.

（ 2 ）　今西春秋「崇徳三年分満文原檔について」『東方学紀要』（天理大学おやさと研究所）第1号、1959年、97頁、神田信夫、註（1）「清朝興起史の研究」、23頁。

（ 3 ）　神田信夫「清朝興起史の研究」、23頁。

（ 4 ）　神田信夫「清朝興起史の研究」、30頁。

（ 5 ）　「満和対訳満文老檔」（1）〜（6）『書香』第15巻第11号（1943年）〜第16巻第5号（1944年）。

（ 6 ）　鴛淵一、戸田茂喜「満文老檔邦文訳稿」『史学研究』第9巻第1号、1937年。

（ 7 ）　三田村泰助「満文太祖老檔と満洲実録との対校並に訳」『Azia Gengo Kenkyû』第7号、1955年、「満文太祖老檔と清太祖実録との対校」『立命館文学』第150・151号、1957年、「同」（上）、（中）、（下）『立命館文学』第161〜163号、1958年、「同」『立命館文学』第200号、1962年、「同」『立命館文学』第329・330号、1972年。

（ 8 ）　今西春秋「満文老檔の重鈔年次」『東方学紀要』（天理大学おやさと研究所）第1号、89〜100頁。

（ 9 ）　松村潤「順治初纂清太宗実録について」『日本大学文理学部七十周年記念論文集』1973年、73〜75頁。同「清太祖武実録の編纂について」榎博士還暦記念東洋史論叢編纂委員会編『榎博士還暦記念東洋史論叢』1975年、東京・山川出版社、426、427頁（のちいずれも同著『明清史論考』2008年、山川出版社、所収）。

（10）　神田信夫「清朝興起史の研究」26〜29頁。

50　第1部　入関前清朝における文書制度の展開と「史書」の編纂

(11)　『中国東亜学術研究計画委員会年報』第4期、1965年。

(12)　神田信夫、松村潤、岡田英弘訳註『旧満洲檔 天聡九年 1、2』1972、1975年、東洋文庫清代史研究室。

(13)　『旧満洲檔訳註 清太宗朝 1、2』1977、1980年、台北・国立故宮博物院。

(14)　神田信夫「旧満洲檔と天聡九年檔について」8〜10頁。

(15)　松村潤「寒字檔漢訳勅書」『内陸アジア史研究』第2号、1985年、15〜16頁（のち『明清史論考』所収）。

(16)　細谷良夫「〈満文原檔〉〈黄字檔〉について──その塗改の検討──」『東洋史研究』第49巻第4号、1991年。

(17)　松村潤「天命朝の奏疏」『日本大学史学科五十周年記念歴史学論文集』、1978年、591頁（のち『明清史論考』所収）。

(18)　松村潤「崇徳元年の満文木牌について」『日本大学文理学部人文科学研究所紀要』第13号、1971年（のち『明清史論考』所収）。

(19)　細谷前掲論文、645頁。

(20)　加藤直人「清初の文書資料と〈逃人檔〉」『満族史研究』第9号、2010年12月、本書第1部第3章参照。

(21)　満文老檔研究会訳註『満文老檔』Ⅶ（太宗4）1441〜1450頁。『満文原檔』「字字檔」。なお以下『満文原檔』の引用にあたっては、『旧満洲檔』を「旧」、新版の『満文原檔』を「新」と略称する（旧：第10冊、5297〜5308頁、新：第10冊、651〜662頁）。

(22)　松村潤「清太祖武皇帝実録の編纂について」428〜429頁。

(23)　岡田英弘「清の太宗嗣立の事情」山本博士還暦記念事業会編『山本博士還暦記念東洋史論叢』1972年、山川出版社、82、83頁。

(24)　今西春秋「清太祖実録纂修考」『対校 清太祖実録』1974年、東京・国書刊行会、所収、7頁（通算377頁）。

(25)　今西春秋「清太祖実録纂修考」6頁（通算376頁）。

(26)　神田信夫、松村潤、岡田英弘訳註『旧満洲檔 天聡九年 2』241頁（旧：第9冊、4415頁、新：第9冊、322頁）。

(27)　今西春秋「満文太祖武皇帝実録の原典」『関西大学東西学術研究所論叢』、第40号、1960年。のち『東方学紀要』第2号（1967年）に再録、285〜286頁。

(28)　今西春秋「清太祖実録纂修考」4頁（通算374頁）。

第1章　入関前清朝文書資料に関する学説史的検討　51

(29)　今西春秋「清太祖実録纂修考」4頁（通算374頁）。

(30)　松村潤「清朝の開国説話について」『山本博士還暦記念東洋史論叢』1972年、山川出版社（のち『明清史論考』所収）、440頁。松村潤「清太祖武皇帝実録の編纂について」434〜436頁。また、このことは、三田村泰助が羽田亨所蔵の「jalan halame bošoro nirui janggin i temgetu bithe を調査した結果、康熙二十四年当時、『満文原檔』の太祖朝の部分が「yargiyan kooli bithe」と呼ばれていたことをあきらかにしている（「清太祖実録の纂修」〈『東方学』第19輯、1959年、のち『清朝前史の研究』所収〉）。

(31)　康熙初纂『世祖章皇帝実録』（三朝実録本）順治六年正月丁卯。

(32)　松村潤「清太祖武皇帝実録の編纂について」428頁。康熙初纂『世祖章皇帝実録』（三朝実録本）順治八年閏二月乙亥。

(33)　康熙初纂『世祖章皇帝実録』（三朝実録本）順治十二年二月丁卯。

(34)　松村潤「清太祖武皇帝実録の編纂について」425〜428頁。

(35)　松村潤「清朝開国説話再考」『二松学舎大学　人文論叢』第61輯、1998年、116、117頁、同『清太祖実録の研究』東北アジア文献研究叢刊2、2001年、東北アジア文献研究会、6頁。

(36)　松村潤「清太祖武皇帝実録の編纂について」423、424頁。

(37)　今西春秋、註(27)参照。

(38)　「影印　［満文］大清太祖武皇帝実録」『東方学紀要』第2号、所収。

(39)　三田村泰助「近獲の満文清太祖実録について」『立命館文学』第141号、1957年、のちに『清朝前史の研究』1965年、京都・東洋史研究会、所収。

(40)　『清入関前史料選輯　第1輯』1984年、北京・中国人民大学出版社、に収められているものは、この故宮博物院排印本をもとにしたものであり、注意が必要である。

(41)　今西春秋「解題」『満和対訳　満洲実録』1938年、日満文化協会、2〜6頁。

(42)　松村潤「清太祖武皇帝実録と満洲実録」『内陸アジア史研究』第6号、1990年、横組6頁（のち『明清史論考』所収）。

(43)　松村潤「清太祖武皇帝実録と満洲実録」横組5頁。

(44)　松村潤「清太祖武皇帝実録と満洲実録」横組6、7頁。

(45)　三田村泰助「近獲の満文清太祖実録について」『立命館文学』第141号、1957年、のち『清朝前史の研究』1965年、京都・東洋史研究会、所収。

52　第1部　入関前清朝における文書制度の展開と「史書」の編纂

(46)　山本守「満漢二体の満洲実録に就いて」『満洲史学』第1巻第2号、1937年。松村潤は、この二体本『満洲実録』には、本文とは別に絵図のみの冊があった、と推測する（「清太祖武皇帝実録の編纂について」437頁）。

(47)　松村潤「清太祖武皇帝実録と満洲実録」横組7頁。

(48)　今西春秋「我国伝存の清三朝実録に就て」『稲葉博士還暦記念満鮮史論叢』、1938年、京城・稲葉博士還暦記念会、同「清三朝実録の纂修」『史林』第20巻第3号、1935年、「同補」『史林』、第20巻第4号、1935年、松村潤「康熙重修清太宗実録について」『内陸アジア史研究』第5号、1989年（のち『明清史論考』所収）。

(49)　方甦生「清実録修改問題」『輔仁学誌』第8巻第2号。

(50)　中国第一歴史檔案館所蔵、順治初纂『清太宗文皇帝実録』および康熙重修満文小型紅綾本『清太宗文皇帝実録』には、康熙帝の親筆によるものをはじめとして付箋が多くはさまれている。それらは、記事の訂正指示、ならびに疑義の生じた箇所の再調査命令などであり、康熙の実録纂修の際、順治初纂本がいかに参照されたか、また康熙帝がその編纂にいかに関与したかを示す貴重な資料である。康熙の起居注冊によれば、康熙五十六年七月、熱河離宮において、康熙帝が大学士馬斉等と『太宗文皇帝実録』の校訂について話し合ったおり、馬斉は次のように語っている。

　　　　太宗皇帝実録、徐元夢等将満文校対漢文、漢文校対満文、已看両番、臣又磨対一次。其錯誤遺漏之処、已皆加簽。或字義有満漢文意不明者、将臣衙門所貯太宗皇帝実録底稿取出磨対。俟皇上回鑾再呈覧具奏（中国第一歴史檔案館整理『康熙起居注』第三冊、1984年、北京・中華書局、2410頁）。

　すなわち、先の訂正指示の多くはこの康熙五十六年になされたものと判断できる。また、その校訂作業には「太宗皇帝実録底稿」なるものが用いられている。この「底稿」なるものがいかなるものであるかについては、今後の検討が必要となろう。

(51)　今西春秋「清太宗実録の初修開始年次と摂政王上諭」『東洋史研究』第2巻第1号、1936年。

(52)　松村潤「順治初纂清太宗実録について」70〜72頁。

(53)　康熙初纂『世祖章皇帝実録』（三朝実録本）順治十二年二月丁卯。

(54)　神田信夫「旧満洲檔と天聡九年檔について」『東洋文庫書報』第3号、1971年、

第 1 章　入関前清朝文書資料に関する学説史的検討　　53

12 頁、のち『清朝史論考』山川出版社、2005 年、所収。松村潤「清太祖武実録の
編纂について」426 頁。

(55)　石橋崇雄「清朝の檔案をめぐって――中国史料調査の一例――」平成 3 年度東
洋文庫秋期東洋学講座における口頭発表。

(56)　神田信夫「いわゆる〈崇徳会典〉について」島田博士頌寿記念論集刊行委員会
編『東洋法史の探究』、1987 年、東京・汲古書院、5 頁。

(57)　この「清太宗実録稿本」巻一四（「自崇徳元年四月至六月」）の巻頭に「自崇徳
元年丙子歳四月十二日登基後、議定会典諸王喪礼起、本年六月止」という記事が
みられる。このことから、張晋藩と郭成康は、ここに「崇徳会典」なる会典が成
立したと考える（「清《崇徳会典》試析」『法学研究』1983 年第 3 期）。周知のと
おり、清朝の会典は康熙二十九年に告成したのをはじまりとし、清末にいたるま
で 5 回編纂されたのであるが、この「崇徳会典」はそれに先立つ「会典」なので
あろうか。

　　張、郭にしたがうと、この時議定された諭令は 52 条にのぼる。このなかには不
思議なことに「議定」以後の崇徳元年五・六月のものがいくつか存在するが、基
本的には天聡年間に頒示された上諭である。その内容については張、郭のほかに、
島田正郎が丹念に検討しており（「明律の満訳と所謂〈崇徳会典〉」『明末清初モ
ンゴル法の研究』所収、1986 年、東京・創文社、367〜382 頁）、「〈議定会典〉の
四字から、短絡的に〈崇徳会典〉の成立を引き出すことの可否、さらに〈崇徳会典〉
なる表記を、後代の〈大清会典〉と同視することの可否に、少なからず疑問を抱
いている」（島田正郎「清律の成立」『清朝蒙古例の研究』、1982 年、創文社、373
頁）と述べて「崇徳会典」の存在を否定した。一方、神田信夫はこの「清太宗実
録稿本」の崇徳元年部分が「満文原檔」の「日字檔」の漢訳であることをあきら
かにし、「日字檔」の当該箇所には「このところに会典の書（hūidiyan bithe）を
入れよ」とあり、「清太宗実録稿本」は「日字檔」とは別に「会典」なるものが
ここに挿入された、当時「会典」といえば一般的には『大明会典』を意味してい
たが、この「崇徳会典」の部分は、『大明会典』では処理できない満洲王朝とし
て独自の事例を多く集めたものであろうと述べ「〈崇徳会典〉なるものは、そも
そもその出所である〈実録稿〉（〈清太宗実録稿本〉……加藤）自体が『太宗実録』
の草稿の段階の一本に過ぎないから、果たして一個の完結した資料であるか甚だ
疑問である」と断じた（神田信夫「いわゆる〈崇徳会典〉について」3 〜20 頁）。

54　第1部　入関前清朝における文書制度の展開と「史書」の編纂

(58)　神田信夫「いわゆる〈崇徳会典〉について」6〜7頁。

(59)　神田信夫「いわゆる〈崇徳会典〉について」7頁。

(60)　神田信夫「清朝の実録について」『歴史教育』第12巻第9号、1964年、40頁。

(61)　「前言」『盛京刑部原檔』所収、2〜3頁。

(62)　註(61)3頁。ただ、郭、劉が使用した実録は「乾隆三修本」であり、「順治初纂本」、「康熙重修本」ではどうであるのか、確認する必要があろう。

(63)　順治初纂本『太宗文皇帝実録』天聡十年三月初六日、上諭。

(64)　註(55)参照。

(65)　柳澤明「解説」東洋文庫清代史研究室訳註『内国史院檔 天聡七年』2003年、東洋文庫。

(66)　松村潤「清朝開国説話再考」132頁、116頁。

(67)　松村潤「太祖朝満文内国史院檔」『明清史論考』所収、245、246頁。

(68)　加藤直人「八旗値月檔と清初の記録」本書第1部第2章、参照。

(69)　石橋崇雄「無圏点満洲文檔案『先ゲンギェン＝ハン賢行典例・全十七条』」『國士館史学』第8号、2000年3月、松村潤『清太祖実録の研究』東北アジア文献研究叢刊2、2001年、東北アジア文献研究会。

(70)　石橋崇雄「清初入関前の無圏点満洲文檔案『先ゲンギェン＝ハン賢行典例』をめぐって」『東洋史研究』第58巻第3号、1999年、73頁。

(71)　石橋崇雄、註(69)論文、74頁。

(72)　松村潤、註(66)論文、251頁。

(73)　石橋崇雄、註(70)論文、66〜71頁。

(74)　松村潤「Ⅳ 太祖朝満文内国史院檔」『清太祖実録の研究』38、39頁、同註(66)論文、251頁。

(75)　松村潤「清朝の開国説話について」。

(76)　関孝廉「天聡五年八旗値月檔（一）〜（五）」『歴史檔案』2000年第4期（2000年11月）〜2001年第4期（2001年11月）。

(77)　『内国史院檔 天聡五年 1』2011年3月、東洋文庫。

(78)　季永海、劉景憲訳編『崇徳三年満文檔案訳編』1988年10月、遼瀋書社。なお、これは中国第一歴史檔案館のオリジナルではなく北京・国家図書館所蔵の青写真を利用して訳出したものである。

(79)　河内良弘『中国第一歴史檔案館所蔵 内国史院満文檔案訳註 崇徳二・三年分』

第 1 章　入関前清朝文書資料に関する学説史的検討　　55

2010年 1 月、松香堂書店。なお、河内の訳註については、河内良弘「自著『中国
第一歴史檔案館所蔵　内国史院満文檔案訳註　崇德二・三年分』について」『満
族史研究』第 9 号、2010年12月、 1 ～ 8 頁、を参照。

(80)　『満文原檔』「張字檔」旧：第 2 冊、761頁、新：第 2 冊、189頁。満文老檔研究
　　　会訳註『満文老檔　Ⅰ』(太祖 1) 376頁。

(81)　『満文原檔』「張字檔」旧：第 2 冊、719～720頁、新：第 2 冊、147～148頁。満
　　　文老檔研究会訳註『満文老檔　Ⅰ』(太祖 1) 353～354頁。

(82)　Fuchs, Walter; *Beiträge zur Mandjurischen Bibliographie und Literatur*. 1936. Tokyo.
　　　s.128.

(83)　今西春秋「天命建元考」『朝鮮学報』第14輯、1959年10月、618～619頁。

(84)　Fuchs, Walter; *Beiträge zur Mandjurischen Bibliographie und Literatur*. s.128.

(85)　今西春秋、註(83)参照。

(86)　今西春秋「天命建元考」617頁。

(87)　松村潤「牛荘城老満文門額について」『満族史研究通信』第 4 号、1994年12月、
　　　23頁（のちに『明清史論考』所収）。

(88)　松村潤、註(87)論文、24頁。

(89)　Pang, Tatjana A. and Stary, Giovanni; *New Light on Manchu Historiography and
　　　Literature, the Discovery of Three Documents in Old Manchu Script*. Wiesbaden, 1998,
　　　Harrassowitz Verlag.

(90)　今西春秋「後金檄明万暦皇帝文について」『朝鮮学報』第67号、1973年 4 月、
　　　137～158頁。喬治忠「"後金檄明万暦皇帝文"考折」『清史研究』1992年第 3 期、
　　　1992年 9 月、106～110頁。

(91)　龐暁梅（Pang, Tatjana A.）、斯達理（Stary, Giovanni）「最重要科学発現之一：
　　　老満文写的《後金檄明万暦皇帝文》」『満学研究』第 6 輯、北京社会科学院満学研
　　　究所、2000年12月、北京・民族出版社、186～191頁。

(92)　今西春秋、註(90)論文、139頁。

(93)　今西春秋、註(90)論文、144～145頁。

(94)　Pang, Tatjana A. and Stary, Giovanni、註(91)論文、187～188頁。

(95)　Pang, Tatjana A. and Stary, Giovanni; *Manchu versus Ming, Qing Taizu Nurhaci's
　　　"Proclamation" to the Ming Dynasty*. Aetas Manjurica, tomus 14, Wiesbaden, 2010,
　　　Harrassowitz Verlag.

56   第 1 部   入関前清朝における文書制度の展開と「史書」の編纂

(96)   神田信夫「『朝鮮国来書簿』について」『満族史研究通信』第 5 号、1995年12月、
        10頁（のちに『清朝史論考』所収）。

(97)   『史苑』第 2 巻第 1 号（1929年 4 月）〜同 3 巻 3 号（1929年12月）まで 5 回に
        わたって連載されている。

(98)   中見立夫「内外満学割記」『満族史研究』第 1 号、2002年 5 月、118頁。

(99)   中見立夫「盛京宮殿旧蔵「漢文旧檔」と「喀喇沁本蒙古源流」──史料の再検
        証──」『平成 9 年度〜平成11年度科学研究費補助金研究成果報告書：近代中国
        東北における社会経済構造の変容　経済統計資料、並びに、歴史文書史料からの
        分析』（研究代表者：江夏由樹）2000年 3 月、および神田信夫「『朝鮮国来書簿』
        について」、13〜14頁。

(100)   中見立夫、註(99)論文、および同「旗人金梁与清史檔案」中国第一歴史檔案
        館編『明清檔案与歴史研究論文集　慶祝中国第一歴史檔案館成立80周年』2008年
        1 月、新華出版社、108〜120頁。

(101)   和田清「清の太祖の顧問龔正陸」『東洋学報』第35巻第 1 号、1952年 9 月。同
        「龔正陸伝補遺」『東洋学報』第40巻第 1 号、1957年 6 月。

(102)   『満文原檔』「戻字檔」旧：第 1 冊、312頁、新：第 1 冊、125頁。

(103)   順治初纂『太宗文皇帝実録』（漢文本）天聡三年（1629）四月一日の条。

(104)   本書第 1 部第 2 章参照。

(105)   「楊方興條陳時政奏」（『奏疏稿』、「天聡朝臣工奏議」『史料叢刊初編』所収）。

(106)   神田信夫「清初の文館について」『東洋史研究』第19巻第 3 号、1960年12月、
        50頁（のち『清朝史論考』所収）。

(107)   中国第一歴史檔案館所蔵「内国史院檔　天聡八年」、天聡八年四月二十六日
        （東洋文庫東北アジア研究班編『内国史院檔　天聡八年　本文』2009年 1 月、東
        洋文庫、128〜129頁、中国第一歴史檔案館編『清初内国史院満文檔案訳編』上、
        78頁）。

第2章　八旗値月檔と清初の記録

は じ め に

　入関前の清朝において、「史書」を編纂する際に必要とした「資料」は大きく分けてふたつの種類が存在する。ひとつは皇帝の言動を中心とする日々の記録、そしてもうひとつは皇帝の上諭、臣下からの上奏、また諸外国等との往来文書、また諸官署の文書などの記録などである。後代になると、前者は「起居注冊」として整備され、実録編纂の際の主資料となるのであるが、起居注官がまだ設置されていなかった清初において、皇帝の言動などを中心とする「日々の記録」は、果たしてどのように記録されたのであろうか。

　本章は、入関前清朝における「日々の記録」がどのようなかたちで、どのような人々によって行われたのかという問題について、検討を加えようとするものである。

　なお、満洲語のローマ字転写にあたっては、Möllendorff, P. G. von: *A Manchu Grammar*, Shanghai, 1892.に従う。また、老満文の転写については、『tongki fuka akū hergen i bithe　無圏点字書』(乾隆四十三年重修本〈1987年、天津古籍出版社影印〉)を参照した[1]。

第1節　清初の文書記録

　清初における「史書」の編纂、また明および朝鮮、そしてモンゴル系諸勢力との間の外交文書の作成等に携わった人々については、すでに数多くの研究蓄積がある。ヌルハチ時代、龔正陸なる漢人がいて明や朝鮮との公文書の作成などにあたっていたことは和田清の研究に詳しいし[2]、エルデニ・バクシ、クル

58　第1部　入関前清朝における文書制度の展開と「史書」の編纂

チャン・バクシそしてダハイ・バクシ等の事蹟については、三田村泰助、今西春秋、神田信夫、そして松村潤等の諸氏による詳細なる研究があることは周知のとおりである[3]。にもかかわらず小稿を草するのは、これら先学の研究は、いずれも公文書の作成、史書の編纂、古典や法典、正史の翻訳などにかかわる人物、またはその業績に係わるものであり、日常の出来事に関する記録およびその業務がいかに行われていたのかについてはいまだその検討が加えられていないのが現状であるからである。

『満文原檔』[4]「戻字檔」の万暦四十三年（1615）十二月の記事[5]に、次のようにある。

　　sure amba genggiyen / han i ilibuha eiten hacini sain doro be; erdeni baqsi ejeme bitheleme gaiha; an i bithe ere inu: ○erdeni baqsi kicebe ginggun ［ji］ ejesu süre be amcaci ojorako; ere bithe be majige dabubume arahabi; uttu müjilen ［i］ fükjin araha bithe be adarame dasara seme, inu ambula dasarako; ineku gisun babe da bi; arahangge inu mangga;

〔和訳〕

　　スレ・アンバ・ゲンギェン・ハンの立てた一切の善政を、エルデニ・バクシErdeni Baqsiが記し書としてつくりあげた。定本がまさにこれである。○エルデニ・バクシの勤勉さ、慎み深さ、記憶力の良さ、聡明さは（他人の）及ぶところではない。この書をやや誇張して書いている（が）このように誠心誠意初めて記した書をどうして改められようか、したがってほとんど改めなかった。元の言葉はそのままである。書いたことはまことに容易ではない。

　　　（ローマ字転写・訳は筆者……以下同じ。下線部は原文削除、［……］は付加部分を示す）

　これは、ヌルハチがゲンギェン・ハンに推戴される前年の末、エルデニ・バクシが「太祖紀」を書き上げたことを記した有名な史料であるが、管見の限り、今までこの部分は、基本的に後世の編纂に係る『満文老檔』の記載に従って検

討がすすめられており、その原本たる『満文原檔』によって考察されることは
なかった[6]。しかし、この「戻字檔」の記事にしたがえば、当時、エルデニの
著作は「定本 an i bithe」として意識され、「荒字檔」も「戻字檔」も、万暦四
十三年以前の太祖の事蹟の部分は、エルデニの著作をかなり正確に抄写してつ
くられたということが理解できる。

　『満文原檔』には、このエルデニ・バクシによる「太祖紀」完成の記事の直
前に、ある興味深い記述がある。「戻字檔」と「荒字檔」は同文であるが、「戻
字檔」によると次のようである。

　　　gürun de jekui alban jafaci gürun jobombi seme; emu nirui juwan haha; duin
　　　ihan be sidende tücibubi, sula bade üsin taribubi, jeku ambula bahabi kuu gidabi;
　　　tere kui jekube ejeme gaijara salame bure juwan ninggun amban jakon baqsi be
　　　afabuha;

〔和訳〕
　　　国の民にたいして穀物の公課を取ると、国の民が苦しむので、一ニル毎に
　　　十人の男丁、四頭の牛を公に出させて、空地に田を耕させて穀物をおおい
　　　に収穫したので庫は一杯となった。その庫の穀物を記録し、出納すること
　　　を十六人のアンバンと八人のバクシにゆだねた。

　すなわち、万暦四十三年以降、16人のアンバン amban と 8 人のバクシ baqsi
＜baksi が庫の出納の管理と記録を行うことになったというのである。ちなみ
に、この穀物を取り扱ったアンバンであるが、「逃人檔」に、

　　　asan da manju giran; ama altasi genggiyen han de jeku jafaha amban bihe;

〔和訳〕
　　　アサン Asan はもともと満洲 Manju 人。父アルタシ Altasi は太祖ゲンギェ
　　　ン・ハン Genggiyen han のときに穀物を取り扱ったアンバンであった[7]。
と、実際にアンバンに任命された人物の名を見出すことができる。

　ヌルハチ時代ではこのよう穀物庫の出納記録をはじめとして、重要な部分、
とくにハンの言動にかかわるところにおいては、バクシによる記録がなされて
いたのでないかと思われる。ちなみに、この場合の「バクシ」は、称号ではな

60 第1部 入関前清朝における文書制度の展開と「史書」の編纂

く、普通名詞の「書記」と理解してよいであろう。このようなバクシたちの記録と、明、朝鮮、モンゴルその他の諸勢力との往来文書等が、ヌルハチの居城のある部分に集積・保管されていて、それらの情報をまとめるかたちで、先のエルデニ・バクシの歴史叙述がなされたのである。

さて、ヌルハチの死後、ホンタイジはその即位にあたって、天命十一年 (1626) 九月に、以下のような人事を発表した。

> sure han, geren beisei emgi doroi jalinde hebešeme gisurefi; gurun i doro be beye de alifi dasakini; hebei gisun be beise i adame tefi donjikini; aba, cooha yabuci gūsa be gaifi yabukini; ai ai weile be kimcime baicakini seme, gulu suwayan de namtai; kubuhe suwayan de darhan efu; gulu fulgiyan de hošotu efu; kubuhe fulgiyan de borjin hiya; kubuhe lamun de gusantai; gulu lamun de tobohū ecike; kubuhe šanggiyan de cergei; gulu šanggiyan de kakduri, ere jakūn amban be tukiyefi jakūn gūsai ejen obuha; jai anfu cooha de generakū, gurun i ai ai baita be icihiyakini, weile beidekini seme, gulu suwayan de baintu, lenggeri; kubuhe suwayan de isun, dacuhū; gulu fulgiyan de burgi, yekšu; kubuhe fulgiyan de ušan, cohono; kubuhe lamun de šusai, kangkalai; gulu lamun de tumburu, sabigan; kubuhe šanggiyan de ubai, samsika; gulu šanggiyan de munggatu, asan; ere juwan ninggun amban be sindaha; jai anfu cooha yabure de kemuni yabukini; boo de bici weile beidekini seme, gulu suwayan de babutai agu, bakiran; kubuhe suwayan de donoi, yangšan; gulu fulgiyan de tanggūdai agu, cahara; kubuhe fulgiyan de hahana, yecen; kubuhe lamun de mungtan, emungge; gulu lamun de anggara, sele; kubuhe šanggiyan de turgei ilden; gulu šanggiyan de kanggūri, adahai; ere juwan ninggun amban be sindaha;

（順治初纂『太宗文皇帝実録』〈満文本〉巻一）

〔和訳〕

スレ・ハンは、諸ベイレとともに政務のために協議して、国の政事を自身で受けて政務を行うように、議事の言葉をベイレたちと同席して聞くように、狩猟や行兵に際してはグサを率いて行くように、諸事を詳らかに調べ

るようにと、正黄にナムタイ Namtai、鑲黄にダルハン・エフ Darhan efu、正紅にホショトゥ・エフ Hošotu efu、鑲紅にボルジン・ヒヤ Borjin hiya、鑲藍にグサンタイ Gusantai、正藍にトボフ・エチケ Tobohū ecike、鑲白にチェルゲイ Cergei、正紅にカクドゥリ Kakduri、この八名のアンバンを抜擢してグサのエジェン（主）とした。また辺戌や兵事には行かず、国の諸事を処理するように、罪を審理するようにと、正黄にバイントゥ Baintu、レンゲリ Lenggeri、鑲黄にイスン Isun、ダチュフ Dacuhū、正紅にブルギ Burgi、イェクシュ Yekšu、鑲紅にウシャン Ušan、チョホノ Cohono、鑲藍にシュサイ Šusai、カンカライ Kangkalai、正藍にトゥンブル Tumburu、サビガン Sabigan、鑲白にウバイ Ubai、サムシカ Samsika、正白にムンガトゥ Munggatu、アサン Asan、この十六名のアンバンを任じた。また、辺戌や兵事の際はそのまま行くように、在京にあっては罪を審理するようにと、正黄にバブタイ・アグ Babutai agu、バキラン Bakiran、鑲黄にドノイ Donoi、ヤンシャン Yangšan、正紅にタングダイ・アグ Tanggūdai agu、チャハラ Cahara、鑲紅にハハナ Hahana、イェチェン Yecen、鑲藍にムンタン Mungtan、エムンゲ Emungge、正藍にアンガラ Anggara、セレ Sele、鑲白にトゥルゲイ Turgei、イルデン Ilden、正白にカングリ Kanggūri、アダハイ Adahai、この十六名のアンバンを任じた。

この記事から、ホンタイジが基本的に各旗より数的に均しく人員を選抜し、国政および訴訟関係を担当させていたことがわかる。このように各旗が均等に負担と職務を分担するようなかたちは、日常の出来事の記録等の業務にも反映されていたのではないかと思われる。

第2節　八旗の当直記録と「逃人檔」

中国第一歴史檔案館には、「逃人檔」と仮称された1冊の檔冊が保存されている。「逃人檔」は、後金から他の地へ逃亡した、また他の地から後金に逃亡してきた人々（モンゴル諸「部族」の来帰等をも含む）に関することを主として記

62　第1部　入関前清朝における文書制度の展開と「史書」の編纂

録した檔冊で、天命十一年十月より天聡四年（1630）十一月まで、削除された
ものなどを含めて、全部で171件の記事が収められている[8]。

　関孝廉は、この「逃人檔」を「八旗値月檔」とし、

　　ヌルハチ時代より、八旗を4組に分け、2旗の組みとし、一月毎に輪番で
　　任務にあたった。これを「値月」という。値月の期間、2旗はそのときに
　　発生した事件を、日毎に冊子に記録した。これを「八旗値月檔」と称す。

と述べている[9]。関は、「八旗値月」という制度の内容、またそのヌルハチ時
代から始まったという典拠についてまったく示されていないが、本檔冊は、関
が指摘するとおり、八旗中の旗色を一にする2旗が輪番で当直した際の記録簿
（関によれば「八旗値月檔」）であることは間違いない。その理由としては、本檔
冊に収められた多くの檔案には、各月の記事の冒頭部分の上部に、当直の旗名
が注記されているからである。たとえば、第6号檔案（番号は筆者が便宜上、日
付順に各記事に付したもの）には、その記事の始まりの部分の上部に「jüwe lamun
i biya　（両藍旗〔当直〕の月）（天命十一年十一月初二日付、巻九十九、第18丁裏）」
と記され、墨で丸く囲まれている。

　本檔冊に記されたこの注記にしたがえば、当時の各旗当直の順番は、天命十
一年十月から天聡二年十二月までは以下のようである。

天命十一年	十月（当直旗の記載なし）		天聡二年	正月（両紅）	
	十一月（両藍）			二月（両黄）	
	十二月（記事なし）			三月（両藍）	
天聡元年	正月（両紅）			四月（両白）	
	二月（両黄）			五月（両紅）	
	三月（両藍）			六月（両黄）	
	四月（両白）			七月（両藍）	
	五月（記事なし）			八月（両白）	
	六月（両黄）			九月（記事なし）	
	七月（両藍）			十月（両黄）	
	八月（両白）			十一月（両藍）	

第2章　八旗値月档と清初の記録　63

九月（両紅）

十月（両黄）

十一月（両藍）

十二月（両白）

十二月（両白）

　すなわち、すくなくともホンタイジの即位直後には、すでに八旗が一ヶ月毎に輪番（両黄、両藍、両白、両紅の順であったことがわかる）で当直し、その日の出来事を記録するという制度が存在していたことは間違いない[10]。

　さて、「逃人档」には、記事の上に「ara（書け）」と注記されている場合があるが、関孝廉によれば、「ara（書け）」という注記のあるところはすべて『満文老档』に収録されているという[11]。しかしながら、ara という記述がなくとも『満文原档』に収められているものもあり、なかには ara という注記があっても『満文原档』および『満文老档』に記録されていない部分もみられる。また、本档冊の表紙には、史書編纂のための資料（『満文原档』）に抄写されたものについては、その年月を記しているが、記事に ara の指示があるにもかかわらず、表紙にその年月が記されていない場合もみられる。

　すでに別稿[12]にてあきらかにしたとおり、「逃人档」は、当直した旗色を一にする2旗が、主として後金に逃げてきた、また逃げていった「逃人」に関する事件を日記体で記録したような体裁をとっているが、かならずしも天命十一年から逐次記録されたものではないようである。たとえば、天聡四年二月分が同年九月分のあとに記されていることや、個々の档案においても、同じ月のなかで日付が前後する部分もみられる。これらの事実からみると、本档冊は、「逃人」について専門に逐次記録された帳簿というよりは、なにか別の記録、おそらく「当直した2旗の記録」から「逃人」に関わる部分を抽出して記したものではないかとも考えられる。

　また、一般の「逃人」に関わる記事のほかに、先に述べたように、モンゴルから後金に「来帰」した人々に関する記述も多くみられる。そのなかでも天聡元年六月より七月にかけて、アオハン Aohan、ナイマン Naiman の両部が後金に来帰したことに関する一連の記録は興味深い。太宗ホンタイジは、瀋陽郊外

のドゥルビ・アラ Durbi Ala の地まで直接出迎えに行き、天聡元年七月初六日、この地で、アオハン、ナイマンの諸王の前で上天に誓った。「逃人檔」では蒙文の誓言文が収められている[13]（したがって、ホンタイジはこの誓言文をモンゴル語で読んだ可能性も考えられる。そしてまた、モンゴル語を筆写できる能力をもったものが記録していたことがわかる）。ところが、『満文原檔』の「天字檔」[14]に収められた誓言文は満文である。『満文原檔』はその作成の際にこの「逃人檔」の当該部分を利用しており、引用に際してそれを満訳して記録したのである。

　すなわち、現在見ることのできる『満文原檔』の当該部分は、ある編輯意図をもって編纂された日記体の史書なのであり、多くの研究者がすでに指摘するとおり、クルチャン Kūrcan をはじめとする「書房」の人々によって「作られた」ものであろう。「逃人檔」と『満文原檔』を比較すると、『満文原檔』が、「逃人檔」に記された訂正に忠実にしたがっており、このことからみて、「逃人檔」は『満文原檔』のまさにオリジナル資料のひとつであったことがわかる[15]。そして、当該部分の『満文原檔』をみると、その満文は、新満文とはいえ圏点が付されていない部分も多く、またその綴り方等からみて、老満文から新満文への転換過渡期、すなわち少なくとも天聡年間後半に抄写されたものと思われる。

第3節　八旗「値月」の記録

　八旗中の旗色を一にする2旗が輪番で当直した際の「記録簿」は、実は『満文原檔』のなかにもみることができる。たとえば「陽字檔」や「地字檔」、「成字檔」の一部、そして「満附二」（天聡六年檔）であり、いずれも天聡三〜六年の日付を有するものである。また、中国第一歴史檔案館には「内国史院　天聡五年檔」と題する檔冊が所蔵されており、それにも、ほぼ全篇に亘ってこの当直の注記がみられる。以下、それら各檔冊をみていくことにする。

　まず、「陽字檔」であるが、この「陽字檔」[16]は、4件の記事からなっている。

　①天聡三年正月十二日、蒙古の Urut 国から離反して来た Minggan Beile

の子 Angkūn Darhan Hošooci が病気で亡くなったことに関する記事。

②同年二月初五日、Angkūn Darhan Hošooci の葬儀に関すること。

③同年閏四月二十七日、李永芳の妻となった公主が亡くなった件。

④同年六月二十三日、その公主 (Fusi Gege) の葬儀に関すること。

このうち、②の記事の冒頭に「jüwe suwayan i biya 両黄旗当直の月」、③の記事の冒頭に「jüwe fulgiyan i anagan biya 両紅旗当直の閏月」、そして④の記事の冒頭に「jüwe lamun ninggun biya 両藍旗当直の六月」と記されている。これからみて、「陽字檔」は基本的に葬儀に関するものが抜き書きされているようであるが、『満文老檔』にも、当該箇所にほぼそのまま記録されている。ただ、④の記事だけは、六月ではなく、何故か閏四月二十三日の記事として記録され、③の記事との矛盾が生じている。

次に「成字檔」[17]の後半部分と「地字檔」をみることにする。まず「成字檔」の後半部分は、天聡四年七月より天聡五年二月までの記事であるが、明らかに前半部分とは異なる筆で記され、わざわざ冒頭に天聡四年の干支 (šanggiyan morin 庚午) まで記されている。したがって、元来この後半部分は、別の冊子であった可能性が高い。記事内容は基本的に太宗の身の回りの出来事、皮島関係のことなど多様であり、「陽字檔」のようにとくに専題を設けて記録されたものではない。ちなみに、その当直の旗色は、「nadan biya jüwe sanggiyan (天聡四年) 七月両白旗」、「jakon biya jüwe fulgiyan 八月両紅旗」、「jüwe suwayan i biya 両黄旗当直の月」(そのあとに本文として uyun biyai ice jüwe de; 九月初二日) と続く、「jüwe lamun i juwan biya 両藍旗当直の十月」、「jorgon biya jüwe fulgiyan 十二月両紅旗」、「jüwe suwayan i biya 両黄旗当直の月」(そのあとに本文として süre han i sunjaci aniya; aniya biyai ice duin de 天聡五年正月初四日)、そして「jüwe lamun i jüwe biya 両藍旗当直の二月」と記されている。すなわち、「逃人檔」以降も、黄・藍・白・紅の順で当直が行われ、日々の記録がなされていたことがわかる。

次に「地字檔」[18]であるが、これは天聡六年の記事が記された檔冊である。最後の部分を除いてほぼ全般に亘って当直旗の注記がみられる。記事内容は、

66 第1部 入関前清朝における文書制度の展開と「史書」の編纂

特に専題を設けているわけではなく、幅広い内容を有する日々の出来事の記録である。ちなみに、当直の旗色は、（天聡六年）正月が両藍、二月が両白、三月が両紅、四月が両黄、五月が両藍、六月が両白と続き、十二月が両黄旗となっている。

本檔冊になされた旗名の注記でひとつ注目されることがある。それは六月分の注記で「juwe sanggiyan i ejehe ???? ninggun biya 両白旗が記録した六月」と、はっきりと「記録」の事実を記している点である。すなわち、この日々の記事の冒頭になされた旗名の注記は、単に当直の2旗の名のみを示したのではなく、当該記事を当直両旗が実際に記録したという証明ともなるものといえよう。

次いで「満附二」天聡六年檔[19]である。この檔冊の表紙には、「sure han i ningguci sahaliyan bonio aniya; aniya biya ejehe dangse; dahaha monggo beise i hengkileme jihe; gaiha, buhe, fudehe; sarilaha bithe; 天聡六年壬申年、正月に記した檔子、帰順した蒙古諸王が叩頭しに来た、取った、与えた、贈った、酒宴したことを記した書」とある。ちょうど老満文から新満文への移行の過渡期にあたり、書き手によっては一部圏点を付している例がみられる。基本的に表題のとおり、蒙古王公に関する記述が主であり、なかにはモンゴル語による記事もみられる。

「満附二」に記された当直の順番は、「地字檔」と当然同一であるので、ここでは繰り返さないが、本檔冊にも三月分に「jüwe fulgiyan ejehe ilan biya両紅旗が記録した三月」と記されており、当直旗による「記録」の事実が記されている。

この「満附二」の後半部分は、別の檔冊（天聡六年檔）で、前者と一緒に綴じられたものであり、当直の旗色は記されていない。ただ、この檔冊の末尾に、

jangtungga araha

sahaliyan bonio aniya

〔和訳〕

Jangtungga が書いた

壬申年（天聡六年）

と、檔冊書写担当者に関する記載がみられる[20]のは興味深い。

　最後に、北京の中国第一歴史檔案館に所蔵される国史院檔「天聡五年檔」を見ることにする[21]。本檔冊は、まさに八旗が輪番で担当した日々の出来事をまとめたものである。本来の八旗当直の記録（関孝廉のいう「値月檔」）とは、このようなものであったと思われる。本檔冊の書写は無圏点の老満文で記されており、天聡五年にきわめて近い時間にまとめられた檔冊であると考えられる。「逃人檔」や「陽字檔」など専題の檔冊は、このような記録から抜き出してまとめたとも思われる。旗色は、正月両黄、二月両藍、三月両白、五月両黄、六月両藍……の順である[22]。

　この「天聡五年檔」と順治初纂『太宗文皇帝実録』を比較すると、かなりの差異がみられ、この史料の史料的価値が着目されるところである[23]が、本来、この「天聡五年檔」のような八旗当直記録は、各年代揃っていたのではないかと思われる。

　これらのことから判断すると、すくなくとも天聡六年までは、旗色を一にする八旗の当直者が、ハンの起居をはじめとする日々の出来事を記録していた事実があり、おそらくそれは、のちに述べるように、「bithe i boo 書房」（文館）に収められて管理され、そこのバクシや秀才たちが、その記録と明、朝鮮、そして、モンゴル諸部族等との往来文書、そして官衙（組織）の文書等を材料として、専題檔冊や史書等を編んでいったのであろう。

第4節　八旗値月檔と「書房（文館）」

　神田信夫の研究によれば、文書の記録を行う「bithei boo書房（文館）」は、天聡三年以前にはすでに成立していたとし[24]、これにしたがえば、旗色を一にする当直2旗の記録は、書房（文館）における作業と並行して行われていたことになる。太宗初期の文書システムについてはいまだ史料的な制約から不明な点が多いが、以下、書房と八旗当直記録との関係について見ていきたい。

　乾隆三修『太宗実録』（漢文本）、天聡三年（1629）四月一日の条には次のよ

68　第1部　入関前清朝における文書制度の展開と「史書」の編纂

うにある。

　　（天聡三年）夏四月。丙戌朔。上命儒臣、分為両直。巴克什達海、同筆帖式
　　剛林、蘇開、顧爾馬渾、托布戚等四人。繙訳漢字書籍。巴克什庫爾纏、同
　　筆帖式呉巴什、査素咯、胡球、詹霸等四人。記注本朝政事。以昭信史。初
　　太祖製国書。因心肇造。備列軌範。上躬秉聖明之資。復楽観古来典籍。故
　　分命満漢儒臣、繙訳記注。欲以歴代帝王得失為鑑。併以記己躬之得失焉。

　これがのちに「文館の成立」と称せられているものであり、すでに多くの先
学によって検討されてきた史料である。これからみると、バクシのダハイが、
ビトヘシ bithesi（筆帖式）のガリン Garin、スカイ Suk‘ai、グルマフン Gūlmahūn、
そしてトプチ Tobci の 4 名とともに漢文書籍の翻訳を担当、そしてバクシのク
ルチャンが、ビトヘシのウバシ Ubasi、ジャスカ Jasuka、フキオ Hūkio、そし
てジャンバ Jamba とともに、本朝の政事の記録を行い、信頼すべき史書を作
成するという、職務分担の組み分けを行ったという記事である。

　神田信夫もすでに検討を加えているように、この事実が文館の設置を意味す
るものでないことはあきらかであるが、問題は、「本朝の政事を記注」、すなわ
ち皇帝の言動等、日々の出来事を記録する役割を果たすとある点である。この
乾隆三修『太宗実録』の記事だけから判断すると、クルチャンのグループがこ
の職務を担当するかのように思われる。たとえば、『清史稿』「本紀」巻二　本
紀二　太宗一、天聡三年の条に、

　　夏四月丙戌朔、設文館、命巴克什達海及剛林等繙訳漢字書籍、庫爾纏・及
　　呉巴什等記注本朝政事。

とあるような見解がでてきても仕方がないのである。

　しかしながら、この部分を順治初纂『太宗文皇帝実録』（漢文本）でみると、
以下のようにある。

　　上命分文人為両班職掌。命大海榜式翻訳明朝古書。筆帖式剛林・蘇開・孤
　　児馬弘・托布戚四人副之。庫里纏榜式記本朝往来文移及得失事蹟。筆帖式
　　呉把什・加素哈・胡丘・詹巴四人副之。満洲文字太祖由心肇造。著為軌範。
　　上即位。聡明盛徳。復楽聞古典。故分清漢文人為両班。以歴代帝王得失為

鑑。因以考己之得失焉。

これにはクルチャンのグループは「本朝往来の文移及び得失の事蹟を記」す
とあるだけで、「本朝の政事を記注」するとは書かれていない。クルチャンた
ちは、往来文書と過去の事蹟を記録することをその職務としたのである。した
がって、天聡三年当時、彼らが所属する「書房 bithe i boo」のバクシやビトヘ
シらが、当直して日々の出来事の記録をしていたのではなかったのである[25]。

次に『奏疏稿』（『天聡朝臣工奏議』「史料叢刊初編」所収）所収の、（天聡六年）
十一月二十八日付、「楊方興條陳時政奏」をみると、その当時の、書房の問題
点が記されている。

書房秀才楊方興、謹陳時政数欵開列於後。

一、書房中当用貝勒。書房実六部之咽喉也。一切往来国書、暨官生奏章、
倶在于斯。若無総理之人、未免互相推諉。臣遍観金漢中、無人当此大任。
亦不敢当此大任。皆恐日久生嫌。臣想六部皆有貝勒、而書房独無。乞皇上
択一老成通達政事的貝勒、在書房中総理。不必毎日労動、他恐褻貝勒之尊。
或三五日来一次、内則査点書房本稿、外則代伸六部事務。凡大小奏章、先
与貝勒説過。該進上者進上該発部者発部。庶書房官生、有頭領好用心做事。
再各分執掌、総聴貝勒約束方成個大規矩。伏乞聖裁。

一、編脩国史。従古及今換了多少朝廷、身雖往而名尚在以其有実録故也。
書之当代謂之実録、伝之後世謂之国史。此最緊要之事。我金国、雖有榜式、
在書房中日記皆係金字、而無漢字。皇上即為金漢主、豈所行之事、止可令
金人知、不可令漢人知耶。遼金元三史見在書房中、倶是漢字漢文。皇上何
不倣而行之。乞選実学博覧之儒公、同榜式将金字翻成漢字、使金漢書共伝、
使金漢人共知。千万世後、知先汗創業之艱難。皇上続統之労苦、凡仁心善
政、一開巻朗然、誰敢埋没也。伏乞聖裁。

　　（傍線、引用者）

上の楊方興の上奏で、天聡六年十一月の時点で、書房は往来の国書や、奏章
を管理するところであったが、それを統轄する貝勒が存在しなかったことがわ
かる。そして、もっとも注目すべきところは「我が金国、榜式有るといへども、

70　第1部　入関前清朝における文書制度の展開と「史書」の編纂

書房中に在るの日記は皆金字に係りて漢字無し」とある部分である。

　三田村泰助は、この上奏文をあげつつ、「右の上奏文のうち、榜式作る所の書房の金字日記は、前後の事情から推して、エルデニ・クルチャン作成の書でなければならぬ。換言すれば「満文老檔」であろうと思う」[26]と記している。

　しかし、ここでいう「日記」とは、「榜式作る所の」とは記されておらず、おそらく旗人輪番で記す「日録」、およびそれをもとにして作られた日記体の「史書」の総称であったと思われる。この時代、これら日々の記録が書房にて管理されていたが、彼らの職務は先に述べたとおり、これらの資料の管理と史書の編纂、そしてここにも示されているとおり満漢文の翻訳であった。

　三田村が指摘するように、この楊方興の上奏は太宗に影響を与え、翌年十月に書房（文館）の儒臣（バクシ）に対して、「太祖行政用兵之道」を子孫に伝える史籍の作成を命じた[27]。また、書房の官員の能力について問題が指摘され[28]、天聡八年四月には考試を行って、初めてのガリン Garin 剛林をはじめとする挙人16人を選抜した[29]。時代は急速に「八旗の輪番記録」からより中国歴代の制度にしたがった記録へと変貌することになるのである[30]。

おわりに

　八旗のうち旗色を同じくする2旗が月ごとに輪番した記録は、おそくともホンタイジの即位当初から継続されてきたものである。そしてその記載内容は、「天聡五年檔」にみられるように、ハンの起居をはじめとする後金内部の日常のさまざまな出来事であった。これは「日記」として書房に保管され、これをもとに、専題の檔冊が作られたり、書房では対外文書とともに、史書の編纂の基礎資料として用いられることになった。

　八旗輪番の旗人たちの「日々の記録」は、現在ほとんど見ることができなくなってしまったが、その記録をもとにまとめられた史書は、やがて崇徳元年（1636）の『太祖太后実録』、そして、順治年間の『太祖武皇帝実録』、『太宗文皇帝実録』へと繋がっていくのである。

第 2 章　八旗値月檔と清初の記録　71

註

（ 1 ）　その他の転写については、以下に従う。

　　（ a ）固有名詞の転写については、『満文老檔』等で確認できるものについてはその表記に従う。

　　（ b ）waw＋yodh で表される母音は、ü で写す。

　　（ c ）閉音節末の Möllendorff 方式では一様に k で写される子音については、モンゴル語の γ に対応するものは q、g に対応するものは k で写す。

　　（ d ）新満文と著しく綴りが異なる語は、そのまま転写する。

（ 2 ）　和田清「龔正陸伝補遺」『東洋学報』第40巻第 1 号、1957年。

（ 3 ）　 3 氏ともに詳細な研究を発表しているが、とりあえず代表的なものとして、三田村泰助「満文史料解説」『清朝前史の研究』1965年、東洋史研究会、所収、神田信夫「清初の文館について」『東洋史研究』第19巻第 3 号、のちに『清朝史論考』2005年、山川出版社、所収、そして松村潤『清太祖実録の研究』2001年、東北アジア文献研究会、をあげておく。

（ 4 ）　台北・国立故宮博物院に所蔵される「満文原檔」は、1969年に一度同院より『旧満洲檔』と題して影印出版されたが、コントラストの強い印刷で、消去部分や加筆部分の判読が相当困難であった。最近、同院より『満文原檔』と題して、あらたな撮影、印刷技術を駆使した影印版が出版された（台北・国立故宮博物院、2005年）。本稿では、この新版を大いに利用したが、引用にあたっては、『旧満洲檔』を「旧」、新版の『満文原檔』を「新」と略称する。

（ 5 ）　旧：第 1 冊、311～312頁、新：第 1 冊、124～125頁。この記事の訳については、承志より指摘を受けた（『ダイチン・グルンとその時代――帝国の形成と八旗社会――』名古屋大学出版会、2009年、146頁）。そのうち sure amba genggiyen という一文の追加と majige dabubume arahabi（やや誇張して書いている）という部分についてはその指摘に従って訂正した。ただ承志が uweri（残せ）と読んでいる部分であるが、それでは文意が通じないので、広禄、李学智に従い uttu（このように）であろうと判断した（『清太祖朝老満文原檔 第二冊：昃字老満文檔冊』中央研究院歴史語言研究所専刊五十八、1971年、台北・中央研究院歴史語言研究所、15頁）。

（ 6 ）　『満文原檔』には、該当の時期、「荒字檔」と「昃字檔」の 2 つのテキストが現

72　第1部　入関前清朝における文書制度の展開と「史書」の編纂

存するが、実は、「荒字檔」には、後半の「○Erdeni Baqsi……」以降の記事は含まれておらず、「戻字檔」にのみ存在する。この部分は、「戻字檔」の作成段階、おそらく天聡年間に書き加えられたものである。また、「an i bithe ere inu: 定本がまさにこれである」とある部分は、『満文老檔』では、「戻字檔」に記された指示に従って削除されている。ちなみに「荒字檔」（62頁）ではこの部分が存在し、しかも削除もされていない。

（7）　「逃人檔」天聡三年八月初三日付、第134号檔案（加藤直人『逃人檔』2007年、東北アジア文献研究会、62頁）。

（8）　加藤直人：「解説」（拙著『逃人檔』）。

（9）　関孝廉「盛京満文逃人檔」『清代檔案史料叢編』第14輯、1990年、中華書局、1頁。

（10）　この制度の創始がいつのことであるかはっきりとしないが、『満文老檔』をみると天命六年を境として、その記事形態が異なっていることが判る。それまでは年代記の色彩の強い文章であったものが、天命六年以降は、例えば逃人の記録がみられるなど、「日々の記録」からの抜粋のような形式となっている。どのようなかたちでいかなる者によってなされたのかはともかく、天命六年には、制度的に「日々の記録」がなされていたと考えられよう。

（11）　註（3）参照。

（12）　加藤直人「中国第一歴史檔案館所蔵〈逃人檔〉について」『松村潤先生古稀記念 清代史論叢』汲古書院、1994年、同「清初の文書記録と「逃人檔」」『満族史研究』第9号、2010年、本書第1部第3章。

（13）　「逃人檔」第34号檔案（拙著『逃人檔』20〜21頁）。

（14）　旧：第6冊、2691〜2693頁、新：第6冊、130〜132頁。

（15）　『満文原檔』を作成する際に、なぜ八旗当直の記録が用いられず、摘録であるこの「逃人檔」が用いられたのであろうか。『満文原檔』が「逃人檔」から引用した部分は、基本的にモンゴルの諸タイジが来帰した記事であり、編纂にあたって、この部分のみ当該記録がまとめて記されていた「逃人檔」が利用され、他の部分については、「値月檔」が用いられたのではないかと思われる。

（16）　旧：第6冊、2865〜2868頁、新：第6冊、299〜303頁。

（17）　旧：第8冊、3621〜3647頁、新：第8冊、23〜48頁。

（18）　旧：第8冊、3649〜3904頁、新：第8冊、49〜293頁。

第 2 章　八旗値月檔と清初の記録　73

(19)　旧：第 8 冊、3905〜4066頁、新：第 8 冊、295〜445頁。

(20)　旧：第 8 冊、4066頁、新：第 8 冊、445頁。

(21)　中国第一歴史檔案館所蔵「内国史院檔」巻号004、目録号107、冊号 1 。なお、
　　　本檔冊の複写については、楠木賢道氏のご協力を得た。ここに記して感謝する次
　　　第である。

(22)　従来中国第一歴史檔案館所蔵「内国史院檔」巻号001、冊号 2 （「太祖紀」）の
　　　巻尾に竄入していた記事は、天聡五年檔の一部であると判明し、現在中国第一歴
　　　史檔案館では「天聡五年檔」の冒頭にあらためて綴じ入れている。それが判明し
　　　たのは、この部分の上部に八旗当直の記録が記されていたからであろう。

(23)　本檔冊については、関孝廉編訳「天聡五年八旗値月檔（一）〜（五）」『歴史檔案』
　　　2000年第 4 期（2000年11月）〜2001年第 4 期（2001年11月）がある。ただ、利用
　　　にあたっては原典を充分に確認する必要がある。また、東洋文庫東北アジア研究
　　　班編『内国史院檔　天聡五年 1 、 2 』東洋文庫、2011年 3 月、2013年 3 月は、本
　　　檔冊の全訳である。また、「天聡五年檔」を史料として用いた研究として、楠木
　　　賢道「天聡五年大凌河攻城戦からみたアイシン国政権の構造」『東洋史研究』第
　　　59巻第 3 号、2000年、および同「清太宗ホンタイジによるモンゴル諸王の冊封」
　　　『中華世界の歴史的展開』2002年、汲古書院、所収、を挙げておく。

(24)　神田註（ 3 ）論文、44〜45頁。

(25)　ちなみに、順治初纂『太宗文皇帝実録』（満文本）では、この部分は次のよう
　　　にある。

　　　　　　han i hesei, bithei niyalma be juwe jurgan i faksalafi; nikan i kooli bithe be
　　　　　　ubaliyambume ara seme dahai baksi de afabuha; garin, sukʹai, gūlmahūn, tobci ere
　　　　　　duin bithesi be adabuha; manju gurun i jabšaha ufaraha babe suduri arame gaisu
　　　　　　seme kūrcan baksi de afabuha; ubasi, jasuka, hūkio, jamba ere duin bithesi be
　　　　　　adabuha;　　dergi taidzu manju bithe be deribufi; mujilen i werime doro be fukjin
　　　　　　ilibuha;　　sure han, soorin be siraha manggi; udu beye erdemungge genggiyen
　　　　　　bicibe, geli ulgei kooli be donjire de amuran; tuttu nikan, manju i bithei niyalma
　　　　　　be faksalafi; julgei han han i jabšaha ufaraha be buleku arafi donjiki; ini jabšaha
　　　　　　ufaraha be arakini seme deribuhe;

　　　　〔和訳〕
　　　　　　ハンの旨で、文人を二班に分けて、漢地の典籍を翻訳し書けとダハイ・バク

74　第1部　入関前清朝における文書制度の展開と「史書」の編纂

シにゆだねた。ガリン、スカイ、グルマフン、トプチこの四人のビトヘシを
付けた。マンジュ国の得たこと、失ったことを史書として書き取れとクルチャ
ン・バクシにゆだねた。ウバシ、ジャスカ、フキオ、ジャンバこの四人のビ
トヘシを付けた。先の太祖は満洲文を創始して、心を込め規範を創り確立さ
せた。スレ・ハン（太宗）が位を継いだのち、いくらご自身が徳があり聡明
であっても、また古典を聞くことに楽しみ（をもつ）。そのように漢、満の
文人を分けて、古のハンやハンの得たこと失ったことを鏡となして聞きたい。
その得たこと失ったことを書くようにと始めた。

　満文本には、漢文本にある「往来文移」にあたる部分はみあたらないが、クル
チャンたちが、後金の過去の事蹟を史書としてまとめることをその職務としてい
たことはあきらかである。

(26)　三田村註（3）論文、333〜334頁。

(27)　三田村註（3）論文、331〜332頁。

(28)　神田註（3）論文、50頁。

(29)　中国第一歴史檔案館所蔵「内国史院檔　天聡八年」、天聡八年四月二十六日
（中国第一歴史檔案館編『清初内国史院満文檔案訳編』上、1989年、北京・光明
日報出版社、78頁）。

(30)　八旗輪番による日々の記録がいつまでなされたのかについて、現在までは天聡
六年分までしか確認していない。台湾・中央研究院歴史語言研究所には、「値月
檔」の残葉らしきものが保存されている（登録号：167602）が、具体的なことに
ついては不明である。

第 3 章　清初の文書記録と「逃人檔」

は じ め に

　清入関前、とくに天聡以前の「後金」の社会を考える基本資料は、『満文老檔』、そしてその『満文老檔』の原資料の『満文原檔』（『旧満洲檔』）である[1]。これらの資料の史料価値についてはすでに多くの研究がみられ[2]、ここであらたに触れることはしないが、この『満文原檔』がどのような資料をもとに作成されたのか、という問題についてはほとんど解明されていない[3]。

　北京の中国第一歴史檔案館には、「盛京満文老檔」と分類された一群の檔案のなかに、「逃人檔」と仮称された一冊の檔冊が保存されている。この「逃人檔」は、後金から他の地へ逃亡した、また他の地から後金に逃亡してきた人々に関するものを主として記録した檔冊で、天命十一年（1626）十月より天聡四年（1630）十一月まで、削除されたものなどを含めて、全部で171件の記事が収められている[4]。

　民国以降、とくに1925年の故宮博物院の成立以後、清朝の記録の調査が積極的にすすめられ、多くの入関前の資料が公にされたが、本檔冊の存在はいままでまったく不明であった。のちに述べるように、1990年に中国第一歴史檔案館の関孝廉により漢語の翻訳が発表され[5]、はじめて一般にこの存在があきらかになったのである。筆者は、中国第一歴史檔案館において、関の公表より前にこの資料を見出して調査を行っていたが、小稿を認めるにあたって、かれの翻訳にも示唆を受けた。しかしながら、関の翻訳は必ずしも記事すべてに亘っているわけではなく、かつ原文が示されず、かれ自身が漢訳したもののみ公開したので、研究者にとってはいささか利用しづらいものであった。加えてかれの翻訳については、さらに考慮を要するところもみられるので、筆者は、あえて

76　第1部　入関前清朝における文書制度の展開と「史書」の編纂

この「逃人檔」について検討を加え、ローマ字転写のうえ訳注を付して『逃人檔』（東北アジア文献研究叢刊3、2007年、東北アジア文献研究会）と題して公刊した。

「逃人檔」は、冒頭に記したとおり、『満文原檔』の原資料のひとつであり、この檔冊のみにしか存在しない史料も多く含まれている。ただ、現在の状況をみると、筆者がかつて公にした当該史料研究[6]および文献解説[7]を除き、必ずしも研究に十分に活用されているとは言い難い。本章は、この「逃人檔」について、先の考察をもとにしつつあらためてその史料的な価値を論ずるとともに、『満文原檔』編纂に関わるいくつかの問題について検討を加えようとするものである。

なお、「逃人檔」は、先にも述べたとおり老満文による記録であるが、この老満文のローマ字転写についてはいまだスタンダードな方法が確立されていない。ここでは基本的にメレンドルフ Möllendorff, P. G. von; *A Manchu Grammar*, Shanghai 1892. の方式を用い、老満文部分は、『tongki fuka akū hergen i bithe 無圏点字書』（中国第一歴史檔案館所蔵、乾隆四十三年重鈔本。1987年、天津古籍出版社影印）で示された新満文の表音にしたがって転写を行った。なお、waw＋yodh で表される母音は、新満文の kū、gū、hū に対応する場合は ū、その他の場合は ü で表した。ただ、「逃人檔」の満洲語表記にはゆれがあり、たまにそれが u で表記されている場合がある。その場合には、単語の末尾にアステリスク＊を付して区別した（例：tücihe < tucihe*）。閉音節末の Möllendorff 方式では一様に k で写される子音については、モンゴル語の γ に対応するものは q、g に対応するものは k で写す。

そのほか、新満文では ū で表記されるものが、「逃人檔」では多く o で記されている。本章では原文の姿を残すためにそのまま o で転写した。また、ubasame、omsiyon 等、新満文と著しく綴りが異なる場合には ubašame、omšon 等に改めていない。固有名詞の転写については、『満文原檔』および『満文老檔』などで復元できるものについては、その表音で示し、不明なものについては、大文字で記した。また、モンゴル語の転写については、基本的にポッペ Poppe,

Nicholas; *Grammar of Written Mongolian*, Wiesbaden, 1954の方式にしたがう。

第1節 「逃人檔」

　まず「逃人檔」の体裁であるが、寸法は、縦27.2cm、横17.0cmで、万暦『大明会典』の行間の余白を利用して、すべて無圏点の「老満文」で記録されている[8]。記述は、『大明会典』の巻・丁数でいえば、巻末より巻九十六、23丁裏まで行われ、全77葉に及んでいる。「逃人檔」が『大明会典』の余白を利用して記されているのは、この年代、後金では深刻な紙不足であったからであろう[9]。

　「逃人檔」の表紙には、次のような記述がみられる。

　　ubasame ukame jihe, müseingge ukame genehe dangse;

　　golmahon aniya ninggun biyaci arara gisun

　　　golmahon aniya ninggun biya;

　　　nadan biya; omsiyon biya;

　　　müduri aniya duin biya;

　　　jorgon biya; arara gisun bi;

　　＊【転写凡例】

　　　① アンダーライン部分は、削除された記事を示す。

　　　② /……/は、付加された部分を示す。

　　　③ //……//の部分は、付加された記事にさらに付加された記事を示す。

〔和訳〕

　　そむいて逃げてきた、また我らの者で逃げていった〔者を記した〕檔子

　　卯の年の六月より記す言葉（記事）

　　　卯の年六月。

　　　七月。十一月。

　　　辰の年四月。

　　　十二月の記す言葉（記事）がある。

*【和訳凡例】

① アンダーライン部分は、削除された記事を示す。

② 〔……〕部分は、付加された記事を示す。

③ ／……／部分は、付加された記事にさらに付加された記事を示す。

④ （……）は、筆者が訳を補った部分を示す。

卯の年とは丁卯の年すなわち明の天啓七年、太宗ホンタイジの天聡元年（1627）にあたる。辰の年は戊辰の年すなわち明の崇禎元年、天聡二年のことである。これら表紙に記された日付は、檔冊内の檔案の文頭に、「ara（書け）」と大きく記された檔案の年月を示したものである。これは、のちに述べるように、『満文原檔』を編むときに本檔冊が利用されており、係官が書き抄した際に確認のため記されたものであろう。

さて、先に触れたとおり、1990年に刊行された『清代檔案史料叢編』第14編（中国第一歴史檔案館編）には、関孝廉による「逃人檔」の翻訳が収められている。このきわめて読みにくい老満文の記録を漢訳された氏の労を多としたい[10]。

本檔冊に関する関孝廉の解説を要約すると、以下のようである。

本檔冊は、ヌルハチ時代以降、二旗が輪番で当直を行った際の記録、「八旗値月檔」に属すものであり、各件の檔案の左上方には老満文で、「ara（書け）」、「ume（書くな）」の字で区別がなされていて、また塗抹されて削除された部分もみられる。この「書け」と指示のある部分は、すべて『満文老檔』に収録されており、これからみると、清入関前に『満文老檔』が編纂された際に用いられた檔案であると思われる。ちなみに『満文老檔』に収められた檔案はわずかに19件であり、残りの129件は収録されていない。

関孝廉訳「盛京満文逃人檔」（『清代檔案史料叢編』第14輯、1頁）

関のいう『満文老檔』は『満文原檔』（『旧満洲檔』）であろう。また「ara」、「ume ＜ üme」等の指示や訂正は老満文によってなされており、基本的には新満文の創出以前、すなわち天聡六年（1632）以前になされたもので、『満文原檔』の作成と関連するものである。しかし、この「逃人檔」にはこれとは別に、

「erebe araha（これを記録した）」とか小さく「ara」と注記されている箇所がある。これらの注記をもとに、「逃人檔」の記事を書き写した檔案がどのようなものであったのかについてははっきりとしない。これらの注記があっても、当該の記事は、『満文原檔』にも、順治初纂の『太宗文皇帝実録』にも収められていないからである。おそらくは、他の史書編纂の過程でなされたメモと考えられる。したがって、注記のある部分が「すべて『満文老檔』に収録」（関前掲解説）されているわけではない。

　本檔冊が、関が指摘するとおり、八旗中の旗色を一にする正・鑲二旗が輪番で当直した際の記録簿（関によれば「八旗値月檔」）に属すと考えられる。その理由としては、本檔冊に収められた多くの檔案の上部欄外に、当直の旗名が記されているからである。たとえば、第6号檔案（この番号は筆者が便宜上、記事の記載順に付したもの）には「jüwe lamun i biya（両藍旗の〔当直の〕月）、巻九十九、第18丁表（巻・丁数は、利用された『大明会典』のもの）、丙寅年（天命十一年〈1626〉）十二月初二日付」と注記されている。ちなみにこの当直の順番は、両黄、両藍、両白、両紅のようである。

　一方、この「両旗」の当直の記載は、前章で考察したとおり『満文原檔』中の「陽字檔」の一部（旧：第6冊、2865〜2868頁、新：第6冊、299〜303頁）、「成字檔」（旧：第8冊、3621〜3647頁、新：第8冊、23〜48頁）、「地字檔」（旧：第8冊、3649〜3904頁、新：第8冊、49〜293頁）、また「満附二（天聡六年檔）」（旧：第8冊、3905〜4066頁、新：第8冊、295〜445頁）、そして、中国第一歴史檔案館所蔵「満文国史院檔　天聡五年分」（全宗号002、目録号107、巻号004、冊号1）にもみることができる[11]。「地字檔」、「満附二」は天聡六年の記録であり、この旗色を一にする二旗の記録は、すくなくとも天聡六年すぎまで行われていたことになる。神田信夫の研究によれば、文書の記録を行う文館（書房）は、天聡三年以前にはすでに成立していたとし[12]、この説にしたがえば、この両旗当直の記録は、文館における記録と並行して行われていたことになる[13]。太宗朝初期の文書記録システムについてはいまだ不明な点が多いが、本檔冊は、この空白を埋める貴重な資料ということができよう。

80　第1部　入関前清朝における文書制度の展開と「史書」の編纂

　さて、本檔冊は、各当直の両旗が日記体で記録した体裁をとっているが、必ずしも天命十一年から逐次記録されたものではないようである。たとえば、第8号檔案（巻九十九、第16丁裏）は、天聡元年正月二十日付の記事であるが、そのあとの第9号檔案（巻九十九、第15丁裏・表）は、同月十八日付の記事である。中でも第46号檔案（巻九十八、第13丁表〜10丁裏〈第12丁原欠〉）は、天聡元年十一月七日付であるが、その記事は同月二十九日付の記事のあとに記されており、欄外には「ba ako ofi amala araha〔書く〕場所がないので後ろに書いた」と注記されている。また、天聡三年十二月部分に収められた記事は、チャハル Čaqar からスメル・ホンタイジ Sümer qong tayiji が、属下の男子36名、女子15名を連れて来帰したというものであるが（巻九十七、第26丁裏）、全面削除されている。しかし、この同文の記事は、のちの天聡四年四月十一日の記事として収められている（第115号檔案、巻九十七、第16丁裏）。また第97号檔案は、天聡三年二月十二日の記事のあとに「同日 ineku tere inenggi」付として付せられているが、その内容はチャハルから来帰した男女が同月十五日（傍線筆者）に到着したというものである。これらの事実からみると、本檔冊は、逃人について専門に逐次記録された冊子というよりは、八旗値月の記録から「逃人」に関わる部分を抽出して記したものではないかとも考えられる。

第2節　「逃人檔」所収の記事

　「逃人檔」所収の記事の大半は、先に述べたとおり、他の地から後金に逃亡してきた、また後金から他の地へ逃亡した人々に関する記録であるが、比率としては前者のほうが多い。また、後半部分には後金から一時逃亡したものが再び後金に戻るという記事も多くみられるようになる。この事実は、後金の勢力拡大と切り離すことはできないであろう。後金に来帰する人々の原住の地方としては、一は明の遼東各地方、時期により異なるが、寧遠、錦州、松山等の地で、他はモンゴル、とくにそのなかでもチャハルからのものが圧倒的である。また、逃亡先としては遼東諸地域が多い。

第3章　清初の文書記録と「逃人檔」　81

　一般的な逃人来帰の記録の例として、天聡三年正月十六日（両紅旗当直月）の記事には以下のようにある。

sohon meihe aniya; aniya biya jüwe fulgiyan

süre han i ilaci aniya; sohon meihe aniya; aniya biyai juwan ninggunde monggoi

cahara kesikten i gürun i sunja haha; ilan hehe juwan jakon morin gajime ukame

jihe;　　　24b/24a

　（「逃人檔」第102号檔案、巻九十七、第24丁表）

〔和訳〕

　己巳の年、正月。両紅（旗の当直）

　スレ・ハンの三年、己巳の年、正月十六日、蒙古のチャハルのケシクテン

　Kesigten 国の五人の男が、三人の女、十八頭の馬を連れて逃げてきた。

　また、後金から他の地へ逃亡した例として、天聡元年十一月二十九日の記事には次のようにある。

jüwe lamun i biya

omsion biyai orin uyun de; buyandai efui ninggun niyalma dehi morin gamame

/laba tün ci/ ukaka seme alanjire jakade; jakon beile jakon niyalma; jüwete morin

tücibubi; buyandai efude adabubi fargabuha;

　（「逃人檔」第45号檔案、巻九十八、第13丁表）

〔和訳〕

　両藍（旗当直）の月

　十一月二十九日、ブヤンダイ・エフ属下の六名が四十頭の馬を連れて〔ラ

　バ島から〕逃げたと報告してくるので、八王は八人の者と各二頭ずつ馬を

　出して、ブヤンダイ・エフに陪同させて追わせた。

　次いで、一度逃亡してふたたび後金に戻った記事の例として、天聡四年七月初七日の記事には次のようにある。

nadan biya jüwe sanggiyan

sanggiyan morin aniya; nadan biyai ice nadan de daisungga nirui emu jüsen;

meike aniya jakon biyade ukame liosiongko de genebi amasi ukame jihe; gosai

82 第1部 入関前清朝における文書制度の展開と「史書」の編纂

amba beile de üji seme bühe;

　（「逃人檔」第149号檔案、巻九十六、第30丁表）

〔和訳〕

　七月。両白（旗の当直）

　　庚午の年七月初七日、ダイスンガ・ニルの一ジュシェンが巳の年八月に逃
　　亡して旅順口[14]にいって、戻り逃げてきた。旗のアンバ・ベイレに「養え」
　　と与えた。

　このように、これら逃人来帰、逃亡、そして逃亡ののち後金に戻ってきた記
事は、きわめて事務的に、日付、性別、人数、原住地名、逃亡したものであれ
ばその所属の niru 名、逃亡先などが記され、戻ってきたものについては、そ
の後の措置についても触れている。

　これら一般の「逃人」に関わる記事のほかに興味深いものとして、モンゴル
から後金に「来帰」する人々に関する記述がある。たとえば、天聡元年六月よ
り七月にかけての一連の記録である。この記録はアオハン Auqan、ナイマン
Naiman 両部が後金に来帰した件を記したものである。この来帰は、即位直後
のホンタイジにとってきわめてよろこばしいことであったらしく、瀋陽郊外の
ドゥルビ・アラ Durbi ala まで出迎えにいった。この模様は、『太宗文皇帝実録』
（順治初纂漢文本、巻二、第45丁表～47丁表）や『満文老檔』（「太宗・天聡七」、満文
老檔研究会訳註本「太宗Ⅰ」89～92頁）の記事によってよく知られている。

　天聡元年七月初六日（順治初纂『太宗文皇帝実録』〈漢文本〉では七月初五日の記
事と併せられている）、この地で太宗は、これらアオハン、ナイマンの諸王の前
で上天に誓った。「逃人檔」には以下のようなモンゴル文の誓言文が記されて
いる。

　　「● han;（●は○を黒く塗ったもの）」

secen qaγan

deger-e tngri-dü öcimüi; čaqar-un qaγan öber-ün törüben ebdejü, törügsen törül-
iyen ülü tanižu, jala ügei tabun otuγ qalq-a-yi ebdegsen-ü tula; auqan, naiman-i
noyad; čaqar-un qaγan-du maγulažu;　　secen qaγan-du tüsiy-e gežü iregsen-i

第 3 章 清初の文書記録と「逃人檔」 83

ülü sanaǰu, kerem-ün dotur-a oruɣulǰu öber-ün irgen-dür adali abču ǰabuqul-a;

　　secen qaɣan, yeke noyan, amin noyan, manggultai noyan, abutai; degelei;

ǰirɣalang; aǰige; düdü; yotu; siotu, saqaliyan, qoo ge; ede bügüde-yi 　　　 tngri

buruɣusiyaǰu amin nasun mani oqur bultuɣai; enggiǰü qayiralaǰu yabudal-a;

dügüreng; qong baɣatur; secen ǰoriɣ-tu; tüsiy-e tü; dayičing darqan; sangɣarǰai;

očir; dulba edün bügüde noyad-ta čaqar-un qadduɣan ügen-dür oruǰu; mani-yi

orkiǰu burɣu sanaqula, tan-i 　　　 tngri burɣusiyaǰu amin nasun tan-i oqur bultuɣai;

ali-ba kümün kelelčegsen ügen degen kürčü yabuqul-a; 　　　　　 tngri orüsiyeǰü

amin nasun bidan-i urtu boluɣad; ači, ür-e bidan-i delgereǰü tümen od; mingɣan

üy-e-dür kürtel-e ǰirɣaqu bultuɣai;

　　（「逃人檔」第34号檔案、巻九十九、第 4 丁表～第 3 丁裏）

〔和訳〕

　　Secen Qaɣan は上天に誓う。*Čaqar* の *qaɣan* は自らの法を破って、同じ出
　　自の自分の身内を認めず、罪のない五部 *Qalqa* を滅ぼしたので、*Auqan*、
　　Naiman の諸王が、*Čaqar* の *qaɣan* に虐げられて、*Secen Qaɣan* に頼りた
　　いと言ってきたのを慮ることなく、境内に入ることを許して自らの民と同
　　列の扱いで召しかかえるならば、*Secen Qaɣan, Yeke Noyan, Amin Noyan,*
　　Manggultai Noyan, Abutai; Degelei; J̌irɣalang; Ajige; Düdü; Yotu; Siotu,
　　Saqaliyan, Qooge これら皆を天は咎めて我らの寿命が短くあれ。このよう
　　に愛しみ行っても、*Dügüreng; Qong Baɣatur; Secen J̌oriɣ-tu; Tüsiy-e tu;*
　　Dayičing Darqan; Sangɣarǰai; Očir; Dulba これら多くの諸王等が *Čaqar* の
　　煽動の言葉にのって我らを棄てて異心を抱けば、汝らを天は咎めて、汝等
　　の寿命が短くあれ。何人でも我の誓った言葉に致し行えば、天は慈しんで
　　我らの寿命を長くなし、我々の子孫は繁栄し、万年千代にいたるまで安楽
　　たれ。

　ちなみに『満文原檔』（天字檔、旧：第 6 冊、2691～2693頁、新：第 6 冊、130～132
頁）に収められた誓言文は満文で以下のように記されている。

　　ice ninggun de gashoha gisun; süre han; dergi abka de gashombi; cahara i han ini doro be 2691/2692   efuleme; banjiha ahon deo be umai takarako, uile ako sunja tatan i kalka be efulehe turgunde; aohan naiman i beise; cahara i han de eherebi; süre han de nikeki seme jihe be gonirako, jasei dolo dosimbubi ini irgen i adali gaifi banjici; süre han; amba beile; amin beile; manggoltai beile; abatai; degelei; k ajige; düdu; yoto; sioto; sahaliye?n; hooge ese be gemu   abka wakalafi se jalgan foholon okini; uttu gosime banjirede; düreng; hong baturu, secen joriqtu; tüsiy-e tu; daicing darhan; sanggarjai; ocir, dulba; ere geren beile beise süwe caharai   2692/2693   siosihiyere gisun de dosibi; membe waliyabi fudasihon gonici süwembe   abka   wakalabi süweni se jalgan foholon okini; yay-a niyalma gisurehe gisun de isibume banjici   abka   gosibi müsei se jalgan golmin obi jüse omosi fuseme tümen aniya minggan jalan de isitala jirgakini /seme gashoha/

〔和訳〕

初六日に誓った言葉。「スレ・ハンは上天に誓う。チャハルのハンは、自らの道を破り、同じ生まれの兄弟を少しも認めず、罪のない五部のカルカを滅ぼしたので、アオハンとナイマンの諸王がチャハルのハンと仲違いし、スレ・ハンに頼りたいと来たことを配慮せず、境内に入れて自らの民と同じように処遇するならば、スレ・ハン、アンバ・ベイレ、アミン・ベイレ、マングルタイ・ベイレ、アバタイ、デゲレイ、アジゲ、ドゥドゥ、ヨト、ショト、サハリイェン、ホーゲ等を皆天が非として寿命が短くなるがよい。このように慈しみ処遇しても、ドゥレン、ホン・バトゥル、セチェン・ジョリクトゥ、トゥシイェトゥ、ダイチン・ダルハン、サンガルジャイ、オチル、ドゥルバ、この諸王汝等が、チャハルの指嗾の言葉に乗って我々を捨てて逆心を抱けば、汝等を天が非として寿命が短くなるがよい。何人でも誓った言葉にならい暮らせば、天は慈しみ、我らの寿命は長くなり、子孫は栄え、千代万年にいたるまで安楽になるがよい」〔と誓った〕。

　上記の通り、モンゴル文と満文に大きな違いはなく、きわめて忠実に翻訳されていることがわかる。この誓言文は、『満文老檔』にも『満文原檔』「天字檔」

において記された訂正にしたがうかたちで満文が載せられている。ちなみに、「逃人檔」にわざわざモンゴル文の誓言文原文が記載されているところをみると、ホンタイジはモンゴル語でこの誓言文を読み上げたのかもしれない。

　実は、このモンゴル文の誓言文であるが、中国第一歴史檔案館の李保文が編輯した『十七世紀蒙古文文書檔案（1600-1650）arban doluduγar ǰaγun u emün-e qaγas tu qolbuγdaqu mongγul üsüg ün bičig debter』通遼・内蒙古少年児童出版社、1997年、のなかに、第一部第７号として収録されている。李の解説によれば、原文書は中国第一歴史檔案館所蔵で、寸法は縦40.5㎝、横50㎝の一枚物である。その掲載写真をみると、記載内容は「逃人檔」所収文書とほとんど同一である。ただ、冒頭にモンゴル文で「@ yeke altan ulus-un（大金国の）」（@は荘厳点を示す）という一文が加えられていること、また、末尾に満文で、「@ süre han i sücungga aniya fulgiyan golmahon aniya nadan biyai ice ninggun de /aohan naiman i beise i baru/ gashoha bithe（スレ・ハンの元年丙卯の年(15)七月初六日〔アオハン、ナイマンのベイレたちに向かって〕誓った書）」と記されていることなど、若干の相異がみられる。

　この中国第一歴史檔案館所蔵文書は、丸めて保管されていたようで、文書管理のためか、その紙背に満文で「@ aohan naiman de gashoha bithe（アオハン、ナイマンに誓った書）」という記述がみられる。

　「逃人檔」の記事がこの李保文が紹介した中国第一歴史檔案館所蔵文書に拠ったものかどうかは不明であるが、「逃人檔」に「大金国の」という語句がない点を考えると、別の記録に従った可能性も考えられる。また、『満文原檔』「天字檔」がこの誓言文を収録するにあたって利用したテキストについては、誓言文の前後の記事で「逃人檔」が利用されており、また、中国第一歴史檔案館所蔵一枚物文書にある誓言冒頭部分の「大金国の」という語句が「天字檔」にみられないことを考えると、「逃人檔」記載の誓言文が参照された可能性が高いのではないかと思われる。

86　第1部　入関前清朝における文書制度の展開と「史書」の編纂

第3節　「逃人檔」と『満文原檔』、『満文老檔』

冒頭に触れたように「逃人檔」の表紙には、以下のような文が記されている。

　そむいて逃げてきた、また我らの者で逃げていった〔者を記した〕檔子

　卯の年の六月より記す言葉（記事）

　　卯の年六月。

　　七月。十一月。

　　辰の年四月。

　　十二月の記す言葉（記事）がある。

　卯の年すなわち天聡元年の六月、七月、十一月、そして辰の年すなわち天聡二年の四月、十二月の記事があるというのである。これは、なにか別の資料に抄写した記録と考えられるが、その対象はいかなるものであったのであろうか。

　『満文原檔』「天字檔」、「閏字檔」の当該月部分をみると、そのなかに「逃人檔」の記事をもととしたと思われるものが17件（うち1件は日付のみ）確認することができる。先にも述べたとおり、「逃人檔」中の檔案の冒頭上部分には、「erebe araha（これを記した）」とか「ara（書け）」と記された記事がみられるが、ara とあるものには、大きく書かれたものと小さく書かれたものの二種類があり、大きく ara と記されたものが、『満文原檔』の編纂と係わるものと考えられる。すなわち、先の表紙の記述は、おそらく『満文原檔』編纂の際「逃人檔」を利用したときになされた抄写すべき記事の年・月を示したものである。「逃人檔」所収檔案のうち、これら注記がなされたものをまとめると、表1のとおりである。

　『満文原檔』「天字檔」、「閏字檔」の一部が「逃人檔」を利用して編まれているとすれば、それはどのようになされ、かつ『満文老檔』に引き継がれていったのであろうか。ここで「逃人檔」、『満文原檔』、そして『満文老檔』の記事を比較し、それらの記録がいかに「編纂」されていくか、その過程をみること

表1 「逃人檔」抄写指示付加記事一覧

番号	檔号	日付	注記	内容	旧満州檔	満文原檔	満文老檔	旗色	備考
1	1	天命十一年十月十八日	erebe araha	鹿島より漢人逃来	—	—	—	両黄	記事なし
2	3	天命十一年十月二十一日	erebe araha	毛文龍のところから再逃来	—	—	—	両黄	記事なし
3	7	天聡元年一月九日	arambi	Kalka からモンゴル人逃来。Qalqa の情報を提供	—	—	—	両紅	記事なし
4	15	天聡元年二月二十四日	ara（小）	漢人再逃来。朝鮮義州城にて敗戦した明軍将兵の情報提供	—	—	—	両黄	記事なし
5	20	天聡元年六月十二日	ara（大）	Aohan, Naiman が来帰するとの情報	2682	122	84-85	両黄	天字檔
6	21	天聡元年六月十七日	上に続く	Omdzat Corji Lama の出迎え	2682	122	85	両黄	天字檔
7	23	天聡元年六月二十一日	上に続く	Aohan, Naiman の使者 Abang Hošoo-ci, Guyeng Hošooci が来る	2682	122	85	両黄	天字檔
8	24	天聡元年六月二十一日	上に続く	太宗, Aohan, Nai-man の受入れを承諾	2682-2683	122-123	85	両黄	天字檔
9	25	天聡元年六月二十五日	上に続く	太宗が出迎えに Durbi の丘に駐蹕	2683-2684	123-124	85-86	両黄	天字檔
10	28	天聡元年七月一日	ara	Aohan, Naiman の首長が会見場近くに到着	2686, 2688	126, 127	なし	両藍	天字檔、削除
11	31	天聡元年七月四日	ara	太宗, Durbi の丘より遼河を渡り, 会見場近くに移動	2688	127	89	両藍	天字檔
12	32	天聡元年七月五日	上に続く	太宗, Aohan, Naiman の首長らと会見	2688-2691	127-130	89-91	両藍	天字檔
13	33	天聡元年七月六日	上に続く	太宗, 会見した地の南の丘で天に誓言	—	—	—	両藍	記事なし
14	34	日付なし	上に続く	蒙文誓言文	2691-2693	130-132	91	両藍	天字檔
15	35	天聡元年七月七、八、九日	上に続く	Aohan, Naiman 首長の返礼酒宴。下賜物品, 太宗の瀋陽帰還	2693	132	92	両藍	天字檔
16	41	天聡元年八月十八日	ara（大）	Alaqcot 国のMaha Šatu, Nomun Dalai, Coir Jamsu 等来帰	2702	141	99-100	両白	天字檔
17	46	天聡元年十一月初七日	ara（大）	Caqar の Angkun Dureng Beile 等来帰	2710	149	107	両藍	天字檔
18	47	天聡元年十二月一日	上に続く	Alaqcot 国の Dorji Ildeng Taiji と会見	2712	151	108	両白	天字檔
19	68	天聡二年四月二十五日	ara（大）	Barin の SeterBeile らと会見, 酒宴	2813-2815	249-251	129	両白	閏字檔
20	97	天聡二年十二月二十八日	ara（大）	Jarut の BaqBeile の弟 Sabun と Mani が逃来	2861-2862	296-297	192	両白	閏字檔
21	100	天聡二年十二月二十九日	ara（大）	Jarut の Gendur Juce, Sanggul Sang-garjai が来訪	2861	296	191-192	両白	閏字檔
22	134	天聡三年八月十六日	ara（大）	Asan が逃亡	欠	欠	欠	両紅	
23	135	天聡三年八月十六日	上に続く	各王が Asan を追跡	欠	欠	欠	両紅	
24	136	天聡三年八月十八日	上に続く	Asan 捕縛に失敗した Arai, Bayamu 等に対する処罰	欠	欠	欠	両紅	

にしたい。こころみに、「逃人檔」天聡元年正月十八日付の記事を『満文原檔』、『満文老檔』と比較すると、以下のようである。

Ⅰ　「逃人檔」（第9号檔案、巻九十九、第15丁裏・表）

aniya biyai

○ juwan jakonde dodo taiji harangga; babu fulata ere jüwe nirui tofohon isire monggo fungjipuci ukame generebe adahai ubai kangkalai amcafi /leheme genebi /; durbi* de amcanabi afame gemu waha bi; ubai feye bahabi /monggo be wahabi /; tere medegebe 　　　 han de alara jakade 　　　 han hendume 　　 ama han i bisire fonde adahai ubai be sain sembihe; uwesimbuki seci jabduhako; sain serengge mujanggai kai; tesei dabala gowa bici türibubi ünggimbihe seme hendubi; adahai ubai be süwe süweni emgi / oljime genehe monggoi hehe ⋯⋯⋯⋯⋯⋯ bühe /（行中に追加・のち削除）genebi hosun tucihe* niyalmade süwe tuwame olji boo 　 15b / 15a 　 funcehebe tuwame süwe gaisu seme henduhe; jai kangkalai be jüleri ujulabi yabuhako; amala urhutume yabuha seme olji faitaha;

〔和訳〕

（天聡元年）正月

○十八日にドゥドゥ・タイジの属下のバブとフラタ、この二つのニルの十五人に及ぶ蒙古人が奉集堡から逃げていくのを、アダハイ、ウバイ、カンカライが追って追求して行ってドゥルビに追って行って攻め皆殺している。ウバイは傷を得ている。その知らせをハンに告げると、ハンは「父ハンが存命のときにアダハイとウバイを素晴らしいと言っていた。陞任しようとてもその余裕がなかった。素晴らしいというのはまことにそのとおりぞ。彼らだけ（ができたこと）で、別の者であれば取り逃がしていた」と語って、アダハイとウバイに対して、「汝らは汝らとともに行って活躍した者に、汝らが見て俘虜、家産を与え、余ったものを見て汝らが取れ」と語った。また、カンカライは先頭に立って進まず、後方で勝手なことをしたとして俘虜を削った。

Ⅱ　『満文原檔』（天字檔、旧：第6冊、2569～2571頁、新：第6冊、10～12頁）

第3章　清初の文書記録と「逃人檔」　89

天聡元年正月十四日（正月十五日〔日付削除〕）

○ juwan //duin de erke cügehur// /dudu/ taiji harangga: babu; fulata jüwe nirui tofohon isire monggo füngjipuci ukame generebe adahai; ubai; kangkalai leheme genefi durbi de amcanafi afame gemu waha: ubai emu feye baha; tere medege be han de alara jakade han hendume ama han i bisire fonde; ubai be sain sembihe; üesim üesimbuki seci jabduhako; sain serengge mujangga nikai; tesei dabala gowa bici türibufi ünggimbihe seme hendufi ambula šangnaha; 2569/2570　10/11　　○ juwan sunjade; anggara age; yangguri efu /jüwe amban/; ubai de šangname büre jalinde fonjime dosire jakade; han; anggara age de /üksun i ahon de/ dorolome iliha jakade /iliha/; anggara age　　han de niyakorafi hendume; gürun i ejen han de uttu minde dorolome ilici füjisa geli ilimbikai; tuttu oci bi adarame yabure, han i keside hūsun büme baita icihiyame yabuki dere seme hendure jakade; han hendume si neneme arki nüre omime doro be kicerako baita de yaburako bihe; tuttu ofi si jici bi inu ilirako bihe; te si arki nüre omire be nakafi; baita icihiyame doroi jalinde baitalabume yabumbi; tuttu ofi bi sinde dorolome ilimbi, encu gürun i niyalma inu　　2570/2571　11/12　　doroi jalinde fasšambikai; süwe üksun i ahota deote; doroi jalinde saikan kiceme yaburako jai üe kicembi seme henduhe; anggara age han i üksun i ahon

　　* //……// は、別紙の貼付により訂正がなされている。

〔和訳〕

十〔四〕日、エルケ・チュフル〔ドゥドゥ・タイジ〕の属下のバブとフラタの二つのニルの十五人に及ぶ蒙古人が奉集堡から逃げていくのを、アダハイ、ウバイ、カンカライが追跡し、ドゥルビに追って行って攻め皆殺した。ウバイは一つ傷を負った。その知らせをハンに告げると、ハンは「父ハンが存命のときにウバイを素晴らしいと言っていた。陞任しようとてもその余裕がなかった。素晴らしいというのはまことにそのとおりぞ。彼らだけ（ができたこと）で、別の者であれば取り逃がしていた」と語って大いに賞した。十五日、アンガラ・アゲ、ヤングリ・エフ〔の二大臣〕が、

アダハイ、ウバイに賞与するために参内するとき、ハンはアンガラ・アゲ
に〔宗兄に対する〕礼をするために起立したので起立した。アンガラ・ア
ゲがハンに対し跪いて、「国主であるハンがこのように我に礼をするため
に立ち上がれば、后たちも皆起立するぞ。そうなれば、我はどうすればよ
いだろう。ハンの恩に力を致し事務を処理して行きたいぞ」と語ると、ハ
ンは「汝は過日、焼酎、黄酒を飲み、政にはげまず、事務を行わなかった。
それゆえに、汝が来たときに我はまた立ち上がらずにいた。今汝は焼酎、
黄酒を飲むのをやめて、事務を処理し、政のために用いられるように行っ
ている。さようなので、我は汝に礼をするために立ち上がるのだ。他の国
の者も政のために努めているぞ。汝等宗族の兄弟たちが政のためによく勤
め行わずして、まただれが励もうか」と語った。アンガラ・アゲはハンの
宗兄

Ⅲ　『満文老檔（瀋陽・有圏点本）』（太宗第一、第17丁）天聡元年正月十四日
（満文老檔研究会訳註本、6～7頁）

○ juwan duin de, dudu taiji i harangga babu, fulata juwe nirui tofohon isire
monggo, fung ji pu ci ukame genere be, adahai, ubai, kangkalai leheme genefi,
durbi de amcanafi afame gemu waha, ubai emu feye baha, tere medege be han
de alara jakade,　17/18　han hendume, ama han i bisire fonde, ubai be sain
sembihe, wesibuki seci jabduhakū sain serengge mujangga nikai, tesei dabala,
gūwa bici, turibufi unggimbihe seme hendufi ambula šangnaha, anggara age,
yangguri efu juwe amban, adahai, ubai de šangname bure jalin de fonjime dosire
jakade,　18/19　han, anggara uksun i ahūn de dorolome iliha, anggara han
de niyakūrafi hendume, gurun i ejen han, uttu minde dorolome ilici, fujisa gemu
ilimbi kai, tuttu oci, bi adarame yabure, han i kesi de hūsun bume baita icihiyame
yabuki dere seme hendure jakade, han hendume, si neneme arki nure omime
doro be　19/20　kicerakū baita de yaburakū bihe, tuttu ofi si jici, bi inu ilirakū
bihe, te si arki nure omire be nakafi, baita icihiyame doroi jalin de baitalabume
yabumbi, tuttu ofi, bi sinde dorolome ilimbi, encu gurun i niyalma inu doroi jalin

de faššambi kai, suwe uksun i ahūta deote, doroi jalin de saikan kiceme yaburakū,

jai we kicembi seme henduhe; 20/21

（『満文原檔』訂正後の文と同内容のため、和訳は省略する）

　「逃人檔」と『満文原檔』「天字檔」を比較すると、「天字檔」が「逃人檔」に記された訂正に忠実にしたがっていることからみて、「天字檔」が「逃人檔」を参照していたことが判る。そして、『満文原檔』「天字檔」の満文は、新満文とはいえ圏点が付されていない部分も多く、またその綴り等からみて、老満文から新満文への転換の過渡期の時期に近いころに抄写されたものとおもわれる。

　この記事を子細にみると、日付の違いがまず注目される。「逃人檔」では天聡元年正月十八日であった日付が『満文原檔』「天字檔」では同月十四日とされている。「天字檔」では、この「逃人檔」の記事を記したあとに、別の資料から十五日の記事を加えている。おそらくは十五日のアンガラ・アゲが太宗に謁見した際の記事が先にあり、その内容を補うために「逃人檔」の記事があとから付け加えられたのであろう。『満文老檔』はこの『満文原檔』「天字檔」に付された指示にしたがって、「十五日」という日付も削除しているので、あたかも十四日にすべて起こった出来事のような記述となっている。『満文老檔』などを利用する際には、このような編輯上の「操作」があることをつねに念頭においておく必要があろう。

　ちなみに、「逃人檔」に元来あった太宗の言葉「父ハンが存命のときに〔アダハイと〕ウバイを素晴らしいと言っていた。陞任しようとてもその余裕がなかった。素晴らしいというのはまことにそのとおりぞ。彼らだけ〔ができたこと〕で、別の者であれば取り逃がしていた」という記事から、アダハイの名だけが『満文原檔』「天字檔」で削除されているのは、のち天聡三年八月に、アダハイが事件を起こし処刑されているからであろう（「逃人檔」第135号檔案）。

　さて、ここにあげた「逃人檔」の記事には「ara（記録せよ）」という注記がない。先に述べたように、「逃人檔」には『満文原檔』に収録された檔案の傍らには大きな「ara」の注記が付され、表紙にはその記事の年・月が記されている。注記のない上の記事が『満文原檔』のなかに収められた理由は、先述の

とおり、アンガラ・アゲが参内する事由を説明するために「補足」として付け加えられたからであろう。「逃人檔」から『満文原檔』への抄写にあたっては、このように編輯上の必要から利用された例もみることができる。

次に、「逃人檔」に「ara」の注記が付された記事についてみることにしたい。「ara」が付された記事が『満文原檔』へどのようなかたちで収載され、どのように改編されているのか、天聡元年七月のアオハン、ナイマン両部が後金来帰の記録をもとに検討を加えることにする。

a.「逃人檔」第31号檔案

まず、同月四日付、太宗とアオハン、ナイマンのベイレたちが会見する場所に関する記事であるが、「逃人檔」には次のようにある。

○ ice duin de 　 han jidere monggoi beise be tehei alime gaici ehe seme dürbi alaci liooha be doome ibebi bakcilame juwan bai dübede tataha; monggo inu <u>ibe</u> isinjibi hanci bakcilame tataha; tere yamji jase jafabi müsei ulha be 　 7b/7a monggo de acarako; 　 monggoi ulha be müsede acarako balai facuhon üme yabure seme niyalma tuwakiyabuha:

（「逃人檔」第31号檔案、巻九十九、第7丁裏・表）

〔和訳〕

○（天聡元年七月）初四日、ハンはやって来る蒙古のベイレらを居たままに出迎えては悪いと、ドゥルビの丘から遼河を渡り前進して、対すること十里の先に設営した。蒙古側も<u>前進到着</u>して近くに相対して設営した。その夜、柵を設けて、「我らの家畜を蒙古人のものと一緒にならぬよう、蒙古人の家畜を我らの家畜に一緒にならぬよう、みだりに乱し行うな」と人に見張らせた。

これに対して、『満文原檔』「天字檔」には、次のようにある。

○/nadan biyai/ ice duin de; 　 han /dahame/ jidere monggoi beise be <u>tehei alime gaici ehe seme</u> /okdome/ dürbi alaci lioha be doome ibebi juwan bai dübede bakcilame tataha; <u>tere yamji ulhasa acarako seme jase jafaha; balai facuhon üme yabure seme niyalma tuwakiyabuha:</u>

第 3 章　清初の文書記録と「逃人檔」　93

（『満文原檔』〈天字檔、旧：第 6 冊、2688頁、新：第 6 冊、127頁〉）

〔和訳〕

　　○〔七月〕初四日、ハンは〔帰順しに〕来る蒙古のベイレらを居たままに
　出迎えては悪いと〔出迎えに〕ドゥルビの丘から遼河を渡り前進して十里
　の先に設営した。蒙古側も前進到着して近くに相対して設営した。その夜、
　家畜が混ざらぬようにと境を設けた。「みだりに乱し行うな」と人に見張
　らせた。

　両者の記述を比較すると、「逃人檔」の記事に単に加筆している部分だけで
なく、「逃人檔」が、たとえば「ドゥルビの丘から遼河を渡り前進して、対す
ること十里の先に設営した。蒙古側も前進到着して近くに相対して設営した」
としているところを、「天字檔」では、「ドゥルビの丘から遼河を渡り前進して
十里の先に設営した。蒙古側も前進到着して近くに相対して設営した」と記し
ているように、後者では、若干文章表現があらためられていることがわかる。
訂正された文章が「天字檔」作成当初から記載されているところからみると、
「天字檔」と「逃人檔」との間には、別の「草稿」が存在したことも考えられ
る。

b．「逃人檔」第32号、第33号檔案

　次に、ホンタイジとアオハン、ナイマンのベイレたちとの会見に関する記事
をみることにする。

　　○ ice sunja de monggo beise be acambi seme; han i booi jüleri　　han i cacari
　caha; jakon gosai cacari be jüwe ergi de gala arame cabi monggoi beise jiderede;
　　　han beise jase tücime oncodome acaha bade; abka de ilanggeri hengkilehe;
　hengkileme wajiha manggi han neneme jibi sorin de tehe; amba beile ici ergi
　de tehe; amin beile hasho ergide tehe; taijisa gosa be gaibi jüwe de　　7a/6b
　gala arame tehe; teme wajiha manggi; monggoi beise jase dosime jibi kükuri
　arki be jüleri jafabi; jakon morin de enggemu tohobi yarhodame jülesi ibebi
　hendume; caharai han be ehe seme;　　han be baime jihe;　　han de hoturi baime
　hengkilembi seme asidarhan naqcu; taiji tabunang be　　han de alabuha; han

第1部 入関前清朝における文書制度の展開と「史書」の編纂

hendume; caharai han be ehe seme mimbe baime goro baci jobome jihe beise
be; bi ainu hengkilebumbi gese tebeliyeme acaki seme jabuha manggi; monggo
beise jabume meni bade bici tebeliyeme acambi dere;　han be baime jibi han
i irgen obi　　han de hengkilerakoi geli ai fondo　　6b/6a　　han de henkilebi
ilan amban〔amba〕beilede hengkileki seme jabuha manggi; beise jabume goro
baci jobome jihe beise be; be ainu hengkilebumbi;　　han de hengkilehe manggi
müse sei ahon i bodome acaki seme jabuha; tere gisun de monggoi beise hendume
be caharai han be ehe seme jibi;　　han beile beise de hengkileki seme jihe;
beise gosime sei bodome acaki seci beisei ciha dere seme jabubi;　　han de
hengkileme jidere de; han geren beile ambasa gemu iliha; monggoi beise
hengkirede;　han beise ishun tebeliyehe; ere ilan beile de　　han kemuni ishu
n hengkilebi tebeliyehe; tereci　　han tehe　　6a/5b　　monggoi buya beise ilhi
ilhi han de hengkilebi tebeliyeme acaha; tereci amba beile; amin beile; hong batur
be ahon seme tehe bade genebi hengkilebi tebeliyeme acaha; hong batur inu ishun
niyakorabi hengkilebi tebeliyehe; tereci amba beile amin beile sorin de tehe;
düreng; secen joriktu jüwe beile jibi hengkilebi tebeliyehe; jüwe beile ishun
hengkilebi tebeliyehe; monggo taiji ilhi ilhi jüwe beilede acaha; tereci müsei
monggo beise acaha; müsei taiji sa jihe ilan amba beilede hengkilebi tebeliyeme
acaha; monggoi ilan beilei beile inu ishun hengkilebi tebeliyehe acame wajiha
manggi　　5b/5a　　mendu fonjibi gajiha arki be angga isinaha; morin be gajiha
manggi　　han i ice〔ici〕ergi de hong batur be tebuhe; hong batur sirame
amba beile tehe; hasho ergide düreng be tebuhe; düreng sirame amin beile tehe;
amin beilei sirame secen joriktu be tebuhe; buya beise be ilhi ilhi ujen sirame
tebubi; jakon gosai ihan honin wabi arki nure emu tanggo ninju malu tukiyebi*
sarin sarilaha; wajiha manggi; jakon morin de foloho enggemu tohobi gajibi uju
jergi ilan morin de acinggiyame foloho ilan enggemu tohobi / + ilan/ amba
beilede yalubuha;　　5a/4b　　jai sunja morin de jai jergi enggemu tohobi buya
beise de ilhi ilhi yalubuha manggi monggo beise　han de hengkilebi bederehe;

（「逃人档」第32号档案、巻九十九、第7丁裏～第4丁裏）

〔和訳〕

○初五日、蒙古のベイレたちと会うというので、ハンの帳房の前に、御用の布凉棚を張った。八旗の布凉棚を両側に翼のかたちにつくって張って、蒙古のベイレたちがやって来るとき、ハンと諸王は柵を出て、出迎え会した場所で、天に三度叩頭した。叩頭し終わったのちハンは先に来て玉座に坐した。アンバ・ベイレは右側に坐した。アミン・ベイレは左側に坐した。タイジたちは旗を率いて両側に翼のかたちをつくり坐した。坐し終わったのち、蒙古のベイレたちが柵を入って来て背壷の焼酎を前に持って、八頭の馬に鞍置いて牽き、御前に進んで語るのには、「チャハルのハンが悪いとてハンを頼って来た。ハンに福求め叩頭する」とアシダルハン・ナクチュ、タイジ・タブナンをしてハンに告げさせた。ハンの語るのには、「チャハルのハンが悪いとて我を頼り遠くの処から苦労して来たベイレたちを、我はどうして叩頭させられようか。一様に抱き会したい」と答えたので、蒙古のベイレたちが答えるのには、「我らの処にあれば抱き見えるであろう。ハンを頼って来てハンの民となってハンに叩頭しないと、またなんの道理が通るか。ハンに叩頭して三大ベイレに叩頭したい」と答えたので、諸王が答えるのには、「遠いところから苦労して来たベイレたちを、我らがどうして叩頭させることができよう。ハンに叩頭したのち、我らは年齢の長幼の順で会そう」と答えた。その言葉に蒙古のベイレたちが語るのには、「我らはチャハルのハンを悪いとて来て、ハンと諸王に叩頭したいと思い来た。諸王が慈しみ年齢順で会そうと言うのであれば諸王の意のままに」と答えて、ハンに叩頭しに来るとき、ハン、衆王、諸大臣は皆起立した。蒙古のベイレたちは叩頭するときハンはベイレたちと抱きあった。この三人のベイレにハンはそのまま叩頭しあって抱いた。それからハンは坐した。蒙古の小ベイレたちは、順々にハンに叩頭して抱き見えた。それからアンバ・ベイレとアミン・ベイレは、ホン・バトゥルを年長として坐したところに行って叩頭して抱き会した。ホン・バトゥルも跪いて叩頭しあって抱

96　第1部　入関前清朝における文書制度の展開と「史書」の編纂

いた。それからアンバ・ベイレ、アミン・ベイレは座に坐した。ドゥレン
とセチェン・ジョリクトゥの二人のベイレが来て叩頭して抱いた。二人の
ベイレは叩頭しあって抱いた。蒙古のタイジは順々に二王に会した。それ
から我々の蒙古のベイレたちが会した。我らのタイジらが来た。三大ベイ
レに叩頭して抱き会った。蒙古の三ベイレのベイレも叩頭しあって抱いた。
会し終わったのちご機嫌を問うて、持ってきた焼酎を口に運んだ。馬を連
れてきたのち、ハンの右側にホン・バトゥルを坐らせた。ホン・バトゥル
に次いでアンバ・ベイレが坐した。左側にドゥレンを坐らせた。ドゥレン
に次いでアミン・ベイレが坐した。アミン・ベイレに次いでセチェン・ジョ
リクトゥを坐らせた。小ベイレらを順々に重軽順に座らせて、八旗の牛、
羊を屠って焼酎、黄酒百六十瓶揃えて酒宴を催した。終わったのち、八頭
の馬に彫刻を施した鞍を置いて持って来て、上等の三頭の馬に精巧な彫刻
を施した三つの鞍を置いて（蒙古の）〔三〕大ベイレに乗らせた。他の五頭
の馬に第二級の鞍を置いて、小ベイレらに順々に乗らせたのち、蒙古のベ
イレたちはハンに叩頭して引きあげた。

一方、『満文原檔』「天字檔」には次のようにある。

○ ice sunja de monggo beise be acambi seme;　　han i booi jüleri　　han i
cacari caha; jakon gosai cacari be jüwe ergi de gala arame cabi /dahame jihe/
monggoi beise jiderede; /be acabure de/　han /geren/ beise jase tücime oncodome
/be gaifi　ing tucime oqdofi/; acaha bade; /han dahame jihe monggoi beise be
gaifi/ abka de ilan jergi hengkilehe; hengkileme wajiha manggi han bederebi
sorin de tehe; amba beile ici ergi de tehe;　2688/2689　127/128　amin beile
hasho ergide tehe; taijisa /beise ambasa/ meni meni gosa /i/ /gūsai/ be /bodome/
/faidaha;/ gaibi jüwe gala arame tehe; teme wajiha manggi; /dahame jihe/ monggoi
beise jase /han i ing de do/ dosime jibi jakon morin de enggemu tohobi yarhodame
jülesi ibebi hendume; be caharai han be ehe seme;　süre han be baime jihe;
han de hoturi baime hengkilembi seme asidarhan; taiji be　　han de alabuha;
/gisun wesimbuhe;/　han hendume; caharai han be ehe seme mimbe baime goro

第3章　清初の文書記録と「逃人檔」　97

baci jobome jihe beise be; bi ainu hengkilebumbi gese tebeliyeme acaki seme jabuha /sehe/ manggi; monggo beise jabume meni bade bici tebeliyeme acambi dere;　　han be baime jibi han i irgen obi　　han de hengkilerakoci geli ai fondo; /giyan de acarakū/　　han de henkilebi ilan amba beile de hengkileki seme jabuha manggi; beise jabume goro baci jobome jihe　2689/2690　128/129

　　beise be; be ainu hengkilebumbi;　　han de hengkilehe manggi; müse sei ahon i bodome acaki seme jabuha /manggi/; tere gisun de monggoi beise hendume be caharai han be ehe seme jibi;　　han beise de hengkileki seme jihe; beise gosime sei bodome acaki seci beisei ciha dere seme jabubi; /dahame jihe monggoi beise/　　han de hengkileme jidere de; han geren beise; ambasa gemu iliha; monggoi beise hengkirede;　　han beise ishun tebeliyehe; tereci /ilan amba beile geren beise/ /dahame jihe monggoi beise/ buya taijisa ilhi ilhi han de acaha; amba beile; amin beile; hong baturu be ahon seme tehe bade genebi gese hengkilebi tebeliyeme acaha; jüwe beile bederebi soorin de tehe manggi; düreng; cecen joriqtu jibi jüwe beile ishun hengkilebi tebeliyehe; müsei geren taijisa jihe ilan beilede hengkilebi tebeliyeme acarade ishun karulabi tebeliyehe /se i bodome ishun de tebeliyeme acaha/; acame wajiha manggi　　2690/2691　129/130

mendu fonjibi /ceni/ gajiha arki anju be /han de/ angga isibuha; han i ici ergide hong baturu be tebuhe; hasho ergi de düreng; cecen joriqtu be tebuhe; buya taijisa be jüwe ashan de tebuhe /fi/; ihan honin arki nüre ambula tükiyebi /amba sarin/ sarilaha; monggo i ilan beile de acinggiyame foloho enggemu tohohoi emte morin šangnaha; sunja morin de jai jergi enggemu hadala tohohoi sunja /taiji/ de šangnaha; /dahame jihe monggoi beise/ morin šangnaha doroi　　han de hengkilebi bederehe;

（天字檔、旧：第6冊、2688〜2691頁。新：第6冊、127〜130頁）

〔和訳〕

○初五日、蒙古のベイレたちと会うというので、ハンの帳房の前に、御用の布涼棚を張った。八旗の布涼棚を両側に翼のかたちにつくって張って、

98 第1部 入関前清朝における文書制度の展開と「史書」の編纂

〔来帰した〕蒙古の諸王がやって来るとき〔を見えさせるとき〕、ハンと〔は衆〕諸王は柵を出て、出迎え〔を連れて営を出て迎え〕、会した場所で、〔ハンは来帰した蒙古のベイレたちを連れて〕天に三度叩頭した。叩頭し終わったのち、ハンは戻って玉座に坐した。アンバ・ベイレは右側に坐した。アミン・ベイレは左側に坐した。タイジたちは、〔王たち、タイジたちは〕各々旗〔を考慮し〕〔旗で〕〔整列した。〕を率いて両側に翼のかたちをつくり坐した。坐し終わったのち、〔来帰した〕蒙古のベイレたちは、柵〔ハンの営に〕入ってきて、八頭の馬に鞍を置いて牽き、御前に進んで語るのには「我らは、チャハルのハンが悪いとてスレ・ハンを頼って来た。ハンに福求め叩頭する」とアシダルハン、タイジをしてハンに告げさせた〔言上した〕。ハンが語るのには、「チャハルのハンが悪いとて我を頼り遠くの処から苦労して来たベイレたちを、我はどうして叩頭させられようか。一様に抱き会したい」と答えた〔といった〕ので、蒙古のベイレたちが答えるのには、「我らの処にあれば抱き見えるであろう。ハンを頼って来てハンの民となってハンに叩頭しないと、またなんの道理が通るか〔道理に合わない〕。ハンに叩頭して三大ベイレに叩頭したい」と答えたので、諸王が答えるのには、「遠いところから苦労して来たベイレたちを、我らがどうして叩頭させることができよう。ハンに叩頭したのち、我らは年齢の長幼の順で会そう」と答えた〔ので〕、その言葉に蒙古のベイレたちが語るのには、「我らはチャハルのハンを悪いとて来て、ハンと諸王に叩頭したいと思い来た。諸王が慈しみ年齢順で会そうと言うのであれば諸王の意のままに」と答えて、〔来帰した蒙古のベイレたちが〕ハンに叩頭しに来るとき、ハン、衆王、諸大臣は皆起立した。蒙古のベイレたちが叩頭するとき、ハンはベイレたちと抱きあった。それから〔三大ベイレ、諸ベイレたち〕〔来帰した蒙古のベイレたちは〕、蒙古の小タイジたちは、順々にハンに見えた。アンバ・ベイレとアミン・ベイレは、ホン・バトゥルを年長として、坐したところに行って同様に叩頭して抱き会した。二王が戻って座に坐したのち、ドゥレン、チェチェン・ジョリクトゥが来て互いに叩頭

して抱きあった。我らの諸タイジらが来て、三ベイレに叩頭して抱き会し<u>たとき、互いにかえし抱いた</u>〔年齢順に互いに抱き会った〕。会し終わったのち、<u>ご機嫌を問うて、</u>〔かれらが〕持ってきた焼酎と酒肴を〔ハンに〕口つけさせた。ハンの右側にホン・バトゥルを坐らせた。左側にドゥレン、チェチェン・ジョリクトゥを坐らせた。小ベイレらを両側に座らせた〔て〕、<u>牛、羊、焼酎、黄酒をたくさん供して</u>〔盛大な酒宴〕酒宴した。蒙古の三ベイレに、精巧な彫刻を施した三つの鞍を置いた馬各一頭を賞賜した。五頭の馬に第二級の鞍・轡を置いて、五人〔のタイジら〕に賞賜した。〔来帰した蒙古のベイレたち〕は、馬を賞賜されたお礼として、ハンに叩頭して引きあげた。

　両者を比較するに、文言上の表現の書き改めを除くと、ハン御用、および八旗の布凉棚に関する記事が削除され、来帰の宣言に関わる部分は、「逃人檔」では、

　　「チャハルのハンが悪いとてハンを頼って来た。ハンに福求め叩頭する」

とアシダルハン・ナクチュ、タイジ・タブナンをしてハンに告げさせた。とあるのに対し、『満文原檔』「天字檔」では、

　　「我らは、チャハルのハンが悪いとて<u>スレ・ハン</u>を頼って来た。ハンに福求め叩頭する」と<u>アシダルハン、タイジ</u>をしてハンに<u>告げさせた</u>〔言上した〕。

とあらためられ、最終的には太宗に告げた人物名が削除されたので、『満文老檔』では、アオハン、ナイマンの諸ベイレが、あたかも直接言上したかのようになっている。

　これ以外に、抱見礼の順番に関して蒙古のベイレたちが後金諸王の言を受け入れた記事が削除されているほか、蒙古側小タイジたちのハン謁見、後金諸王、蒙古諸ベイレ間の抱見礼等の部分でも、もともと「天字檔」の作成段階でかなり省略されていた記事が、最終的に大幅削除され、単に「三大ベイレ、諸ベイレたち、来帰した蒙古のベイレたちは、年齢順に互いに抱きあった」という文章に訂正されている。

100　第1部　入関前清朝における文書制度の展開と「史書」の編纂

　抱見礼後の諸王、蒙古のベイレたちの座る位置に関する記述では、「逃人檔」
で、

　　ハンの右側にホン・バトゥルを坐らせた。ホン・バトゥルに次いでアンバ・
　　ベイレが坐した。左側にドゥレンを坐らせた。ドゥレンに次いでアミン・
　　ベイレが坐した。アミン・ベイレに次いでセチェン・ジョリクトゥを坐ら
　　せた。

とあるように、ハン、モンゴルのベイレ、後金の王という順にならんで坐した
と記していたのに対し、「天字檔」では、

　　ハンの右側にホン・バトゥルを坐らせた。左側にドゥレン、チェチェン・
　　ジョリクトゥを坐らせた。小ベイレらを両側に座らせた〔て〕」、

と、後金の王の部分が削られている。これも先の抱見礼関連の記事と同様に、
「天字檔」の文章が、省略されたかたちで当初から記載されているところから
みると、「天字檔」作成以前の段階で訂正がなされていたのであろう。

　ところで「逃人檔」でSecen Joriqtu と記されているアオハンのベイレである
が、「天字檔」では Cecen Joriqtu となっている。ところが「天字檔」の記述・
訂正にしたがうはずの『満文老檔』では、Secen Joriktu と記されている。セチェ
ン・ジョリクトゥは、アオハンのベイレのひとりとして同年正月と五月にホン
タイジが手紙を受け取っているなど『満文老檔』に数回登場する人物である。
『満文老檔』の編纂者は、それに気づいて編集段階でそれを訂正したのであろ
う。

　後金側の歓迎宴ならびに賞賜物品に関する記事では、「逃人檔」で、

　　八旗の牛、羊を屠って焼酎、黄酒百六十瓶揃えて酒宴を催した。終わった
　　のち、八頭の馬に彫刻を施した鞍を置いて持って来て、上等の三頭の馬に
　　精巧な彫刻を施した三つの鞍を置いて（蒙古の）〔三〕大ベイレに乗らせた。
　　他の五頭の馬に第二級の鞍を置いて、小ベイレらに順々に乗らせた……

とあるところを、「天字檔」では、

　　牛、羊、焼酎、黄酒をたくさん供して〔盛大な酒宴〕酒宴した。蒙古の三
　　ベイレに、精巧な彫刻を施した三つの鞍を置いた馬各一頭を賞賜した。五

第3章　清初の文書記録と「逃人檔」　101

頭の馬に第二級の鞍・轡を置いて、五人〔のタイジら〕に賞賜した。

とかなり簡略な文章にかわり、酒宴の食材等が八旗各旗の負担であること、また酒の数量もわからなくなっている。この部分も「天字檔」作成当初から変更されたかたちで記されており、同檔編纂以前に訂正されていたのであろう。

　このアオハン、ナイマン両部帰順に関する第32号檔案に続くかたちで、第33号檔案が記されている。それには次のような記事がみられる。

　　○ ice ninggun de; beise acabi tataha bai julergi ala de; han; monggoi dabubi
　　bithe tacime gashoha; gashome wajiha abka de hiyan beise acabi tataha bai jülergi
　　ala de; abka de hiyan dabubi bithe tacime gashome wajiha manggi;　　han i tatan
　　de bederebi; jakon gosai ihan honin jakon wabi sarin sarilaha;　　4b/4a

　　（「逃人檔」第33号檔案、巻九十九、第4丁裏・表）

〔和訳〕

　　○初六日、ベイレたちが会して駐した場所の南の丘にて、ハンは蒙古の香を焚き（誓いの）書を（天に）教えて誓った。誓い終わった。天に香ベイレたちと会して駐した場所の南の丘に天に香焚き、（誓いの）書を（天に）教えて誓い終わったのち、ハンの宿営に戻って、八旗の牛と羊八頭を屠って酒宴を催した。

　実は、この第33号檔案は、日付のみが誓言文の前に残されているが、本文は「天字檔」に当初より収録されていない。「ara」という注記がありながら記事が収められていないのは、先のあげた例と同様に「天字檔」編纂の一過程で消去されたのであろう。

c.「逃人檔」第35号檔案

　第33号檔案に続き「逃人檔」では先にあげた蒙文の誓言文（第34号檔案）が記録され、それに次いで、以下のような記事（第35号檔案）が収録されている。

　　○ ice nadan de monggoi beise; orin ihan jüwe morin; duin tanggo honin wabi
　　karu sarin sarilaha; han tere inenggi liooha i ebergi dalin de dooha manggi;
　　düreng secen joriq tu juwenobi* füdeme jidere jakade; han; düreng de enggemu
　　hadala tohohoi emu morin emu loho bühe, secen joriq tu de enggemu hadala

102　第1部　入関前清朝における文書制度の展開と「史書」の編纂

tohohoi emu morin; emu jebele de beri niru sisihai bühe; sanggarjai taiji de

menggun i cara bühe; hong baturu nutuq goro obi jiheko bihe, tere emu beri

juwan sirdan bübi ünggihe;　　3a/2b　han tubade dedubi; jakon de jurabi jing

an poo de dedubi　uyun /＋juwan/ de　　han hecen de honin erin de dosiha;

　　（「逃人檔」第35号檔案、巻九十九、第3丁表、第2丁裏）

〔和訳〕

　○初七日、蒙古のベイレたちは、二十頭の牛、二頭の馬、四百頭の羊を屠っ
て返礼の酒宴を催した。ハンはその日、遼河の此岸に渡ったのち、ドゥレ
ン、セチェン・ジョリクトゥの二人が見送るために来るので、ハンはドゥ
レンに鞍と轡をつけた一頭の馬、一振りの腰刀を与えた。セチェン・ジョ
リクトゥに鞍と轡をつけた一頭の馬、ひとつの箭袋に弓矢挿したまま与え
た。サンガルジャイ・タイジに銀の杯を与えた。ホン・バトゥルは、家畜
のいる場所が遠いので来られなかった。その一弓と十本の箭を与えて送っ
た。ハンはその地に駐蹕して、八日に出発して靖安堡に駐蹕した。九日
〔十日〕、ハンは城に未の刻に入った。

これに対応する『満文原檔』「天字檔」の記事をみると、以下のとおりであ
る。

　○ ice nadan de monggoi beise orin ihan jüwe morin; duin tanggo honin wabi

karu /han be/ sarilaha; juwan de simiyan i hecen de /amasi bedereme //dobori//

jidere de; han i juleri tukiyehe hasho ergi dalbai ajige/ han dosika; /tuu i ninggude,

giltahun genggiyen elden eldeke bihe/;

　　（『満文原檔』〈天字檔、旧：第6冊、2693頁、新：第6冊、132～131頁〉）

〔和訳〕

　○初七日、蒙古のベイレたちが二十頭の牛、二頭の馬、四百頭の羊を屠っ
て返礼に〔ハンを〕酒宴した。十日、瀋陽城にハンが入った〔帰還するた
め／夜／来るとき、ハンの御前に掲げた左側の小纛のうえにきらきらと明
るい光が輝いていた〕

両者を比較すると、「天字檔」には、アオハン、ナイマンのベイレたちの返

礼の酒宴に関する記事は記されているが、それに続くベイレたちの見送りに対
する賞賜の品目などは省略されている。そして、文末の太宗瀋陽帰還の部分は、
収録されてはいるものの「逃人檔」の内容とはかなり異なったものとなってい
る。

　この記事、もともと「逃人檔」には、上記のように、「uyun /juwan/ de　　han
hecen de honin erin de dosika; （九〔十〕日、ハンは（瀋陽）城に未の刻に入った）」
とあった。すなわち、太宗が城に入ったのは「未の刻（午後 2 時ごろ）」であっ
たことがわかる。元来、『満文原檔』「天字檔」では、「逃人檔」を受けて「juwan
de simiyan i hecen de han dosika（十日、瀋陽城にハンが入った）というきわめて
簡単な記事で、「逃人檔」にある「未の刻」という到着時刻も記されていなかっ
た。ところがのちに、太宗の瀋陽帰還に際して、「ハンの御前に掲げた左側の
小纛のうえにきらきらと明るい光が輝いていた」という文章が付け加えられ、
さらにそれを一層引き立たせるために「dobori（夜）」という語を挿入したため
に、昼の出来事がいつの間にか夜のことになってしまった。そして、この文章
は『満文老檔』にそのまま受け継がれている。『満文老檔』には、このような
修飾にともなう「改変」の危険性があることを、常に認識しておく必要がある
であろう。

第 4 節　アサンの逃亡と「逃人檔」

　関孝廉によれば、「ara（書け）」という指示のある檔案はすべて『満文老檔』
に収録されているとする。しかし、上述のように「ara」の記述がなくとも
『満文原檔』に記録されている場合があり、またなかには「ara」という注記が
あっても、上に示したとおり、『満文原檔』にみられない記事もみられる。後
者のなかでもっとも重要と思われるのが、天聡三年八月初九日のアサン Asan
の逃亡に関する記事である。

　「逃人檔」のアサン逃亡に関わる記事の左上には、大きく「ara」の指示がみ
られる。『満文原檔』、及びそれに拠った『満文老檔』には天聡三年八月の記事

104 第1部 入関前清朝における文書制度の展開と「史書」の編纂

を欠いているので、この記事が、場合によっては、今は亡失した『満文原檔』
に収録されていた可能性は否定できない。ただ、先に述べたとおり、「逃人檔」
の表紙には、『満文原檔』に抄写されたものについては、その年月が記されて
いるが、このアサンの逃亡の記事についてはそれがなされていない。これから
みると、アサンの逃亡記事は、当初記録する予定であったものの、『満文原檔』
に収録するに際して抄写されなかったことも考えられる。

　アサンの逃亡について、中国第一歴史檔案館所蔵の順治初纂『太宗文皇帝実
録』（満文本）、天聡三年八月初八日の条には次のようにある。

> asan fujiyang, ini deo garai, jui sehei, deo adahai jui jata, morohon be gamame
> nikan i ning yuwan i baru ukame genehe be,　　han donjifi, geren beise, ambasa
> be jugūn jugūn i fargame unggihe; asan, adahai sargan, buya juse be loo de
> horifi asaraha; asan se, amcame genehe gulu lamun i gūsai fujiyang baduhū, iogi
> arai sei tuwakiyaha arla gebungge babe tucifi genere be, baduhū, arai se sabufi
> olhome latunahakū tucibufi unggihe; asan se nikan i jase de isinafi, ceni ukame
> jihe be, tai niyalma de neneme alana seme takūraha niyalma be tai niyalma jafafi
> wara jakade; asan se golofi monggoi baru ukame geneki seme kenehunjere de,
> asan i juwe gucu geli amasi ukame jihe manggi; asan se amasi dosime jifi, weile
> be alire jakade; asan i weile be guwebufi, juse sargan boigon be gemu bufi, hafan
> be inu efulehekū fe an i obuha;

〔和訳〕

　　アサン副将、その弟ガライ、子セヘイ、弟アダハイの子ジャタ、モロホン
　　を連れて漢地の寧遠に向けて逃奔したのをハンが聞いて、衆貝子大人らを
　　各路に追跡のために送って、アサンとアダハイの妻、庶子等を牢に監禁し
　　た。アサン等が、追っていった正藍旗の副将バドゥフ、遊撃のアライ等が
　　守っているアルラという名のところに出て行くのを、バドゥフ、アライは
　　見て、懼れて敢て近づかずに出て見送った。アサンたちは漢地の辺界に至
　　り、彼らが逃げてきたことを台の者に先に告げに行けと遣した者を、台の
　　者が捕らえて殺したので、アサンたちは驚き、蒙古に向かって逃げようと

第3章　清初の文書記録と「逃人檔」　105

思案するとき、アサンの仲間二人が逃げかえってきたのち、アサンらもま
た本国に戻りかえって来て罪を請うので、アサンの罪を赦し、子供、妻、
家産を皆（還し）与えて、官も革めず、旧のままとなした。

　これが、現在までのところ我々が知りうるアサンの逃亡に関する情報のすべ
てである。ところが、「逃人檔」にはこの事情がかなり詳しく記録されており、
アサンの逃亡の理由、そして投降までの経過をつぶさに知ることができる。

　まず、「逃人檔」第134号檔案からみることにする。

○ ice uyun de asan ukabi; juwan ninggun ni dobori amasi dosinjiha; asan da
manju giran; ama altasi genggiyen han de jeku jafaha amban bihe; ama bucehe
ci juse* be ambula gosime ujihe bihe; nikan be dailabi <u>gaibi</u> jaibinde gurihe*
manggi; asan adahai babi uile türgun ako ukabi geren beise amcabi asan i emu
jui feye de bücehe ini beye feye bahabi amasi dosika;　han derei ehe be gonihako
ahon deo be fujan obubi gosime üjihe; terei　10a/9b　amala simiyan de gurihe*
manggi; <u>genggiyen han bederehe</u>; /genggiyen han bederehe manggi,/ adahai be
ini esgen i jui arjin gercileme uile duilere bade nenehe　　han i etuhe saca be
na de maqtaha seme emu üile; han i biyanggo jui erke cohur beile be siosihiyehe
emu uile; jüwe ilan amba uile de tühebubi adahai be wara uile maqtabi; han de
alaha manggi;　　han seolebi wahako üjibi hafan efulehe boigon be hontoholome
gaiha bihe; uile arabi inenggi goidaha ako, adahai morin karmara šajin be efuleme;
juwan ilan morin geren gucu be　9b/9a　　gamame jase tücime monggo bade
nimaha baime genehebe; sanjan hergen i keceni ini encu baitai yabure de donjibi
amcahabi amasi danjiha; jidere jugon de ini gucusei baru hendume ere keceni
be fondo fondo gabtabi geneki seci suwe oho ako seme henduhebe jugon i emu
hehe donjibi alabi tereci ulan ulan i gisurebi dele donjibi dacilaci yargiyan oho
manggi; adahai be waha; ahon asan ini beyebe geli waraho seme ukame genehe;
<u>tere</u>

〔和訳〕

　初九日、アサンが逃げて、十六日の夜に戻り入って来た。アサンはもとも

と満洲人。父アルタシは、ゲンギェン・ハン（太祖）のときに穀物を取り扱った大臣であった。父が死んでから子たちを大いに慈しみ養っていた。明を攻めて連れて界藩(16)に移ったのち、アサンとアダハイは罪も理由もなく逃げて、諸王が追ってアサンの一子は傷がもとで亡くなり、かれ自身も戻り入った。ハンは体面の悪さを気にせず兄弟を副将となして慈しみ養った。その後瀋陽に移ったのち、ゲンギェン・ハンが崩じた〔ゲンギェン・ハンが崩じたのち〕、アダハイをかれの叔父の子アルジンが告発し、罪を審理する場所にて先のハン（太祖）の身につけた盔（かぶと）を地に投げつけたとて一罪、ハンの末子エルケ・チュフル・ベイレを唆かしたのが一罪、二、三の大罪に定めて、アダハイを死罪に断じて、ハンに告げたところ、ハンは思慮して、殺さず助命して、官を革めた。家産を半分にし取っていた。処罰して日が余りたたないうちに。アダハイは馬を保護する法を破り、十三頭の馬と多くの供の者を連れて辺境を出て蒙古の地に魚を捕りに行っていた。参将職のケチェニは、自分の別の用で行くとき、（このことを）聞いて追っていって、戻るよう行って指示した。（アダハイが）帰る道でかれの供の者に向かって語るのには、「このケチェニをずぶりずぶりと射殺して行こうといっても、汝等はきかなかった」と語ったのを路上の一婦人が聞いて、告げたので、それより次々と議して、上は聞いて問いただすと本当であったので、アダハイを殺した。兄のアサンは自分自身をまた殺すのではないかと逃げて行った。

　すなわち、アサンが逃亡した理由としては、①彼の弟アダハイと一緒に逃亡し、戻ってきた過去があった、②弟アダハイが、太祖着用の盔（かぶと）を投げつけたり、エルケ・チュフル・ベイレを唆かしたりした罪で一度死罪を受けたが、太宗によって助命されていた、③弟アダハイが、死罪を赦されたのにもかかわらず、馬を保護する法を破って蒙古との辺疆を出て魚を漁りに行き、そのことを注意された参将に殺害の可能性を含む言葉を言ったためついに処刑された、ということがあったので、次は彼自身に罪が及ぶのではないかと思ったからであった。

第3章　清初の文書記録と「逃人檔」　107

逃亡したあとのアサンの情況は、同第135号檔案に詳しい。

○ tere inenggi erke cohur taiji emhe be oqdome genebi　9a/8b　salin salilame yali teni tükiyebi /he/ bade angga isire onggolo asan be ukaha seme donjibi amba beile; yoto taiji; sahaliyan taiji; geren be taiji sa be gaibi uining ing ni golobe; ○ ajige age jüwe sanggiyan i gosa be gaibi jakumu niowanggiyaha golobe; amin beile janggisan i golobe; manggoltai beile tolaito i golobe; abtai taiji; hooge taiji funghowang ceng ni golobe; jirgalang taiji simiyan i golobe fargame genehe; asan siosan de gai ini morin gaibi howangni wai tücike seme jirgalang taiji donjibi songkoi bosiome genehebi; abtai taiji;　8b/8a　hooge taiji jirgalang taiji songkode dosibi genehe be donjibi liodonci bederebi geli songkode genehe bi; gülu lamun i beilei asan ci nendebi ini baduho arai üheri tofohon niyalmabe tücibubi kame ilibuhabi; asan tesei hanci sunja bai dübebe düleme generebe hori sabi arai baduho de alanabi arai baduho goro amnahako, hanci amcabi bahako bederehe seme bi; asan tereci casi genebi howangni cargi dübei tai de isinabi jüwe niyalma be takorame be ukame jihebi; mimbe membe dosi baime yabu seme takoraha jüwe niyalma be uju　8a/7b　faitame wahabi; takoraha niyalma be goidambi seme ceni beye tai de tuwana-me geneci jüwe niyalma be uju faitamebi bethe assarabe sabubi tereci asan golobi caharai baru ukame genebi bayan hara alin de isinabi tere dobori ini gücu KOSIBO, MAKO jüwe niyalma sain duin morin be gajime jihe; terei sirame asan ni amasi songkoi bedereme juwan ninggun i dobori isinjiha;

〔和訳〕

その日、エルケ・チュフル・タイジの妻の母を迎えに行って、酒宴を催しており、肉がちょうど出て、口に入る前にアサンが逃げたと聞いて、アンバ・ベイレ、ヨト・タイジ、サハリヤン・タイジは、衆タイジらを率いて威寧営の地方を、アジゲ・アゲは両白旗を率いてジャクム、清河地方を、アミン・ベイレは章義山（站）地方をマングルタイ・ベイレはトライト地方を、アバタイ・タイジ、ホーゲ・タイジは鳳凰城地方を、ジルガラン・

108　第1部　入関前清朝における文書制度の展開と「史書」の編纂

タイジは瀋陽地方を追跡して行った。アサンは首山にてかれの馬を連れて黄泥窪に出たとジルガラン・タイジが聞いて、追跡して行っている。アバタイ・タイジ、ホーゲ・タイジは、ジルガラン・タイジが（アサンの）足跡に（従い）進んで行ったことを聞いて、遼東（遼陽）から引きあげて、また足跡に（従い）行っている。正藍のベイレはアサンに先行し、その（配下の）バドゥフ、アライら全十五人を出して、囲んで行く道を塞いでいる。アサンが、かれらの近く五里の先を通っていくのを包囲している者が知って、アライとバドゥフに告げに行ったが、アライとバドゥフは遠く追って行かなかった。近く（のみ）追って（アサンを）捕えることができず引きあげている。アサンは、それより進んで行って、黄泥の向こう側の先の台に至って、二人の者を遣し、「我らは逃げてきている。我らを入れよ、と求めに行け」と遣した二人を、（台の者は）首を切って殺している。遣した者が遅いとかれら自身が台に見に行ってみると、（台の者が）二人を首切って（その）足が動くのを見て、それからアサンは恐れてチャハルに向かって逃げて行って、バヤン・ハラ山に至ってその夜、かれの供の者 KOSIBO、MAKO の二人が良い四頭の馬を連れて来た。それにつづいでアサンがあとにしたがい引きあげて、十六日の夜に到着した。

　順治初纂『太宗文皇帝実録』の記事と比較すると、「逃人檔」のほうが、より詳しくその情況が記されていることがわかる。「逃人檔」の「正藍のベイレ（マングルタイ Manggultai）はアサンに先行し、その（配下の）バドゥフ、アライら全十五人を出して、囲んで行く道を塞いでいる」という部分は、実録のほうは、バドゥフが「アサンを追い、遊撃のアライ等が分守するアラ地方に至った」ことになっている。その後の実録の記述は、概ね「逃人檔」のダイジェストのようなものであるが、「アサンの罪を赦し、子供、妻、家産を皆（還し）与えて、官も革めず、旧のままとなした」という部分は「逃人檔」にはない。『太宗文皇帝実録』編纂に際して、このアサンの逃亡に関わる部分にどのような資料が用いられたのかははっきりとしないが、現存の『満文原檔』、「内国史院檔」には天聡三年八月分の記事はみられず、場合によっては、この資料が利用され

第3章　清初の文書記録と「逃人檔」　109

た可能性も考えられる。

　「逃人檔」所収の記事は、『満文原檔』に収録された檔案以外、いままでまっ
たく公にされたことがないものばかりである。また、アサンの逃亡に関する記
事のように、ほかに拠るべきもののない記録もみられる。この意味で、この檔
冊のもつ史料的な価値は、きわめて大きいものであると判断できよう。

お わ り に

　「逃人檔」は、太宗の即位とともに作成された檔冊であり、八旗中の旗色を
一にする二旗が輪番で記した逃人に関する記録である。本檔冊は、さきに述べ
たとおり、なにか別の記録から「逃人」に関わる記事を抽出して記録したもの
である可能性も強いが、太宗朝初期の原始資料として貴重なものである。また
本檔冊は当時の後金とモンゴル、明との政治的な関係を知る上でも重要であり、
アオハン、ナイマンの来帰に代表されるように、清朝成立以前のさまざまな
「集団」の関係や社会を知るうえでも絶好の資料である。そして、入関前清朝
の歴史を考察する際の基本資料である『満文原檔』の形成過程を知るきわめて
貴重な記録でもある。

　『満文原檔』は、おそらく天聡六年までの分については、基本的に「天聡五
年檔」のような「八旗値月檔」や文館等に保管されていた文書・記録等を利用
して編まれたと思われるが、この天聡元年六・七月のアオハン、ナイマンの諸
タイジを初めとして、翌年二月までのモンゴル諸タイジの来帰の記事のみが
「逃人檔」から引用されている。おそらく編纂にあたって、その利便性から、
関連記事がまとめて収録されていた「逃人檔」が用いられたのではないかと思
われる。

　小稿は、「逃人檔」の分析、そして『満文原檔』との記事対比をとおして、
清初の文書記録の実態および「逃人檔」のもつ史料的な価値について論じたも
のである。本檔冊には、先述のとおり、アサンの逃亡記事をはじめとして他の
資料にみられない記事が多く存在し、かつのちの『満文原檔』等の史書編纂過

110　第1部　入関前清朝における文書制度の展開と「史書」の編纂

程におけるひとつの原資料としても、本檔冊は重要な位置を占めている。そして、それら史料的な価値は当然として、記録に用いられた満洲語自体も、言語学的にきわめて貴重なものである。今後、この資料をどのように吟味・活用していくか、我々に与えられた大きな課題であろう。

註

（1）　台北・国立故宮博物院に所蔵される「満文原檔」は、1969年に一度『旧満洲檔』と題して影印出版されたが、コントラストの強い印刷で、消去部分や加筆部分の判読が相当困難であった。2005年、台北・国立故宮博物院より『満文原檔』と題して、あらたな撮影、印刷技術を駆使した影印版が出版された。本稿では、この新版を大いに利用したが、引用檔案の頁数表示にあたっては、『旧満洲檔』を「旧」、新版の『満文原檔』を「新」と略称することにする。

（2）　広禄、李学智「老満文原檔与満文老檔之比較研究」『中国東亜学術研究計画委員会年報』第4期、1965年、陳捷先「『旧満洲檔』述略」（『旧満洲檔』第1冊所収）、神田信夫「旧満洲檔と天聡九年檔について」（『東洋文庫書報』第3号、1971年）、同「清朝興起史の研究──序説『満文老檔』から『旧満洲檔』へ──」（『明治大学人文科学研究所年報』第20号、1979年、同著『満学五十年』〈1992年、刀水書房〉に収録）。神田信夫、松村潤、岡田英弘訳注『旧満洲檔　天聡九年1、2』東洋文庫清代史研究室、1972、75年、松村潤の後述の一連の研究。細谷良夫「〈満文老檔〉〈黄字檔〉について──その塗改の検討──」『東洋史研究』第49巻第4号、1991年。

（3）　天聡年間ではないが、崇徳年間の資料に関しては、松村潤が現在中国第一歴史檔案館に保管される「満文木牌」を子細に検討し、この「満文原檔」の編纂の一過程について触れている（松村潤「崇徳三年の満文木牌について」『和田博士古稀記念東洋史論叢』、1961年。同「崇徳元年の満文木牌について」『日本大学文理学部人文科学研究所研究紀要』第13号、1971年）（いずれも、同著『明清史論考』2008年5月、山川出版社、所収）。

（4）　本稿の数字は削除記事等を含めた数である。欠葉等も若干みられるので、本来はこの数字よりもうすこし多かったかもしれない。

（5）　関孝廉は、このほかに「盛京満文逃人檔」と題し、計19件の資料のローマ字転

第 3 章　清初の文書記録と「逃人檔」　111

写および漢訳を行っている（北京社会科学院満学研究所『満学研究』第 2 輯、
1994年、367〜379頁）が、これらの資料はいずれも、筆者が中国第一歴史檔案館
で確認・調査したところの「逃人檔」には含まれておらず、さきの『清代檔案史
料叢編』所収の漢訳にも収められていない。資料の内容は、いずれも来帰したモ
ンゴルの諸タイジに対する賞賜物品にかかわる件で、期間は、天聡元年十月から
天聡四年九月にいたるものである。これらの檔案と既知の「逃人檔」との関係に
ついては不明である。

（ 6 ）　加藤直人「中国第一歴史檔案館所蔵「逃人檔」について」『松村潤先生古稀記
　　　念清代史論叢』1994年、汲古書院。

（ 7 ）　加藤直人「解説」『逃人檔』（東北アジア文献研究叢刊 3 、2007年、東北アジア
　　　文献研究会）所収。

（ 8 ）　記録に用いられた「会典」は、巻九十六「喪礼一」より巻九十九「喪礼四」に
　　　いたる 1 冊であり、表紙より第 3 丁裏までは欠落している。しかし、この欠落は
　　　本檔冊が満文を意識して巻末より逆に記録されているので、記事自体には影響は
　　　ない。また、1992年 8 月、筆者が中国第一歴史檔案館において「逃人檔」を調査
　　　していたところ、用紙として利用されている『大明会典』の巻・丁数でいうと、
　　　巻九十六、第27丁裏と第28丁表の間から、 1 葉の檔案断片を見出した。上半分が
　　　失われており、「逃人檔」と同じく『大明会典』（万暦）の行間に無圏点満文で記
　　　事が記されている。ただ、「逃人檔」が「会典」の第 9 冊（巻九十六〜巻九十九）
　　　を利用して記されているのに対し、この檔案は、『大明会典』巻一百六十九、律
　　　例十、刑律二の部分に記されている。すなわちこれは第12冊にあたる。記事はき
　　　わめて断片的なもので、その内容は不明であるが、すくなくとも、「逃人檔」以
　　　外にも、このように『大明会典』の余白を利用した記録が行われていたことがわ
　　　かる。

（ 9 ）　松村潤「天命朝の奏疏」『日本大学史学科五十周年記念歴史学論文集』所収、
　　　1978年、591頁参照（のちに『明清史論考』所収）。

（10）　関孝廉の翻訳では、全148件とするが、この数は関が翻訳した数である。削除
　　　記事や蒙文の盟約文などは訳出しておらず、このなかに含まれていない。

（11）　加藤直人「八旗の記録が如何に史書となったか」『清朝史研究の新たなる地平
　　　──フィールドと文書を追って──』2008年、山川出版社、本書第 1 部第 2 章。

（12）　神田信夫「清初の文館について」『東洋史研究』第19巻第 3 号、1960年。のち、

112 第1部　入関前清朝における文書制度の展開と「史書」の編纂

　　『清朝史論考』（2005年、山川出版社）所収。

（13）　加藤直人「関于八旗値月檔」『清史研究』2011年第1期。

（14）　関孝廉はこの旅順口を「小凌河」とするが、とらない（関前掲訳、20頁）。

（15）　天聡元年の干支は、「丙卯」ではなく「丁卯」である。この間違いは、「逃人檔」
　　　　の第7号檔案、および第8号檔案でも同様にみられる。おそらく当時の後金官人
　　　　の間では、この年が「丙卯」と認識されていたのではないかと思われる。

（16）　関孝廉の解釈に従う（関前掲訳、17頁）。

第 2 部

19世紀以降における清朝文書制度の展開
──天理図書館所蔵の清朝檔案群を例として──

第1章　天理図書館所蔵「伊犂奏摺稿檔」について

は じ め に

　序章で述べたように、清末には「満洲語は満洲朝廷の治下に於いて已に過去の遺物となってその生命を失っていた……[1]」という宮崎市定の指摘（評価）とはうらはらに、19世紀中葉以降にいたってもなお、厖大な数の満洲語文書が流通し、それが清朝の人民統治・支配貫徹に重要な役割を果たしていた。この理由をあきらかにするためには、政務遂行上必要な言語としての満洲語の位置、また漢語文書との関係を正確にとらえ、かつ外交、藩部関係、「辺疆」政策、旗務、旗人生計等、清朝の基本構造に係わるところで使用される満洲語文書のもつ意味について検討を加える必要がある。

　本書第2部では、道光、咸豊年間に作成された、天理大学附属天理図書館（以下「天理図書館」）所蔵の「辺疆」檔案を材料として、清朝文書の変遷、とくにいわゆる清末の満洲語文書のもつ特徴、そしてその意味について考えることにする。

　明清史研究においては、神田信夫が指摘するように「もはや檔案を利用せずに済まされぬ状態[2]」にたちいたっている。しかしながら、これら「檔案」を使用する際の最低条件である史料吟味については、かならずしもすべて適切に行われているとはいいがたい。たとえば、同一文書でも、①作成段階の草稿、②発信部局での決済用原稿、③正規に流通した文書、④官署での控え（受信〈来文〉、発信〈行文〉）、⑤軍機処でのコピー（録副）、そして、⑥のちにさまざまな理由で抄写または印刷に付されたもの等さまざまな段階のものが存在する。正規に流通した文書はもちろんのこと、それ以外の文書も政策決定過程を知る上でおおきな価値を有するものであるが、現在の清代檔案史料を利用した研究で

116　第2部　19世紀以降における清朝文書制度の展開

は、これらの「種類」をほとんど考慮にいれていないのが実状である。

　第2部で取り上げるのは、⑥の抄写された「檔案」である。清代よりさまざまな理由とかたちで公文書は抄写されてきた。これらの抄写は、個人によるものと機関によるものがあり、「抄写」された檔案のなかには、個人の「奏稿」もしくは「文集」の一部として出版されたものもすくなからず存在する。

第1節　天理図書館所蔵の清代檔冊

　天理図書館には、314件の満文資料（研究書を含む）が所蔵されている。それらのなかには15件の「檔冊」があり[3]、「新疆」に関するものが、以下の**表1**のとおり、5件含まれている。

表1　天理図書館所蔵「新疆」関係檔冊

表　題	文種	上　奏　者　名	収　録　期　間	冊数
塔爾巴哈台奏稿	満・漢	歴代参賛大臣	嘉慶元年 (1796)〜嘉慶二十五年 (1820)	6
吐魯番事宜清漢奏摺	満・漢	恵吉（烏魯木斉都統）	道光十九年 (1839) 十月〜十二月	5
塔爾巴哈台奏檔	満・漢	札拉芬泰	咸豊二年 (1852)	2
伊犂奏摺稿檔	満・漢	奕山、図伽布等	咸豊四年 (1854)〜咸豊五年 (1855)	6
伊犂奏摺	満・漢	札拉芬泰	咸豊七年 (1857)〜咸豊十年 (1860)	18

　これらの檔冊は、いずれも原檔冊ではなく、上記の分類では⑥、すなわち「抄写された檔案」にあたる。この「抄写」の問題および来歴については後述するが、時代的に、地域は異なるものの、18世紀末から19世紀中葉までをほぼ網羅していることがわかる。筆者はこれらの檔冊のうち「伊犂奏摺」（伊犂将軍ジャラフンタイの満・漢文の奏摺を収める）をはじめとするいくつかの檔冊について、すでに検討を加えている[4]が、その他の檔冊についてはいまだ研究の手が入れられていない[5]。

　本檔冊群は、その特徴的な蔵書印からみて日本の蒙古学者中島竦（竦之助）の旧蔵であったと思われ、本書第2部第2章および第3章で検討を加える「伊犂奏摺」、「wesimbure bukdari jise（奏摺稿）」と同じグループに属するものである。各冊に捺された天理図書館の整理のための印の日付は「昭和三十六年

第 1 章　天理図書館所蔵「伊犁奏摺稿檔」について　117

（1961年）九月二十日」であり、少なくともそれ以前に同館に受け入れられたことは間違いない。河内良弘によれば、天理大学所蔵の満洲語文献は、イギリス人ホーレーFrank Hawleyの「寶玲文庫」旧蔵のものと、朝日新聞社社長であった上野精一の旧蔵が中心となっているという。ちなみに、ただ、ホーレー旧蔵のものは、基本的に「寶玲文庫」の所蔵印が捺してあることから、それのみられない本檔冊は上野のコレクションに係わるものかもしれない。上野の蔵書が天理大学に収められたのは、昭和二十二年二月二十五日のことである[6]。

　中島竦は、村山吉廣の研究によれば、文久元年（1861）、漢学者中島撫山の三男として生まれ[7]、父の影響からか幼時より漢学に秀でていたという。私塾教師などを経て、1901年、北京に「京師警務学堂」が開設されると、かれは同学堂に招かれ、十年間にわたり北京に居住した[8]。この北京滞在中に中島の代表的な著作『蒙古通志』を執筆することになるが、同書巻頭に附された青木宣純中将の序言に、「中島君は、予の平生畏敬する所なり、好で支那史籍を渉猟し、造詣極めて邃し[9]」（ふりがな……筆者）とあるように、北京でさかんに「史籍」を集めていたらしい。それに加えて、同地滞在中に「蒙古語・蒙古史を研究[10]」し、帰国後は、東京の善隣書院で漢語とモンゴル語を教えていた[11]ということからみて、中島はモンゴル語を理解していた[12]。また、天理図書館に所蔵されるかれの旧蔵書『三合便覧』（漢語、モンゴル語、満洲語）にみられる中島自身が施したであろう注記[13]、かつ、かれの著書『清朝史談』に「aisin」という満洲文字が記述されていることなどからみて[14]、程度の問題はともあれ中島が基本的な満洲語の知識をも有していたことがわかる。すなわち、中島竦は、家学たる漢語の知識はもとより、モンゴル語、満洲語にも通じた当時としては稀有の存在であったと理解できる。

　ちなみに、中島が北京で執筆した『蒙古通志』は、清朝支配下のモンゴル、東トルキスターンの諸問題が「奏稿」等、いわゆる第一次史料も利用して考察されている[15]。20世紀初頭の段階で、この地域の問題に関心を有し、かつ原史料を用いた研究は、我が国では中島をもって嚆矢とするものであろう。

　以上を総合すると、天理図書館に所蔵される「伊犁奏摺稿檔」をはじめとす

る本檔冊群は、中島竦が『蒙古通志』書くために北京で収集した「資料」の一部ではないかと思われる。また、各檔冊に付された表題も、その筆跡からみて中島によるものであろう。

　さて、本「伊犁奏摺稿檔」所収の満文檔案であるが、現在中国第一歴史檔案館に所蔵される「軍機処満文月摺包」中にすべて現存している[16]。しかしながら「満文月摺包」には当然のことながら漢文檔案は含まれておらず、本檔冊が個々の「満文月摺包」すなわち「軍機処録副奏摺」から直接抄写されたとは考えにくい。また、清朝滅亡以前に、厖大な数量のこれら「録副檔案」が整理され、それらを閲覧、かつ抄写することが可能な状態であったとも思われない。ほぼ同一上奏者による満・漢両文の奏摺が日付順に整い、北京の受領日、かつ硃批が記され、かつ後述の「請安摺」がそろっているところからみて、本資料は、公的な関係機関で保管されていた「行文檔」等の檔冊を抄写したものではないかと思われる。

　いずれにせよ、このようなまとまったかたちで清代文書資料が所蔵されているところはほかになく、これら天理図書館所蔵の檔冊群がきわめて貴重な第一次史料であることは言を俟たない。

　第2部では、道光、咸豊年間に作成された天理大学附属天理図書館（以下「天理図書館」）所蔵の「辺疆」檔案を材料として、清朝文書の変遷、とくにいわゆる清末の満洲語文書のもつ特徴、そしてその意味について考えることにする。天理図書館所蔵清代文書、とくに「辺疆」関係満・漢文文書の概要については、序章で述べたとおりであるが、本章では、そのひとつである19世紀中葉に総統伊犁等処将軍（「伊犁将軍」）をつとめたイシャン奕山 Išan と伊犁参賛大臣をつとめたトゥジャブ図伽布 Tujabu の奏摺を主に収めた「伊犁奏摺稿檔」を紹介し、当時の「新疆」における公文書流通、とくに満・漢文檔案の文種による特徴等の問題をあきらかにするとともに、かつそれらのもつ史料的な価値を論じることにしたい。

第2節　「伊犂奏摺稿檔」

「伊犂奏摺稿檔」（天理図書館〈所蔵番号829. 44-173〉）は、満洲文及び漢文によって記され、現在は全6冊にまとめられている。これは、先に述べたように、すべて原本から抄写されたものであるが、中島竦旧蔵という以外、詳細な点は明らかでない。書写された文字は、中島の特徴的な字体とは異なるので、場合によっては、かれが写字生に抄写を依頼した可能性もある。

次に本檔冊の体裁について触れると、まず寸法は縦25.8cm、横14.4cmで、表紙には「奏摺稿檔」という表題と、たとえば「頭本」、「第一本」……といった冊次が記され、題簽はみられない。また「扉」の部分には表題（「奏摺清漢稿檔」）、冊次（「頭本」～「第六本」）、日付（たとえば第一本の場合、「咸豊四年三月初六日起」）の3つの事項が記されている。そして、所収の檔案の配列は、いわゆる「左綴じ」で見て、日付順に並べられているが、これはおそらく「満洲文」の檔案を意識してなされたものであろう。

また、本「伊犂奏摺稿檔」で用いられた書体は、漢文の檔案は楷書及び草書体で記されており、その筆跡は複数の人間によるものである。満文はいわゆる「草書体」で記されているが、こちらはすべて同一人物の手になるものである。また、人名等の表記に当たっては、頭文字のみであとは省略する方法を取っている（例えば、Išan を「I」、奕山を「奕」）が、公文書が抄写される場合、このように省略されるのが一般的であり、特異なことではない。

第3節　イシャンとトゥジャブ

『伊犂奏摺稿檔』に収められた檔案の主たる差出人、イシャン（奕山）とトゥジャブ（図伽布）であるが、イシャンについては、ここであらためて述べるまでもなく、ロシアとの伊犂塔爾巴哈台通商章程や北京条約などの締結に携わった人物である。ただ、この奏摺が発信された時期（咸豊四年三月～咸豊五年四月）

のイシャンについては資料的に判らない部分が少なくない。

イシャンの略歴については、『清史稿』巻三百七十三（列伝一百六十）所載の「奕山伝」によると、概ね以下のとおりである。

> 宗室奕山、恂郡王胤禵四世の孫。鑲藍旗に隷す。……伊犂領隊大臣、伊犂参賛大臣を歴て、（道光）十八年、伊犂将軍を授けらる。……同二十一年、靖逆将軍としてアヘン戦争に参加したイシャンは、翌年敗戦の責任をとらされ、「宗人府空室に圏禁」された。二十三年、かれはゆるされて、再び「新疆」の勤務につくことになる。そして、二十七年、「新疆」の西部で起きた動乱（「七人のホージャたちの聖戦[17]」すなわち「新疆」西部の清朝以前の支配者ホージャ一族の末裔等が清朝に対して起こした失権回復運動）を鎮圧した功績により、二十九年再び伊犂将軍の地位に返り咲くことになる。そして、ここでロシアとの交渉に携わり、咸豊元年（1851年）「伊犂塔爾巴哈台通商章程」を締結した。同五年、彼は黒龍江将軍に調せられて、こんどは東北でロシアとの交渉にあたることになった。そして、光緒四年（1871年）にその生涯を閉じた。

中国近代史上、きわめて重要な位置を占める人物イシャンであるが、咸豊元年から同五年に黒龍江将軍に調せられるまでの間について、伝記資料等にあまりその記事が残されていない。本檔冊に収められた奏摺は、イシャンの履歴「空白」時代に出されたものであり、その履歴を埋めるためにも貴重である。

一方、トゥジャブは、台北・国立故宮博物院図書文献処所蔵「国史館伝包」によれば、蒙古正藍旗の人で、藍翎長、護軍校、護軍参領等を勤めたのち、道光二十九年（1849年）十二月、阿克蘇辦事大臣に任じられ（咸豊二年〈1852〉三月まで）、咸豊二年九月、伊犂参賛大臣となった（同五年十一月まで）。そして咸豊六年九月、西寧辦事大臣に調せられたが、同月、烏魯木斉都統に擢せられ（同十年二月まで）、同年閏三月に亡くなっている。本『伊犂奏摺稿檔』に収められている時期のトゥジャブは、ちょうど伊犂参賛大臣であり、伊犂将軍たるイシャンの補佐をしていたわけである。

本『伊犂奏摺稿檔』は、トゥジャブ自身による伊犂参賛大臣就任（着任）謝

恩の上奏（咸豊四年三月初六日付漢文奏摺）からはじまることから考えると、多分にトゥジャブを意識して抄写されたものかもしれない。

第4節　所収檔案の内容

　『伊犂奏摺稿檔』所収の檔案は、先述のとおり、その大部分が伊犂将軍イシャンと伊犂参賛大臣トゥジャブの連名による奏摺であり、収載期間は、咸豊四年三月から咸豊五年四月までの一年餘にわたる。件数は、次の表2に示したとおり、満文奏摺が再奏を含めて137件（請安摺[18]を含む）、漢文奏摺が再奏を含めて69件で、計206件である（そのほかに各奏摺に付した清単〈リスト類〉がある）。単純に比較することはできないが、満洲語による奏摺の比率は全体の約67パーセントに達している。

表2　「伊犂奏摺稿檔」収録檔案件数

冊次	収録期間（咸豊）	満文奏文	同再奏	清単	漢文奏文	同再奏	清単	請安檔
1	咸豊四年三月六日〜五月五日	22	4	3	6	1	2	7
2	五月二十五日〜七月十三日	14	1	4	4	1	1	4
3	七月二十九日〜九月二十七日	18	2	3	10	3	2	5
4	十月十二日〜十二月二十六日	18	4	4	14	5	3	6
5	咸豊五年一月十日〜三月（十七）日	19	1	6	11	7	5	6
6	四月四日〜四月十四日	4	—	1	7	—	1	2
	合　計	95	12	21	52	17	14	30

　19世紀中葉以降にいたってもなお「辺疆」と「中央」間には、このように数多くの満洲語文書が流通していた。序章で触れたように、満缺が文書「規則」により使用言語が制限されていたとはいえ、満洲語は、この時期でも、「過去の遺物」などではなく、実際に有効に利用されていたのである。

　本檔冊所収のこれら満文檔案の多くは、旗務を含む人事に関わるものである（遣犯等に係わる場合、漢文の場合もある）。たとえば、咸豊四年六月初八日付満文奏摺（第2冊第（6）号檔案）は、イリ・バヤンダイ城の協領・佐領の補任に関する件であるが、以下のようである。

　　　aha išan, tujabu se gingguleme wesimburengge, hafan sindara be baime wesimbure

122　第 2 部　19世紀以降における清朝文書制度の展開

jalin, ili i bayandai hoton i tucike gūsai da i oron emke, acame tucike nirui janggin i oron emke, tuwašara hafan i jergi janggin i oron emke, funde bošokū i oron emke, esei oronde, ahasi tesu kūwaran i wesici acara ursei　　14b/15a　　dorgici ilgame sonjofi niyalma isinara be tuwame gūsai da i oronde, nirui janggin belektai be cohome, fujuri be adabume tomilaha, nirui janggin i oronde tuwašara hafan i jergi janggin hūwaliyasun be cohome, aniya jaluka ejeku hafan i jergi serengge be adabume tomilaha, tuwašara hafan i jergi janggin i oronde, funde bošokū hacingga be cohome, ainbu be adabume tomilaha,　　15a/15b　　funde bošokū i oronde, dalaha bošokū ginggešan be cohome, sijifun be adabume tomilafi, esei yabuha faššaha ba be encu afaha arafi gingguleme donjibume ibebuhe, bairengge dergici emu gūsai da, emu nirui janggin, emu tuwašara hafan i jergi janggin, emu funde bošokū sindarao, erei jalin gingguleme　　15b/16a　　wesimbuhe, hese be baimbi; gubci elgiyengge i duici aniya ninggun biyai ice jakūn

ineku aniya anagan i nadan biyai ice nadan de alime gaiha fulgiyan fi i pilehe hese hese

wasimbumbi sehe,　（※下線部は省略された部分。省略個所は筆者補足）

〔和訳〕

　奴才イシャン、トゥジャブ等が謹み奏することは、官の任命を請い奏するため。イリのバヤンダイ城で出た協領の缺一名、それに伴い出た佐領の缺一名、雲騎尉級章京の缺一名、驍騎校の缺一名、これらの缺に、奴才等本営の昇進すべき輩の内から区別し選んで人が及ぶかどうかを考慮し、協領の缺に、佐領ベレクタイを擬正し、フジュリを擬陪しあてた。佐領の缺に雲騎尉級章京フワリヤスンを擬正し、年満の主事級セレンゲを擬陪しあてた。雲騎尉級章京の缺に、驍騎校ハチンガを擬正し、アインブを擬陪しあてた。驍騎校の缺に、筆頭領催ギンゲシャンを擬正し、シジフンを擬陪しあてて、これらのものの業績を別の清単書いて謹みお聞かせし進ませた。請うこと。上より一協領、一佐領、一雲騎尉級の章京、一驍騎校を任じていただけないか。これのため謹み奏した。旨を請う。咸豊四年六月初八日

第1章　天理図書館所蔵「伊犂奏摺稿檔」について　123

本年閏七月初七日に受け取った。硃批「旨降す」とあった。

すなわち、驍騎校以上の官の任命に関し「擬正」（第一候補）と「擬陪」（第二候補）を提案し、かつそれらのものの業績リストを併せて提出して、皇帝の裁可を仰いだのである。所属地域における一定以上の官の補任に係わる上奏は、このイシャンにかぎらず、基本的にこの形式で行われている。

このほかに満文檔案では、義務づけられているイリ地方の降雪状況、穀類の作柄・収穫状況、官兵の訓練に関する報告、またカザフ、ブルート（クルグズ）等への巡察報告等もみられる。ただ意外なことに、本檔冊には対ロシア関係の文書が少ない。この時期（咸豊四〜五年）は、「伊犂塔爾巴哈台通商章程」締結直後であるにもかかわらず、本檔案に収められた対ロシア関係の檔案は僅かに1件のみ（咸豊四年五月五日付満文奏摺、第1冊第(33)号檔案）であり、それもその内容はロシアとの交渉に尽力した者の人事に関するもので、直接ロシアとの交渉を記録したものではない。時代的に僅か数年くだるだけの「伊犂奏摺」（本書第2部第2章参照）には、タルバガタイをめぐる清・露の交渉が克明に記録されているのにひきかえ、本檔冊にはそのような対露交渉文書はまったくといっていいほどみられないのである。

これは、この当時、中国の西北方では「伊犂塔爾巴哈台通商章程」の締結により一応清朝とロシアの合意が成立して、両者の懸案事項はさほどみられなくなり、ロシアの関心は東北へと移っていったため、本檔冊にロシア関係檔案がないとも考えられる（石橋秀雄氏のご教示による）。それ故、対露交渉のエキスパートであるイシャンがこののち、黒龍江に調せられたのかもしれない。

本檔冊に収められた漢文檔案の内容は多岐にわたり、上記以外の文書はほぼ漢文で記されていると言っても過言ではない。たとえば報告が義務づけられている殺人事件に関する詳細な調査結果は全7件みられるが、いずれも漢文である。

漢文檔案のなかでもとくに注目されるのが財政関係檔案である。「新疆」の財政は内地の支援なくしては成り立たないが、その流入が滞る状況のなかで、イリでは経費削減のため、備蓄の取り崩しや官員の俸給減額、正賦の回布徴収

124　第2部　19世紀以降における清朝文書制度の展開

方法変更、また伝統の換防兵制を改変しようとするなどさまざまな方策をとった[19]。この逼迫した財政のなかで登場したのが、「大銭」鋳造問題である。この問題については後述するが、これを含め、漢文檔案のなかからは、19世紀中葉における「新疆」の厳しい財政の実態がはっきりと浮かび上がってくる。

　以下、本檔冊所収の満文、漢文檔案のなかから、特色あるいくつかの文書を例示し、その内容について触れてみることにする。

1　イリにおけるロシア語担当者の養成

　タルバガタイで通商が開始されると、実際にロシア語に通じた官員の育成が必要であった。イリにおけるロシア語担当者養成がどのように行われたのかについては、いままで不明であったが、咸豊四年四月八日付満文奏摺（第3冊第(15)号檔案）によれば、概ね以下のようであった。

　　イリにロシア語学校 oros tacikū boo が作られたのは、乾隆五十七年のことで、京師のロシア語学校 gemun hecen i oros tacikū から八品官のムクデンゲ Mukdengge なる者が送られて三年間教育が行われた。そのあとは、受講生のなかから教師を選び、委筆帖式として仮任用し、五年たつと正筆帖式として任用された。爾後、約五十数年にわたって、このようなかたちでロシア語教育が行われたが、ロシア人が来たこともなく、書簡を送ることもなかったので、これら受講生は、ほとんどなにも判らなかった。咸豊元年にタルバガタイで通商が開始され、ロシア人が、イリに来るようになると、ロシア人は満洲語とロシア語で書いた手紙を携えてきたので、ロシア語のできる人材の必要性がたかまり、伊犂将軍イシャンは、あらたにイリ・ロシア語学校学生のうち、聡明で理解力があるものを何人か選んで、今交易に来たロシア人と一緒に学ばせて、教師を育成すべきであると咸豊帝に要請した。

　この記事からわかるように、イリでのロシア語担当者養成は、乾隆五十七年（1792）に開始され、京師の「ロシア語学校」から教師が派遣されたという。この京師のロシア語学校については、乾隆二十二年（1757）五月の傅恒等の上

奏に詳しい。それによれば、

　　大学士公傅恒等が奏するには、俄羅斯文字を学習するのは、もともと往来
　　文書を翻訳するためであって、康熙年間に学校がたてられ、教習二人を設
　　けた。その二人は、俄羅斯佐領下の庫錫瑪、雅檎を採用した。学生定員は
　　二十四名で、八旗学生から選んだ。後に俄羅斯佐領下に教習を行うことの
　　できる人材がいなくなったため、官学生に暫時管理させている。そこでお
　　願いするのは、章程を制定し、五年に一回試験を行い、一等に列せられた
　　者を八品とし、二等の者を九品としたい。教習の缺が出たときは、八品を
　　授けられた官学生のなかから選び、奏請して充補し主事に候陞させ、学生
　　の（成績の）優劣で教習の昇進か罷免かを定めたい。(所轄は) 内閣・理藩
　　院管理に帰したい。

　　　　　　（『高宗実録』乾隆二十二年五月丁巳条）

とある。すなわち、京師においては康熙年間にロシア語学校（内閣俄羅斯文館）
が設けられ[20]、俄羅斯佐領下の人間が教師として採用されていた。しかし、の
ちになると、俄羅斯佐領下にそれを教える人材がいなくなり、この乾隆二十二
年に学生のなかから教師を選ぶことになった。成績優秀者が八品官とされ、そ
のなかから教師が選ばれた。このことから考えると、乾隆五十七年にイリに送
られたムクデンゲは、そのうちのひとりであったのである。しかしながら、イ
リで京師から派遣された教員による教育が行われたのは三年間にすぎず、その
後は、その受講生のなかから教師が選ばれてロシア語教育が行われた。これは、
京師のロシア語学校での方式が受け継がれたのであろう。

　ただ、史料にもあるとおり、咸豊元年（1851）に伊犂塔爾巴哈台通商章程が
締結されると、イリとタルバガタイでの対露交易が行われるようになり、ロシ
ア語のできる人材養成が急務となった。そのためにイシャンらは「あらたにイ
リ・ロシア語学校学生のうち、聡明で理解力があるものを何人か選んで、今交
易に来たロシア人と一緒に学ばせて、教師を育成すべき」であると要請したの
である。

2 大銭鋳造問題

中国では、1枚で制銭の複数枚分の額面を記した「大銭」の鋳造がしばしば行われてきた。清代においても何度かそれは論じられてきたが、本格的に大銭が鋳造・流通したのは、19世紀中葉、咸豊年間に入ってからのことである。このころ清朝の財政は太平天国に対する戦費の増大等によりきわめて逼迫し[21]、そのうえ、江南の重要都市を太平天国軍の勢力下に収められた影響で、雲南銅が北京に流入しにくくなり、北京をはじめとしてさまざまな地で銅不足の状態を呈することになった[22]。そのため、清朝は、咸豊三年より、大銭、鉄銭、鉛銭、そして不兌換紙幣である「官票（銀票）」、「宝鈔（銭鈔）」を発行し、銅不足の解消と財源不足を補うことにしたのである[23]。

「新疆」では、それ以前、具体的には道光八年（1828）から「大銭」鋳造の実績はあったが、これはアクスゥという回疆地区で、ジャハンギールの「聖戦」鎮圧のための清兵駐屯にともなう銅の高騰といった特殊な事情から製造が開始されたものである[24]。そのとき作製された「當十」銭は、回疆地区のみで通用していた「紅銭[25]」2枚に相当する価値を有していたが、その使用可能な範囲は地域的にきわめて限定されたものであった。

この清朝最初[26]の「大銭」登場の二十数年ののち、全国的な「大銭」鋳造の余波が「新疆」にも及んできた。

咸豊四年一月十五日付、イシャンの漢文奏摺[27]によれば、「當五十」銭の試鋳を実施したという。イリではそれ以前に「當十」銭の製造流通が決定していたが、原料の銅不足と高騰により「當五十」銭の鋳造は困難であり、当地の官兵が供出した銅製品を利用してようやく試鋳できた。1文の重さが8銭、銅1斤で「當五十」銭18文餘を製造することができたが、供出銅器で作製できる数量は限られており、市中に出さず、軍機処に見本を送るにとどめた。

その半年後、咸豊四年六月二十七日付の漢文奏摺（本檔冊、第2冊、第(10)号檔案）において、イシャンとトゥジャブは、「當十」銭、「當五十」銭のほかに「當千」銭、「當五百」銭、「當百」銭の3種類を加えて鋳造することにしたが、原材料と技術者不足、そして経済的な影響等を考慮して、まず試鋳したいと述

べている。

　実際、イリにおいて大銭の流通問題はかなり大きくなっていたとみえ、咸豊
四年七月二十九日付漢文奏摺（本檔冊、第3冊第（3）号檔案）のなかで、イシャ
ンとトゥジャブは、「新疆」の物資流通は内地商人に頼っているので、今回鋳
造の大銭が内地商人に受け入れられないとなりたたず、兵民が困窮すること
になると力説する。この奏摺内には、商人たちからの切実な訴え（稟称）も含ま
れている。このような環境で、イリに「當千」「當五百」「當百」「當五十」銭
といった大銭を流通させることはかなり困難な状況であったと思われる[28]。そ
して、翌咸豊五年一月、「當千」「當五百」銭については、「當百」以下に改鋳
されることになった（咸豊五年一月初十日付漢文再奏、第5冊第（5）号檔案）。

　これより先、咸豊四年十二月二十二日、イリ恵遠城北関江南巷で、刑期満了
の元遣犯杜訓なる者の大銭私鋳事件が起こった。杜訓らの供述によれば、杜訓
は、民人の辛明と共謀して銅匠の甯才なる者と約し、買い取った銅器等を溶か
して「當百」大銭150枚餘を偽造したという（咸豊五年三月十七日付漢文奏摺、本
檔冊第5冊第（37）号檔案）。貨幣偽造は大罪[29]であるが、比較的製造が容易で、
かつ高い「収益」が見込めることもあり、京師等の地においても大銭私鋳事件
は頻発していた[30]。ただ、当時の貨幣偽造に関わる『清律』の規程は、「制銭」
の偽造を念頭においたものであり、「大銭」はそもそも想定されていなかった。
とくに本事件は「新疆」においては初めての大銭私鋳事件であり、イシャン等
は、その対応、とくに「量刑」について検討を行わなくてはならなかった。

　上記奏摺には、当時運用されていた「大銭私鋳」に係る「刑部奏准」が記さ
れている。それによれば、

　　嗣後、「當百」以下の大銭を私鋳せし首と為りたる（者）及び匠人、もし
　　十千以上、十千に及ばざると雖も私鋳すること一次に止まらざる者在れば、
　　応に斬候の罪の上に旨を請うて即ち正法を行ふべし。

とある。『清律』三五九「私鋳銅銭」の「条例」には、私鋳銭数が「十千」す
なわち1万枚以上（あるいはその枚数にいたらなくとも再犯のもの）は、主犯と匠
人であれば「斬候」（斬刑猶予）を目安とする、という規程がある[31]が、「當百」

128　第2部　19世紀以降における清朝文書制度の展開

銭以下であるとか、上旨を求めて即刻死罪とするといった文言はみられない。おそらく、上記の「刑部奏准」は、大銭鋳造にともないその偽造が横行したために、特別に出されたものであろう。

　さて、イシャンらは、この「刑部奏准」を参考とし、辛明は、大銭密造した際に、その材料として制銭を溶解したので、「銷燬制銭」の罪[32]も加わって「斬決」、今回の私鋳の主犯である杜訓と匠人甯才の2人は、即刻死罪とするが、家産の没収は免ずるという判決案をまとめ、その裁可を仰いだのである。

　このように、「新疆」の大銭が内地で通用しないことに加えて、このような事件が起こったことからわかるように、私鋳の危険性が大きく、先に製造を停止し改鋳された「當千」「當五百」銭に加えて、あらたに「當百」「當五十」銭も廃止し、「當十」銭に鋳直されることになった（咸豊五年四月十四日付漢文奏摺、第6冊第(8)号檔案）のである。

　財政難の「新疆」において、大銭鋳造問題は官兵の俸給支給問題ときわめて密接な関わりを有している。とくに南（回）疆地区においては、銀票・銭鈔等の流通はきわめて困難（咸豊五年五月二十一日付、漢文再奏、第5冊第(33)号檔案）であり、大銭鋳造は実質的な解決策となるはずであった。しかしながら、上記のようにそれも失敗におわったのである。

3　天地会蜂起未遂事件

　本檔冊のなかには、添弟会（天地会）員による「蜂起」計画に関するものがみられる（咸豊四年十一月十八日付漢文奏摺、第4冊第(18)号檔案）。

　本土が太平天国の動乱等で混乱していたこの時期、「新疆」に死罪一等を減じられて「遣犯[33]」として送られた者のなかには、厳格な取り締まりの対象であった会党に属す者もみられた。そして、これらの者のなかには、人を集め蜂起して倉庫や富戸を襲い、財を得て（流刑地を逃れ）家に帰ろうという動きがみられた。その蜂起計画が発覚したのは、咸豊四年八月のことである。

　同年八月十九日の撫民同知倭克経額の密稟によると、次のようにあった。

　　遣犯の叚洸前と呉六等が潜に衆をあつめ、多くの人と結会し、期を刻して

事を起こすことを共謀している。

　イシャンらは、他の密告者等からも同様な情報に接し、ただちに、副都統職衛協領バハシャン（巴哈善、Bahašan）らにその対応を委ねた。最終的にこの「事件」は、蜂起前に主犯の段洸前をはじめとする主要人物32名が逮捕され（2名は逃亡）、従犯の呉六は自殺するという結果に終わったが、洪門関係者を遣犯として受けいれているイリにおいて、かつそれらの人々が関係している太平天国の動きが内地でおさまらぬ状況のなかで、イシャンたちにとってこのことは、「奴才等、信を聞きて駭きに勝へず（同奏摺）」という衝撃を与えた「事件」であった。

　本奏摺に記載された参加者の供述によれば、段洸前は、湖南省常寧県の人で、添弟会（天地会）に係わる事件により、また呉六は、河南省内郷県の人で、強盗事件の従犯として死罪一等を減じられて「新疆」に発遣された人物である。同年六月下旬、段洸前は呉六の勤める薬舗に来て、2人で話すなかで、呉六が「内地の軍需は久しく平定せず、この機会に乗じない手はない。人を多く集めて、倉庫、富戸、そして大家を強奪し、財を得れば、家に帰ることができる」というと、段洸前は「人が少なければ事は成功しない。ただ、従前、添弟会内に楚・粤の各省の者がもっとも多くあり、衆を集めることができる」と述べた。

　これが機縁となり、段洸前を中心として「天地会復興を名目」に、独特な入会儀礼を行って、秘密組織が形成された。

　紆余曲折はあったが、段洸前は蜂起を「酉月（八月）二十一日」に定め、恵遠城外駱駝巷の張萬林が居住する大空院内に集合して、東西の門より一斉に城内に入ることにした。しかしながら、計画は事前に察知されるところとなり、呉六は捕縛に抵抗して自殺、段洸前以下は捕捉された。結果、奕山らは、段洸前を市中において斬のうえ梟示、呉六も遺体を梟示、その餘の従犯については、主要メンバーの5人を、刺字の上「新疆」内発遣、それ以外の者は枷號等の処罰をしたいと奏請した。しかしながら咸豊帝は、主要な5人については即時斬、その餘も刑部に検討するように命じた[34]。

　本案件は未遂ではあったが、現地の要請よりも咸豊帝はかなり厳しく処断す

130　第2部　19世紀以降における清朝文書制度の展開

るよう命じている点が注目される。この点については、内地における天地会等秘密結社による反清活動の展開に影響されたことも考えられよう。

さて、すでに別稿で論じたとおり、乾隆時代の「新疆」遣犯、とくに民人で発遣された者については、基本的に「入植開墾」「鉱山労働」「運搬」「土木工事」等の作業を行っており、イリの「冊房」で厳しく管束されていた[35]が、この時代になると、主犯段洗前が裁縫手芸で生業をたてており、従犯呉六は薬舗で雇用されているなど、かならずしも「重労働」に従事しているわけではなかったことがわかる。また、当時の「新疆」においては、遣犯同士がかなり「自由」に集まることができ、しかも「結拝」に必要な旗、印顆等を容易に調達できる環境にあった。本案件は、太平天国軍等との戦いで責任をとらされた者や会党の者たちが多く送られ、一種の「飽和」状態にあった当時の「新疆」における流刑者の管理がいわゆる「限界」の状況を呈していたことを示しているといってもよいであろう。

4　ブルート（クルグズ）人の「越境犯罪」とそれに対する処罰

ブルート（クルグズ、Kyrgyz）の辺界を巡査していた察哈爾領隊大臣錫拉那[36]の咸豊四年六月十六日の報告によると、かれが烏木什布拉克地方にいたったとき、オールド営の上三旗格次爾喇嘛郭里普、閑散莫岱等の報に接した。それによると、郭里普たちが草原で馬を放牧していたところ、名前のわからぬブルート（クルグズ）人ら3人があらわれ、馬に乗って矛や棍棒を手にとり、かれらの馬をすべて強奪した。郭里普たちはかれらに負傷させられたとのことであった。錫拉那は、ブルートの頭目 ahalakci（Ma.）＜ aqalaγči（Mo.）のひとり拝堤留らと協力し、卡倫兵ならびに各営の官兵の協力を得て一帯を捜査し、主犯のブルートの拝莫勒多を捕縛し、次いでそれに協力したオールド・モンゴルの額斯庫を拿獲して、盗まれた馬と凶器の矛・棍を押収した（咸豊五年二月六日付漢文奏摺、第5冊第(18)号檔案。以下の記事はすべて本檔案にもとづく）。

供述によれば、事件の顛末は以下のとおりであった。

拝莫勒多はブルートの頭目玉遜拝の所属で、もとより仕事もせず放蕩に

ふけり、遊牧もつとめなかった。去年（咸豊四年）七月、ばったりと旧知のブルート人哈勒交と出会い、お互いに生活の困難さについて述べあった。そこで2人は「私に開斉（kaici……接哨線）を進り」馬を奪おうと約束した。そこで各々馬に乗り、手には矛と棍棒を携えて開斉に至ると、それほど遠くないところで、偶然卡倫 karun（辺境哨所）外に出てひとり棍棒をもって馬に乗った（清側に暮らす）オールド・モンゴルの額斯庫なる者に出会った。話していると鄂斯庫がブルート（クルグズ）語ができることがわかり、私に卡哨を出て盗みをはたらこうという計画を話した。拝莫勒多が「卡外（すなわちブルート側）の牲畜は近くにおらず盗むのが難しい。一緒に開斉をはいり強奪するにこしたことはない。分け前は充分渡す」ともちかけたところ、額斯庫は承知し、ブルート人たちを先導して、私に哈布哈克卡倫を入り、庫庫諾爾渾蒙古の地方に至った。（そこでは）たまたま郭里普と莫岱の2人が草原で遊牧をしており、傍らで馬8頭に草を食ませていた。犯人たちは、人が少ないことをみて一緒に突入し、馬を奪った。莫岱は前に出てそれを防ごうとしたため、拝莫勒多は長矛を用いてその右腕（胳膊）を傷つけた。哈勒交に馬を駆けさせ先に行こうとするとき、郭里普がそれを追った。鄂斯庫は棍棒を用いてその左肩甲を打ち傷つけた。（莫岱たちが）恐ろしくて後を追わなかったので、犯人たちは遂に馬を馳せてもと来た道を戻り、開斉を出て拝莫勒多が居住するところに帰った。そこで馬の買い手をさがそうと、再び鄂斯庫に馬を連れて卡を入って（清側で）売り払い、価銭を得て山分けしたいと望んだ。そのとき、所轄の頭目（拝堤留）が官兵を率いて一路追跡し、彼の地にいたり、取り調べのうえ逮捕した。まず拝莫勒多を捕縛し、鄂斯庫が馬を連れていった状況を調べだし、八月二十五日、続けて犯人の鄂斯庫を逮捕した。ただ哈勒交は逃亡した。逮捕した場所で、盗まれた馬8頭と矛、棍棒等が確保された。

「越境」という行為の概念については不明な点も多いが、すくなくとも19世紀中葉の「新疆」においては、「開斉（kaici……接哨線）を進」ることが、その判断基準とされたことがわかる。単なる馬の強奪・傷害事件とは異なり、「越

132　第2部　19世紀以降における清朝文書制度の展開

境」して問題を起こした本件は、特別な対応がもとめられた。本檔案によれば、ブルート（クルグズ）人の越境ならびに致傷強奪に関しては規程がないので「蒙古例」所載の「哈薩克にして私に卡倫を入り、劫案（強奪事件）にて財を得たる者は、首従を分たず（主犯、従犯にかかわらず）即ち正法を行ふ（死罪とする）」という部分を援用することにしたいと奏請した。本檔案のいう「蒙古例」とは、「理藩院則例」のことで、『欽定理藩院則例』（道光二十三年版）巻三十四「辺禁」に、

　　修改

　　哈薩克私入卡倫拒捕擬罪

　一　伊犂等処、如有哈薩克迷路誤入卡倫、因被査拏拒捕者、照竊馬例、擬
　　　以絞決。

　　続纂

　　哈薩克私入卡倫劫竊分別擬罪

　一　哈薩克私入卡倫、竊案得財者、首犯即行正法、従犯発煙瘴。劫案得財
　　　者、不分首従即行正法。

とあり、今回の場合、後者「続纂」の規程がそれに該当しよう。

　ちなみに、野田仁の研究によれば、カザフの事例として、清朝は「1830−40年代にかけて、北部の辺境においては、カザフのカルン線越境を厳しく取り締まっていた[37]……」が、「カルン線外の出来事には不干渉の態度をとる方針が徐々に確立されていった[38]」とする。それがこの「理藩院則例」の規程に反映されている可能性が考えられる。カザフの場合、その背後にロシア勢力の問題があり、清朝としても慎重な対応が求められたところであるが、ブルート（クルグズ）の場合はどうであったのであろうか。

　本案件で興味深いのは、ブルート（クルグズ）人の越境・強奪事件の犯人検挙に対し、ブルートのアハラクチ（頭目）が清側に積極的に協力している点である。ちなみに、イシャンらは、犯人の逮捕に尽力したブルート五品頂翎（頂戴・翎子＝品級により異なる官帽につける珠玉と孔雀の羽根）アハラクチ薩爾坦伯克と、同じく五品頂翎アハラクチ拝提留はともに四品の頂戴を、六品頂翎アハラ

クチ拝布喇には五品の頂戴・翎子の賞給を求めている。

「ジャハンギールの聖戦[39]」をはじめとして、当時の「新疆」においてはカーシュガル・ホージャ家の末裔たちによる失地・失権回復運動が何度か展開された。本奏摺が出されるすこし前、1847年に起こった「七人のホージャたちの聖戦」では、すでに別稿でも触れたように、ブルートすなわちクルグズの人々が数多く参加し[40]、単に「越境」しただけでなく、カーシュガル城包囲攻撃にも参加していた[41]。その逆に、ブルートの頭目のなかには情報探知のため清側から送りこまれた者もいた[42]。

イシャンはこの聖戦鎮圧の中心的役割を果たした人物であり、ブルート（クルグズ）が聖戦において果たした「役割」についても熟知していた。ブルートには拝提留のように清側の官位を受けている者もおり、今回の「越境」事件に際しても、それらブルートの頭目が清側に積極的に協力していた。また逆に清側もその頭目たちに一品昇級という恩賞をもって報いている。今回の「越境」事件が比較的短期間に解決したのは、このような背景が存在するのかもしれない。

お わ り に

『伊犁奏摺稿檔』は、咸豊元年に締結された「伊犁塔爾巴哈台通商章程」以後のイリの状態、とくに太平天国等の混乱がこの「新疆」に及ぼした影響（財政面、政治面、行政面、そしていわゆる「民族」統治の側面）を「直接」明らかにしてくれる第一級史料である。

また本檔冊所収の檔案は、満文檔案が基本的に人事、外交、そして作柄、気候等に代表される各種ルーティンな業務、そして実態の報告が多いのに比して、漢文檔案は基本的に財政、産業、事件等の報告、意見具申とその「役割」が決められている。ただ、子細に見ると、漢文奏摺で、伝統の換防兵制度の改変を唱える（咸豊四年閏七月十四日付漢文奏摺。第3冊第(8)号檔案、咸豊五年三月十七日付漢文奏摺。第5冊第(31)号檔案）一方で、満文奏摺を用いて「カーシュガル換

134　第2部　19世紀以降における清朝文書制度の展開

防兵の出発」（咸豊五年三月七日付満文奏摺、第5冊第(28)号奏摺）を報告している
など、この両文種が使い分けられていることがわかる。

　本檔冊、そして本書第2部第2章、第3章で紹介する檔冊を含め、「新疆」
をはじめとする「辺疆」地区では、官員が文書「規則」にしたがいつつ、満洲
語と漢語を使い分けて、中央への要請、意見具申、報告等を行っていたのであ
る。満洲語檔案は、ロシアとの外交案件を除いて緊急を要することや事件性を
有することにはあまり利用されず、人事案の上呈や、各種官員等に対する検査・
試験、天候や作付けの報告といった平常の業務で派生する案件に用いられた。

　これら満文奏摺による「平常業務」の報告は、「日常」の記録であるがゆえ
に、当時の当該地区の社会を知る上で欠かすことのできない史料ということが
できよう。当時の官員にとっても、満洲語を理解するシベやソロンがその支配
機構の枢要を占め、かつオールド、チャハル等のモンゴル、そしてウイグル人
を支配下におき、かつ、カザフ、ブルート（クルグズ）等の人々との関係安定
を優先せざるをえなかったイリにとって、満洲語は当該事項を記載するための
重要な言語ツールであったとも言える。また、本檔冊にはほとんどないが、対
ロシア外交案件はそのほとんどが満洲語によって行われた[43]。

　冒頭で述べたように、宮崎市定の、清末には満洲語が過去の遺物であったと
いう指摘（評価）は、京旗における日常的な満洲語の利用衰退といった点では
正しい。しかしながら、「辺疆」をはじめとして清朝のある「部分」において
は、本檔冊の例にもみられるとおり、満洲語文書の作成が一種ルーティンの業
務として展開されていた。その結果生み出された厖大な数の同文書が19世紀中
葉以降にいたってもなお流通し、それが清朝の人民統治・支配貫徹に重要な役
割を果たしていたのである。

　註
（1）　宮崎市定「清朝に於ける国語問題の一面」『東方史論叢』第一（北方史専号）
　　　1947年、55頁（『宮崎市定全集』第14巻所収、1991年、岩波書店）。

第1章　天理図書館所蔵「伊犂奏摺稿檔」について　135

（2）　神田信夫「李光濤編『明清史料癸編』」『東洋学報』第58巻第1・2号、1976年、204頁。

（3）　河内良弘、趙展共編「天理図書館蔵満文書籍目録」『ビブリア』第84号、1985年。

（4）　加藤直人「天理図書館所蔵「伊犂奏摺」について」『史叢』第32号、1983年、本書第2部第2章参照、「『伊犂奏摺』所収の満洲語檔案（1）」『武蔵野女子大学紀要』第21号、1986年2月、「天理図書館所蔵の清代檔案──奕山、図伽布『伊犂奏摺稿』を中心として──」『第一届中国域外漢籍国際学術会議論文集』1987年、台北・聯経出版社、本章参照、「天理大学所蔵、グキン（固慶）の奏摺について──とくに科布多参賛大臣時代の奏摺を中心として──」神田信夫編『日本所在清代檔案史料の諸相』所収、1993年、東洋文庫清代史研究室、本書第2部第3章参照。

（5）　このうち「塔爾巴哈台奏稿」については、華立が米国の学会で紹介している（Hua Li; A Manuscript of memorials on Tarbagatai and western frontier administration in the Jiaqing era. *The Second North American International Conference on Manchu Studies*, Harvard University, 27 May 2005.）。じつは、天理図書館にはこの「塔爾巴哈台奏稿」（すなわち奏摺等塔爾巴哈台から発せられた文書＝「行文」）と対になるべき「来文」（上諭及び軍機処等各官署からもたらされた文書等）を収めた檔冊（所蔵番号829.44-271、1帙3冊）が保存されている。上諭（第一冊所収）の日付からみると、嘉慶二年（1797）五月十四日より嘉慶二十四年（1819）九月二十一日までの分が含まれている。料紙（罫紙）は「塔爾巴哈台奏稿」と同じものが用いられ、その寸法も一致している。また、玉振道人すなわち中島竦の印も同様に捺されている。この事実から考えると、この3冊の檔冊は、元来「塔爾巴哈台奏稿」と一対のものであったと判断できよう。ちなみに「塔爾巴哈台奏稿」の帙に付された注記には「No.4　満／漢／文　塔爾巴哈台奏稿　嘉慶元年至二十五年　附満文三冊　題簽玉振道人自筆　二帙九本」とある。「塔爾巴哈台奏稿」は1帙6冊であるので、まさにこの1帙3冊の檔冊を併せて「二帙九本」となる。すなわち、この注記にある「附満文三冊」が、今回見出された檔冊と考えて間違いないであろう。

　　　この3冊の檔冊は、註（3）にあげた目録には収録されていないが、天理図書館司書の方のご尽力によりその存在を確認できた。また、表中の「塔爾巴哈台奏檔」

136　第2部　19世紀以降における清朝文書制度の展開

　　（所蔵番号829.44-265）は、註（3）目録では「塔爾巴哈台奏摺」となっているが、
　　ここでは中島竦による表題にしたがう。

（6）　ちなみに、本檔冊が納められた帙には、朱のゴム印に墨書された注記があり、
　　それには「昭和廿八年四月廿八日／寄贈／天理教教會本部」（傍線部が墨書され
　　た部分）とある。なお、本帙にはこの「伊犁奏摺稿檔」6冊のほかに、広州将軍
　　瑞麟の満・漢文奏摺「広州奏摺稿」（同治二年〈1863〉〜同治五年）1冊が納め
　　られている。

（7）　村山吉廣、関根茂世『玉振道人詩存』2012年、明徳出版社、18頁。

（8）　前掲『玉振道人詩存』28頁。ただ、京師警務学堂開設時の日本人正職員のなか
　　に、中島竦の名前はない（中見立夫「北京警務学堂、高等巡警学堂与川島浪速」
　　『檔案与北京史国際学術討論会論文集』286頁）。ただ、約一年後（1902年11月）
　　より、長谷川辰之助（二葉亭四迷）をはじめとして、さまざまな人材が川島浪速
　　のコネクションでこの学堂に奉職した（中見立夫、前掲論文287頁）。村山吉廣の
　　研究によれば、中島竦は、1903年3月1日付で採用されたらしい（『評伝・中島
　　敦　家学からの視点』2002年、中央公論新社、74頁）。村山は、竦のすぐ上の兄
　　斗南と川島浪速は交流があり、その関係で北京に渡ったのであろうとする（前掲
　　『玉振道人詩存』28頁）。

（9）　中島竦『蒙古通志』1916年、民友社、ii頁。

（10）　藤原楚水による作者紹介（中島竦「増訂亀田三先生伝実私記」『書苑』第6巻
　　第4号）、上記記事は、村山吉廣『評伝・中島敦　家学からの視点』71頁を参照。

（11）　村山吉廣『評伝・中島敦　家学からの視点』75〜76頁。

（12）　村山吉廣によれば、中島竦には「蒙文析微」（稿本）なる著作があるという
　　（筆者未見）。（前掲『玉振道人詩存』42頁）。

（13）　2帙14冊。『天理図書館善本写真集六　満文書籍集』1955年、天理大学出版部、
　　13頁には「玉振道人手稿本」とある。本書は、一般に知られている富俊の『三合
　　便覧』とは異なり、モンゴル語とその満洲語訳が記された単語の中間に硃筆で漢
　　訳が施された一種の「語彙集」である。この硃筆漢訳及び注記等の部分は、その
　　特徴的な字体から中島竦によるものであることがわかる。ちなみに帙に附された
　　注記には「巻中硃筆（漢文及批點等）玉振道人自筆」とある。断言はできないが、
　　モンゴル語、満洲語の字体にも特徴があり、場合によってはこれらも中島の手に
　　よるものかもしれない。

第1章　天理図書館所蔵「伊犂奏摺稿檔」について　137

(14)　中島竦『清朝史談』善隣書院支那語講義録　第7号、1918年、善隣書院、3頁。
「愛新トハ如何ナル義カト此ニ始テ満洲文ニ首ヲ突ッ込ム気ニナッタ」とある。

(15)　『蒙古通志』の「弁言」に、「志料の諸書は或は官書に採り或は私書に拠り史伝、
地誌、文集、奏稿、年譜、紀行等の書に至る」（iv頁）とある。

(16)　中国第一歴史檔案館、中国人民大学清史研究所、中国社会科学院中国辺疆史地
研究中心編『清代辺疆満文檔案目録　11』（新疆巻6）1999年、桂林・広西師範大
学出版社。

(17)　加藤直人「〈七人のホージャたち〉の聖戦」『史学雑誌』第86編第1号、1977年、
参照。

(18)　「請安摺」即ち皇帝への御機嫌伺いはすべて満文であるが、その内容は、次の
ようなものである。

　　　aha išan tujabu niyakūrafi gingguleme enduringge ejen i tumen elhe be baimbi;
　　　gubci eigiyengge i duici aniya ilan biyai ice ninggun.　（下線は省略部分）
　　〔和訳〕
　　　奴才イシャンとトゥジャブは、跪して、謹み聖主の万寿をお祈り申し上げる。
　　咸豊四年三月初六日

本檔冊所収の檔案に請安摺が多い理由は、この当時、伊犂からの奏摺は、数日
毎に数件がまとめて発送されたのであるが、その一群の奏摺の冒頭には、かなら
ずこの「請安摺」が附せられたからである。

(19)　備蓄の取り崩しや官員の俸給減額については、咸豊四年六月二十七日付漢文奏
摺、第2冊第(10)号檔案を、正賦の回布徴収方法変更については、咸豊四年四月
初七日付、イシャン、デリン（徳齢）漢文奏摺、第1冊第(11)号檔案、そして伝
統の換防兵制改変計画については、咸豊四年閏七月十四日付漢文奏摺。第3冊第
(8)号檔案等を参照。

(20)　柳澤明「内閣俄羅斯文館の成立について」『早稲田大学大学院文学研究科紀要』
別冊第16集、哲学・史学編、1989年。

(21)　『穆宗実録』咸豊三年六月己丑。「近ごろまた軍を興して三年、かかった費用は
すでに29,630,000餘両にのぼっている。…（中略）…現在（戸）部の庫にはわず
かに正規に支出するために備えた227,000両しかなく、七月分はまさに軍費にあ
てねばならない」という状況であった。

(22)　繆荃孫纂輯『光緒　順天府志』巻五十五、銭法。

138 第2部 19世紀以降における清朝文書制度の展開

(23) 『穆宗実録』咸豊三年九月十八日。

(24) 王永生「為平定張格爾叛乱鋳造貨幣考」『中国歴史文物』2009年第5期、40〜
43頁。

(25) 基本的に交換比率は、紅銭1に対して制銭5というのが標準であった（那彦成、
長清、道光八年三月二十五日付漢文奏摺。『那文毅公籌画回疆善後奏議』巻七十
六「変通回疆銭法」所収、近代中国史料叢刊（第21輯）影印、1968年、台北・文
海出版社、8831〜8836頁）。

(26) ただ入関前、ホンタイジの時代に「當十」銭が作成されている。これは、明末
の「天啓通宝」大銭にならったものではないかと考えられている（朱懐津「満文
天聡當十大銭賞析」『陝西金融』1996年第12期）が、その一面には老満文で
「SÜRE / KAN / NI / JIKA」（sure han ni jiha スレ・ハンの銭）、もう一面には
「JUWAN / EMU YAN」（juwan / emu yan 十／一両）とある（李学智「清太宗無
圏点満文大銭考」『大陸雑誌』第23巻第5号、1961年、103〜106頁）。老満文であ
ることをみると、基本的にこの「大銭」の鋳造は、天聡元年（1627）から同六年
（1632）の間になされたものであろう。

(27) 清代新疆貨幣史を研究する中国第一歴史檔案館の丁進軍は、中国第一歴史檔案
館所蔵の宮中檔硃批奏摺、軍機処録副奏摺のなかから、「新疆」貨幣関係漢文檔
案を選び公にしている（丁進軍編選「清代新疆貨幣檔案　上、下」『歴史檔案』
2012年第1期、第2期）。ただ、そのなかで咸豊年間のイシャンに関わるものは
3件しか収められていない。そのひとつがこの咸豊四年一月十五日付のものであ
る（「清代新疆貨幣檔案　下」『歴史檔案』2012年第2期、15〜16頁）。ちなみに、
この奏摺はトゥジャブが伊犂参賛大臣に着任前のものであり、「伊犂奏摺稿檔」
には収められていない。

(28) 全国的にも、咸豊四年七月に、「當千」から「當二百」までの大銭鋳造が停止
された（『穆宗実録』咸豊四年七月癸卯）。

(29) 『清律』三百五十九「私鋳銅銭」に、「凡そ銅銭を私鋳したる者は絞監候、匠人
の罪も同じ。従となる者及び情を知りて買ひ使ひたる者は各々一等を減ず」とあ
る（上海大学法学院、上海市政法管理幹部学院、張栄錚、劉勇強、金懋初点校
『大清律例』〈道光六年刊本底本〉1993年、天津古籍出版社、543頁）。

(30) たとえば通州等では、白昼堂々盛り場に公然と鑪を設け製造していたという
（『穆宗実録』咸豊四年七月庚戌）。

第1章　天理図書館所蔵「伊犂奏摺稿檔」について　139

(31)　註(29)『大清律例』、543頁。

(32)　『清律』三百五十九「私鋳銅銭」の「条例」に「首と為りたる者を将て擬るに
　　　斬決を以てし、家産は入官。従と為りたる者は絞決」(註(29)『大清律例』、544頁)
　　　とある。

(33)　清代「新疆」への遣犯については、加藤直人「清代新疆の遣犯について」『神
　　　田信夫先生古稀記念論集　清朝と東アジア』1992年、山川出版社、及び Waley-
　　　Cohen, Joanna; *Exile in Mid-Qing China: Banishment to Xinjiang*, 1756-1820. 1991,
　　　New Heaven, Yale University Press. 等を参照。

(34)　同奏摺に記された硃批。ちなみに、翌年、イシャンらは、この蜂起未遂事件で
　　　活躍した廃員の沈寿と曽虜音の戍限を二・三年減免することを奏請し、結果的に
　　　かれらは三年の減免が認められた(咸豊五年四月初四日付漢文奏摺、「伊犂奏摺
　　　稿檔」第6冊第(4)号檔案)。

(35)　加藤直人「清代新疆の遣犯について」215〜236頁。

(36)　察哈爾領隊大臣は、卡倫十個所を春秋2回巡察することが義務づけられていた
　　　(永保撰『総統伊犂事宜』「北路総説　伊犂」中国社会科学院中国辺疆史地研究中
　　　心編『清代新疆稀見史料滙輯』1990年、北京・全国図書館文献縮微複製中心、163
　　　頁)。

(37)　野田仁『露清帝国とカザフ＝ハン国』2011年、東京大学出版会、242頁。

(38)　註(37)参照。

(39)　「ジハンギールの聖戦とウイグル民族陣営」『18-19世紀　東トルキスタン社会
　　　史研究』所収、1963年、吉川弘文館、405〜467頁。

(40)　加藤直人「〈七人のホージャたち〉の聖戦」64頁。

(41)　『宣宗実録』道光二十七年八月甲子。

(42)　『宣宗実録』道光二十七年九月辛丑。

(43)　本書第2部第2章「天理図書館蔵「伊犂奏摺」について」を参照。

【「伊犂奏摺稿檔」所収檔案一覧】

　本檔冊に収められた檔案は一覧にすると次のとおりである。なお、データの記載順
序は、①使用言語(満文または漢文)、②具奏人、③日付、④丁数、⑤内容(表題)、
⑥*備考(硃批その他)とする。

140 第2部　19世紀以降における清朝文書制度の展開

〔第1冊〕

（1）　①満文、②奕山、図伽布、③咸豊四年三月初六日、④3a〜b、⑤請安摺。

（2）　①満文、②図伽布、③咸豊四年三月初六日、④4a〜5b、⑤伊犁参賛大臣就任謝
　　　恩に関する件、⑥*咸豊四年五月六日受領、〈硃批〉「saha 判った」。

（3）　①漢文、②奕山、図伽布、③咸豊四年三月初六日、④8a〜6b、⑤タルバガタイ
　　　の餉銀を暫時ウルムチから借用して決済する件、⑥*咸豊四年五月初六日受領、
　　　〈硃批〉「戸部速議具奏」。

（4）　①満文、②奕山、図伽布、③咸豊四年初六日、④9a〜11b、⑤精河地方遊牧の
　　　トルグート貝勒 Ocir の報効（年俸を国に寄付）に関する件、⑥*咸豊四年五月六
　　　日受領、〈硃批〉「hese wasimbumbi 旨降す」。

（5）　①満文、②奕山、図伽布、③、咸豊四年初六日④12a〜13b、⑤、伊犁バヤンダ
　　　イ城の協領 Saimbu の疾病による退任願に関する件、⑥*咸豊四年五月六日受領、
　　　〈硃批〉「baiha songkoi obu harangga jurgan sa 請うたとおり為せ。所轄の部よ知れ」。

（6）　①満文、②奕山、図伽布、③咸豊四年三月二十一日、④14a〜14b、⑤請安摺。

（7）　①満文、②奕山、図伽布、③咸豊四年三月二十一日、④15a〜16b、⑤馬移送の
　　　官兵に対する賞賜に関する件、⑥*咸豊四年五月二十日受領、〈硃批〉「請うたと
　　　おり為せ」。

（8）　①漢文、②奕山、図伽布、③咸豊四年三月二十一日、④19b〜17a、⑤、固爾札
　　　倉員期満換班、後任の調補に関する件、⑥*咸豊四年五月二十日受領、〈硃批〉
　　　「均着照所請行、該部知道」。

（9）　①漢文、②奕山、図伽布、③咸豊四年三月二十一日、④27b〜20a、⑤錫伯営第
　　　4牛彔閑散都倫布の回子段殺に関する件、⑥*咸豊四年五月二十日受領、〈硃批〉
　　　「刑部核議具奏」。

（10）　①満文、②奕山、図伽布、③咸豊四年四月初七日、④28a〜b、⑤請安摺。

（11）　①漢文、②奕山、徳（齢）、③咸豊四年四月初七日、④36b〜31b、⑤南路（回
　　　疆＝アルティ・シャフル地域）正賦回布の徴収方法等変更に関する件、⑥*咸豊
　　　四年六月初五日受領、〈硃批〉「該部議奏」。

（12）　①漢文再奏、②なし（奕山）、③なし、④30b〜29b、⑤第（11）号檔案記載の案
　　　件処理遅延の理由等、⑥*咸豊四年六月初五日受領、〈硃批〉「已有旨」。

（13）　①漢文、②奕山、図伽布、③咸豊四年四月初七日、④40b〜37b、⑤弁兵人の報

効助餉（国に対する寄付）に関する件（続報）、⑥*咸豊四年六月初五日受領、〈硃批〉「另有旨」、**漢文清単 1 件（寄付者とその金額リスト）。

(14) ①満文、②奕山、図伽布、③咸豊四年四月初七日、④41a～44b、⑤トルグート盟長郡王管掌印務 Katun Oljui Deleger 馬三百頭寄進に関する件、⑥*咸豊四年六月初五日受領、〈硃批〉「旨降す」。

(15) ①満文再奏、②なし、③なし、④45a～46b、⑤カーシュガル換防兵交代に関する件）、⑥*咸豊四年六月初五日受領、〈硃批〉「判った」。

(16) ①漢文、②奕山、図伽布、③咸豊四年四月初七日、④54b～47a、⑤、恵遠城民人張添鄧の段殺事件に関する件、⑥*咸豊四年六月初五日受領、〈硃批〉「刑部核議具奏」。

(17) ①満文、②奕山、図伽布、③咸豊四年四月十一日、④55a～b、⑤請安摺。

(18) ①満文、②奕山、図伽布、③咸豊四年四月十一日、④56a～61b、⑤貢納馬に関する件、⑥*満文清単 1 件（貢納馬のリスト）。

(19) ①満文、②奕山、図伽布、③咸豊四年四月二十三日、④62a～b、⑤請安摺。

(20) ①満文、②奕山、図伽布、③咸豊四年四月二十三日、④63a～64b、⑤春・秋季卡倫、駅站巡察に関する件、⑥*咸豊四年六月二十二日受領、〈硃批〉「判った」。

(21) ①満文、②奕山、図伽布、③咸豊四年四月二十三日、④65a～68b、⑤カラシャール所属ホシュートのジャサク頭等台吉 Rasidelek が十八歳となったので、ジャサク印を実授することに関する件、⑥*咸豊四年六月二十二日受領、〈硃批〉「wesimbuhe songkoi obu, harangga jurgan sa 奏したとおりせよ。所轄の部よ知れ」。

(22) ①満文再奏、②なし、③なし、④69a～70a、⑤喀什噶爾辦事大臣署理に関する件、⑥*咸豊四年六月二十二日受領、〈硃批〉「判った」。

(23) ①満文、②奕山、図伽布、③咸豊四年四月二十三日、④71a～72b、⑤糧倉より回子に対し種蒔き用に穀類を放出する件、⑥*咸豊四年六月二十二日受領、〈硃批〉「請うたとおりせよ」。

(24) ①満文再奏、②なし、③咸豊四年四月二十三日、④73a～74b、⑤総兵 Fengšen の転任に伴い下賜物品を軍機処に戻した件、⑥*咸豊四年六月二十二日受領、〈硃批〉「判った」。

(25) ①満文再奏、②なし、③咸豊四年四月二十三日、④75a～77b、⑤トルグート副盟長 Purpugada の馬100頭献上に関する件、⑥*咸豊四年六月二十二日受領、〈硃批〉「旨降す」。

142　第2部　19世紀以降における清朝文書制度の展開

(26)　①満文、②奕山、図伽布、③咸豊四年四月二十六日、④78a〜b、⑤請安摺。

(27)　①満文、②奕山、図伽布、③咸豊四年四月二十六日、④79a〜84b、⑤貢納馬 morin jafara に関する件、⑥*満文清単1件（貢納馬のリスト）。

(28)　①満文、②奕山、図伽布、③咸豊四年五月初五日、④85a〜b、⑤請安摺、⑥日附のあとに小字で、奕山、図伽布をはじめ、伊犂関係高官5名の官職等と名が記されている。

(29)　①満文、②奕山、図伽布、③咸豊四年五月初五日、④86a〜b、⑤咸豊帝の誕生日祝賀の摺（誕生日は六月九日）、⑥日附のあとに小字で、奕山、図伽布をはじめ、伊犂関係高官5名の官職等と名が記されている。

(30)　①満文、②奕山、図伽布、③咸豊四年五月初五日、④87a〜93b、⑤伊犂満営佐領等の缺補任に関する件、⑥*咸豊四年七月初七日受領、〈硃批〉「旨降す」、**満文清単1件（候補者リスト）。

(31)　①満文、②奕山、図伽布、③咸豊四年五月初五日、④94a〜95b、⑤ブルート辺疆巡察に関する件、⑥*咸豊四年七月初七日受領、〈硃批〉「判った」。

(32)　①満文、②奕山、図伽布、③咸豊四年五月初五日、④96a〜101b、⑤糧穀数量ならびに遅滞なく収めたハーキム・ベク以下現地官人への賞賜に関する件、⑥*咸豊四年七月初七日受領、〈硃批〉「請うたとおりせよ」、**漢文清単1件（賞賜者リスト）。

(33)　①満文、②奕山、図伽布、③咸豊四年五月初五日、④102a〜104b、⑤対露交渉に尽力したソロン総管 Toktonai の皇帝引見に関する件、⑥*咸豊四年七月初七日受領、〈硃批〉「判った。所轄の部院、知れ」。

〔第2冊〕

（1）　①満文、②奕山、図伽布、③咸豊四年五月二十二日、④3a〜b、⑤請安摺。

（2）　①満文、②奕山、図伽布、③咸豊四年五月二十二日、④4a〜5b、⑤オールド、チャハル両部の鉄畜 temur ulha 巡察出発願、⑥*咸豊四年七月二十日受領、〈硃批〉「判った」、**本冊第(12)号檔案は、本件の報告。

（3）　①満文、②奕山、図伽布、③咸豊四年五月二十二日、④6a〜8b、⑤伊犂バヤンダイ城驍騎校領催の缺補任に関する件、⑥*咸豊四年七月二十日受領、〈硃批〉「旨降す」、**満文清単1件（候補者リスト）。

（4）　①満文、②奕山、図伽布、③咸豊四年五月二十二日、④9a〜12b、協領 Icesu

第1章　天理図書館所蔵「伊犂奏摺稿檔」について　143

引見願、⑥*咸豊四年七月二十日受領、〈硃批〉「旨降す」。

（5）　①満文、②奕山、図伽布、③咸豊四年六月初八日、④13a〜13b、⑤請安摺。

（6）　①満文、②奕山、図伽布、③咸豊四年六月初八日、④14a〜23b、⑤伊犂バヤン
ダイ城協領、佐領等の欠補任に関する件、⑥*咸豊四年閏七月初七日受領、〈硃批〉
「旨降す」、**満文清単1件（候補者リスト）。

（7）　①満文、②奕山、図伽布、③咸豊四年六月初八日、④24a〜25b、⑤伊犂所属地
方の穀物成長状況報告、⑥*咸豊四年閏七月初七日受領、〈硃批〉「判った」。

（8）　①満文、②奕山、図伽布、③咸豊四年六月初八日、④26a〜32b、⑤伊犂ソロン
営佐領等の欠補任に関する件、⑥*咸豊四年閏七月初七日受領、〈硃批〉「旨降す」、
**満文清単1件（候補者リスト）。

（9）　①満文、②奕山、図伽布、③咸豊四年六月二十八日、④33a〜b、⑤請安摺。

（10）　①漢文、②奕山、図伽布、③咸豊四年六月二十七日、④42b〜32a、⑤財政逼迫
にともなう備蓄の切り崩し、ならびに票鈔の発行にかえ官兵俸給の減額要請に関
する件、⑥*咸豊四年閏七月二十六日受領、〈硃批〉「軍機大臣会同戸部速議具奏」。

（11）　①漢文再奏、②なし、③第2冊第(10)号奏摺参照、④46b〜43b、⑤大銭鋳造に
関する件、⑥*咸豊四年閏七月二十六日受領、〈硃批〉「戸部議奏」。

（12）　①満文、②奕山、図伽布、③咸豊四年六月二十七日、④47a〜49b、⑤オールド、
チャハル両部の鉄畜 temur ulha 巡察、ならびに両部官員報賞等に関する件、⑥*
咸豊四年閏七月初七日受領、〈硃批〉「奏したとおりせよ。所轄の部よ知れ」、本
冊第（2）号檔案は、本巡察出発願。

（13）　満文再奏、②なし、③なし、④50a〜51a、⑤伊犂バヤンダイ領隊大臣 Fen……
着任報告〈硃批〉「旨降す」、⑥*咸豊四年閏七月初七日受領、〈硃批〉「判った」。

（14）　①満文、②奕山、図伽布、③咸豊四年六月二十八日、④52b〜54b、⑤トゥルン
緑営の昨年秋季穀物収穫量ならびに18石以上収穫したものに対する塩菜銀賞賜に
関する件、⑥*咸豊四年閏七月初七日受領、〈硃批〉「奏したとおりせよ。所轄の
部よ知れ」。

（15）　①漢文、②奕山、図伽布、③咸豊四年六月二十六日、④61b〜55a、⑤ハーキム・
ベク hākim beg 哈哩雑特の不正弾劾に関する件、⑥*咸豊四年閏七月二十六日受
領、〈硃批〉「該部院議奏」。

（16）　①満文、②奕山、図伽布、③咸豊四年七月十三日、④62a〜b、⑤請安摺。

（17）　①漢文、②奕山、図伽布、③咸豊四年七月十三日、④66b〜63a、⑤弁兵人の報

144 第2部 19世紀以降における清朝文書制度の展開

効助餉（国に対する寄付）に関する件（続報）、⑥*咸豊四年八月二十一日受領、〈硃批〉「均照所請奨励該部知道単発」、**漢文清単1件（寄付者とその金額リスト）。

(18) ①満文、②奕山、図伽布、③咸豊四年七月十三日、④67a〜70a、⑤伊犂満営雲騎尉補任に関する件、⑥*咸豊四年八月十一日受領、〈硃批〉「旨降す」、**満文清単1件（候補者リスト）。

(19) ①満文、②奕山、図伽布、③咸豊四年七月十三日、④71a〜73b、⑤領隊大臣Si……によるブルート辺彊巡察報告、⑥*咸豊四年八月十一日受領、〈硃批〉「判った」。

(20) ①漢文、②奕山、図伽布、③咸豊四年七月十三日、④78b〜74a、⑤恵遠城満営鑲白旗貴當阿佐領下披甲諾們太の妻回子叚殺に関する件、⑥*咸豊四年五月二十日受領、〈硃批〉「刑部核議具奏」。

〔第3冊〕

(1) ①満文、②奕山、図伽布、③咸豊四年七月二十九日、④3a〜b、⑤請安摺。

(2) ①満文、②奕山、図伽布、③咸豊四年七月二十九日、④4a〜5b、⑤秋季カザフ辺彊巡察、公課徴収に関する件、⑥*咸豊四年八月二十二日受領、〈硃批〉「判った」。

(3) ①漢文、②奕山、図伽布、③咸豊四年七月二十九日、④12b〜6a、⑤銅、鉄大銭鋳造に関する件、⑥*咸豊四年八月二十七日受領、〈硃批〉「戸部速議具奏」。

(4) ①漢文再奏、②奕山、図伽布、③日付なし、④13b〜a、⑤今回の鋳銭は、庫銀によらず捐納の銀、市貨の鉄を用いたことを報告、⑥*咸豊四年八月二十七日受領、〈硃批〉「知道了」。

(5) ①満文、②奕山、図伽布、③日付なし、④14a〜15a、⑤協領 Icesu の軍機処記名、引見許可の旨に対する謝恩を代奏、⑥*咸豊四年八月二十七日受領、〈硃批〉「tuwaha 覧た」。

(6) ①漢文、②奕山、図伽布、③咸豊四年七月二十九日、④18b〜16a、⑤発遣期間満了廃員の釈回に関する件、⑥*咸豊四年八月二十七日受領、〈硃批〉「着再留五年」、**漢文清単1件（釈回予定者、周丙南の履歴）。

(7) ①漢文、②奕山、図伽布、③咸豊四年七月二十九日、④24b〜19a、⑤額魯特営廂黄旗巴特瑪策林佐領下川布爾の閑散沁達拉闘殺事件に関する件、⑥*咸豊四年

第 1 章　天理図書館所蔵「伊犂奏摺稿檔」について　145

八月二十七日受領、〈硃批〉「刑部核擬具奏」。

（ 8 ）　①漢文、②奕山、図伽布、③咸豊四年閏七月十四日、④33b〜25a、⑤新疆兵制
改革、経費削減等に関する件、⑥*咸豊四年九月十一日受領、〈硃批〉「軍機大臣
会同戸部詳議具奏」、**第 5 冊第(31)号檔案参照。

（ 9 ）　①満文、②奕山、図伽布、③咸豊四年閏七月十四日、④34a〜36a、⑤伊犂満営
驍騎校補任に関する件、⑥*咸豊四年九月十一日受領、〈硃批〉「旨降す」、**満文
清単 1 件（候補者リスト）。

（10）　①漢文、②奕山、図伽布、③咸豊四年閏七月十四日、④43a〜37a、⑤新銅鉱開
採に関する件、⑥*咸豊四年九月十一日受領、〈硃批〉「知道了」。

（11）　①漢文再奏、②なし、③なし、④47b〜44a、⑤新疆内鉱山調査報告、⑥*咸豊
四年九月十一日受領、〈硃批〉「知道了」。

（12）　①漢文、②奕山、図伽布、③咸豊四年閏七月十四日、④52b〜48a、⑤所轄官員
において出力顕著なる者に対する恩賞要請、⑥*咸豊四年九月十一日受領、〈硃批〉
「另有旨」。

（13）　①満文、②奕山、図伽布、③咸豊四年八月初三日、④53a〜b、⑤請安摺。

（14）　①満文、②奕山、図伽布、③咸豊四年八月初三日、④54a〜58a、⑤伊犂のロシ
ア語学校教師をまず委筆帖式に、五年後に正筆帖式とする件、⑥*咸豊四年十月
朔受領、〈硃批〉なし。

（15）　①満文、②奕山、図伽布、③咸豊四年八月初三日、④59a〜63b、⑤トルグート
内部の隷民（albatu）相続問題の処理に関する件、⑥*咸豊四年十月朔日受領、
〈硃批〉「所轄の部よ議して奏せ（原文では「wesimbuhe 奏した」とあるが「wesimbu
奏せ」の誤りであろう）」。

（16）　①満文、②奕山、図伽布、③咸豊四年八月初三日、④64a〜65b、⑤任六年を過
ぎた協領の抜擢、引見に関する件、⑥*咸豊四年十月朔日受領、〈硃批〉「所轄の
部よ知れ」。

（17）　①満文再奏、②なし、③咸豊四年八月初三日、④66a〜67b、⑤和闐辦事大臣を
署理した錫伯領隊大臣 De……帰任に伴う賞賜の謝礼に関する件、⑥*咸豊四年十
月朔日受領、〈硃批〉「判った」。

（18）　①満文、②奕山、図伽布、③咸豊四年八月初三日、④68a〜69b、⑤伊犂の貢租
に係わった回子ハーキム・ベク等に対する緞布賞賜謝礼代奏、⑥*咸豊四年十月
朔日受領、〈硃批〉「判った」。

146 第2部 19世紀以降における清朝文書制度の展開

(19) ①満文、②奕山、図伽布、③咸豊四年八月二十一日、④70a～b、⑤請安摺。

(20) ①漢文、②奕山、図伽布、③咸豊四年八月二十一日、④75b～71a、⑤伊犂、タ
ルバガタイの馬匹内地輸送の停止等に関する件、⑥*咸豊四年十月二十一日受領、
〈硃批〉「該部知道」。

(21) ①満文、②奕山、図伽布、③咸豊四年八月二十一日、④79a～77b、⑤秋季狩猟
訓練実施に関する件、⑥*咸豊四年十月二十一日受領、〈硃批〉「判った」。

(22) ①満文、②奕山、図伽布、③咸豊四年八月二十一日、④78a～79b、⑤伊犂チャ
ハル営佐領退任に関する件、⑥*咸豊四年十月二十一日受領、〈硃批〉「奏したと
おりせよ、所轄の部よ知れ」。

(23) ①満文、②奕山、図伽布、③咸豊四年九月初九日、④80a～b、⑤請安摺。

(24) ①満文、②奕山、図伽布、③咸豊四年九月初九日、④81a～83b、⑤伊犂ソロン
営驍騎校補任に関する件、⑥*咸豊四年十一月初七日受領、〈硃批〉「旨降す」、**
満文清単1件（候補者リスト）。

(25) ①満文、②奕山、図伽布、③咸豊四年九月初九日、④84a～85b、⑤カザフ辺疆
巡察報告、⑥*咸豊四年十一月初七日受領、〈硃批〉「……」（綴じの関係で読めず）。

(26) ①満文再奏、②なし、③咸豊四年九月初九日、④86a～87b、⑤阿克蘇辦事大臣
に任命された *Kiyan*……（謙亨）の謝恩等に関する件、⑥*咸豊四年十一月初七
日受領、〈硃批〉「判った」。

(27) ①満文、②奕山、図伽布、③咸豊四年九月初九日、④88a～89b、⑤秋季狩猟訓
練（第3冊第(21)号檔案）報告、⑥*咸豊四年十一月初七日受領、〈硃批〉「判っ
た」。

(28) ①漢文、②奕山、図伽布、③咸豊四年九月初九日、④95b～90a、⑤恵遠城北関
の回民刺殺事件に関する検屍報告、⑥*咸豊四年十月初七日受領、〈硃批〉「刑部
核擬具奏」。

(29) ①満文、②奕山、図伽布、③咸豊四年九月二十七日、④96a～b、⑤請安摺。

(30) ①漢文、②奕山、図伽布、③咸豊四年九月二十七日、④108b～97b、⑤伊犂官
員俸給の停止ならびに一部制銭、宝鈔での支給等に関する件、⑥*咸豊四年十一
月二十五日受領、〈硃批〉「軍機大臣会同戸部議奏単併発」、**漢文清単1件（将
軍、参賛大臣以下、具体的な俸給措置案一覧）。

(31) ①漢文、②奕山、図伽布、③咸豊四年九月二十七日、④111b～109a、⑤病気療
養中の前」葉爾羌参賛大臣特……（徳齢）が快癒したので、彼の職務復帰の希望

を代奏、⑥*咸豊四年十一月二十五日受領、〈硃批〉「另有旨」。

（32）　①満文、②奕山、図伽布、③咸豊四年九月二十七日、④112a〜116a、⑤伊犂満
　　　　営驍騎校補任に関する件、⑥*咸豊四年十一月二十五日受領、〈硃批〉「旨降す」、
　　　　**満文清単1件（候補者リスト）。

（33）　①漢文再奏、②なし、③なし、④118b〜116b、⑤恵遠城糧員病気交代に関する
　　　　件、⑥*咸豊四年十一月二十五日受領、〈硃批〉「該部知道」。

〔第4冊〕

（1）　①満文、②奕山、図伽布、③咸豊四年十月十二日、④3a〜b、⑤請安摺。

（2）　①満文、②奕山、図伽布、③咸豊四年十月十二日、④4a〜7b、⑤貢納馬に関す
　　　　る件、⑥*満文清単1件（貢納馬リスト）。

（3）　①漢文、②奕山、図伽布、③咸豊四年十月十二日、④16b〜8a、⑤新疆諸改革
　　　　計画に対する現地の民情報告と諸施策に関する件、⑥*咸豊四年十二月初九日受
　　　　領、〈硃批〉「軍機大臣会同該部妥議具奏」。

（4）　①満文、②奕山、図伽布、③咸豊四年十月十二日、④17a〜19a、⑤奕山、図伽
　　　　布、領隊大臣等が国に「寄付」をした報賞として皇帝より加級記録の指示があっ
　　　　たことに対する謝恩、⑥*咸豊四年十二月初九日受領、〈硃批〉「判った」。

（5）　①漢文、②奕山、図伽布、③咸豊四年十月十二日、④21b〜19b、⑤塔爾奇倉糧
　　　　員阿克達春任期満了人事、⑥*咸豊四年十二月初九日受領、〈硃批〉「均著以所請
　　　　行」。

（6）　①満文再奏、②奕山、図伽布、③咸豊四年十月十二日、④22a〜23a、⑤伊犂で
　　　　18石以上の穀を収穫した緑営官兵たちへの特別措置許可に対する謝恩、⑥*咸豊
　　　　四年十二月初九日受領、〈硃批〉「見た」。

（7）　①満文、②奕山、図伽布、③咸豊四年十月十二日、④24a〜25a、⑤ウルムチ所
　　　　管地区で必要な馬、牛を伊犂官牧（官廠）から支給、⑥*咸豊四年十二月初九日
　　　　受領、〈硃批〉「判った」。

（8）　①満文再奏、②奕山、図伽布、③咸豊四年十月十二日、④26a〜27a、⑤秋季卡
　　　　倫、駅站巡察の報告、⑥*咸豊四年十二月初九日受領、〈硃批〉「判った」。

（9）　①満文、②奕山、図伽布、③咸豊四年十月二十五日、④28a〜b、⑤請安摺。

（10）　①満文、②奕山、図伽布、③咸豊四年十月二十五日、④29a〜33ba、⑤伊犂満
　　　　営雲騎尉、驍騎校補任の件、⑥*咸豊四年十二月二十三日受領、〈硃批〉「旨降す」、

148　第2部　19世紀以降における清朝文書制度の展開

**満文清単1件（候補者リスト）。

(11)　①漢文、②奕山、図伽布、③咸豊四年十月二十五日、④39b〜34b、⑤備用外の牲畜を市価に換算し兵餉としてチャハル、オールド両営の官兵に支給する件、⑥*咸豊四年十二月二十三日受領、〈硃批〉「另有旨」、**漢文清単1件（牲畜〈駱駝、馬、牛、羊〉市価リスト）。

(12)　①満文、②奕山、図伽布、③咸豊四年十月二十五日、④3a〜b、⑤錫伯営総管Salingga の引見を要請、⑥*咸豊四年十二月二十三日受領、〈硃批〉「所轄の部よ知れ」。

(13)　①満文、②奕山、図伽布、③咸豊四年十月二十五日、④42a〜b、⑤ヤルカンド、ウシュ、アクスゥ、クチャ所属の卡倫、駅站に使用する馬、牛を官牧（官廠）より支給、⑥*咸豊四年十二月二十三日受領、〈硃批〉「判った」。

(14)　①漢文、②奕山、図伽布、③咸豊四年十月二十五日、④46ba〜43a、⑤伊犂恵遠城内北街民人田佑が起こした刺殺事件報告、⑥*咸豊四年十二月二十三日受領、〈硃批〉「刑部核擬具奏」。

(15)　①満文、②奕山、図伽布、③咸豊四年十一月十八日、④47a〜b、⑤請安摺。

(16)　①満文、②奕山、図伽布、③咸豊四年十一月十八日、④48a〜52b、⑤伊犂のハーキム・ベク解任に伴う補任の件、⑥*咸豊五年一月十四日受領、〈硃批〉「旨降す」、**満文清単1件（候補者リスト）。

(17)　①漢文、②奕山、図伽布、③咸豊四年十一月十八日、④58a〜53a、⑤兵餉財源不足逼迫対策ならびに緊急支援要請、⑥*咸豊五年一月十四日受領、〈硃批〉「戸部速議具奏」。

(18)　①漢文、②奕山、図伽布、③咸豊四年十一月十八日、④79b〜59a、⑤会匪蜂起の情報と主・従犯拿獲・究明に関する件、⑥*咸豊五年一月十四日受領、〈硃批〉「彭正有、張萬林、雷沅伏、黄有年、高三等均着即行處斬、餘着刑部議奏。其請旨施恩處着随摺聲明」。

(19)　①漢文、②奕山、図伽布、③咸豊四年十一月十八日、④85b〜80a、⑤伊犂恵遠城北関民人丁有伏が起こした殺害・自傷事件報告、⑥*咸豊五年一月十四日受領、〈硃批〉「刑部核擬具奏」。

(20)　①満文、②奕山、図伽布、③咸豊四年十一月二十六日、④86a〜b、⑤請安摺、⑥伊犂将軍奕山以下伊犂高官6名の連署。

(21)　①満文、②奕山、図伽布、③咸豊四年十一月二十六日、④87a〜b、⑤新年祝賀

の挨拶、⑥伊犂将軍奕山以下伊犂高官 6 名の連署。

(22) ①漢文、②奕山、図伽布、③咸豊四年十一月二十六日、④89b〜88a、⑤各城駐劄大臣、伊犂領隊大臣、総兵等に係わる年末人事考課に関する件、⑥*咸豊五年一月二十七日受領、〈硃批〉「知道了。単留中」。

(23) ①漢文、②奕山、図伽布、③咸豊四年十一月二十六日、④91b〜90a、⑤伊犂領隊大臣五員、総兵官一員に係わる年末人事考課に関する件、⑥*咸豊五年一月二十七日受領、〈硃批〉「知道了。単留中」。

(24) ①満文、②奕山、図伽布、③咸豊四年十一月二十六日、④92a〜93b、⑤伊犂糧餉処主事補任に関する件、⑥*咸豊五年一月二十七日受領、〈硃批〉「請うたとおりせよ」。

(25) ①漢文再奏、②奕山、図伽布、③咸豊四年十一月二十六日、④95b〜94a、⑤本冊第(24)号檔案の元伊犂糧餉処主事薩斌泰 Sabintai の功績、献納等に対し員外郎への加衘を要請、⑥*咸豊五年一月二十七日受領、〈硃批〉「着照所請」。

(26) ①漢文、②奕山、図伽布、③咸豊四年十一月二十六日、④98b〜96a、⑤伊犂屯鎮総兵の缺が久しく補充されないので、缺そのものをなくし、経費削減としたいと要請、⑥*咸豊五年一月二十七日受領、〈硃批〉「軍機大臣会同該部議奏」。

(27) ①漢文再奏、②奕山、図伽布、③咸豊四年十一月二十六日、④102b〜99b、⑤捐銀した官兵瑞奎等17名に関する件、⑥*咸豊五年一月二十七日受領、〈硃批〉「瑞奎等、均照所擬奨励、該部知道」、**漢文清単 1 件（献納者名と捐銀両額一覧）。

(28) ①満文、②奕山、図伽布、③咸豊四年十二月十三日、④103a〜b、⑤請安摺。

(29) ①漢文、②奕山、図伽布、③咸豊四年十二月十三日、④106b〜104a、⑤嘉慶十三年、道光十八年の上諭に遵い、伊犂における演劇団滞在や兵士の劇参加等の禁止を徹底した件、⑥*咸豊五年二月十三日受領、〈硃批〉「知道了」。

(30) ①満文再奏、②なし、③なし④107a〜b、⑤ホブド幫辦大臣に任じられた Te……（特克慎）が任地に出発した報告、⑥*咸豊五年二月十三日受領、〈硃批〉「判った」。

(31) ①漢文、②奕山、図伽布、③咸豊四年十二月十三日、④109b〜108a、⑤伊犂地方にいて陋規（官員による不正規な手数料等の徴収）の事例なしと報告、⑥*咸豊五年二月十三日受領、〈硃批〉「知道了」。

(32) ①満文再奏、②なし、③咸豊四年十二月十三日、④110a〜111b、⑤Delger、Hingtai の帰任にともなう新任伊犂領隊大臣、吐魯番領隊大臣赴任に関する件、⑥*咸豊五年二月十三日受領、〈硃批〉「判った」。

150　第2部　19世紀以降における清朝文書制度の展開

(33)　①満文、②奕山、図伽布、③咸豊四年十二月二十六日、④112a〜b、⑤請安摺。

(34)　①満文、②奕山、図伽布、③咸豊四年十二月二十六日、④113a〜121b、⑤伊犂満営の協領、佐領等補任の件、⑥*咸豊五年二月二十六日受領、〈硃批〉「旨降す」、**満文清単1件（候補者リスト）。

(35)　①漢文、②奕山、図伽布、③咸豊四年十二月二十六日、④129b〜122a、⑤咸豊六年伊犂官兵俸餉銀両予定数目に関する件、⑥*咸豊五年二月二十六日受領、〈硃批〉「戸部知道、単併発」、**漢文清単1件（各官兵毎に必要な俸餉銀両数一覧）。

(36)　①満文、②奕山、図伽布、③咸豊四年十二月二十六日、④130a〜131b、⑤伊犂両満営兵士の弓、騎射の訓練実施報告、⑥*咸豊五年二月二十六日受領、〈硃批〉「判った」。

(37)　①漢文再奏、②なし、③なし、④133b〜132b、⑤葉爾羌参賛大臣の要請により、同地業務繁多のため廃員の元知県を公務補助にあたらせる件、⑥*咸豊五年二月二十六日受領、〈硃批〉「知道了」。

(38)　①漢文、②奕山、図伽布、③咸豊四年十二月二十六日、④139b〜134a、⑤恵遠城の西十五里にある大楡樹の住民楊夢元が起こした踢傷致死事件の報告、⑥*咸豊五年二月二十六日受領、〈硃批〉「刑部核擬具奏」。

(39)　①満文、②奕山、図伽布、③咸豊四年十二月二十六日、④140a〜b、⑤冬季降雪状況報告、⑥*咸豊五年二月二十六日受領、〈硃批〉「判った」。

(40)　①漢文再奏、②なし、③なし、④142b〜141a、⑤任期満了の総管托克托奈を他所で任用するのではなく、領隊大臣の缺が出たときに補任したいと要請、⑥*咸豊五年二月二十六日受領、〈硃批〉「托克托奈俟有伊犂領隊缺出題奏其應升之缺不必進単」。

(41)　①漢文再奏、②奕山、図伽布、③咸豊四年十二月二十六日、④144b〜143a、⑤任期満了ののち、服喪期間が終った元主事の烏雅泰を、防禦の缺が出たときに補任したいと要請、⑥*咸豊五年二月二十六日受領、〈硃批〉「該部知道」。

〔第5冊〕

（1）　①満文、②奕山、図伽布、③咸豊五年一月十日、④3a〜b、⑤請安摺。

（2）　①満文、②奕山、図伽布、③咸豊五年一月十日、④4a〜7a、⑤伊犂満営の雲騎尉級章京、驍騎校等補任の件、⑥*咸豊五年三月初九日受領、〈硃批〉「旨降す」、**満文清単1件（候補者履歴）。

第1章　天理図書館所蔵「伊犂奏摺稿襠」について　151

（3）　①満文、②奕山、図伽布、③咸豊五年一月十日、④10a～13b、⑤伊犂察哈爾営
の佐領、驍騎校等補任の件、⑥＊咸豊五年三月初九日受領、〈硃批〉「旨降す」、
＊＊満文清単1件（候補者履歴）。

（4）　①満文、②奕山、図伽布、③咸豊五年一月十日、④14a～15b、⑤伊犂官牧（官
廠）からウルムチ官荘、駅站等に牛・馬を送った官兵に対する賞賜の件、⑥＊咸
豊五年三月初九日受領、〈硃批〉「請うたとおりせよ」。

（5）　①漢文再奏、②なし、③咸豊五年一月十日、④18b～16a、⑤流通が難しい當千、
當五百文銭を當百、當五十、當十銭へと改鋳する件、⑥＊咸豊五年三月初九日受
領、〈硃批〉「戸部知道（「了」の字が附されているが書き間違いであろう）」。

（6）　①漢文、②奕山、図伽布、③咸豊五年一月十日、④23b～19a、⑤旧砲の新砲改
鋳、新旧砲の砲車装填完了に関する件、⑥＊咸豊五年三月初九日受領、〈硃批〉
「知道了」。

（7）　①満文、②奕山、図伽布、③咸豊五年一月二十日、④24a～b、⑤請安摺。

（8）　①満文、②図伽布、③咸豊五年一月二十日、④3a～b、⑤図伽布への「福」字
ならびに下賜品に対する謝恩、⑥＊咸豊五年三月十八日受領、〈硃批〉「判った」。

（9）　①満文、②奕山、図伽布、③咸豊五年一月二十日、④27a～29a、⑤伊犂駝馬処
主事補任の件、⑥＊咸豊五年三月十八日受領、〈硃批〉「請うたとおりTurnaを選任
せよ。その餘のことは、奏したとおりせよ」。

（10）　①漢文、②奕山、図伽布、③咸豊五年一月二十日、④51b～29b、⑤新開発の控
古斯山銅廠の完成、年間採取銅額章程の議定、諸経費算出、ならびに尽力・寄付
等を行った者に関する報告、⑥＊咸豊五年三月十八日受領、〈硃批〉「該部議奏、
単二件併発」、＊＊漢文清単2件（①議定した「新開銅廠章程」、鋳銭数目、諸経費。
②尽力・寄付者一覧）。

（11）　①漢文再奏、②なし、③なし、④52b、⑤任期満了の収銅鋳銭実務担当章京錫
拉善留用の件、⑥＊咸豊五年三月十八日受領、〈硃批〉「着照所請」。

（12）　①漢文、②奕山、図伽布、③咸豊五年一月二十日、④56b～53b、⑤任期満了の
銅廠関連官員留用に関する要請、⑥＊咸豊五年三月十八日受領、〈硃批〉「着照所
請行、該部知道」。

（13）　①漢文、②奕山、図伽布、③咸豊五年一月二十日、④59b～57a、⑤バヤンダイ
の文挙人国燿等4名の捐納銀計1,650両を銅廠の経費として用いたいと要請、⑥＊
咸豊五年三月十八日受領、〈硃批〉「等均照所請行、此項銀両並准其撥帰銅廠経費、

該部知道、単併発」、**漢文清単1件（捐納者氏名ならびに履歴、たとえば一千両を捐納した国爍は、七品筆帖式となし、主事職を賞し南路糧餉章京として補用したいと要請）。

(14)　①満文、②奕山、図伽布、③咸豊五年二月初六日、④60a～b、⑤請安摺。

(15)　①満文、②奕山、図伽布、③咸豊五年二月初六日、④61a～65b、⑤穀物徴収に尽力したハーキム・ベク hākim beg を署理するイシカガ・ベク isikaghā（isigan）beg からユズ・ベク yuz beg までの各員に賞賜を要請、⑥*咸豊五年四月初三日受領、〈硃批〉「判った」、**漢文清単1件（賞賜希望者一覧）。

(16)　①漢文再奏、②なし、③なし、④66b、⑤郡城失守で「新疆」に発遣された元京口副都統文藝が正月初十日に伊犂に到着したので、銅廠にて当差させると報告、⑥*咸豊五年四月初三日受領、〈硃批〉「知道了」。

(17)　①満文再奏、②なし、③咸豊五年二月初六日、④67a～68b、⑤新伊犂索倫営領隊大臣 Jo……の親任ならびに下賜品に対する謝恩、⑥*咸豊五年四月初三日受領、〈硃批〉「判った」。

(18)　①漢文、②奕山、図伽布、③咸豊五年二月初六日、④75b～69a、⑤ブルートの拝莫勒多が越境、また清朝側オールド蒙古の額斯庫が卡倫外に出て出会い、一緒に清側の放牧馬を奪い、人を傷つけた事件の報告、事後処理（ブルートの越境・強奪事件については規程がないので、「蒙古例」所載の哈薩克私入卡倫劫案……の規定に従い死罪）に関する件、⑥*咸豊五年四月初三日受領、〈硃批〉「另有旨」。

(19)　①漢文、②奕山、図伽布、③咸豊五年二月初六日、④82b～76a、⑤遣犯が墓を暴き衣類を盗んだ事件の報告と事後処理に関する件、⑥*咸豊五年四月初三日受領、〈硃批〉「刑部議奏」。

(20)　①満文、②奕山、図伽布、③咸豊五年二月二十一日、④83a～b、⑤請安摺。

(21)　①満文、②奕山、図伽布、③咸豊五年二月二十一日、④84a～86a、⑤伊犂満営驍騎校補任の件、⑥*咸豊五年四月十八日受領、〈硃批〉「旨降す」、**満文清単1件（候補者履歴）。

(22)　①漢文、②奕山、図伽布、③咸豊五年二月二十一日、④89b～87a、⑤伊犂庫蔵の回布を冬、春の官員銭糧に用いたため大幅に減少したので、いままで停止していた回布の徴収運搬を復活したいと要請、⑥*咸豊五年四月十八日受領、〈硃批〉「戸部議奏」。

(23)　①満文、②奕山、図伽布、③咸豊五年二月二十一日、④90a～91a、⑤伊犂バヤ

ンダイ城協領 Aisintai を病気により革職させる件、⑥*咸豊五年四月十八日受領。
〈硃批〉「？（綴じの関係で読めず）」。

(24)　①漢文、②奕山、図伽布、③なし（写字生の書き落としか？）、④94b～92a、
⑤3回再留となった廃員徐慶元の期間満了にともなう措置について、⑥*咸豊五
年四月十八日受領、〈硃批〉「徐慶元着釈回」、**漢文清単1件（徐慶元が廃員と
なった理由、当差・留用歴一覧）。

(25)　①満文、②奕山、図伽布、③咸豊五年三月初七日、④95a～b、⑤請安摺。

(26)　①満文、②奕山、図伽布、③咸豊五年三月初七日、④96a～100a、⑤伊犁回子
の五品ハズィーネチ・ベク khazinechi beg、五品シャン・ベク shang beg 補任の
件、⑥*咸豊五年五月初五日受領、〈硃批〉「旨降す」、**満文清単1件（候補者履
歴）。

(27)　①満文、②奕山、図伽布、③咸豊五年三月初七日、④101a～103a、⑤糧倉より
回子に対し種蒔き用に穀類を貸出す件、⑥*咸豊五年五月初五日受領、〈硃批〉
「請うたとおりせよ」。

(28)　①満文、②奕山、図伽布、③咸豊五年三月初七日、④104a～106a、⑤カーシュ
ガル換防官兵を交代のため出発させる件、⑥*咸豊五年五月初五日受領、〈硃批〉
「判った」。

(29)　①漢文再奏、②なし、③なし、④106b、⑤郡城失守で「新疆」に発遣された元
河南南陽鎮総兵柏山が二月二十四日に伊犁に到着したので、宝伊局にて当差させ
ると報告、⑥*咸豊五年五月初五日受領、〈硃批〉「知道了」。

(30)　①満文、②奕山、図伽布、③咸豊五年三月十七日、④107a～b、⑤請安摺。

(31)　①漢文、②奕山、図伽布、易棠（陝西総督）、廣福（烏魯木斉都統）、常清（葉
爾羌参賛大臣）、③咸豊五年三月十七日、④134b～125b、⑤「新疆」換防兵制の
変更と経費削減に関する件、⑥*咸豊五年五月十五日受領、〈硃批〉「軍機大臣会
同該部議奏」、**第3冊第（8）号檔案参照。

(32)　①漢文再奏、②なし、③なし、④124b～112b、⑤「新疆」各城における経費の
現状に関する件、⑥*咸豊五年五月十五日受領、〈硃批〉「該部知道」。

(33)　①漢文再奏、②なし、③なし、④111b～108a、⑤「新疆」各城における経費節
約の状況と銀票・銭鈔使用の是非に関する件（とくに南〈回〉疆地区においては、
銀票・銭鈔の流通は困難）、⑥*咸豊五年五月十五日受領、〈硃批〉「該部知道」。

(34)　①満文、②奕山、図伽布、③咸豊五年三月十七日、④136a～137b、⑤伊犁オー

154 第2部 19世紀以降における清朝文書制度の展開

ルド営驍騎校補任の件、⑥*咸豊五年五月十五日受領、〈硃批〉「旨降す」、**満文
清単1件（候補者履歴）。

(35)　①漢文、②奕山、図伽布、③咸豊五年三月十七日、④141b〜139a、⑤満期の北
路各城満営換防兵の交代を暫時遅らせることで移動経費を節約したいと要請、⑥
*咸豊五年五月十五日受領、〈硃批〉「着照請該部知道」。

(36)　①漢文再奏、②なし、③なし、④138b〜a、⑤削減対象のタルバガタイ換防伊
犁各営の兵一百名が伊犁に帰還、⑥*咸豊五年五月十五日受領、〈硃批〉「知道了」。

(37)　①漢文、②奕山、図伽布、③咸豊五年三月十七日、④148b〜142a、⑤當百銭密
造事件に関する件、⑥*咸豊五年五月十五日受領、〈硃批〉「刑部速議具奏」。

(38)　①満文、②奕山、図伽布、③咸豊五年三月（日付欠）日、④149a〜152b、⑤御
用馬献上に関する件、⑥*満文清単1件（献上馬のリスト）。

〔第6冊〕

(1)　①満文、②奕山、図伽布、③咸豊五年四月初四日、④3a〜b、⑤請安摺。

(2)　①満文、②なし（抄写し忘れか）、③咸豊五年四月初四日、④4a〜8b、⑤伊犁
満営佐領、雲騎尉補任の件、⑥*咸豊五年六月初五日受領、〈硃批〉「旨降す」、
**満文清単1件（候補者履歴）。

(3)　①漢文、②奕山、図伽布、③咸豊五年四月初四日、④11b〜9a、⑤官員による
捐銀額及びそれに伴う陞任に関する件、⑥*咸豊五年六月初五日受領、〈硃批〉
「另有旨」、**漢文清単1件、捐納した官員の官職、氏名、捐納額、要請の職衛、
予定する缺。

(4)　①漢文、②奕山、図伽布、③咸豊五年四月初四日、④13b〜12a、⑤会匪事件の
際に活躍した廃員沈壽、曽廣音の戍限を二・三年減免することを要請、⑥*咸豊
五年六月初五日受領、〈硃批〉「沈壽、曽廣音均着減免三年」。

(5)　①漢文、②奕山、図伽布、③咸豊五年四月初四日、④16b〜14a、⑤発遣満期を
迎えた廃員二名への対応について、⑥*咸豊五年六月初五日受領、〈硃批〉「均着
再留三年」、漢文清単1件、満期を迎えた2名の廃員の略歴、発遣となった理由。

(6)　①満文、②奕山、図伽布、③咸豊五年四月十四日、④17a〜b、⑤請安摺。

(7)　①満文、②奕山、図伽布、③咸豊五年四月十四日、④18a〜20b、⑤トゥルン緑
営の昨年秋季穀物収穫量ならびに収穫量による官員の処遇に関する件、⑥*咸豊
五年六月十二日受領、〈硃批〉「請うたとおりせよ。所轄の部よ知れ」。

第1章　天理図書館所蔵「伊犂奏摺稿檔」について　155

（8）　①漢文、②奕山、図伽布、③咸豊五年四月十四日、④26b〜21a、⑤大銭流通問
　　　題に関する件（大銭は當百、當五十銭を廃止し當十銭とする等）、⑥*咸豊五年六
　　　月十二日受領、〈硃批〉「戸部妥速議具奏」。

（9）　①漢文、②奕山、図伽布、③咸豊五年四月十四日、④28b〜27a、⑤バヤンダイ
　　　営都司李茂春が六十九歳となり衰えたので退休させる、⑥*咸豊五年六月十二日
　　　受領、〈硃批〉「依議」。

（10）　①漢文、②奕山、図伽布、③なし（抄写し忘れか）、④30b〜29a、⑤恵遠城満
　　　営副都統職銜協領巴哈善再任用に係わる預保奏、⑥*咸豊五年六月十二日受領、
　　　〈硃批〉「另有旨」。

（11）　①漢文、②奕山、図伽布、③咸豊五年四月十四日、④32ba〜31a、⑤廃員で元
　　　同知であった沈壽は、咸豊二年に伊犂に来て、印房で熱心に勤めたので、例によ
　　　り一等降して通判の職銜を要請、⑥*咸豊五年六月十二日受領、〈硃批〉「另有旨」、
　　　**硃批の下に小さく「並無諭旨」とある。

第2章　天理図書館所蔵「伊犂奏摺」について

は じ め に

　天理図書館には、「伊犂奏摺」と表題された18冊よりなる檔冊が所蔵されている。この檔冊は、清朝支配下のジューンガリア、東トルキスターンにおける最高指揮官「総統伊犂等処将軍」（通称「伊犂将軍」）であったジャラフンタイ Jalafuntai（札拉芬泰）の満洲文・漢文の上奏文、対露交渉文書等を抄写筆録しまとめたもので、その収録期間は咸豊七年（1857）一月より同十年六月までである（表1参照）。

表1　「伊犂奏摺」各冊所収檔案の日付

第 1 冊	咸豊七年一月～三月
第 2 冊	四月～五月
第 3 冊	五月～六月（うち閏五月あり）
第 4 冊	閏五月～六月
第 5 冊	六月
第 6 冊	七月～八月
第 7 冊	八月～十二月
第 8 冊	十月～十二月
第 9 冊	咸豊八年一月～三月
第 10 冊	三月～五月
第 11 冊	五月～六月
第 12 冊	六月
第 13 冊	七月～八月
第 14 冊	八月～十月
第 15 冊	十月～十二月
第 16 冊	咸豊九年一月～三月
第 17 冊	六月～八月、十二月
第 18 冊	咸豊十年一月～六月（うち閏三月あり）

＊　年・月・日が付されていない檔案の中にはこのなかに含まれないものもある。

第2章　天理図書館所蔵「伊犂奏摺」について　157

　ジャラフンタイの履歴については、かれが亡くなる直前の奏摺[1]（これには日付が付されていないが、おそらく咸豊十年六月中に出された）に詳しい。それによれば、かれは宗室で、当時六十六歳というから乾隆六十年（1795）の生まれである。侍衛を経て、僅かの間山海関副都統をつとめ、道光二十一年（1841）十一月に庫車辦事大臣に任じられた。そののち、阿克蘇辦事大臣、塔爾巴哈台参賛大臣、烏里雅蘇台将軍などを歴任（この間、咸豊二年には正紅旗蒙古都統に補授されている）し、伊犂将軍となった。

　かれの伊犂将軍在職期間中（咸豊四年十月～同六年十月、咸豊七年四月～同十年七月の二度にわたるが、この中断の時期も実際に着任がなく、かれが実質上事務処理を行った）の清朝は、周知のとおり内は太平天国、外は第二次アヘン戦争の勃発により国家危急存亡が叫ばれた時期であり、またかれが関係するジューンガリア、東トルキスターンをみても、ロシアとの通商その他の問題、コーカンドからのムスリムの侵入とそれに伴う反乱など多くの問題を抱えていた。そのなかでもとくに対露交渉は璦琿条約、北京協約にみられるロシアの領土的野心と直接関係するところとなり、伊犂将軍としての職務上の立場はきわめて重要なものであった。したがって、本檔冊に収める檔案はこれらの問題を知る上での編纂物ではない直接の第一級史料であるが、のちに触れるように、対露交渉檔案以外はいまだ利用されるにいたっていない。

　本章は、本檔冊を紹介するとともに、その史料的価値を論じようとするものである。

第1節　「伊犂奏摺」

　本檔冊は現在2帙に納められているが、それに付された題簽には「伊犂将軍奏摺」と墨書してあり、天理大学で教鞭を執った満洲語文献研究の第一人者である今西春秋の簽註によれば「題簽は玉振道人の自筆」であるとする。その特徴を有する蔵書印からみても、玉振道人すなわち中島竦の旧蔵であったと思われ、本書第2部第1章で検討を加えた「伊犂奏摺稿檔」、また、同第3章で触

れる「wesimbure bukdari jise（奏摺稿）」と同じグループに属するものである。

　各冊の寸法は、縦21.6cm、横11.2cmで、各々の冊子の表紙には漢文墨書で、①表題（「伊犂奏摺」）、②冊次（たとえば「第三冊」）、③年・月（たとえば「咸豊七年閏五月」）の三つが記されている。これも玉振道人の筆になるものである。ただ、これらの記載は、いわゆる「左開き」になされており、多分に中島竦が満文を意識した結果であろう。本稿はこの中島の註記には一切こだわらず、「右開き」を基本として丁数をふり、考察をすすめていくことにする。また、中島の付した冊次は第11冊が上・下2冊に分けられ、したがって全17冊となっている。これも一切こだわることはせず、全18冊として扱うことにする。

　本檔冊に収められた檔案はオリジナルではなく、抄写されたものである。このうち漢文の檔案の抄写はすくなくとも数人の手によっており、字体も一様でなく、多くは楷書であるが、草書によるものもみられる。しかし、満文の筆写はすべて同一人物によるものである。この作業がいつ、どこにおいて、だれによって、そしてどのような理由でなされたのかは詳かではないが、その形式などからみて、軍機処、内閣などの官署の檔冊ではないようで、私抄されたもののようである。各檔案の配例は、「右開き」にみて、第1冊より第8冊までは日付順、第9冊より第18冊までは逆（すなわち「左開き」からみて日付順）に若干の異同はあるがなされている。

　個々の檔案をみると、満文奏摺と若干の漢文奏摺には北京で受領した日付、皇帝の硃批が記されており、ある漢文奏摺には、「……（日付不詳、おそらく咸豊七年）秋季」と註記されたものがみられる[2]。これからみると、公署保管の行・来文檔冊等から抄写されたものかもしれない。

　また奏摺では、基本的に冒頭部分に差出人の職位、氏名が記されるのが常であるが、本檔冊においてはそれら奏者名が省かれている。これは、基本的にそのほぼすべてが伊犂将軍ジャラフンタイ（札拉芬泰）、および伊犂参賛大臣ファフリ Fafuli（法福礼）等による奏摺であるからであろう。また奏文中のジャラフンタイやファフリを含め概ね辦事・領隊大臣以上の官人の名は最初の一字（たとえばジャラフンタイの場合、漢文檔案では「札」、満文檔案では「Ja」）のみ記さ

れ、あとは省略されている。先にも述べたとおり、抄写檔案などでは、このようなかたちが一般的である。

　ちなみに、本檔冊各冊に収められた檔案の日付は、概ね先の**表1**のとおりである。

　清代新疆関係のこのような奏摺等の抄写「檔冊」の存在は、たとえば東洋文庫に「道光二十八年正月起至十二月底止清漢奏稿」と表題された満・漢文のものが所蔵されているなど、他にも例をみることができる。

　現在、台北・国立故宮博物院には、ジャラフンタイの奏摺が、道光朝の宮中檔として27件、軍機処道光朝月摺包のなかに筆録されたものが67件所蔵されているが、伊犁将軍時代のかれのいわゆる「原奏摺」はみられない。また、満文檔案については、北京の中国第一歴史檔案館に所蔵される「軍機処満文月摺包」に残されている[3]。また、一部抄録ではあるが、とくにロシアとの交渉文書は、『籌辦夷務始末（咸豊朝）』『四国新檔・俄国檔』『道光咸豊両朝籌辦夷務始末補遺』にかなり収録されており、その概要を把握することができる。しかし、本檔冊に収載された多くの檔案は、清朝の編纂物である『大清文宗協天翊運執中垂謨懋徳振武聖孝淵恭端仁寛敏顕皇帝実録（以下「文宗実録」とする)』『欽定平定陝甘新疆回匪方略（以下「方略」とする)』に含まれず、のちに触れるように新しい事実をあきらかにしてくれるものがある。

第2節　「伊犁奏摺」に収められた対露外交文書

　本檔冊所収の対ロシア交渉文書を利用して、かつて野見山温は「咸豊年間伊犁における露清外交関係満文資料とその研究Ⅰ・Ⅱ」（『福岡大学研究所報』第8、11号、のちに『露清外交の研究』〈酒井書店、1977年〉所収）と題する論文を発表した。これは、清朝の伊犁将軍営務処とロシアの西シベリア総督府等の間に交された満文書簡などの日本語訳と『籌辦夷務始末』所載の記事等との対校を中心に論をすすめたものであるが、吉田金一が評した[4]ように、ロシア側資料を利用して当時の露清関係を解明するまでには残念ながらいたっていない。しかし、

160 第2部 19世紀以降における清朝文書制度の展開

それらの点を差し引いても、野見山の論文が本檔冊を利用した最初のかつ唯一のものであるという意義は評価されるべきであろう。

本檔冊所収の露清交渉文書の概要は次のとおりである。

1　中国領内のアラガイトゥ Aragaitu 居住の者が、ロシア領内に入って金を掘ったというロシア側の抗議とそれに対する清朝側の弁明。

2　露清交易の発展のため、いままでの駱駝を用いた貨物運搬の方法を改め、伊犁河を利用した船運にしたいというロシア側の申し入れとそれに対する清朝側の回答（拒絶する）。

3　咸豊七年に起こったタルバガタイのロシア商館焼打ち事件に伴うロシア人伊犁総引き揚げ指令およびロシア側の厳重抗議と清朝側対応（清朝側は全面的賠償を申し出たが、ロシア側は総引き揚げを断行）。

4　ロシア商館焼打事件で冷却化した伊犁における外交関係の正常化を図る露清の往復文書。

これら露清交渉文書は、先にも述べたとおり、ロシア側史料との対校を必要とするが、璦琿条約（1858年）前後における清朝側の第一級史料であることは疑う余地がない。

第3節　「伊犁奏摺」とワリー・ハーンの「聖戦」

東トルキスターン関係の檔案で注目されるのは、当時起こったワリー・ハーン Walī Khān の聖戦に関するものである。ワリー・ハーンは、1760年に清朝により逐われた当時の東トルキスターンの支配者ホージャ Khwāja 兄弟のうちブルハーン・エッディーン Burhān al-Dīn の子サリムサク Sarimsaq の子であるバハー・エッディーン Bahā al-Dīn の子である。1857年の断食月のあけた日（五月十六日）を期して、ワリー・ハーンは聖戦（ghazāt, jihād）を開始した。かれはその同調者とまずコーカンド Khōqand のオシュ Osh に集結し、それから国境を越えカーシュガル Kāshghar に向った。そして、同年九月末に境外に駆逐されるまで、清朝支配下の「回疆西六城（アルティ・シャフル Alti-Shahr とよば

れる）」の地を席捲した[5]。この聖戦のヤールカンド Yārqand 攻撃の模様は、ロス Ross, D. が集めた『カーシュガルより将来のトルコ語文書 3 件（Three Turki Manuscripts from Kāshghar, Lahore, 1908）』に収められた 1 件の現地史料に触れられており、かって羽田明がその史料に訳註を加えた[6]ことがある。ただ、この文書は現地ウイグル人側の記録だけに、住民の様子などはうかがうことはできるが、清朝側の対応策や肝心のワリー・ハーンのかれの身内の同調者たちの名前などについてはまったくあきらかにされていない。

　ワリー・ハーンの聖戦に参加したホージャたちの名は、カザーフ Kazākh の探検家チョカン・ワリハーノフ Валиханов, Ч. Ч. の記述によると、確実なものとしてはワリー・ハーンを筆頭に、アク・チャパン・ホージャ Aq-chapan Khwāja、キチク・ハーン Kichik Khān の 3 名である[7]。

　本檔冊第 3 冊、咸豊七年六月二日付のジャラフンタイの漢文奏摺には次のようにある。

　　……査烏什（Ush-Turfān）所称探聞、布孜罕（Büzürg Khān）要走阿提巴什阿
　　克賽（Adi-bash Aqsay）地方、欲来烏什與喀什噶爾（Kāshghar）、訊拠賊匪供
　　称、賊首鐵完庫里霍卓（Tavakkul Khwāja）・倭里罕霍卓（Walī Khān Khwāja）
　　勾結安集延（Andijan）回子、要為張格爾（Jahangīr）報仇等語、均未必尽属
　　確実、然有備無患……[8]。

　これは、ここに記されているとおり未確認情報であったが、この史料にあらわれたホージャたちの名前は貴重である。

　最初に、ブツルグ・ハーンが境内に入ろうとしているという情報であるが、ワリハーノフの記述などからみて、かれは実際にはこの聖戦には参画しなかったようである[9]。このような風説がひろまった背景としては、ブツルグ・ハーンがこの資料にみえるジャハンギール[10]（1826 年〈道光六年〉、聖戦を敢行し北京で刑死〈殉教〉した）の一人息子として、白山党 Aq-taghlïq ウイグル人たちの間で絶大な人気を有していたからであろう。ワリー・ハーンはその聖戦において、このブツルグ・ハーンの名を大いに利用したらしい。ワリハーノフによれば、カーシュガル回城を占領した際、ワリー・ハーンの軍は、その市中を「ブツル

162　第2部　19世紀以降における清朝文書制度の展開

グ・ハーン万歳！」と叫びまわって人心の安定を図ったという[11]。したがって、この情報もワリー・ハーン側が意図的に流したか、あるいは清朝側またはウシュ近郊の住民が、ブツルグ・ハーンを強く意識した結果でたものであろう。次に、タヴァックル・ホージャ、ワリー・ハーンがアンディジャンのムスリムと勾結してジャハンギールの仇をとろうとしている、という情報であるが、この聖戦にタヴァックル・ホージャが実際に参加したかどうかははっきりとしない。

　タヴァックル・ホージャは、1847年（道光二十七年）に起こった「七人のホージャたちの聖戦」に参加し、そこでクルグズ Kyrgyz（ブルート）などから聖戦の献金を集めるなどして活躍した[12]。かれは、ワリー・ハーン、アク・チャパン・ホージャ、キチク・ハーンらの属するアーファーク系 Āfāqīyya のホージャではなく、ナリフキン Наливкин, В. П. によれば、

　　Таваккел-тюря（本名 Ахмет ходжа）は、ペシャワール生まれのアフガン人

　　で、ながらくコーカンドに住んでいた[13]。

ということである。このタヴァックル・ホージャがアーファーク系 Āfāqīyya のホージャたちとどのような関係にあったのかということは不明である。ワリハーノフによれば、タヴァックル・ホージャは、「七人のホージャたちの聖戦」ののち、タシクルガン Tash-qurghan に住み、中国側より多額の金を受け取っていたということであり、そのためこのワリー・ハーンの聖戦にはどうしても参加しなかったという[14]。このタヴァックル・ホージャも、先のブツルグ・ハーンと同様実力者であり、聖戦で混乱するなかにおいて、このような風説が流れたのかもしれない。

　フレッチャー Fletcher, J. は、出典はあきらかにしていないが、おそらく『文宗実録』、『方略』を利用してタヴァックル・ホージャの参加を認めている[15]。また、このタヴァックル・ホージャがブツルグ・ハーンの従兄であったとも述べている[16]。後者はおそらく、『方略』巻四、13a〜bに、

　　鐵完庫里霍卓声言、従前伊薩克等、将伊叔張格爾誘捨殺害、此時伊薩克之

　　子愛瑪特邁特充喀城阿奇木、倭里罕前来報仇等語、（下線筆者）

とあることによったに相違ない。

第2章　天理図書館所蔵「伊犂奏摺」について　163

　たしかに、この記事だけからみると、タヴァックル・ホージャはジャハンギールの甥となり、ブツルグ・ハーンとは従兄弟にあたる。佐口透も、この記事より鐵完庫里霍卓（氏はこれをディーヴァーン・クーリー・ホージャ Dīvān Qūlī Khwāja とするが、そのようなホージャは他の資料にあらわれてこず、やはりタヴァックル・ホージャに比定すべきであろう）をジャハンギールの甥とする[17]。

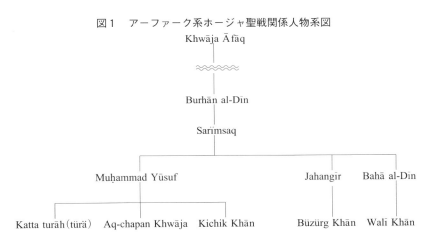

図1　アーファーク系ホージャ聖戦関係人物系図

　ところが本檔冊第5冊、咸豊七年六月二十三日付漢文奏摺は、先の『方略』の原資料であるが、それには次のようにある。

　　鐵完庫里霍卓、倭里罕説、従前伊薩克等、将伊叔父張格爾哄拿殺害、此時
　　伊薩克的両個児子愛瑪特、邁瑪特作喀城阿奇木、倭里罕前来報仇等語

　すなわち、原資料には、鐵完庫里霍卓の下に「倭里罕」が入っていた訳で、ワリー・ハーンは上の図1に示したとおり、たしかにジャハンギールの甥にあたる。また、これだからこそ、「倭里罕が仇を討ちにやって来た」わけである。『方略』、『実録』といった編纂物は、原資料を中途半端な形で数分の一に抄録（または抜き書き）するため、事実を大幅に歪曲（無意識にまた意識的に）してしまう場合が少なくない。同じ引用の箇処でイスハーク Isḥāq（伊薩克）の子が、原文では「両個児子愛瑪特 Aḥmad、邁瑪特 Māmāt」とはっきり記しているのに、『方略』では「子愛瑪特邁特」と一見一人と思われるような記述になって

164　第2部　19世紀以降における清朝文書制度の展開

いる[18]のは、この編纂書という弊害の端的な例である。

　さて、本檔冊第3冊、咸豊七年閏五月三日付漢文奏摺には次のようにある。

　　……拠巴哈善（Bahašan）等致奴才信函所称、……喀什噶爾回城貿易安集延

　　回子四・五千人、即已均随賊匪……。

　カーシュガルに駐在して貿易に携わるアンディジャン（コーカンド）人が、ホージャたちに加担して行動したという事実はこれがはじめてのことではない。「七人のホージャたちの聖戦[19]」において、カーシュガル回城にホージャたちを導き入れたのは、コーカンドのカーシュガル駐在アークサカール āqsaqāl（貿易辦務官）であった[20]。清朝側も絶えずこれらコーカンド人に対して注意をはらっており、道光年間には、回疆の各城において、現地ウイグル人とコーカンド人との通婚に対して厳しい禁例を出している[21]。また、この資料にあらわれるカーシュガル駐在のコーカンド人の数4・5千人というのは多少の誇張もあろうがかなり大きい。ジャハンギールの聖戦ののち、道光八年（1828）の那彦成の奏摺[22]によると、カーシュガルの貿易コーカンド人は108戸（現地に十年以上住んで帰化させられた貿易に従事しないものがこの他に607戸あり）にすぎず、この三十年間に爆発的に数が増大しているのがわかる。ワリハーノフによれば、この当時のカーシュガル地区全体の人口が1万6千戸[23]であったということであり、それからみると、いかに多数のコーカンド人が居住していたかが理解できる。

　このように、二・三例示しただけでも、清朝支配下の東トルキスターン史の空白を埋める資料が本檔冊に数多く含まれていることが理解できよう。

第4節　「伊犂奏摺」よりみた清朝の東トルキスターン統治

　対ロシア交渉文書、ワリー・ハーンの聖戦に関する資料のほかの檔案は次のようである。

　まず満文檔案であるが、このなかで一番目につくのが、官人任用に関する上申である。これは、とくに伊犂駐防の各営の旗務人事が中心となっている。こ

のほかには、各辺疆巡察の報告、北京に輸送する御料馬の件、陞任や下賜品に
対する謝恩の奏摺などがみられる。

漢文檔案のその内容は多岐にわたるが、比較的多いのは刑事事件の報告であ
る。この他には、人事に関するもの、軍事、経済に関するものなどがみられる
が、そのなかでもとくに興味深いのは以下の檔案である。

第15冊、咸豊八年十一月十日付奏摺で、ジャラフンタイは、咸豊十年に必要
な費用を奏請した。その内訳は、緑営の官兵に必要な41,754両をはじめとして
計228,896両であった。当時、伊犁では地課の銀、茶税などあわせて23,401両3
銭7分5厘の収入しかなく、不足の21万両の調達を要求したわけである。自ら
の地の収入では、諸経費の十分の一しか賄えない現実は次のような事態を引き
起こした。

この時期の清朝は、先に述べたように太平天国、第二次アヘン戦争などの影
響で財政が逼迫しており、伊犁に必要な銀両が円滑に流入しなくなってきてい
た。咸豊十年一月には官兵の窮乏は甚しくなり、ジャラフンタイは、甘粛省か
らの至急の援助を要求（第18冊、咸豊十年一月十三日付）している。この窮乏の
状況は第18冊に収められた伊犁各営の官兵がジャラフンタイに宛てた稟報に如
実に示されている。この財政破産の状態は、以後ヤクーブ・ベク Ya'qūb beg
の支配に代表される大動乱期へと突入する大きな原因となっていったのであ
る[24]。

お わ り に

「伊犁奏摺」は、以上述べてきたように、19世紀中葉の露清関係および当時
の東トルキスターンに関して多くの新事実を提供し、『方略』、『実録』といっ
た編纂物の誤まりを訂正できる資料であり、この檔冊のオリジナル資料の利用
はもちろんであるが、いままで以上に積極的に利用せねばならぬ史料である。

そして、なによりも特筆すべきは、対ロシア関係文書がすべて満洲語を用い
て行われていた点である。序章で述べたとおり、満洲語が清末には「已に過去

166　第2部　19世紀以降における清朝文書制度の展開

の遺物となってその生命を失っていた」という宮崎市定の評価であるが、満洲語文書はこのように対露「外交」においては、この時期においてもきわめて有効に機能していたのである。

註

（1）　本檔冊、第18冊所収。

（2）　本檔冊、第7冊所収。

（3）　中国第一歴史檔案館、中国人民大学清史研究所、中国社会科学院中国辺境史地研究中心編『清代辺疆満文檔案目録 11（新疆巻6）』1999年、桂林・広西師範大学出版社、2947〜2972頁。

（4）　『近代中国』（厳南堂）第3巻。

（5）　Валиханов, Ч. Ч.; *Собрание сочинений в пяти томах.* том Ⅱ., стр.328、及び『欽定平定陝甘新疆回匪方略』巻一〜十。

（6）　羽田明「倭里汗の乱の一資料」『塚本博士頌寿記念仏教史学論集』塚本博士頌寿記念会、1961年、所収。

（7）　Валиханов, там же. стр.334.

（8）　本檔冊、第3冊所収。

（9）　Валиханов, там же. стр.281.

（10）　ジャハンギールの聖戦については、佐口透「ジハンギールの聖戦とウイグル民族陣営」『18−19世紀東トルキスタン社会史研究』1963年、吉川弘文館、403〜467頁、参照。

（11）　Валиханов, там же. стр.329.

（12）　Валиханов, там же. стр.327, 380.

（13）　Налихкин, В. П.; *Краткая История Кокандского Ханстова.* Казан, 1886., стр. 184-185.

（14）　Валиханов, там же. стр.380.

（15）　Fletcher, J.; The Heyday of the Ch'ing Order in Mongolia, Sinkiang and Tibet, *The Cambridge History of China*, Cambridge, 1978, vol.10（Late Ch'ing 1800-1911, Part 1., Chapter 8）, p.391.

（16）　Fletcher, op. cit. p.385.

（17）　佐口前掲書、521頁。

（18）　佐口はこれをアフマド一人として扱っている（前掲書521頁）。

（19）　加藤直人「〈七人のホージャたち〉の聖戦」『史学雑誌』第86編第1号、1977年、参照。

（20）　Валиханов, там же. стр.380.

（21）　加藤直人「『欽定回疆則例』について」『日本大学史学科五十周年記念　歴史学論文集』所収、1978年、日本大学史学科創立五十周年記念事業実行委員会、624～625頁。

（22）　『那文毅公奏議』巻八十、道光八年七月十九日付奏摺。

（23）　Валиханов, там же. стр.288.

（24）　註(19)拙稿、67～68頁参照。

　本稿の作成にあたっては、河内良弘天理大学元教授に史料調査の便宜をはかっていただき、また吉田金一先生にはさまざま御教示をいただいた。ここに記して感謝する次第である。

【「伊犂奏摺」所収檔案一覧】

　本檔冊に収められた檔案は一覧にすると次のとおりである。データの記載順序は、①使用言語（満文または漢文）、②日付、③丁数、④内容（表題）、⑤*備考（硃批その他）とした。※なお「具奏者名」については、そのほとんどが伊犂将軍ジャラフンタイ（及び伊犂参賛大臣ファフリ）であるためか、本檔冊に記載がないので、この「一覧」では省略する。

〔第1冊〕

（1）　①漢文、②咸豊七年一月十八日、③1a～15a、④「辺兵月餉久缺、節経派員、妥為撫慰、籌画得宜、謹将経理尤為得力之員、拠寔酌保伴資策励恭摺」、⑤*清単2件。

（2）　①漢文、②無年月、③16a～20a、④「続収報効銭文抵充兵餉、俾照捐論章程、分別已奨未奨」、⑤*附件2件。

（3）　①漢文、②無年月、③21a～23b、④「年満筆帖式当差得力、奏懇天恩留於本処用」。

168　第2部　19世紀以降における清朝文書制度の展開

（4）　①漢文、②無年月24a〜34b、④「(俄) 夷情叵測、商力難支、体察情形、酌参
　　　　（参酌？）時勢急籌撫馭之策、兼備貼補之資、謹抒愚見」。

（5）　①漢文、②無年月、③35a〜39b、④「審明鬭殺案犯、按律定擬」。

（6）　①漢文、②無年月、③40a〜42b、④「巡検二次、辺俸期満、懇恩鼓励」、⑤*
　　　　同年四月二十七日奉到、〈硃批〉「依議欽此」。

（7）　①漢文、②無年月、③43a〜46a、④「跴獲鉛礦委員採挖縁由」。

（8）　①漢文、②咸豊七年二月二十九日、③47a〜49b、④「緑営参将年老多病、呈謹
　　　　告休」。

（9）　①漢文、②無年月、③50a〜55a、④「審明鬭殺案犯、按律定擬」。

（10）　①漢文、②無年月」、③56a〜64a、④「連接俄夷咨文、謹将咨復縁由恭摺」、⑤
　　　　*附件 1 件（伊犁の緑営の生息銀両に関する件）。

（11）　①漢文、②咸豊七年三月二十日、③65a〜69b、④「審明鬭殺案犯、按律定擬」。

(以上69丁)

〔第 2 冊〕

（1）　①漢文、②咸豊七年四月十三日、③1a〜5b、④「接奉廷寄、先将籌辦（俄実務）
　　　　大概情形恭摺覆奏」。

（2）　①漢文、②無年月、③6a〜10a、④「撫民同知、奉文開缺、循例揀員分別調補
　　　　升署、並請旨補放遺缺縁由」。

（3）　①漢文、②無年月、③11a〜12b、④「倉員因病出缺、循例揀員調補、並将所遺
　　　　員缺請旨補放」。

（4）　①漢文、②無年月、③13a〜18b、④「新疆遣犯壅滞、請旨、飭部設法調剤、以
　　　　粛辺防縁由」。

（5）　①漢文、②咸豊七年四月十三日、③19a〜25b、④「審明鬭殺案犯、按律定擬」。

（6）　①満文、②咸豊七年四月二十七日、③28b〜26b、④「カーシュガルに換防する
　　　　官兵を出発させ送ったこと」、⑤*同年閏五月二十九日に到着、〈硃批〉「判った」。

（7）　①満文、②咸豊七年四月二十七日、③31b〜29b、④「回子ベクを任ずるを請う」、
　　　　⑤*同年閏五月二十九日到着、〈硃批〉「(記載洩れ？)」、**附件（満文）1 件（死
　　　　去した遣犯の処理）、同年閏五月二十九日到着、〈硃批〉「判った」。

（8）　①漢文、②無年月、③32a〜43a、④「伊犁需餉緊急、請旨飭催迅即撥解、並豫
　　　　籌接濟以安人心、而固辺防」、⑤*附件 2 件（咸豊七年四月中旬に起こったクチャ

のムスリム暴動の報告とその措置、②綏定城倉員人事の件）。

（9）　①漢文、②咸豊七年六月二十二日、③44a〜49a、④「審明闘殺案犯、按律定擬」。

（10）　①満文、②咸豊七年五月十六日、③51b〜50a、④「伊犂満営の佐領等補任の件」、⑤*同年六月十七日到着、〈硃批〉「旨降す」。

（11）　①満文、②咸豊七年五月十六日、③53b〜52a、④「ウルムチ駐在の官兵の需要物品の件」、⑤*同年六月十七日到着、〈硃批〉「請うたとおりせよ」。

（12）　①漢文、②咸豊七年五月十六日、③54a〜64a、④「伊犂河工緊要、所得息銀不敷修理、謹先行借款墊発（撥？）」、⑤*附件1件（クチャのムスリム暴動に関する情報）。

（13）　①漢文、②咸豊七年五月十六日、③65a〜70b、④「審明私進開齊、行刬得財哈薩克賊犯、按例辦理」。

（14）　①満文、②咸豊七年四月（？日）、③75b〜71b、④「御料馬の北京輸送の件」、⑤*清単（満文）1件（馬の特徴）。

（15）　①満文、②咸豊七年五月二十一日、③79b〜75a、④「御料馬の北京輸送の件」、⑤*清単（満文）1件（馬の特徴）。

（16）　①満文、②咸豊七年五月二十八日、③82b〜80a、④「伊犂将軍常清の回京に伴い、ジャラフンタイを同職に再任させたことに対する謝恩」、⑤*同年六月二十四日到着、〈硃批〉「判った」。

（17）　①漢文、②咸豊七年五月二十八日、③83a〜87b、④「掛奉廷寄、謹将塔爾巴哈台派員査勘金廠縁由恭摺」。

（以上87丁）

〔第3冊〕

（1）　①漢文、②咸豊七年五月二十八日、③1a〜5b、④「喀什噶爾等処、聞有驚報、飛囑起行在途之新任参賛大臣、暫駐調度、相機進勦、並密派精鋭弁兵、豫籌策応」。

（2）　①漢文、②咸豊七年閏五月三日、③6a〜17b、④「喀什噶爾、英吉沙爾逆回滋援、謹将揀派官兵、迅往応援、並籌辦各縁由恭摺」、⑤*附件3件。

（3）　①漢文、②咸豊七年閏五月六日、③18a〜22b、④「阿克蘇調兵侯（候？）防堵、調預挑遣勇聴侯調用、並咨陝甘（総）督、臣迅撥餉銀接済」、⑤*附件1件。

（4）　①漢文、②咸豊七年又（閏）五月十一日、③23a〜35b、④「伊犂官兵業経起程赴援、謹将現在調度官兵、分別会勦防堵、以及咨商査辦各事宜恭摺」、⑤*附件3

件。

（5）　①漢文、②咸豊七年閏五月十八日、③36a〜45b、④「阿克蘇安設粗壁、請旨簡派大員総司其事、並咨催各路官兵星速応援、及署各缺、曁辦各縁由」、⑤*附件2件。

（6）　①漢文、②咸豊七年六月二日、③46a〜53b、④「烏魯木齊官兵業経起程、並咨催咯喇沙爾蒙古官兵、迅速前往会勧、及咨商籌辦各縁由」、⑤*附件2件（第5冊、1a〜5b）。

　　　　　　　　　　　　　　　　　（以上53丁〈第6番目の奏摺の附件は含まず〉）

〔第4冊〕

（1）　①漢文、②咸豊七年閏五月三日、③1a〜7a、④「塔爾巴哈台派員巡査金廠、並無民人偸往挖金、並拠伊犂査卡員弁呈報、開齊之外、査有俄羅斯夷人居駐、謹将現擬籌辦縁由恭摺」。

（2）　①満文、②咸豊七年閏五月三日、④9b〜8a、伊犂将軍属下総署（伊犂将軍営務処）より駐伊犂ロシア領事宛書簡、「清領内住民越境砂金採掘事件のロシア側抗議に対する返書」。

（3）　①満文、②咸豊七年閏五月六日、③11b〜10b、④「チャハル、オールド（厄魯特）二営の遊牧状況調査担当者代行の件」、⑤*同年七月一日到着、〈硃批〉「判った」。

（4）　①満文、②咸豊七年閏五月六日、③13b〜12b、④「伊犂満営の驍騎校補任の件」、⑤*同年七月一日到着、〈硃批〉「旨降す」。

（5）　①満文、②咸豊七年閏五月六日、③15b〜14b、④「伊犂属下地方の穀物成長状況」、⑤*同年七月一日到着、〈硃批〉「判った」、**附件（満文）1件、（同日付、17b〜16b〔第（5）号奏摺の附件か不明〕、〈前伊犂将軍常清への下賜品の北京返送の件〉、同年七月一日到着、〈硃批〉「見た」）。

（6）　①満文、②咸豊七年閏五月十一日、③19a〜18a、④「春季各卡倫、駅站巡察結果報告」、⑤*同年七月七日到着、〈硃批〉「判った」。

（7）　①満文、②咸豊七年閏五月十一日、③22b〜20a、④「回子よりの穀物徴収額の件およびそれに活躍したベク賞賜に関する件」、⑤*同年七月七日到着、〈硃批〉「請うたとおりせよ」。

（8）　①満文、②咸豊七年閏五月十八日、③24b〜23b、④「ブルート方面巡察報告」、

第 2 章　天理図書館所蔵「伊犂奏摺」について　171

⑤*同年七月十三日到着、〈硃批〉「判った」。

（ 9 ）　①満文、②咸豊七年閏五月十八日、③27b〜25b、④「第 4 冊第（ 3 ）号奏摺の調
査結果報告」、⑤*同年七月十三日到着、〈硃批〉「請うたとおりせよ」。

（10）　①満文、②咸豊七年閏五月二十三日、③29b〜28a、④「伊犂満営の防禦等補任
の件」、⑤*同年七月十九日到着、〈硃批〉「旨降す」。

（11）　①漢文、②咸豊七年閏五月二十三日、③30a〜35a、④「審明闘殺案犯、按律定
擬」。

（12）　①漢文清単、②無年月、③36a〜37a、第 4 冊第（ 7 ）号奏摺に関連。

（13）　①満文、②咸豊七年六月十四日、③39b〜38b、④「伊犂チャハル営の佐領等補
任の件」、⑤*同年八月九日到着、〈硃批〉「旨降す」。

（14）　①満文、②咸豊七年六月二日、③41b〜40a、④「伊犂チャハル営の副管等補任
の件」、⑤*同年七月二十八日到着、〈硃批〉「旨降す」。

（15）　①満文、②無年月（前第(14)号奏摺と同日付か？）、③43b〜42a、④「トルグー
トの協理台吉等補任の件」、同年七月二十八日到着、〈硃批〉「旨降す」。

（16）　①漢文附件、②無年月、③44a〜45a、④「伊犂奇沁卡外のロシア人30名が（閏
五？）月十七日にすべて引き揚げた件」。

（17）　①漢文附件、②無年月、③46a〜b、④「兵部からの諸費節約、人員削減の命令
に対し、伊犂地方では不可能である旨連絡」。

（18）　①漢文、②咸豊七年六月二十日、③47a〜49b、④「倉員期満、循例保奏、揀員
調補、並請旨補放遺鑲」。

（19）　①漢文、②無年月、③50a〜54b、④「接拠俄夷匪蘇勒来啓、謹将容復並籌辦縁
由恭摺」。

（20）　①満文、②咸豊七年六月十八日、③64b〜55b、④伊犂将軍営務処より駐伊犂ロ
シア領事宛書簡、第 4 冊第(22)書簡の返書、「ロシア側の伊犂河水運開発要求に
対し、法に違えると拒絶」。

（21）　①満文、②咸豊七年六月十八日、③68b〜65b、④伊犂将軍営務処よりロシア・
西シベリア総督府宛書簡、第 4 冊第（ 2 ）号書簡の返書、「アラガイトゥは中国領
であり、そこには金掘るものもみあたらない、と報告」。

（22）　①満文、②（露暦）1857年 6 月15日、③74b〜69a、④駐伊犂ロシア領事より伊
犂将軍営務処宛書簡、「貿易拡大のため、伊犂河を利用した水運開発を提案」。

（23）　①満文、②（露暦）1857年 6 月 8 日、③76b〜75a、④西シベリア総督府より伊

172　第 2 部　19世紀以降における清朝文書制度の展開

犂将軍営務処宛書簡、「越境して金を採掘した民らが清朝内に戻った報告」。

（以上75丁）

〔第 5 冊〕＊（1a〜5bは第 3 冊第（6）号奏摺の附件 2 件）

（1）　①漢文、②咸豊七年六月十四日、③6a〜9b、④「伊犂赴援兵現由阿克蘇前往進
　　　勦、並喀喇沙爾官兵、均已起程各縁由」、⑤＊第 5 冊第（4）号奏摺と同じ。

（2）　①漢文、②無年月、③10a〜16b、④「近日籌辦各縁由（回彊諸城反乱の状況）」。

（3）　①漢文、③咸豊九（七）年六月二十二日、③17a〜21b、④「査辦庫車回子滋事
　　　一案、遵旨覆奏」。

（4）　①漢文、②咸豊七年六月十四日、③22a〜25b、④「伊犂赴援兵勇現由阿克蘇前
　　　往進勦、并喀喇沙爾官兵、均已起程各縁由」、⑤＊第 5 冊第（1）号奏摺と同じ。

（5）　①漢文、②咸豊七年六月二十六日、③26a〜31b、④「遵旨覆奏（クチャの事件
　　　に関する事情説明等）」。

（6）　①漢文、②咸豊七年六月二十六日、③32a〜38b、④「遵旨覆奏（回彊諸城反乱
　　　の状況及びワリー・ハーン等侵入ホージャたちに関する情報）」。

（7）　①漢文、②無年月、③39a〜46a、④「接奉廷寄、因葉爾羌地方緊要、現擬派員、
　　　暫署庫車辦事大臣事務、以昭慎重、而免遅延」。

（8）　①漢文、②無年月、③47a〜55a、④「遵旨奏聞、並近日籌辦分咨各縁由（回彊
　　　諸城の反乱に対する官兵の進勦の状況）」、⑤＊附件 1 件。

（9）　①漢文、②無年月、③56a〜62b、④「遵奉硃批、籌維大局、謹将管見拠寔直陳
　　　恭摺」。

（10）　①漢文、②無年月、③63a〜71a、④「伊犂兵勇起程、官民人等捐転（輸？）軍
　　　餉口糧、謹恭摺開単奏懇天恩鼓励」、⑤＊清単 1 件（軍餉等捐輸者名簿）、＊＊附件
　　　1 件（クチャ事件の主謀者の一人李一逮捕の件その他）。

（11）　①漢文、②無年月、③72a〜77b、④「伊犂兵勇在葉爾羌復獲勝仗、現在各路大
　　　兵会齊定斯（期？）前往喀・英二城、勦除逆匪、謹将咨商籌辦各縁由恭摺」。

（12）　①漢文、②無年月、③78a〜82b、④「葉爾羌官兵続獲勝仗、喀・英二城賊囲未
　　　解、飛催各路援兵迅往会勦、並咨囑該城各募民勇縁由」。

（以上82丁）

〔第6冊〕

（1）　①漢文、②咸豊七年七月十一日、③1a〜3b、④「拠情代奏叩謝天恩（湖広総督を革められ伊犂に送られていた程裔采が帰還を赦されたことに対する謝恩をかれに代ってジャラフンタイが上奏）」。

（2）　①満文、②咸豊七年七月十一日、③5b〜4a、④「伊犂満営の佐領等補任の件」、⑤*同年九月七日到着、〈硃批〉「旨降す」。

（3）　①満文、②咸豊七年七月十一日、③9b〜6a、④「伊犂緑旗営に要する糧秣等の件」、⑤*同年九月七日到着、〈硃批〉「奏したとおりせよ」。

（4）　①満文、②咸豊七年七月二十二日、③11b〜10b、④「カザフ巡察なちびに公課徴収の件」、⑤*同年九月十六日到着、〈硃批〉「判った」。

（5）　①漢文、②咸豊七年七月二十二日、③12a〜16b、④「審明闘殺案犯、按律定擬」。

（6）　①満文、②無年月、③18b〜17a、④「伊犂満管の協領等補任の件」、⑤*（咸豊七年）九月二十八日到着、〈硃批〉「旨降す」。

（7）　①満文、②咸豊七年八月五日、③20b〜19b、④「軍馬補充の件」、⑤*同年九月二十八日到着、〈硃批〉「判った」。

（8）　①漢文、②咸豊六年八月五日、③21a〜28b、④「哦夷匡蘇勒官、帯領夷圏人等、起程回国、派員款待護送出卡、現擬緩急兼籌各事宜」。

（9）　①満文、②咸豊七年七月二十一日、③31b〜29b、④伊犂将軍営務処より駐伊犂ロシア領事宛書簡、第6冊第(13)書簡の返書、「在伊犂ロシア人財産目録受領に対する証書としての書簡」。

（10）　①満文、②咸豊七年七月二十一日、③34b〜32b、④伊犂将軍営務処よりロシア・西シベリア総督府宛書簡、「ロシア人伊犂総引揚げにともなう財産管理ならびに護衛官兵派遣の件」。

（11）　①満文、②咸豊七年七月十二日、③40b〜35b、④伊犂将軍営務処より駐伊犂ロシア領事宛書簡、第6冊第(13)書簡の返書、「ロシア人伊犂総引揚げに伴い清朝側はその不動産管理を約束」。

（12）　①満文、②（露暦）1857年8月25日、③43b〜41b、④駐伊犂ロシア領事より伊犂将軍営務処宛書簡、第6冊第(11)号書簡の返書、「ロシア側財産目録提出と自然災害による家屋等損壊については、清朝側に責任を求めぬ旨連絡」。

（13）　①満文、②（露暦）1857年8月16日、③46b〜44a、④駐伊犂ロシア領事より伊犂将軍宛書簡、「タルバガタイのロシア商館焼打事件後の協議不調により、ロシ

174　第2部　19世紀以降における清朝文書制度の展開

ア側はロシア人伊犂総引揚げ通告」。

(14)　①漢文、②咸豊七年八月五日、③47a〜54b、④「審明賊犯用火照亮、不期延焼
房屋、致斃事主、謹按例分別定擬」。

(15)　①満文、②咸豊七年八月十七日、③56b〜55a、④「伊犂オールド営の総管等補
任の件」。

(16)　①満文、②咸豊七年八月十七日、③58b〜57b、④「ハーキム・ベク（hākim beg）
チュルク（Churuq）等の織布下賜に対する謝恩の件」。

(17)　①漢文、②咸豊七年八月十七日、③59a〜62a、④「廃員不安本分、請旨一併改
発」。

(以上62丁)

〔第7冊〕

(1)　①漢文、②咸豊七年八月十七日、③1a〜6b、④「審明闘殺案犯、按律定擬」、
⑤＊附件1件。

(2)　①満文、②咸豊七年八月二十二日、③8b〜7a、④「伊犂満営の佐領等補任の件」、
⑤＊同年十月十六日到着、〈硃批〉「旨降す」。

(3)　①満文、②咸豊七年八月二十二日、③10b〜9b、④「伊犂回営のシャン・ベク
（shang beg）補任の件」、⑤＊同年十月十六日到着、〈硃批〉「擬正したマイヘピル
を任じよ」。

(4)　①満文、②咸豊七年九月八日、③14b〜11b、④「カザフ辺境巡察調査報告」、
⑤＊同年十一月七日到着、〈硃批〉「旨降す」。

(5)　①満文、②咸豊七年九月八日、③19b〜15b、④「病気のため後任をまたず卡倫
（辺境守備駐屯地）より原牧の地へ戻ったオールド営佐領クジ弾劾の件」、⑤＊同
年十一月七日到着、〈硃批〉「旨降す」、＊＊附件（満文）1件（伊犂等の官兵の狩
猟行事の件）、同年十一月七日到着、〈硃批〉「判った」。

(6)　①満文、②咸豊七年九月二十五日、③23b〜20a、④「六十歳を越した官人に対
する秘密考試の件」、⑤＊同年十一月二十八日到着、〈硃批〉「旨降す」。

(7)　①満文、②咸豊七年九月二十五日、③28b〜24b、④「伊犂満営、シベ営兵試験
の件」、⑤＊同年十一月二十八日到着、〈硃批〉「旨降す」。

(8)　①漢文、②咸豊七年九月二十五日、③29a〜30b、④「現届軍政、謹遵例考験
（験）伊犂緑営員弁」、⑤＊30bに「……（欠）年秋季」とあるが、これは抄写し

第2章　天理図書館所蔵「伊犁奏摺」について　175

た原檔冊の註記かもしれない。

（9）　①満文、②咸豊七年九月二十五日、③36b～31a、④「謝恩（捐納により咸豊帝
　　　から特別のはからいがあったことに対する）の件（差出人 Jo……〈以下不明〉）」、
　　　⑤＊同年十一月二十八日到着、〈硃批〉「判った」、＊＊附件（満文）１件（上記奏
　　　摺伝達に関するジャラフンタイの奏摺）、同年十一月二十八日到着、〈硃批〉「旨
　　　降す」。

（10）　①漢文、②咸豊七年十月十二日、③37a～47b、④「疊奉廷寄、籌辦夷務回務各
　　　事宜恭摺復奏（対露、対回子関係の概括的所見）」、⑤＊附件１件（烏里雅素台将
　　　軍慶英等の咨称「迷路外夷九名訊明辦理縁由」を報告）。

（11）　①満文、②咸豊七年十月十二日、③49a～48b、④「伊犁チャハル営の驍騎校等
　　　補任の件」、⑤＊同年十二月十一日到着、〈硃批〉「旨降す」。

（12）　①満文、②咸豊七年十月十二日、③53b～50a、④「カラシャール属下ホシュー
　　　ト札薩克一等台吉襲封の件」、⑤＊同年十二月十一日到着、〈硃批〉「旨降す」。

（13）　①満文、②無年月、③56b～54a、④「Jo……（差出人、以下不明）の子の伊犁
　　　残留嘆願」（咸豊七）年十二月十一日到着、〈硃批〉「求めたとおり汝の子を職掌
　　　の処に留めるがよい」、⑤＊附件（満文）１件、（上記奏摺伝達に関するジャラフ
　　　ンタイの附件）、＊＊咸豊七年十二月十一日到着、〈硃批〉「見た」。

（14）　①満文、②咸豊七年十月二十日、③59b～57a、④「御料馬の北京輸送の件」、
　　　⑤＊清単（満文）１件（馬の特徴）。

（15）　①満文、②咸豊七年十一月二日、③61b～60b、④「ウルムチ等の処で需要の家
　　　畜等供給の件」、⑤＊咸豊八年一月三日到着、〈硃批〉「判った」。

（16）　①満文、②咸豊七年十一月二日、③63b～62b、④「ウシュ、アクスゥ、クチャ、
　　　カーシュガル需要の家畜等供給の件」、⑤＊咸豊八年一月三日到着、〈硃批〉「判っ
　　　た」。

（17）　①満文、②咸豊七年十一月二日、③65b～64a、④「夏期卡倫・駅站巡察報告」、
　　　⑤＊咸豊八年一月三日、〈硃批〉「判った」。

（18）　①満文、②咸豊七年十一月二日、③68b～66a、④「武官昇進試験講評上申の件」、
　　　⑤＊咸豊八年一月三日到着、〈硃批〉「請うたとおり行わせよ」。

（19）　①満文、②咸豊七年十一月二十六日、③71b～69a、④「船の修造に関する件」、
　　　⑤＊咸豊八年二月一日到着、〈硃批〉「属下の部院知れ」。

（20）　①漢文附件、②無年月、③72a～74b、④「廃員の元京口副都統文藝が新疆より

176　第2部　19世紀以降における清朝文書制度の展開

帰還を赦されたことに対する謝恩」。

(21)　①満文、②咸豊七年十二月七日、③76b〜75a、④「伊犁満営の佐領等補任の件」、⑤*咸豊八年二月十一日到着、〈硃批〉「旨降す」。

(22)　①漢文、②咸豊七年十二月七日、③77a〜94b、④「伊犁設局、督辦軍糧、策応各路機宜、悉協籌画、咸以得宜迅奏膚功、倍節糧餉、回疆一律粛清、請将尤為出力員弁人等、拠寔酌保、籲懇天恩、優予鼓励」、⑤*清単1件（在事尤為出力文武員弁・筆帖式・書吏人等）、**附件1件（回疆反乱平定に関係した官兵の恩賞等の件）。

(以上94丁)

〔第8冊〕

（1）　①満文、②咸豊七年十二月七日、③3b〜1b、④「伊犁の回子の納める粟が不作のため小麦の代納の許可申請」、⑤*咸豊八年二月十一日到着、〈硃批〉「請うたとおり代納させよ」。

（2）　①満文附件、②無年月、③5a〜4a、④「領隊大臣バハシャンの天恩謝礼等を代奏」、⑤*咸豊八年二月十一日到着、〈硃批〉「判った」、**第8冊第（3）号奏摺の附件か。

（3）　①漢文、②無年月、③6a〜8b、④「恭奉請旨、謹瀝陳感抉下忱、恭摺叩謝天恩（バハシャンらの復職謝恩に関する件）」。

（4）　①満文、②咸豊七年十二月十六日、③10b〜9a、④「伊犁オールド営の佐領等補任の件」、⑤*咸豊八年二月二十一日到着、〈硃批〉「旨降す」。

（5）　①満文、②咸豊七年十二月十六日、③13b〜11a、④「伊犁両満営、緑営官兵の兵器熟練状況報告」、⑤*咸豊八年二月二十一日到着、〈硃批〉「判った」。

（6）　①満文附件、②咸豊七年十二月十六日、③15b〜14b、④「十月〜十二月積雪状況」、⑤*咸豊八年二月十二日到着、〈硃批〉「判った」、**第8冊第（5）号奏摺附件。

（7）　①満文、②咸豊七年十二月二十八日、③17b〜16b、④「伊犁の回子の五品シャン・ベク補任の件」、⑤*咸豊八年二月三十日到着、〈硃批〉「擬正したタイルを任じよ」。

（8）　①漢文、②咸豊七年十月十二日、③18a〜22b、④「審明闘殺案犯、按律定擬」。

（9）　①漢文、②咸豊七年十二月二十八日、③23a〜27a、④「緑営参将員缺、謹循例

第2章　天理図書館所蔵「伊犂奏摺」について　177

揀員、擬定正陪、請旨陛署」、⑤*名単1件。

(10)　①漢文、②無年月、③28a〜34a、④「循例估調咸豊九年伊犂官兵俸餉銀両数目」、
⑤*清単1件。

(11)　①漢文、②無年月、③35a〜43a、④「督辦茶税、著有成効、擬将各城征収銀銭、
分別抵餉留款、預籌貼補夷案、并遵旨酌擬章程」。

(12)　①漢文、②咸豊七年十二月二十八日、③44a〜62b、④「伊犂境内出産茶觔、按
照奏定章程、減成征税、并付征土産薬材觔、并茶税一体稽查、謹将本年抽分数目
及辦理情形恭摺」、⑤*附件1件、清単1件（章程十条）。

(13)　①漢文、②咸豊七年十一月二十六日、③63a〜70b、④「接奉部文、謹恭摺覆奏
（回疆の反乱鎮圧のための義損の麺觔〈第5冊第(10)号奏摺参照〉の評価額報告)」、
⑤*附件1件、**咸豊八年二月一日到着、〈硃批〉「另有旨」、***〈註記〉「並無諭
旨一道」。

(以上70丁)

〔第9冊〕

(1)　①漢文、②咸豊八年三月十九日、③1a〜11a、④「接拠哦夷来文、謹将杏復籌
辦縁由恭摺」、⑤*附件1件。

(2)　①漢文、②咸豊八年三月十九日、③12a〜15b、④「緑営預借採買銀両、仍擬以
倉糧折抵、分月扣銀帰欵（款？)」。

(3)　①満文、②咸豊八年三月十九日、③18b〜16b、④「伊犂満営の協領等補任の件」、
⑤*同年五月八日到着、〈硃批〉「旨降す」。

(4)　①漢文附件、②無年月、③19a〜20b、④「官人の留新疆任用に関する件」。

(5)　①漢文、②咸豊八年二月二十八日、③21a〜25b、④「查辦南路伯克罪名、固係
按律定擬、似応因地制、宜厳究其構衅之由、署寛其避賊之咎、以彌後患而遏乱萌」。

(6)　①満文、②無年月、③27a〜26a、④「協領引見の件」、⑤*(咸豊八) 年四月二
十八日到着、〈硃批〉「判った」。

(7)　①満文、②咸豊八年二月二十八日、③29b〜28a、④「伊犂満営の佐領等補任の
件」、⑤*同年四月二十八日到着、〈硃批〉「旨降す」。

(8)　①満文、②咸豊八年二月二十八日、③33b〜30a、④「『満漢合璧大学衍義』下
賜への謝恩その他」。

(9)　①漢文、②咸豊八年二月五日、③34a〜42b、④「審明搶奪殺人案犯、按例定擬」。

178 第2部 19世紀以降における清朝文書制度の展開

（10） ①漢文、②咸豊八年二月五日、③43a〜49a、④「審明擅殺案犯、按律定擬」。

（11） ①満文、②咸豊八年二月五日、③51b〜49b、④「バヤンダイ城の佐領等補任の件」、⑤*同年四月七日到着、〈硃批〉「旨降す」。

（12） ①満文、②咸豊八年二月五日、③53b〜52a、④「『福』の字等下賜に対する謝恩」、⑤*同年四月七日到着、〈硃批〉「判った」。

（13） ①漢文、②咸豊八年一月十八日、③54a〜57b、④「拠情代奏叩謝天恩（河南南陽鎮総兵を革められ伊犂に送られていた柏山がムスリムの反乱の鎮圧に功績があったとして帰還が認められたことに対する謝恩をかれに代ってジャラフンタイが上奏）」。

（14） ①漢文、②咸豊八年一月十八日、③58a〜65b、④「審明行竊拒捕殺人賊犯、按例定擬」。

（15） ①漢文、②咸豊八年一月十八日、③66a〜69b、④「追繳庫欠及撥完商民借項、内有贏餘銀、価銭文另款彙存、一并搭抵兵餉」。

（16） ①満文、②咸豊八年一月十八日、③71b〜70a、④「鑲黄旗佐領イェンデブ Yendebu を病気のため職からはずす」、⑤*同年三月二十日到着、〈硃批〉「奏したとおりせよ」。

（17） ①満文、②咸豊七年一月（日付なし）、③74b〜72a、④「伊犂満営の佐領等補任の件」、⑤*同年三月二十日到着、〈硃批〉「旨降す」。

（以上74丁）

〔第10冊〕

（1） ①漢文、②咸豊八年五月二十日、③1a〜9b、④「続接俄夷来咨、察其詞意、尚未顕肆要求、計惟隠面控馭、寓圓通於鎮静、以彌夷衅而固辺防、現擬籌辦縁由」。

（2） ①満文、②咸豊八年五月四日、③11b〜10a、④「春期卡倫・駅站巡察報告」、⑤*同年七月七日到着、〈硃批〉「判った」。

（3） ①漢文、②咸豊八年四月二十六日、③12a〜15b、④「遵旨筋査案内、応訊各員往返咨、査供詞不符、請旨撤任、質訊以成信讞」。

（4） ①漢文、②咸豊八年四月二十六日、③16a〜19a、④「揀員陞署緑営遊撃擬定正陪」、⑤*附件1件。

（5） ①漢文、②咸豊八年四月二十六日、③20a〜31a、④「創徴各項税務出力人員、遵旨択尤酌保、籲懇天恩、優予鼓励、以昭激勧而策将来」、⑤*清単1件、附件1

第2章　天理図書館所蔵「伊犁奏摺」について　179

件。

（ 6 ）　①満文、②咸豊八年五月四日、③34b〜32a、④「伊犁満管の佐領等補任の件」、
　　　　⑤*同年七月七日到着、〈硃批〉「旨降す」。

（ 7 ）　①満文、②咸豊八年四月二十日、③35b〜34a、④「伊犁満営の佐領等補任の件」、
　　　　⑤*同年七月二日到着、〈硃批〉「旨降す」。

（ 8 ）　①満文、②咸豊八年四月二十日、③40b〜36a、④「御料馬の北京輸送の件」、
　　　　⑤*清単（満文）1 件（馬の特徴）。

（ 9 ）　①漢文、②咸豊七年四月八日、③41a〜49b、④「葉爾羌添派伊犁満営換防兵丁、
　　　　請仍由烏魯木齊改撥以符旧制、而重辺防」、⑤*附件 1 件（義捐の白麵〈第 5 冊
　　　　第(10)号奏摺、第 8 冊第(13)号奏摺参照〉の運送に関与したベクらへの慰労の件）。

（10）　①満文、②咸豊八年四月八日、③51b〜50a、④「伊犁オールド営の佐領等補任
　　　　の件」、⑤*同年六月八日到着、〈硃批〉「旨降す」。

（11）　①満文、②咸豊八年四月八日、③54b〜52b、④「軍需品等供給、賞賜の件」、
　　　　⑤*同年六月八日到着、〈硃批〉「請うたとおりせよ」。

（12）　①満文、②咸豊八年三月二十五日、③57b〜55a、④「御料馬の北京輸送の件」、
　　　　⑤*清単（満文）1 件（馬の特徴）。

（13）　①満文、②（露暦）1858年 3 月27日（このあとに「咸豊八年三月十九日」と日
　　　　付があるがこれは伊犁で受取った日であろうか）、③63b〜58a、④ロシア・西シ
　　　　ベリア総督府より伊犁将軍営務処宛書簡、「先のタルバガタイのロシア商館焼打
　　　　ち事件にともない冷却化した露清関係復旧のため、タルバガタイにて交渉をもと
　　　　うというロシア側の申入れ」。

（14）　①満文、②咸豊八年三月（日付欠）、③76b〜64a、④伊犁将軍営務処よりロシ
　　　　ア西シベリア総督府宛書簡、第10冊第(13)号書簡の返書、「タルバガタイの事件
　　　　に関して理藩院よりロシア元老院сенатに対して送った文書の返事がこないうち
　　　　にロシア代表агентを遣し、交渉再開を図ってきたことに対する不満」。

　　　　　　　　　　　　　　　　　　　　　　　　　　　　　　　　　　（以上76丁）

〔第11冊〕（表紙に「満漢摺具」〈中島竦とは異筆〉とあり）

（ 1 ）　①漢文附件、②無年月、③2a〜b、④「伊犁理事同知署理の件」、2a〜bは錯簡
　　　　にして、第12冊第(9)号奏摺34bと35aの間に入る。

（ 2 ）　①満文、②咸豊八年六月十一日、③4b〜3a、④「伊犁シベ営の佐領等補任の件」、

180 第2部 19世紀以降における清朝文書制度の展開

⑤*同年八月十三日到着、〈硃批〉「旨降す」。

（3） ①満文、②咸豊八年五月二十日、③7b〜5b、④「回子に対する種子貸出の件」、
　　　⑤*同年七月二十一日到着、〈硃批〉「請うたとおりせよ」。

（4） ①満文、②咸豊八年五月二十日、③9b〜8a、④「チャハル、オールド営牧牛調
　　　査に関する件」、⑤*同年七月二十一日到着、〈硃批〉「判った」。

（5） ①満文、②（露暦）1858年5月10日、③14b〜10b（第11冊第（6）号書簡20b〜a
　　　が14bの前に入る）、④ロシア・西シベリア総督府より伊犁将軍営務処宛書簡、第
　　　10冊第（14）号書簡の返書、「西シベリア総督府が代表をタルバガタイに遣すのは
　　　ロシア元老院の命令によるもので、おそらく元老院より理藩院に返書が送られて
　　　いるはずだとし、交渉再開を求める」。

（6） ①満文、②咸豊八年五月十一日、③27b〜15b（20b〜aは第11冊第（5）号書簡の
　　　錯簡）、④伊犁将軍営務処より西シベリア総督府宛書簡、第11冊第（5）号書簡の
　　　返書、「ロシア元老院が理藩院に返書を送ったのであれば、理藩院の連絡が来た
　　　のち処理するのが正道としながらも、基本的にタルバガタイにおける交渉を受諾」。

（以上27丁）

〔第12冊〕（中島による「第11冊下」）

（1） ①漢文、②無年月、③1a〜11b、④「審明差役捕賊致斃人命案犯、按律定擬」、
　　　⑤*最後の1葉欠。

（2） ①漢文、②無年月、③12a〜b、④「クルジャ庫員人事の件」、⑤*前欠、（11b
　　　と12aの間は1葉落丁か）。

（3） ①満文、②咸豊八年六月二十七日、③14b〜13b、④「伊犁属下地方穀物成長状
　　　況報告」。

（4） ①漢文、②咸豊八年六月十一日、③15a〜b、③24a〜26b（錯簡）、④「倉員留
　　　任期満、援案保奏、循例揀員調補、並所遣員缺、請旨補放」。

（5） ①満文、②咸豊八年六月二十七日、③18b〜16b、④「伊犁オールド営官人に対
　　　する弾劾」。

（6） ①漢文附件、②咸豊八年六月二十七日、③19a〜20b、④「伊犁恵遠城糧員職務
　　　引き継ぎの件」。

（7） ①満文附件、②無年月、③23b〜21a、④「チャハル、オールドの牧畜状況及び
　　　ブルート辺境情況報告」、⑤*第11冊第（4）号奏摺の報告。

第2章　天理図書館所蔵「伊犂奏摺」について　181

（8）　①満文、②（露暦）1858年6月23日、③30b〜27a、④ロシア・西シベリア総督
　　　府より伊犂将軍営務処宛書簡、第11冊第（6）号書簡の返書、「ロシア代表が六月
　　　十五日に国境卡倫に到着するので清朝側の指示を求める」。

（9）　①漢文、②咸豊八年六月十一日、③31a〜35b、④「俄夷遺官赴塔、拠咨業已起
　　　程、謹将派員前往会議、及籌辦縁由恭摺」、（34bと35aの間に、第11冊1a〜bが入
　　　る）。

　　　　　　　　　　　　　　　　　　　　　　　　　　　　　　　（以上35丁）

〔第13冊〕

（1）　①満文、②咸豊八年八月二十四日、③5b〜1a、④「咸豊七年回疆の変乱に出動
　　　したトルグート、ホシュートの各指納銀額の訂正を求める件」。

（2）　①漢文、②咸豊八年八月二十四日、③6a〜12a、④「循例揀員、升署都司・守
　　　備擬定正陪、請旨補放」、⑤*履歴清単1件、**附件1件。

（3）　①漢文、②咸豊八年八月二十四日、③13a〜26a、④「同知辺俸期満、遺缺分別
　　　揀調升署、並請旨補放人員」、⑤*附件1件（タルバガタイのロシア商館焼打事
　　　件の回復とそれに伴う清・露通商関係に関する議定の件）、**議定書1件。

（4）　①漢文、②咸豊八年八月十八日、③27a〜36a、④「完結夷案業有成議、本年応
　　　変茶触、将次給清、該酋阿賚特擬侯塔城事竣、取道来伊、辦理夷圏通商事宜、近
　　　日続議及籌辦縁由」、⑤*附件1件。

（5）　①漢文、②咸豊八年八月十八日、③37a〜47a、④「伯克弁兵廃遺人等、運送軍
　　　糧始終出力、遵旨酌尤酌奨薫励将来」、⑤*清単2件、附件1件。

（6）　①漢文、②咸豊八年八月十八日、③48a〜62b、④「査明喀城銅廠啓衅（釁）根
　　　由、已於善後案内另籌妥辦、謹将事前奉委査勘、不寔之員弁以及失察疎防之大臣・
　　　伯克等、拠寔分別参辦、以警泄玩而粛官方恭摺」。

（7）　①満文、②咸豊八年八月一日、③64b〜63a、④「伊犂ソロン営の佐領導補任の
　　　件」、⑤*同年九月二十八日到着、〈硃批〉「旨降す」。

（8）　①満文、②咸豊八年八月一日、③67b〜65a、④「主事ボトホンゴ昇任に伴う処
　　　置」、⑤*同年九月二十八日到着、〈硃批〉「請うたとおりせよ」。

（9）　①漢文、②咸豊八年八月一日、③68a〜74b、④「回疆善後辦理将近完竣、謹将
　　　前議未尽事宜恭摺」。

（10）　①漢文、②咸豊八年八月一日、③75a〜82b、④「接奉廷寄、当即恭録知会、塔

182 第2部 19世紀以降における清朝文書制度の展開

城欽遵辦理、現在会議夷案業就有緒、謹将大概情形先行恭摺」。

（11）①漢文、②咸豊八年七月十六日、③83a〜93a、④「続収報効銭文抵充兵餉、仍按奏定章程、分別已奨未奨開単、請旨鼓励」、⑤*清単3件。

（12）①満文、②咸豊八年七月十六日、③94b〜93b、④「秋季カザフ地方巡察及び公課徴収の件」、⑤*同年九月十八日到着、〈硃批〉「判った」。

（13）①満文、②咸豊八年七月十六日、③98b〜95b、④「回子よりの穀物徴収の件およびそれに活躍したベクへの賞賜に関する件」、⑤*同年九月十八日到着、〈硃批〉「請うたとおりせよ」。

（14）①満文、②咸豊八年七月六日、③100b〜99b、④「伊犂オールド営の驍騎校補任の件」、⑤*同年九月十八日到着、〈硃批〉「旨降す」。

(以上100丁)

〔第14冊〕

（1）①漢文、②無年月、③1a〜7b、④「査明被災地畝、請将本年応徴銭糧、籲懇天恩分別蠲免、以紓民力恭摺」、⑤*附件1件（タルバガタイ交渉のロシア側代表帰国状況）。

（2）①満文、②無年月、③10b〜8a、④「ブルートの章京世襲の件」、⑤*同年十二月二十八日到着、〈硃批〉「旨降す」。

（3）①満文、②咸豊八年十月二十五日、③17b〜11a、④「回子らの織布賞賜に対する叩謝の代奏（第13冊第(13)号奏摺参照）、⑤*同年十二月二十八日到着、〈硃批〉「判った」、**附件（満文）2件（①粟のかわりに小麦を代納したい旨の回子らの嘆願、〈硃批〉「請うたとおりせよ」、②秋季卡倫・駅站巡察報告、〈硃批〉「旨降す」)。

（4）①満文、②咸豊八年十月二十五日、③19b〜18a、④「伊犂バヤンダイ城防禦等官人補任の件」、⑤*同年十二月二十八日到着、〈硃批〉「旨降す」。

（5）①漢文、②咸豊八年十月九日、③20a〜25b、④「審明闘殺案犯、按律定擬」。

（6）①満文、②咸豊八年十月九日、③28b〜26a、④「規定以上の穀物を納めた緑旗兵の賞賜に関する件」、⑤*同年十二月十五日到着、〈硃批〉「請うたとおりせよ」。

（7）①漢文、②無年月、③29a〜41b、④「瀝陳需餉緊急情形、請旨飭催迅籌撥解以資接済、而備要需」、⑤*附件2件（タルバガタイ交渉に関連）。

（8）①満文、②（露暦）1858年8月25日、③43b〜42a、④ロシア欽差代表より伊犂

将軍宛書簡、「伊犂のロシア人居住地移動の件」。

（ 9 ）　①満文、②咸豊八年九月二十九日、③48b〜44a、④伊犂将軍、伊犂参賛大臣よりロシア代表宛書簡、「第14冊第（ 8 ）号書簡に対する回答、移動地点について協力を約束」。

（10）　①満文、②（露暦）1858年 8 月19日、③51b〜49a、④ロシア欽差代表より伊犂将軍宛書簡、「ロシア代表伊犂出発通告及び護衛の件」。

（11）　①漢文、②無年月、③52a〜58b、④「接奉廷寄、欽遵辦理該酋阿廙特復議伊犂通商事宜、現已完竣起程回国」、⑤*清単 1 件（ロシア代表が伊犂将軍、伊犂参賛大臣に送った食物、織布等のリスト）。

（12）　①漢文、②咸豊八年九月二十一日、③59b〜65b、④「審明闘殺案犯、按律定擬」。

（13）　①漢文、②咸豊八年九月十二日、③66a〜69b、④「裁改軍糧局、辦理報銷事宜、責成原派各員、核寔造報」、⑤*同年十一月二十五日到着、〈硃批〉「另有旨」。

（14）　①漢文、②咸豊八年九月二十一日、③70a〜74a、④「塔城夷案完結、該酋阿廙特抵伊犂、前派会議各員均已回伊供職」、⑤*清単 1 件（ロシア側代表が伊犂将軍、伊犂参賛大臣に送った酒、魚等のリスト）、**附件 1 件。

（15）　①満文、②咸豊八年九月二十一日、③78b〜74b、④「トルグートの各品級のタイジらの子に四品タイジを授けたことに対する謝恩の代奏、⑤*本年十一月二十五日到着、〈硃批〉「判った」、**附件（満文） 1 件（伊犂の官兵の秋季狩猟行事に関する件）、同年十一月二十五日到着、〈硃批〉「判った」。

（16）　①満文、②咸豊八年九月六日、③85b〜79a、④「袋等下賜に対する謝恩（差出人 Si……〈以下不明〉)」、⑤*同年十一月七日到着、〈硃批〉「判った」、**附件（満文） 1 件（上記奏摺伝達に関するジャラフンタイの奏摺)、同年十一月七日到着、〈硃批〉「見た」、***附件（漢文） 1 件。

（17）　①満文、②咸豊八年九月六日、③88b〜85b、④「カザフ地方巡察報告」、⑤*同年十一月七日到着、〈硃批〉「判った」、**附件（漢文） 1 件（カーシュガルのコーカンド代表の様子）。

（18）　①満文、②咸豊八年九月六日、③91b〜89b、④「伊犂参賛大臣法福礼の着任及び下賜の品に対する謝恩」、⑤*同年十一月七日到着、〈硃批〉「判った」。

（19）　①満文、②咸豊八年九月六日、③93b〜92b、④「伊犂満営の驍騎校補任の件」、⑤*同年十一月七日到着、〈硃批〉「旨降す」。

（20）　①満文、②咸豊八年八月二十四日、③95b〜94a、④「伊犂恵遠城の鑲紅旗佐領

184　第2部　19世紀以降における清朝文書制度の展開

アチャブンの退任に関する件」、⑤*同年十月二十七日、〈硃批〉「奏したとおり
せよ」。

(21)　①漢文、②咸豊八年八月二十四日、③96b〜102b、④「因公獲各人員、続有軍
営労績、拠実分核功過」。

(以上102丁)

〔第15冊〕

(1)　①漢文、②咸豊八年十二月二十六日、③1a〜6b、④「審明闘殺案犯、按律定擬」。

(2)　①漢文、②無年月、③7a〜14a、④「遵照部文、提犯覆訊、謹将案情確切声叙、
請旨勅部覈定定緩、以昭詳慎而警山兇頑恭摺」。

(3)　①満文、②咸豊八年十二月二十六日、③21b〜15a、④「陞任に対する謝恩（差
出人 Jo……〈以下不明〉）、⑤*咸豊九年三月三日到着〈硃批〉「判った」、**附
件（満文）2件、（①上記奏摺伝達に関するジャラフンタイの奏摺、〈硃批〉「見
た」、②喀喇沙爾辦事大臣署理の件等、〈硃批〉「判った」、①・②とも主奏文と同
日到着）。

(4)　①漢文、②咸豊八年十二月（日付欠）、③22a〜24b、④「接奉廷寄、欽遵辦理
（茶葉輸送の件）」。

(5)　①満文、②咸豊八年十二月二十六日、③26b〜25b、④「降雪状況報告」、⑤*
咸豊九年三月三日到着、〈硃批〉「判った」。

(6)　①満文、②咸豊八年十二月十日、③29b〜27a、④「伊犂両満管、緑営官兵の兵
器熟練状況報告」、⑤*咸豊九年二月十五日到着、〈硃批〉「判った」。

(7)　①漢文、②咸豊八年十二月二十六日、③30a〜33b、④「廃員効力期満、循例奏」、
⑤*清単2件。

(8)　①満文、②咸豊八年十二月十日、③35b〜34a、④「伊犂満営の佐領等補任の件」、
⑤*咸豊九年一月十五日到着、〈硃批〉「判った」。

(9)　①漢文、②咸豊八年十二月十日、③36a〜40a、④「欽奉廷寄、並接准部文、謹
将通行遵辦縁由恭摺復奏（回疆善後策）」。

(10)　①漢文、②咸豊八年十二月十日、③41a〜42b、④「戍員十年期満、循例恭摺奏聞」。

(11)　①漢文、②咸豊八年十一月二十五日、③43a〜44a、④「遵例出考恭摺密陳（回
疆の各大臣に対する）」。

(12)　①漢文、②咸豊八年十一月二十五日、③45a〜50a、④「遵旨会同出考恭摺密陳

（伊犂の領隊大臣らに対する）」、附件 2 件。

（13）　①漢文、②咸豊八年十一月二十五日、③50a〜52b、④「廃員再員再留三年期満、循例恭摺」、⑤*清単 1 件。

（14）　①漢文、②咸豊八年十一月二十五日、③53a〜55b、④「廃員効力期満、循例具奏奏聞」、⑤*清単 1 件。

（15）　①満文、②咸豊八年十一月二十五日、③57b〜56a、④「伊犂オールド営の佐領等補任の件」、⑤*咸豊九年一月二十八日到着、〈硃批〉「旨降す」。

（16）　①漢文、②無年月、③58a〜64a、④「審明闘殺案犯、按律定擬」。

（17）　①漢文、②咸豊八年十一月十日、③65a〜74a、④「預調咸豊十年伊犂官兵俸餉銀両、仍按減成数目、循例估調」、⑤*清単 1 件、**附件 1 件。

（18）　①漢文、②咸豊八年十一月十日、③75a〜78a、④「廃員当差期満、循例恭摺」、⑤*清単 1 件。

（19）　①満文、②咸豊八年十一月十日、③83b〜78b、④「伊犂恵遠城の正藍旗佐領キャンキャンプの退任に関する件」、⑤*咸豊九年一月十四日到着、〈硃批〉「奏したとおりせよ」、**附件（満文） 2 件（①ヤールカンド等の地の卡倫・駅站に必要な馬など補充の件、②領隊大臣 ba……〈以下不明〉原職復帰の件、①・②とも主奏文と同日到着）。

（20）　①漢文、②咸豊八年十月二十五日、③84a〜90b、④「審明闘殺案犯、按律定擬」。

（以上90丁）

〔第16冊〕

（ 1 ）　①漢文、②無年月、③1a〜4b、④「接奉廷寄、恭摺復奏（茶菓輸送の件）」、⑤*第15冊第（ 4 ）号奏摺を参照。

（ 2 ）　①満文、②咸豊九年三月二十九日、③6b〜5b、④「伊犂シベ営の驍騎校補任の件」、⑤*同年五月二十九日到着、〈硃批〉「旨降す」。

（ 3 ）　①満文、②咸豊九年三月二十九日、③8b〜7a、④「春期卡倫、駅站巡察報告」、⑤*同年五月二十九日到着、〈硃批〉「判った」。

（ 4 ）　①満文、②咸豊九年三月二十九日、③11b〜9a、④「カーシュガルに換防のため官兵を出発させた件」、⑤*同年五月二十九日到着、〈硃批〉「判った」。

（ 5 ）　①満文、②咸豊九年三月二十九日、③14b〜12b、④「伊犂満営の協領等補任の件」、⑤*同年五月二十九日到着、〈硃批〉「旨降す」。

186 第2部 19世紀以降における清朝文書制度の展開

（6）　①漢文、②無年月、③15a～20b、④「協領患病限満未瘥、応請照例開缺」、⑤
　　　＊附件1件（銀不足による様々な弊害）。

（7）　①漢文、②咸豊九年三月十二日、③21a～27b、④「体察地方情形、現無応辦緊
　　　要事件、拠寔瀝陳蟻悃、循例講覲龍顔」。

（8）　①満文、②咸豊九年三月十二日、③29b～28a、④「規定以上の穀物を納めた緑
　　　旗兵の賞賜謝恩の代奏」、⑤＊同年五月十八日到着、〈硃批〉「判った」、＊＊第14冊
　　　第（6）号奏摺参照。

（9）　①漢文、②咸豊九年二月二十八日、③30a～36b、④「審明闘殺案犯、按律定擬」。

（10）　①漢文、②無年月、③37a～38b、④「成員聞揚州失守、縷晰具呈情形、謹繕摺
　　　付呈原稟」。

（11）　①漢文、②咸豊九年二月二十八日、③39a～42a、④「緑営稟請借撥口糧籽種麦
　　　石、仍擬援照成案辦理」。

（12）　①漢文、②咸豊九年一月（日付欠）、③43a～49b、④「遵照奏定章程、謹将咸
　　　豊八年分督征茶税銀銭敷目恭摺」、⑤＊附件1件。

（13）　①満文、②咸豊九年一月二十日、③51b～50a、④「伊犁満営の佐領等補任の件」、
　　　⑤＊同年三月二十五日到着、〈硃批〉「旨降す」。

（14）　①満文、②咸豊九年二月二十八日、③53b～52a、④「伊犁ソロン営の佐領等補
　　　任の件」、⑤＊同年五月三日到着、〈硃批〉「旨降す」。

（15）　①満文、②咸豊九年二月二十八日、③57b～54a、④「満期主事トゥミンブ新疆
　　　留任に関する件」、⑤＊同年五月三日到着、〈硃批〉「奏したとおりせよ」。

（16）　①漢文、②咸豊九年二月十日、③58a～61a、④「緑営守備遺缺、循例揀員題補、
　　　謹擬定正陪、伏候欽定」、⑤＊清単1件。

（17）　①満文、②咸豊九年二月十日、③63b～62a、④「伊犁オールド営の佐領等補任
　　　の件」、⑤＊同年四月十四日到着、〈硃批〉「旨降す」。

（18）　①漢文、②咸豊九年二月十日、③64a～66b、④「欽遵硃諭、査明恭摺復奏（廃
　　　員の病故を報告しなかった理由説明）」。

（19）　①満文、②咸豊九年二月十日、③68b～67a、④「『福』字等下賜に対する謝恩」、
　　　⑤＊同年二月十四日到着、〈硃批〉「判った」。

（20）　①漢文、②咸豊九年一月二十日、③69a～75b、④「審明闘殺案犯、按律定擬」。

（21）　①満文、②咸豊八年一月二十日、③77b～76a、④「伊犁のラマ僧院長上京に伴
　　　うラマ派遣の嘆願」、⑤＊同年三月二十五日到着、〈硃批〉「請うたとおり属下部

院は例に照して処理せよ」。

（22）　①漢文、②咸豊九年一月二十日、③78a〜94a、④「委員辦理夷務始終出力、遵
　　　旨核寔酌保、懇恩従優示奨、以昭激勧而策将来」、⑤*清単2件（うち1件は附
　　　件②に付属）、**附件2件（①タルバガタイ交渉で活躍した廃員赦免嘆願、②タ
　　　ルバガタイ交渉に活躍した委員とその名簿）。

（以上94丁）

〔第17冊〕

（1）　①漢文、②咸豊九年八月八日、③1a〜11b、④「体察辺兵極形窘迫、現擬預籌
　　　調剤、以安人心」。

（2）　①漢文、②咸豊九年十二月二十二日、③12a〜16b、④「実情叵測、拠実奏聞」、
　　　⑤*附件1件。

（3）　①漢文、②咸豊九年十二月二十一日、③17b〜29b、④「探悉夷情、計乗敵釁擬
　　　酌施餌餂之略、並預防水陸之交」。

（4）　①漢文、②咸豊九年十二月二十八日、③30a〜43b、④「会同酌議、按畝征収罌
　　　粟税銭、謹擬数條恭摺縷陳」、⑤*附件1件。

（5）　①漢文、②咸豊九年八月八日、③44a〜55b、④「南路換防不敷兵額、現擬通融
　　　籌辦、請旨通飭各城、遵照部臣原議、就近募補以節糜費而重辺防」。

（6）　①漢文、②咸豊九年七月十九日、③56a〜70b、④「直陳中外之大蠹害、政傷財
　　　属禁徒滋積弊、敬籌補救之急務、斟今酌古、旧例以可酌行集議、不厭精詳辦理、
　　　総宜核寔、以粛法令裕度支」。

（7）　①漢文、②咸豊九年六月二十九日、③71a〜79b、④「辺疆重任分、応恪供職守、
　　　擬請酌照各省司道等員告病之例、厳定捏飾瞻狥各処分、請旨通飭各城、恪遵辦理、
　　　以社規避而粛官方」。

（8）　①漢文、②咸豊九年六月二十九日、③80a〜83b、④「奉温諭、叩謝天恩」。

（9）　①漢文、②咸豊九年六月十三日、③84a〜89a、④「廃員戍限三年期満、循例恭
　　　摺」、⑤*清単1件、**附件2件。

（10）　①漢文、②咸豊九年六月十三日、③90a〜94b、④「撫民同知俸満開鈌、循例揀
　　　員調署、所遣理事同知先行委員署理」。

（11）　①漢文附件、②咸豊九年六月一日、③95a〜97b、（廃員春霖戍限減免の件）。

（以上97丁）

188　第2部　19世紀以降における清朝文書制度の展開

〔第18冊〕

（1）　①漢文、②咸豊十年一月十八日、③1a〜8b、④「遵照定章程、謹将咸豊九年分
　　　　督征税茶（茶税？）銀銭数目恭摺」、⑤*附件1件。

（2）　①漢文、②咸豊十年一月十八日、③9a〜15b、④「委員査訪葉爾羌銅廠事宜」、
　　　　⑤*第18冊第（9）号奏摺と同じ。

（3）　①漢文、②無年月、③16a〜24a、④「縷陳葉爾羌回莊抄産一案、委員査訪大概
　　　　情形、先将上年承辦各員拠実参奏、請旨一併解任、聴候提訊、並分別派員、暫署
　　　　遺缺、以憑澈底清査」、⑤*同年三月二十日到着、〈硃批〉「另有旨」。

（4）　①漢文、②無年月、③25a〜28b、④「感深没歯披瀝微忱恭摺、叩謝天恩」。

（5）　①漢文、②咸豊十年六月十二日、③29a〜32b、④「将軍因病出缺、請旨迅賜簡
　　　　放（差出人景廉）」。

（6）　①漢文、②咸豊十年一月十三日、③33a〜38b、④「各営員弁瀝陳兵餉久竭、辺
　　　　疆急迫情形」。

（7）　①漢文稟報、②咸豊十年三月十三日？（第18冊第（8）号奏摺の日付か）、③39b
　　　　〜43b、④「各営官兵生計窘蹙已極、辺徼重地操巡掣肘、在堪虞、瀝請^{総統将軍}_{参賛大臣}亟
　　　　壽匋救、以援燃眉而紓全局事」。

（8）　①漢文、②無年月、③44a〜51b、④「減成辺餉積欠過多、瀝陳現在窘迫情形、
　　　　請旨勅部厳催各省協餉、迅速撥解、並飭甘省、先将缺項銀両、剋期帯運掃数帰款、
　　　　以蘇兵困而安人心」、⑤*（下欠）。

（9）　①漢文、②咸豊十年一月十八日、③52a〜58b、④「委員査訪葉爾羌銅廠事宜」、
　　　　⑤*第18冊第（2）号奏摺と同じ。

（10）　①満文、②咸豊十年一月十八日、③61b〜59a、④「ラマ補任の件」⑤*59b〜a
　　　　は錯簡、61bの前に入る、**同年三月二十日到着、〈硃批〉「議したとおりせよ」。

（11）　①満文、②咸豊十年閏三月十三日、③63b〜62a、④「伊犂チャハル営総督ハダ
　　　　らの退任に関する件」。

（12）　①満文、②咸豊十年閏三月八日、③67b〜64b、④「御料馬北京輸送の件」、⑤
　　　　*清単（満文）1件（馬の特徴）。

（13）　①満文、②咸豊十年三月十九日、③73b〜68a、④「転任謝恩の件（差出人 *To*……
　　　　〈トクトナイ〉）」、⑤*同年四月二十一日到着、**附件（満文）1件（上記奏摺伝
　　　　達に関するジャラフンタイの奏摺、〈硃批〉「判った」、〔主奏文と同日到着〕）。

第2章　天理図書館所蔵「伊犂奏摺」について　189

(14)　①満文、②咸豊十年三月十九日、③75b〜74a、④「伊犂チャハル営の佐領等補任の件」、⑤*同年四月二十一日到着、〈硃批〉「旨降す」。

(15)　①満文、②咸豊十年二月二十八日、③78b〜76b、④「トルグート協理台吉補任の件」、⑤*同年四月五日到着、〈硃批〉「旨降す」。

(16)　①満文、②咸豊十年二月二十八日、③80b〜79a、④「伊犂ソロン営の佐領導補任の件」、⑤*同年四月五日到着、〈硃批〉「旨降す」。

(17)　①満文、②咸豊十年二月八日、③82b〜81b、④「伊犂オールド営の驍騎校の補任の件」、⑤*同年閏三月十三日到着、〈硃批〉「旨降す」。

(18)　①満文、②咸豊十年二月八日、③85b〜83b、④「伊犂ソロン営の総督等補任の件」、⑤*同年閏三月十三日到着、〈硃批〉「旨降す」。

(19)　①満文、②咸豊十年一月十八日、③89b〜86b、④「陞任に対する謝恩（差出人 *Si*……〈シラナ〉）」、⑤*同年三月二十日到着、〈硃批〉「判った」。

(20)　①満文、②咸豊十年二月八日、③92b〜90b、④「『福』字等下賜に対する謝恩」、⑤*同年閏三月十三日到着、〈硃批〉「判った」。

(以上92丁)

第3章　天理図書館蔵、グキン（固慶）の奏摺について
——とくに科布多参賛大臣時代の奏摺を中心として——

は じ め に

　天理図書館には、すでに触れたとおり、15件の清代檔冊の抄本が所蔵されている[1]。筆者は、河内良弘同大学元教授の援助のもと、これら檔冊の調査を実施し、その一部「伊犁奏摺稿檔」「伊犁奏摺」とそれぞれ表題された2件の檔冊について検討を加えた[2]。これら2件は、その表題からも理解できるように、清朝の「新疆」支配の中心であった伊犁将軍の奏摺等を収めたものである。これらの檔冊の性格ならびに特徴については、すでに述べたとおりであるが、「新疆」以外の「辺疆」地方における文書資料の諸相、とくに19世紀以降のそれについては、いままで充分な検討が加えられてきたとはいえない。

　天理図書館所蔵の清代抄写檔冊群には「wesimbure bukdari jise」という満洲語の題簽が付された4冊からなる檔冊が含まれている[3]。本檔冊は、吉林将軍をつとめたグキン（Gūking、固慶）の、19世紀前半から中葉、すなわち道光から咸豊年間にかけての満・漢文の奏摺をまとめたもので、そのなかには、かれが吉林将軍の前につとめた科布多参賛大臣時代のものも収められている。清代のホブドの姿は、史料的な制約からかならずしもあきらかではないが、本檔冊所収の奏摺は、のちに述べるように、ホブド地方における清朝官兵の生活の一断面をあきらかにする貴重な記録である。

　本章は、この「wesimbure bukdari jise（奏摺稿）」、とくにそのなかでもグキンが科布多参賛大臣をつとめていた時代に作成した文書資料を中心として、当該地域における文書資料の特徴、ならびに19世紀中葉のハルハ王公と清朝による「支配」に係る問題について検討を加えようとするものである。

第 1 節 「wesimbure bukdari jise（奏摺稿）」

「wesimbure bukdari jise（奏摺稿）」（以下「奏摺稿」）の体裁は以下のようである。寸法は縦23.1cm×横12.5cm、満文を意識して左綴じで表紙の右上には題簽が貼付されている。題簽には満文で「wesimbure bukudari jise」とある。4 冊のうち 2 冊は題簽の破損が激しいが、残り 2 冊の題簽にはこの表題の左下に小さく「uju debtelin」（巻一）とある。「巻一」が 2 冊あるのは不思議であるが、元来一冊であったものを 2 巻に分けたものなのか、その理由は不明である。そして、この「uju debtelin」の下にまた小さく漢数字で「一」、「二」……と冊次が記されている。この記入はのちに付されたもののようであるが、その基準もまた不明である。「一」から「三」までは、奏摺の日付順に記されているようであるが、日付順ならば「四」は本来「一」の前に入るはずである。「四」に含まれる奏摺は、漢文奏摺以外は多く日付を欠いており、ここに誤解がみられたのかもしれない。

本文は、満・漢文とも半葉 8 行に抄写されている。また、本檔冊は、各冊の巻頭に捺された蔵書印からみて、中島竦（玉振道人）の旧蔵に係り、さきに紹介した「伊犁奏摺稿檔」、「伊犁奏摺」などとおなじグループに属するものである。ちなみに、本檔冊の各冊には天理図書館の整理の印で「昭和三十六年七月二十日」という日付が捺されているが、これは「登録」の日付であり、実際の収蔵はそれより以前のことのようである[4]。

そして、「奏摺稿」所収のほとんどの檔案には、北京奉到の日付、皇帝の硃批が記されている。本檔冊所収の檔案は附件を含めて全61件で、うち44件が満文檔案、17件が漢文檔案である。また、前章で紹介した「伊犁奏摺稿檔」では、「請安摺[5]」が全檔案の約30パーセントを占めていたが、本檔冊では、わずか 1 件（第 3 冊第（1）号檔案）が収められるのみである。

グキン（Gūking、固慶）は、「実録」ならびに台北・国立故宮博物院図書文献処所蔵「清国史館伝包」によれば、正黄旗満洲の人。道光八年（1828）の挙人

192 第2部 19世紀以降における清朝文書制度の展開

で、刑部の員外郎を経て、道光十七年（1837）十月哈密総辦大臣に任じられた。
以後、同十八年十一月に科布多参賛大臣、道光二十二年十一月召せられて、道
光二十三年五月に杭州副都統に調せられ、道光三十年五月に吉林将軍に任じら
れた。そして、咸豊三年一月に吉林将軍を革せられ、咸豊六年（1856）十月庫
車辦事大臣に任じられたが、同年十二月に調せられ、あらためて咸豊八年
（1858）喀什噶爾参賛大臣に任じられた。しかし、翌年七月、病気により職を
解かれている。

　本檔冊に含まれる檔案は、第4冊前半部分、第（1）号檔案から第（10）号檔案
までが基本的にグキンがコムル（哈密）在任（哈密総辦大臣）の時代、同第（11）
号檔案から第2冊の最後までの37件（附件を含む……以下同じ）がホブド（科布
多参賛大臣）時代、そして、第3冊に収められた14件が、吉林将軍をつとめて
いた時代のものである。すなわち、本檔冊には、グキンがもっとも長く担当し
た杭州副都統時代の檔案は収められておらず、収録檔案は、いずれもかれが
「辺疆」に勤務した時期に限られている。また、これら檔案は「辺疆」在任時
期すべてを網羅するものではなく、かなりの欠落がみられることも事実である。
これが原檔案の元来の欠落によるものか、また抄写の段階で選択されたものか、
また抄写がおわったのちに欠落したものなのかは判断できない。ただ、第3冊
の表紙裏に「咸豊元年」という付箋がみられることから、本檔冊が、元来は各
年単位に抄写・整理されていた可能性もある。

　そして、なによりも注意すべきことは、本檔冊では、ホブド、吉林という異
なる官署におけるグキンの奏摺が記録されている点である。これは、本檔冊が、
それら官署に保存されていた行・来文檔冊等ではなく、個人あるいは別の官署
の記録から抄写されたものではないかということを推察させるひとつの根拠と
もいえよう。

　　　　第2節　ホブドにおける清朝の「支配」とその実態

　「奏摺稿」のなかで、興味深いものにグキンが科布多参賛大臣在任中に出さ

れた檔案と、吉林将軍在職中の双城堡関係の檔案がある。後者については別稿においてすでに検討を加えた[6]のでそれにゆずり、グキンのホブド時代、すなわち道光十九年（1839）から同二十二年（これは奇しくもアヘン戦争の時期と重なる）の檔案を中心に、当時のホブドにおける清朝の支配の一端について触れることにする。

　道光十八年十二月十六日、グキンはコムル（哈密）において、同年十一月二十四日付の上諭を受け取った。それは「副都統の等級で科布多参賛大臣となす」というものであった。グキンはそれまで「頭等侍衛級の哈密総辦大臣」であったから、これは昇格の上の転任命令であった（第4冊第（6）号檔案）。グキンはコムルでの残務処理を終わらせ、道光十九年五月十九日に同地を出発して翌月十七日にホブドに到着した。ホブドに到着したグキンは、委主事のエルギイェンボー Elgiyemboo より、参賛大臣の関防、令箭、奏事匣を受領した（第4冊第（8）号檔案）。

　科布多参賛大臣の職掌については、岡洋樹が紹介・検討した乾隆四十五年（1780）十一月の「将軍・参賛大臣・盟長・副将軍辦理事務章程」のなかに次のようにある。

　　一、烏里雅蘇台将軍・参賛大臣は、最近降された諭旨に遵い、辺疆に関する諸事務・駅站・卡倫等の事務を管轄・処理する外、ハルハの西北辺界はドルベト、ミンガト、ザハチン、トルグート、ホシュート、オオルト、タグナ、アルタイ、アルタン・ノールのオオルト等のウリヤンハイ等のノタクに界を接するのであり、科布多参賛大臣はとくに北側のトルグート、ホシュート、ドルベト等を管轄する。（中略）もしかれら（4アイマクの盟長）がノタクの事務に従わぬといって同意せず、妄りに言い訳することあらば、将軍、参賛大臣は直ちに真実によって弾劾上奏し、厳しく罰するべし[7]。

　すなわち、科布多参賛大臣は、トルグート、ホシュート、ドルベト等を管轄し、盟長に対する弾劾権を有する官であった。しかし、その実際の事務処理についてはいままでまったく不明であった。

　ホブドにおいてグキンがまず処理した問題は、ホブド所属地方のラマがフレー

194 第2部 19世紀以降における清朝文書制度の展開

(Kuren、庫倫) の地のジェブツンダンバ・ホトクトに叩頭したいと要請してきたことに対する措置であった。ミンガトの総管ナスンのところから、「われらが旗のチョルジ・ラマ・ザンバら一団のラマ21名が、フレーのジェブツンダンバ・ホトクトに叩頭しに行きたいと求めている」と書を呈してきた。グキンは、定例にしたがい、一方で上奏するほか、一方で路上必要な「temugetu bithe 執照」の発給を行い、併せて叩頭が終わったのを確認して、そのまま帰還させるよう、フレー駐在の大臣らに連絡をとった (第4冊第(12)号檔案)。すなわち、科布多参賛大臣の職掌のひとつとして、所蔵のモンゴル人がジェブツンダンバ・ホトクトに会いに行く際、その管理・執照の発給、イフ・フレーでの監視依頼の業務があったことがわかる。

同様な檔案はあと2件みられ (第1冊第(11)号檔案、同第(12)号檔案)、第(11)号檔案では、オールド旗の驍騎校等27名がジェブツンダンバ・ホトクトのもとに、またジャハチン旗のラマ等14名がチベットのアルタン・ジョーに参詣しに行きたいという要請があり、さきのミンガトのラマの例のとおり処理している。また第(12)号檔案は、ミンガト旗の佐領等44名が、フレーのジェブツンダンバ・ホトクトのもとに行きたいむねの要請で、これもさきにならい処理している。すなわち、科布多参賛大臣は、このようなかたちで、所轄のモンゴル人のジェブツンダンバ・ホトクトとの関係を監視し、しかも、チベット方面の巡礼にも大きな影響力を有していたのである。

ホブドは、地理的にもきびしい自然環境のなかにおかれ、換防兵による屯田を基礎とする駐防体制であったため清朝軍の駐留もきわめて困難であった。夏のあいだの僅かな時期しか期待できない農耕も、雨が少ないこの地域では灌漑に頼らざるをえず、とくに換防兵交代期の農地は、なれない兵に委ねられることもあって問題となっていた。グキンは、換防する兵160名のうち60名はホブドに留める必要があると求めている (第4冊第(13)号檔案)。道光二十年十一月二十七日付の奏摺では、ホブド地方の収穫状況として、小麦、大麦、青裸の3種の穀の総収穫高は、4,670石70斗5升であり、そのうち良いものは種子として700石を翌年用に収蔵させ、その餘はすべてホブドの城倉に収めた (第1冊第

第3章　天理図書館蔵、グキン(固慶)の奏摺について　195

（5）号檔案）。種子とした700石は、翌年雪が融けた時期をみて、三月十二日から種蒔きを開始し、四月十三日にその作業がおわった（第2冊第（8）号檔案）。しかし、これら屯田の収穫のみではホブド地方の糧食をまかなうことができず、道光十九年では、古城等の地から麺（小麦粉）33,000餘斤、米37石4斗を購買する必要があった。そのうえ、その輸送に必要な官廠駝（駱駝）100頭の借用を中央に要求している（第4冊第(15)号檔案）。

　また、これら糧食方面以外においてもホブドの官兵の生活は厳しいものがあった。物価の上昇である。グキンは、道光二十年十一月二十七日付の奏摺のなかで「近年以来、均係買用価値較前貴増数倍」と述べ、辺疆でとくに冬季において、物資輸送の困難なホブドの経済事情がきわめて悪化していることを報告した。かれは、そこで、おなじような条件のウリヤスタイでは、特別に冬季に「柴薪銀」が准されていることを指摘し、兵士毎に月銀1両の「柴薪銀」を支給（全てで260餘名分）して欲しいと要請している（第1冊第（6）号檔案）。

　さて、科布多参賛大臣と烏里雅蘇台将軍は、毎年春・秋の2回、それぞれ所属の各地方にある卡倫、駅站、また遊牧地域などに対して、巡察を行う義務があった。しかし、この巡察はまわりのモンゴル人にとって大きな負担でもあった。巡察に必要な駱駝、馬などが、駅站や卡倫などではもとより不足しており、これらは所属のハルハ、ドルベト、アルタイ、ウリャンハイ等の旗から準備させなければならなかったのである。それゆえ、グキンはこれら巡察に必要な乗用の馬、駱駝を、官廠にて放牧のものから手配して、卡倫、駅站等に準備して欲しい旨要求している（第1冊第(13)号檔案）。このような要請を行った直後、道光二十二年四月朔日に烏里雅蘇台将軍イシャン（I Siyang、奕湘）がみずから巡察に出発した。烏里雅蘇台将軍と科布多参賛大臣の2人が自身で巡察に行けば、モンゴル人たちの負担がきわめて大きくなるため、この春、グキンは別に官人を出して巡察させることにした（第2冊第（3）号檔案）。グキンの派遣した官人たちの巡察の報告は六月八月にそれぞれ中央になされた（第2冊第（7）号檔案、同(9)号檔案）が、ともに異常はみられず、すべて問題ないというものであった。

196　第2部　19世紀以降における清朝文書制度の展開

第3節　科布多参賛大臣とモンゴル王公

　グキンの言葉にもみられるように、烏里雅蘇台将軍と科布多参賛大臣による、各々年2回（すなわち計4回）の巡察にかかわる負担は、ハルハ等モンゴル各旗にとって重大なものであった。しかし、これら不満をもつ各旗のジャサクたちに対する清朝の官人の掌握力はどのようなものであったのであろうか。

　岡洋樹は、乾隆四十五年（1760）の「将軍・参賛大臣・盟長・副将軍辦理事務章程」の意義について、

> 　この「章程」は、定辺左副将軍・参賛大臣及び副将軍の職務をハルハに関する限り軍務に限定して、本来の軍務官僚に戻し、盟長は軍務以外の盟内の諸案件を処理するが理藩院管轄とし、さらに複数の盟が会して行う盟会を理藩院の許可制として、ハルハ王公の自主的な意志統一をチェックせんとしたのである。

と論じている[8]。

　章程成立の約八十年後、ホブド地方では、この「軍務官僚」参賛大臣がどのようにハルハの王公を掌握していったのか、またかれらにどのような拘束力を有していたのか、トルグートの王公に関する事件を一例として検討することにしたい。

　道光二十年、トルグートの正盟長ツェリンドルジが病死し[9]、あらたな盟長の選出の問題が生じてきた。グキンは、副盟長の郡王ドノロブドルジを推薦し、翌年、上旨を得て、かれはトルグートの正盟長、ジャサクとして認められた。ドノロブドルジはホブドにいたり、グキンに対して、謝恩を代奏して欲しいと依頼している（第1冊第(8)号檔案）。また、ツェリンドルジから貝子を継いだウルトゥナスンは、引見のため北京に行くことになっていた。しかしかれは、「今年、われらの牧地は、夏季に雨が少なく寒冷で、秋に入ったのちには雨が降り続いて水があふれ、大麦、牧草は、ほとんど成長しなかった。全ての家畜が痩せている」といった理由で、北京には、次回の年班の際に行きたいとグキ

ンに要請してきた（第2冊第(11)号檔案）。グキンは、この旨を中央に伝えたが、このウルトゥナスンばかりでなく、同旗のタイジたちもまた上京を事実上拒否したことから、トルグートの上京に係わる問題はやがて大きく展開することになる。

　この年北京に出発する年班（おそらく道光二十三年正月元旦の朝賀のための）は、ドルベトの王公台吉の順番にあたっていたが、このドルベトの上京・引見には、トルグートのタイジらが随同することになっていた。八月になると、グキンは、盟長郡王ドノロブドルジ、貝子ウルトゥナスンに対し、旗の協理台吉ミンジュルドルジとシャジンデルゲルに速やかに旅装を整えホブドに来させて、部（理藩院）の指令をまち、上京させるように命じた。ところが、十月十三日、理藩院からの年班の指令書がホブドに届いたのに、トルグート側には動きがみられなかった。そこで、グキンはその理由を盟長のドノロブドルジに問いただしたところ、台吉ミンジュルドルジとシャジンデルゲルは、2人ともかつて患った病が再発し、状態が悪いので理藩院に赴くことはできない、との答がかえってきた。グキンは、この理由が虚偽ではないかと疑い、調査をさせたところ、この2人のタイジは動けないという状態ではなかったので、ホブドに来させた。

　ホブドで実際にグキンが会ったところ、シャジンデルゲルはやや病気をしたようにみえたが、いまは正常のようであった。かれは、グキンに対し、もともと寒疝（神経痛か）の持病があり、ときに発病するので遠くに行くことはできないとこたえた。グキンはその病気の治療をゆるし、明年に進京するよう命じた。一方、ミンジュルドルジは、まったく病気の様子がなく、グキンはすぐに旅装をして北京の理藩院に赴くむね申し伝えた。しかし、ミンジュルドルジはこれに従わず、遊牧地に帰ると言い出した。グキンは、コムル（哈密）時代にも経験したことのない、命令拒否に出会ったのである。グキンは、このミンジュルドルジの「傲慢な心」を革めるため、虚偽の報告をした盟長の郡王ドノロブドルジも併せて、理藩院に送って「厳加議処[10]」としたいと上奏し、道光帝もそれを認めた（第2冊第(14)号檔案）。

　貝子ウルトゥナスンが上京延期を申し入れたとき、異論がみられなかったと

198　第2部　19世紀以降における清朝文書制度の展開

ころからみれば、この道光二十二年、トルグートの遊牧地は天候の異常で「大麦、牧草が、ほとんど成長せず、全ての家畜が痩せている状態」であったのであろう。このような状態のときに、別の旗の年班に随同して北京に行くというのは、ミンジュルドルジをはじめとして、トルグートの王公にとって大きな負担であったに相違ない。ミンジュルドルジたちが病気と偽った事情も理解できる。

　一方、阿勒台烏梁海散秩大臣であったダルマアジャラも、やはり病気（腰・髄痛）を理由として上京・引見を断った。かれの場合は実際病気であることが確認されたが、「散秩大臣はウリャンハイの4旗を管理し、その事務も煩瑣である。遊牧するところははなはだひろく、またその地はロシアやカザフと接している。そして、この地の一切の事務はすべてこの散秩大臣の管理であり、その責任はきわめて重大である」として、グキンは事実上かれを解任してしまった（第2冊第(13)号檔案）[11]。

　これらの例にみられるとおり、この時期、科布多参賛大臣は、ウリャンハイの散秩大臣の解任について意見を具申できるのは当然としても、皇帝に最終的に裁可を求めるとはいえ、トルグートの盟長、ジャサクを処罰できるほどの力を有していた。さきにふれた「将軍・参賛大臣・盟長・副将軍辦理事務章程」にもみられるとおり、参賛大臣はこれら盟長に対し「弾劾権」を有する存在であったことは事実であり、換言すれば、かれがこれらの権力を背景として存在しうる立場にあったということになろう。

おわりに

　トルグート盟長弾劾問題、ひいてはハルハの王公に対する清朝官人の権力行使に係る問題は、もちろん単にこの資料のみで証明できる問題ではなく、理藩院をはじめとして烏里雅蘇台将軍、またフレーの庫倫辦事大臣などの職掌とも併せ考えねばならぬものであり、またモンゴル側の資料との対校も必要である。しかし、この時期、19世紀中葉のハルハにおいて、実際に清朝の官人が一盟長

を厳しく弾劾している事実、また、さきに触れたように、毎年 2 回の巡察にと
もなうモンゴル人たちの負担、フレーのジェブツンダンバ・ホトクトのもとに
行く際の煩瑣な手続きと監視、そして、年班及び随同による上京義務等、清朝
の支配がハルハにおよぼした負担、そしてその影響を考える際、それらの処理
を直接担当した科布多参賛大臣の奏摺のもつ価値はきわめて大きいといえるで
あろう。

　天理図書館に所蔵される「奏摺稿」と仮称された檔冊は、正黄旗満洲旗人グ
キンの奏摺をまとめたもので、19世紀中葉──さきにも述べたとおり、清朝は
このときまさにアヘン戦争の対処に追われている時期であった──かれがその
任務地、すなわちコムル（哈密）、ホブド、吉林等の各地方でどのような職務
を遂行したか、また逆にそれらの地方はどのような状況であったのか、という
問題を知るうえでの第一級資料であるといえよう。

　註
（ 1 ）　河内良弘、趙展共編「天理図書館蔵満文書籍目録」『ビブリア』第84号、1985
　　　　年 5 月。
（ 2 ）　加藤直人「天理図書館蔵『伊犂奏摺』について」『史叢』第32号、1983年11月、
　　　　本書第 2 部第 2 章参照、「『伊犂奏摺』所収の満洲語檔案（1）」『武蔵野女子大学
　　　　紀要』第21号、1986年 2 月、「天理図書館所蔵の清代檔案──奕山、図伽布『伊
　　　　犂奏摺稿』を中心として──」『第一届中国域外漢籍国際学術会議論文集』1987
　　　　年、台北・聯経出版社、本書第 2 部第 1 章参照。
（ 3 ）　本檔冊は、天理図書館では、「奏摺稿」として登録（所蔵番号、829.44-143）
　　　　されている。
（ 4 ）　序章で述べたとおり、本檔冊は元朝日新聞社社長上野精一のコレクションに係
　　　　わるものと思われる。先述のとおり、上野の蔵書が天理大学に収められたのは、
　　　　昭和二十二年二月二十五日のことである。中島竦の蔵書がどのような理由で上野
　　　　精一のもとに入ったのかについては、先述のとおり不明である。
（ 5 ）　註（ 2 ）拙稿「天理図書館所蔵の清代檔案──奕山、図伽布『伊犂奏摺稿』を中
　　　　心として──」596頁。

200　第2部　19世紀以降における清朝文書制度の展開

（6）　加藤直人「清代双城堡の屯墾について——咸豊元年の副都統職衙総管設置をめ
　　　ぐって——」『清代中国の諸問題』1995年、山川出版社。

（7）　岡洋樹「定辺左副将軍の権限回収問題と〈将軍・参賛大臣・盟長・副将軍辦理
　　　事務章程〉」『史観』第119冊、1985年9月、22頁。

（8）　註（5）岡論文、26頁。

（9）　ツェリンドルジは、「遣官致祭」を賜っている（第1冊第（8）号檔案）。

（10）　『清国行政法』の研究に従えば、「厳加議処」とは、懲戒事件の等級の一つで、
　　　もっとも重いものを指す（臨時台湾旧慣調査会第一部報告『清国行政法』第一巻
　　　「汎論」〈下〉、221頁）。

（11）　ちなみに、さきのミンジュルドルジの事件と、このダルマアジャラの事件を記
　　　した檔案は同じ日付（道光二十二年十一月十六日付）である。

【「wesimbure bukdari jise（奏摺稿）」所収檔案一覧】

　本檔冊に収められた檔案は一覧にすると次のとおりである。なお、先述のとおり、
時代順に古いものからならべると、現在第4冊とされているものが先にくるので、本
章ではそのように排列した。なお、データの記載順序は、①使用言語（満文または漢
文）、②具奏人、③日付、④丁数、⑤内容（表題）、⑥*備考（硃批その他）とした。

〔第4冊〕

（1）　①満文、②グキン、③日付欠（内容からみて、道光十八年二月末または三月初
　　　めに出されたもの）、④1a～3a、⑤哈密総辦大臣接任の件。

（2）　①満文附件、②グキン、③日付は第（1）号檔案にしたがう、④4a～5a、⑤グキ
　　　ン、コムル（哈密）へ到任途上の各地方の状況報告。

（3）　①満文、②グキン、③日付欠（内容からみて、道光十八年二月末か三月初めに
　　　出されたもの）、③6a～7a、⑤下賜品に対する謝恩の件。

（4）　①満文、②グキン、③日付欠（内容からみて、道光十八年中に出されたもの）、
　　　④8a～10a、⑤コムル（哈密）所属の屯田、駅站、卡倫（karun、哨所）巡察に関
　　　する件。

（5）　①満文、②グキン、③日付欠（内容からみて、道光十八年九月中に出されたも
　　　の）、④11a～14a、⑤トゥルファーンの札薩克郡王、年班のベク、トルグートの

貝勒等が朝見のため上京する際の各種援助に関する件、⑥*満文清単（朝見のため上京する者の名簿）。

（６）①満文、②グキン、③日付欠（内容からみて、道光十九年一月中に出されたものか）、④15a〜17a、⑤科布多参賛大臣任命書到着の件。

（７）①満文、②グキン、③日付欠（内容からみて、道光十九年五月中に出されたものか）、④18a〜18b、⑤新任の哈密総辦大臣ゲンフ（Gengfu、賡福）との接任に関する件。

（８）①満文、②グキン、③日付欠（内容からみて道光十九年五月中に出されたものか）、④19a〜20a、⑤哈密総辦大臣職務受け継ぎ及びホブドに向かい出発した件。

（９）①満文附件、②グキン、③日付は第（８）号檔案にしたがう、④22a〜23b、⑤新任の哈密総辦大臣ゲンフに下賜された銀・銭等をグキンが手交した件。

（10）①漢文、②固慶、③日付欠（内容からみて、道光十九年三月中に出されたものか）、④25b〜24a、⑤コムル（哈密）の筆帖式補任の件。

（11）①満文、②グキン、③日付欠（道光十九年六月中に出されたものか）、④28a〜29b、⑤グキン、科布多参賛大臣到任の件、⑥*道光十九年七月十九日奉到。

（12）①満文、②グキン、③日付欠、④30a〜31a、⑤ミンガトのチョルジ・ラマ・ザンバ等が、フレー（庫倫）のジェブツンダンバ・ホトクトのもとに行きたいということに関する報告、および彼らへの執照給付、ならびに各関係部署への連絡に関する件。

（13）①漢文、②固慶、③道光十九年七月十日、④40b〜37a、⑤ホブド駐防官兵の交班に伴う屯田の困難さ等に関わる報告。

（14）①漢文附件、②固慶、③道光十九年六月二十三日、④31b〜32b、⑤ウリャンハイの遊牧地方にカザフが侵入してきたことに対応して派遣したウリャンハイの官兵に関する報告、⑥*第(13)号檔案附漢文附片。

（15）①漢文附件、②固慶、③道光十九年七月十日、④35b〜33b、⑤ホブドの官兵に必要な穀物と運搬に必要な駱駝等の増加要請に関する件、⑥*第(13)号檔案附漢文附件。

（16）①満文、②グキン、③道光十九年七月十日、④41a〜43a、⑤グキンへの下賜金・品に対する謝恩の件、⑥*道光十九年八月五日奉到。

（17）①満文、②グキン、③道光十九年七月十日付、④44a〜47a、⑤ホブド印務処、辦理兵部事務処章京補任の件、⑥*道光十九年八月五日奉到。

〔第1冊〕

（1）　①満文、②グキン、③道光二十年十月十一日、④1a～3a、⑤ホブド所属のトルグート札薩克固山貝子承襲の件、⑥＊道光二十年十一月八日奉到。

（2）　①満文、②グキン、③道光二十年二月（十月の誤記）十一日、④4a～5a、⑤ホブドの駐防官兵交班に関する件、⑥＊道光二十年十一月八日奉到。

（3）　①満文、②グキン、③道光二十年十月十一日、④6a～11b、⑤ホブド衆安廟の仏具、祭儀用衣帽等供与の件、⑥＊道光二十年十一月八日奉到、＊＊漢文清単1件（ホブド衆安廟に供与しようとする仏具等のリスト）。

（4）　①満文、②グキン、③道光二十年十一月二十七日、④12a～13b、⑤ホブドでカザフの公課の馬を収めた件、⑥＊道光二十年十二月二十六日奉到。

（5）　①満文、②グキン、③道光二十年十一月二十七日、④14a～22b、⑤ホブド地方の穀類収穫数量等に関する件、⑥＊道光二十年十二月二十六日奉到、＊＊漢文清単1件（道光二十年、ホブド所属の各地方の収穫状況一覧）。

（6）　①漢文、②固慶、③道光二十年十一月二十七日、④23b～26b、⑤ホブド地方の日用品、薪炭料昂貴に伴う措置に関する件、⑥＊道光二十年十二月二十六日奉到。

（7）　①満文、②グキン、③道光二十一年二月十六日、④27a～30a、⑤ホブド所属のトルグートのaisilara taiji補任の件、⑥＊道光二十一年三月十五日奉到、＊＊満文清単1件（ホブド所属のトルグートの aisilara taiji 補任候補者のリスト）。

（8）　①満文、②グキン、③道光二十一年二月十六日、④31a～32a、⑤故トルグート貝子ツェリンドルジに対する遣官致祭に関する件、⑥＊道光二十一年三月十五日奉到。

（9）　①満文、②グキン、③道光二十一年三月二十二日、④33a～35a、⑤新トルグート盟長補任の謝恩に関する件、⑥＊道光二十一年閏三月二十一日奉到。

（10）　①満文、②グキン、③道光二十一年三月二十二日、④36a～37b、⑤辺疆地方の鉛盗掘に関わる巡察の件、⑥＊道光二十一年閏三月二十一日奉到。

（11）　①満文、②グキン、③道光二十一年三月二十二日、④38a～40a、⑤オールド旗驍騎校バヤル等がジェブツンダンバのもとに、またジャハチン旗のラマ、ジャンパ等がアルタン・ジョーに行きたいということに関する報告、および彼らへの執照給付、ならびに各関係部署への連絡に関する件、⑥＊道光二十一年閏三月二十一日奉到。

第3章　天理図書館蔵、グキン（固慶）の奏摺について　203

(12)　①満文、②グキン、③道光二十一年閏三月十二日、④41a〜43b、⑤ミンガト旗
　　　の佐領アルバサ等、フレー（クレン）のジェブツンダンバ・ホトクトのもとに行
　　　きたいということに関する報告、および彼らへの執照給付、ならびに各関係部署
　　　への連絡に関する件、⑥*道光二十一年四月九日奉到。

(13)　①漢文附片、②なし、③道光二十一年三月二十二日、④47b〜44a、⑤ホブド所
　　　属の二十四卡倫巡察の件、⑥*道光二十一年閏三月二十一日奉到。

〔第2冊〕

（1）　①満文、②グキン、③道光二十二年二月十三日、④1a〜3b、⑤ホブドの額外驍
　　　騎校補任の件、⑥*道光二十二年三月十日奉到。

（2）　①満文、②グキン、③道光二十二年二月十三日、④4a〜5b、⑤ホブドの委主事
　　　補任の件、⑥*道光二十二年三月十日奉到。

（3）　①満文、②グキン、③道光二十二年三月十八日、④5b〜7a、⑤毎年春・秋季に
　　　は、科布多参賛大臣自身が行う卡倫、駅站巡察が烏里雅蘇台将軍奕湘の巡察と重
　　　なってしまい、グキンは自身のかわりに官人を巡察に出したいと要請、⑥*道光
　　　二十二年四月十六日奉到。

（4）　①満文、②グキン、③道光二十二年四月十二日、④7b〜10b、⑤ホブド所属の
　　　トルグート旗の aisilara taiji 補任の件、⑥*道光二十二年五月八日奉到。

（5）　①満文、②グキン、③道光二十二年五（四の誤記）月十二日、④11a〜12a、⑤
　　　辺疆地方の鉛盗掘に関わる巡察の結果報告、⑥*道光二十二年五月八日奉到。

（6）　①満文、②グキン、③道光二十二年六月二日、④12b〜15a、⑤交班の額外驍騎
　　　校シクタン、アルスンの2人は遊牧地に対する公課収集のエキスパートであり、
　　　もう一期、三年間ホブドに駐在させて欲しいという要請、⑥*道光二十二年六月
　　　二十七日奉到。

（7）　①満文、②グキン、③道光二十二年六月二日、④15b〜17a、⑤グキンが自身の
　　　かわりに遣わしたウルデへ行った卡倫、駅站巡察の報告、⑥*道光二十二年六
　　　月二十七日奉到。

（8）　①満文、②グキン、③道光二十二年六月二日、④17b〜19a、⑤ホブド地方穀物
　　　作付け開始に関する報告、⑥*道光二十二年六月二十七日奉到、**漢文清単1件
　　　（作付け穀物〈小麦、大麦、青裸〉の具体的数量）。

（9）　①満文、②グキン、③道光二十二年八月十九日、④19b〜21a、⑤グキンが自身

204　第2部　19世紀以降における清朝文書制度の展開

のかわりに遣わした額外驍騎校ギキンが行った卡倫、駅站巡察の報告、⑥*道光二十二年九月十七日奉到。

（10）　①満文、②グキン、③道光二十二年八月十九日、④21b〜25b、⑤ホブド衆安廟の活仏ロブサンサンドゥが上京して引見のうえ読経したいと希望してきたことを報告、⑥*道光二十二年九月十七日奉到。

（11）　①満文、②グキン、③道光二十二年八月十九日、④26a〜28a、⑤新トルグート貝子ウルトゥナスンの朝見延期に関する件、⑥*道光二十二年九月十七日奉到。

（12）　①満文、②グキン、③道光二十二年十一月十六日、④28b〜30a、⑤カザフの公課の馬を集めた侍衛等に緞、煙草を賞賜した件、⑥*道光二十二年十二月十四日奉到。

（13）　①漢文、②固慶、③道光二十二年十一月十六日、④33b〜30b、⑤阿勒台烏梁海散秩大臣ダルマ・アジャラ、解任に関する件、⑥*道光二十二年十二月十四日奉到。

（14）　①漢文、②固慶、③道光二十二年十一月十六日、④38b〜35b、⑤トルグート旗の協理台吉ミンジュルドルジが、病といつわって上京を拒否したことによる、ミンジュルドルジならびに郡王ドノロブドルジに対するグキンの弾劾、⑥*道光二十二年十二月十四日奉到。

（15）　①漢文、②固慶、③道光二十二年十二月八日、④41b〜40a、⑤例年問題となっていたカザフのアルタイ、ウリャンハイ越境遊牧問題が今年はなく、同地方は平穏であると報告、⑥*道光二十三年一月七日奉到。

（16）　①満文、②グキン、③道光二十二年十二月八日、④42a〜44a、⑤回京の命令を受領した件、⑥*道光二十三年一月七日奉到。

（17）　①満文、②グキン、③道光二十二年十二月八日、④44b〜47b、⑤ドルベトのaisilara taiji 補任の件、⑥*道光二十三年一月七日奉到、**満文清単1件（ドルベトの盟長郡王マンダラの保挙した aisilara taiji の正・陪2人の候補者名簿）。

〔第3冊〕

（1）　①満文、②グキン、③咸豊元年八月一日、④1a〜1b、⑤請安摺。

（2）　①漢文、②固慶、③咸豊元年八月一日、④11b〜5a、⑤吉林地方の匪賊逮捕に関する報告、⑥*咸豊元年閏八月五日奉到。

（3）　①漢文附件、②なし、③咸豊元年八月一日、④4b〜3b、⑤吉林所属の各地は流

民が多く、その多くは無業の輩で、武器を携えて無法なことを行うものもいる。以後、これら匪賊の逮捕等には、鳥鎗を携行する必要がある、と具申、⑥*咸豊元年閏八月五日奉到。

（４）　①漢文附件、②なし、③咸豊元年八月一日、④2b〜1b、⑤この度の匪賊逮捕に大活躍した驍騎校色普は、もとは佐領であったが降格され、〈陞・転するを准さず〉とされていた官であった。グキンは色普に対する特別な配慮を要請、⑥*咸豊元年閏八月五日奉到。

（５）　①満文、②グキン、③咸豊元年八月二十一日、④12a〜14a、⑤明年の真珠採集に関する件、咸豊元年閏八月二十三日奉到。

（６）　①漢文、②固慶、③咸豊元年八月二十一日、④17b〜14a、⑤父を生き埋めにして殺害した犯人の処罰に関する件、咸豊元年閏八月二十三日奉到。

（７）　①満文、②グキン、③咸豊元年閏八月九日、④18a〜20a、⑤人参採集の執照の剰餘分返還に関する件、⑥*咸豊元年九月十二日奉到。

（８）　①満文、②グキン、③咸豊元年閏八月九日、④21a〜22a、⑤吉林所属の地方の小麦・大麦の収穫状況に関する報告、⑥*咸豊元年九月十二日奉到。

（９）　①満文、②グキン、③咸豊元年閏八月九日、④23a〜25b、⑤足の麻痺により公務の遂行が不可能となったブトハ・ウラの総管の革職に関する件、⑥*咸豊元年九月十二日奉到。

（10）　①満文附件、②グキン、③日付欠、④26a〜29a、⑤ブトハ・ウラの総管補任の件。

（11）　①漢文、②固慶、③咸豊元年九月六日、④38b〜29b、⑤双城堡委筆帖式タチブが、私に民佃を招いて官荒を開墾した事件に関する件、⑥*咸豊元年十月七日奉到。

（12）　①漢文、②固慶、③咸豊元年九月六日、④43b〜40b、⑤双城堡に副都統等の職街を設ける必要を具申、⑥*咸豊元年十月七日奉到。

（13）　①漢文附件、②日付欠、③咸豊元年九月六日、④39b〜a、⑤双城堡協領の署理に関する件、⑥*咸豊元年十月七日奉到。

（14）　①漢文附件、②日付欠、③咸豊元年九月六日、④45b〜44a、⑤双城堡協領、佐領等の官任命に関する件、⑥*咸豊元年十月七日奉到。

第 3 部

清朝文書の多様性
──宮中、旗人、私文書──

第1章　清代起居注の研究

は じ め に

　起居注とは官名で、天子に侍してその言・行を記録したりする官人のことで
あり、その官人の作成した天子に関する日記体の冊子を起居注冊とよぶ。ふつ
うこの起居注冊を略して起居注とするが、この場合官名との混同をきたすので、
本章においては、それらをそれぞれ「起居注官」、「起居注冊」とし、それらを
総称するとき「起居注」とする。

　中国歴代王朝における起居注の沿革と、とくに明代のそれに関しては、今西
春秋がすでに考察を加えているが[1]、清代の起居注については、現在までの所
ほとんどあきらかにされていない[2]。そこで本章では、清代の起居注とはいっ
たいどのようなもので、それはどのような経過をたどったのかというもっとも
基本的な問題を中心に考察をすすめることにする。

　台北・国立故宮博物院には、清代のさまざまな宮中資料が保管されているが、
各朝の起居注冊もそのなかに含まれている。かつて同院研究員の劉家駒は、
「本院典蔵清代檔案目録（一）　起居注」と題して、台北・故宮に所蔵される起
居注冊の簡単な目録を発表した[3]、それによると、清代各朝のその所蔵状況は
別表のとおりである。すなわち、台北・故宮には、康熙十年（1671）から宣統
二年（1910）にいたる、あわせて7,409冊の起居注冊が所蔵され、そのほかに乾
隆朝の起居注冊「草本」が221冊保存されていることがあきらかとなった。ま
た、このうち満文本起居注冊については陳捷先が別に紹介している[4]。

　〔なお、頻出する文献は以下の略号に従う〕

　○『聖祖実録』：『大清聖祖仁皇帝実録』（以下、各朝の実録もこれに従う）。

210　第3部　清朝文書の多様性

表：台北・故宮博物院現蔵起居注冊

朝代	漢　文　本	冊数	満　文　本	冊数	寸法(cm)(3)
康熙(1)	29〜42、50〜52	184	10(9)〜13(1)、14〜17、18（欠：1、2、8）、19〜42、50〜52	42	137×23.8（縦・横）
雍正	8(7)〜13	137	8〜13	149	38×22.7
乾隆	1〜10(6)、20(7)〜22、24〜25、27〜43、46、48〜50、51（欠：11・下）、54〜56 （草本）34（欠：1〜6）、35（欠：3・下）、36（欠：4・下〜6）、37、38（欠：5、6）、40、42、43（欠：3・上、5・上、11・下、12・下）、44、45（欠：1・上）計221冊	927	1〜12、13（欠：2・下、5・下）、16〜18、20〜22、23（欠：1〜4、8・上、9〜12・上）、30〜35、39〜43、46、48〜49、51（欠：1〜2・上、4〜5、8・下、10・上、12・上）、54〜57、58(7)〜60 （太上皇帝起居注冊(2)）：a本：61〜64、b本：2	1,004	37.5×22.3 （草本）概ね30×18 33.7×19.5
嘉慶	12(7)〜16、19〜20	212	2、3(5)〜6、13〜16、20〜21、23〜25	341	34.2×19.2
道光	5(7)〜7、9〜30	580	1〜30（全）	742	34.6×19.7
咸豊	1〜11（全）	272	1〜11（全）	272	33.7×19
同治	1〜13（全）	322	1（欠：6〜12）、2（欠：3〜12）、3〜8、9（欠：4、5）、10〜12、13（欠：9、10）	282	30.5×17.9
光緒	1〜6、8(4)〜24、27、28(4)〜30、31(7)〜34	714	1〜7、8(4)〜22、23（欠：4・上）24、27〜34	783	29.5×18.1
宣統		0	1、2	50	29×17
冊　数　小　計		3,348		4,061	
合　　計				7,409冊	

例：乾隆13（欠：2・下、5・上）　→　乾隆十三年は、二月の下、五月の下が欠本
　　嘉慶12(7)〜16　　　　　　→　嘉慶十二年七月から十六年まで所蔵
　　咸豊1〜11(全)　　　　　　→　咸豊朝欠本なし

註（1）　康熙朝は毎月1冊、雍正五年分からは毎月2冊作られた。
　　（2）　太上皇帝起居注冊は、年間四季4冊、a本とは乾隆の年号をもつもの、b本とは嘉慶の年号をもつものである。なお、嘉慶四年一月に太上皇帝が崩御したため、その年は春季のみである。
　　（3）　寸法は、台北・故宮博物院が所蔵する各朝起居注冊のもっともはじめの冊子の寸法であり、以後各冊に多少の相異はあるも略同する。

（本表は、劉家駒「本院典蔵清代檔案目録（一）　起居注」の記載をもとにした。また、寸法は筆者が測定したものである）

○『康熙会典』：康熙『大清会典』（以下、他の会典もこれに従う）。

○『乾隆会典則例』：乾隆『大清会典則例』。

○『嘉慶事例』：嘉慶『大清会典事例』（光緒のものもこれに従う）。

第1節　起居注の設置

　順治十二年（1655）正月、詹事府詹事であった梁清寛は起居注の設置を訴え[5]、数日後、和碩鄭親王済爾哈朗（ジルガラン）も次のように上奏した。

　　皇上統一中原、事事以堯舜為法、但起居注官尚未設立。（中略）今宜倣古制、特設記注官置諸左右、凡皇上嘉言善行、一一記載、於以垂憲万世、伝之無窮、亦治道之一助也[6]。

　しかし、この時点では起居注の設置はみられなかった。

　康熙九年（1670）八月、内三院があらためられて内閣となり、翰林院が復せられると[7]、さまざまな行政機構などの改編がすすめられた。そして、翌年三月、翰林院掌院学士折庫納、熊賜履、侍読学士傅達礼、宋徳宜、史大成、侍講学士李仙根、侍読張卓生、厳我斯、修撰蔡啓伝、編修孫在豊の10名が「日講官」に任じられた[8]。日講官とは「禁庭に侍従し、朝夕進講」する官で、天子の「左右に侍し、以って諮詢に備[9]」えるといった一種の補佐役を兼ねた講官であった。その八月にいたって、

　　設立起居注、命日講官兼職。添設漢日講官二員、満漢字主事二員、満字主事一員、漢軍主事一員[10]。

と『聖祖実録』の記事にみられるように、日講官は起居注官の職掌をも兼ねることになった。これがいわゆる清朝における「起居注（官）の設置」であり、以後この官人は「日講起居注官」などとよばれるようになった。康熙九年十二月に定められた翰林院の人員は、満・漢の掌院学士のほか、満・漢侍読学士各3員、侍講学士各3員、侍読各3員、侍講各3員などであり[11]、この数からみて、この日講起居注官にたずさわる翰林院の官人はきわめて多かったと考えられる。

　『康熙会典』巻三「吏部、官制」に、

212 第3部 清朝文書の多様性

　　　日講起居注官不専設、係満・漢翰林、詹事、坊局官以原銜兼充。

とあり、同巻一百五十五「翰林院、起居注官」に、

　　　満・官講官、由翰林院、詹事府、坊局各官開列題請、以原銜充捕。

とあるように、康熙十四年の詹事府の復活[12]後は、かならずしも翰林院の官員
だけが日講起居注官の職に任じられたわけではなかった。換言すれば、起居注
官は専任の職ではなく、翰林院や詹事府、坊局などの官人が兼任してその職務
を遂行していたのである。

　　清代の起居注の設置時期について、いままで康熙九年にそれがなされたとす
るのが一般であった[13]。それは、たとえば『嘉慶事例』巻十八「吏部、起居注
館」に、

　　　康熙九年、初置起居注館於太和門西廡。

とあり、同巻七百九十一「起居注、建置」に、

　　　（康熙）九年、始置起居注館於太和門西廡。満・漢記注官侍直。其員額倶
　　　以日講官兼攝。

とあることに拠ったからである。これらの記述は『乾隆会典則例』巻三「吏部、
起居注館」および巻一百五十三「起居注官」に、

　　　康熙九年、初置起居注館於太和門西廊。

とあり、もともとは『康熙会典』巻一百五十五「翰林院、起居注館」に、

　　　康熙九年、置起居注館於太和門外西廊。満・漢記注官各一員侍直、事畢、
　　　以本日応記之事、用満・漢文記注。初設満記注官四員、漢記注官八員。倶
　　　以日講官兼之。

とある記事を継承したものである。

　　先に述べたとおり、翰林院が復せられたのは康熙九年八月のことで、掌院学
士として折庫納、熊賜履が任じられたのが、同年十月（十日）のことであった[14]。
翌月に、経筵、日講の予定が決められたが、それにたずさわる官人はいまだ決
定していなかった[15]。十二月（五日）に翰林院の定員が決まり、翌年二月（四
日）にいたって経筵講官として折庫納ら満・漢各3名の翰林院の官人が選ばれ
たが[16]、日講官の選定は三月に入ってからのことであった[17]。起居注官は「日

講官を以って兼ね」させたのであるから、その設置は、この康熙十年三月以降のことでなければならない。『康熙会典』の記事は、康熙九年に翰林院が復活したことから生じた錯覚もしくは誤解であろう。

　『嘉慶事例』は、実録などの史料を引用して「起居注の建置」を説明しているが、先に掲げた記述は、会典などにふつうにみられる「記事の踏襲」に従ったものであり、同じ条で「日講官の設置」を説明して、

　　　康熙十年定、講官倶兼起居注衛。

と、先の記述と矛盾した記事を載せているのは、『康熙会典』巻一百五十五「翰林院」にある同文の記事をここに記したからである。

第2節　康熙朝の起居注

　台北・故宮博物院には、先にも述べたとおり、康熙十年（九・十月分）から満文本の起居注冊が保存されている。前節であきらかにしたように、康熙十年八月（十六日）に起居注が設立されたわけであり、それからみると、この九・十月分の起居注冊こそは、すなわち「清代最初の起居注冊」である。

　康熙朝の起居注冊は、表装は黄絹の包背装で、寸法は縦37cm、横23.8cmである。これは満・漢両本とも同じであり、それには表装と同質の貼題簽が付されている。この形式は寸法の相違はあれども咸豊朝まで続く。そして題簽には「ilire tere be ejehe dangse　（起居を記した檔子）」と表題されて、その下に少し小さく年・月、たとえば「清代最初の起居注冊」では「elhe taifin i juwanci aniya šahūn ulgiyan, uyun biya; juwan biya;（康熙十年辛亥、九月、十月）」というように記されている。また漢文本には、まず「起居注冊」と大きくあり、やはりその下に小さく年・月、たとえば漢文本の台北・故宮博物院でもっとも古い保存本である康熙二十九年の正月分では、「康熙二十九年庚午正月」と記されている。

　起居注冊中には、いわゆる「騎縫印」として翰林院の印が捺されている。その印は7.5cm四方で、捺印したときその左側に満文で「bithei yamun i doron」すなわち翰林院の印とあり、右側には漢文篆書で「翰林院印」とある。つまり、

214　第3部　清朝文書の多様性

同じ印面に満・漢二体で同一官署名を刻しているわけである。この騎縫印の制は、『光緒会典』に「冊中は翰林院の印を用ひて鈴縫」[18]するとあるように、光緒朝はもちろん実際宣統朝まで存在している。捺印されるのは、表装と題簽の部分、冊中の各葉（1葉に1回印がかかるように）である。

　記事の記載に関して、日記体ではあるが、その日ごとに葉をあらためることはない。一日の記事の末尾に担当起居注官名を記し、間をあけずすぐに次の日の記事に入る。これはおそらく、のちの書き込みや改刪などを防ぐためであろう。満・漢両本とも1葉が表7行、裏7行の14行である。

　「清代最初の起居注冊」は、康熙帝が天下統一の礼を告祭するために太祖、太宗廟に行幸する記述からはじまる[19]。各冊の書き出しには、その年・月（1冊に二月分収められているこの「清代最初の起居注冊」では、十月分に年は記されていない）が記され、次にその記事の日付を加える。そして、その年及び日付には干支が付されている。この形式は清代各朝を通じて同じである。この起居注冊の場合、次のようである。

　　○elhe taifin i juwanci aniya šahūn ulgiyan, uyun biyai ice de sohon coko inenggi,
　　dele, abkai fejergi be uhe obuha doroi taidzu, taidzung ni munggan de, šanggaha
　　doro be alame weceme geneme, ice ilan de šahūn ulgiyan inenggi, gūlmahūn
　　erin de jurafi, ……
　　○康熙十年辛亥九月朔己酉の日、上は天下を統一した礼で太祖、太宗の陵
　　に、成就した礼を告祭しに行くため、初三日辛亥の日、卯の刻に出発して……

　起居注冊には、原則として一日一日の記事の末尾に、当直の起居注官名が記されるのであるが、皇帝がこのように行幸などで宮廷を離れる場合にはそれはなされず、還宮したのち、それに従った起居注官の名が記されることになる。たとえばこの場合、

　　○omšon biyai ice de, suwayan bonio inenggi, liyang giya diyan i ba de tataha;
　　○ice juwe de, sohon coko inenggi, gi jeo de tataha; ○ice ilan de, šanggiyan
　　indahūn inenggi, muduri erinde, šun be aliha duka be dosika; boode bisire wang
　　beile se ci fusihūn, bithe coohai geren hafasa doroi etuku etufi, julergi dulimbai

niyakūrafi dulembuhe; dele beye taimiyoo de alame wecefi, gung de wesike; ambarame giyangnara, inenggidari giyangnara hafan, ilire tere be ejere bithei yamun i baita be kadalara, ashan i bithei da, dorolon i jurgan i ashan i amban emu jergi nonggiha jekune; ambarame giyangnara, inenggidari giyangnara hafan, ilire tere be ejere bithei yamun i šidu hiyosi emu jergi nonggiha fudari, bihan de ejefi gajiha dangse;

○十一月朔戊申の日、〔上は〕梁家店の地に駐蹕した。○初二日己酉の日、薊州に駐蹕した。○初三日庚戌の日、辰の刻に、〔北京の〕朝陽門を入った。在京の王、貝勒以下文武の諸官員は礼服を着けて、午門の前に跪いて〔上を〕通過させた。上ご自身は太廟に告祭して宮に還った。経筵日講官、起居を記す〔起居注官たる〕翰林院掌院学士、礼部侍郎、加一級ジェクネ、経筵日講官、起居注〔官〕、翰林院侍読学士、加一級フダリが野に記して持ってきた檔子

とある。すなわち、この九月三日から十一月三日までの行幸中、この起居注官ジェクネ、フダリのまさに「野に記して持ってきた檔子」がここに記されたわけで、たしかに起居注官名必記の原則は守られているわけである。このジェクネ、フダリが先に掲げた日講官折庫納と傅達礼であることは述べるまでもない。しかし、その彼らの「野に記して持ってきた檔子」を一括したため、九・十月分の冊子であるのに、還宮の日、すなわち十一月三日分まで収められている。そして、次の十一月分の冊子、すなわち十一月四日からは、

○elhe taifin i juwanci aniya šahūn ulgiyan, omšon biyai ice duin de šahūn ulgiyan inenggi, erde, dele, kiyan cing meng de tucifi, geren jurgan yamun i ambasa be dere acafi, wesimbuhe dasan i baita be icihiyaha meihe erin de, dele, tai hūwang taiheo i gung de genefi, elhe be fonjiha; tere inenggi, ilire tere be ejere hafan jekune, sung de i;

○康熙十年辛亥、十一月初四日辛亥の日、未明、上は乾清門に出て諸部院、衙門の大臣等と顔をあわせて、上奏した政務を処理した。巳の刻に、上は太皇太后の宮に行ってご機嫌を問うた。その日、起居注官ジェクネ、宋徳

216 第3部 清朝文書の多様性

宜。

と、はっきりと起居注官名を一日の記事の終わりに記している。この「行幸中は起居注官名は記さない」という原則は、のちにおいても同様であり、たとえば乾隆三十七年、乾隆帝の熱河への行幸のおり、その起居注官名はまったく記されていない。しかし、その年の九月二十二日の記事に、

　　自五月二十五日至是日、扈従起居注官国柱、徳昌。

とあり、皇帝の行幸に扈従した起居注官名が、天子の還宮した日に記されているのである。

　満文本と漢文本の差異について次にみることにする。前述のように、台北・故宮博物院では、漢文本は康熙二十九年正月分から保存されているので、ここでは、その正月元旦の記事を例にとって、満・漢両本を比較することにする。まず満文本は次のようである。

　　○elhe taifin i orin uyuci aniya, šanggiyan morin, aniya biyai ice de, sahahūn meihe inenggi, erde, dele aniya inenggi doroi geren wang, beile, beise, gung se, dorgi ambasa, hiyasa, aliha bithei da, gūsai ejen, aliha amban, jingkini hafasa be gaifi, tangse de genefi doroloho; wajiha manggi, gung de wesike; muduri erinde, dele, geren wang, beile, beise, gung se, dorgi ambasa, hiyasa, aliha bithei da sabe gaifi hūwang taiheo i gung de genefi doroloho; wajiha manggi, gung de wesike; goidahakū dulimbai hūwaliyambure diyan de tucifi, soorin de wesike manggi, dorgi ambasa, hiyasa, jai dorgi yamun, bithei yamun, dorolon i jurgan, uheri be baicara yamun, jan ši fu i jergi yamun i ambasa, hafasa aniya inenggi urgun i doroi hengkileme wajiha manggi, amba hūwaliyambure duka de tucifi, soorin de wesike manggi, geren wang, beile, beise, gung se, bithe, coohai geren hafasa, jai aniyai doroi hengkileme jihe tulergi monggoi wang, beile, beise, gung, taijisa, coohiyan i jergi gurun i takūraha hafasa, aniyai doroi hengkilehe; wajiha manggi, gung de wesike; tere inenggi, ilire tere be ejere hafan kurene, tiyan hi geo, gu'i;

　　○康熙二十九年庚午、正月朔癸巳の日、未明、上は元旦の礼で諸王、貝勒、

貝子、公等、内大臣等、侍衛等、大学士、都統、尚書、精奇尼哈番（jingkini hafan）等を連れて、堂子に行って行礼した。終わったのち、（上は）宮に還った。辰の刻に、上は諸王、貝勒、貝子、公等、内大臣等、侍衛等、大学士等を連れて皇太后の宮に行って行礼した。終わったのち、（上は）宮に還った。まもなく中和殿に出て、座にのぼったのち、内大臣等、侍衛および内閣、翰林院、礼部、都察院、詹事府等の衙門の大臣、官員等が元旦の慶賀の礼で叩頭し終わったのち、太和門に出て、座にのぼったのち、諸王、貝勒、貝子、公等、文武の諸官員および元旦の礼で叩頭しに来た外の蒙古の王、貝勒、貝子、公、台吉等、朝鮮等の国が遣わした官人等が元旦の礼で叩頭した。終わったのち、〔上は〕宮に還った。その日、起居注官クレネ、田喜壽、グイ。

次いで漢文本はこのようである。

康熙二十九年庚午、正月初一日癸巳、早、上以元旦率諸王・貝勒・貝子・公、内大臣・侍衛・大学士・都統・尚書・精奇尼哈番等往堂子行礼。畢、回宮。辰時、上率諸王・貝勒・貝子・公・内大臣・侍衛・大学士等諸皇太后宮行礼。畢、回宮。少頃、御中和殿陞座、内大臣・侍衛及内閣・翰林院・礼部・都察院・詹事府等衙門官員等慶賀元旦礼。畢、御太和門陞座、諸王・貝勒・貝子・公・文武官員及来朝外藩王・貝勒・貝子・公・台吉等、朝鮮国使臣慶賀元旦行礼、畢、回宮。本日、起居注官、庫勒納、田喜壽、顧儀。

（傍点は引用者）

この満・漢両本は、この礼にもみられるように、語句の上での些細な相違を除けば、まったく一致する。そこで問題となるのは、いったいどちらの本が先に作られたかということである。康熙朝の起居注冊の草本は、実は今西の論文のなかにその写真が1葉だけであるが掲げられている[20]。それは「漢文」である。満文の草本が現在みられないといって、漢文本が先行したとするのは早計かも知れぬが、以下に述べるように、起居注官に漢人の割合がおおきかったことなどを考え合わせると、やはり漢文本が先につくられた可能性が強い。

康熙十年八月に設けられた起居注にかかわる官人は、日講起居注官が満人4

員、漢人8員であり、満漢字主事2員、満字主事1員、漢軍主事1員であった。
日講起居注官は、先にも述べたように、翰林院や詹事府などの官人が兼任し、
『康熙会典』巻一百五十五「翰林院」に、

　　満漢官以通満・漢文者開列。

とあるように、満人の日講官（すなわち起居注官）は、満・漢両文に通ずるもの
が任じられた。

　これ以降の起居注にかかわる官人の増減は、『雍正会典』巻二百三十四「日
講起居注館」によると次のようであった[21]。

　　〇康熙九年、定。設満記注官四員、漢記注官八員、満文主事一員、満漢文
　　主事二員、漢軍主事一員、満文筆帖式四員、満漢文筆帖式四員、漢軍筆帖
　　式四員。〇十一年、増設満文筆帖式四員、満漢文筆帖式二員。〇十二年、
　　増設満日講起居注官一員、漢日講起居注官一員。〇十六年、増設満日講起
　　居注官一員。〇二十年、増設漢日講起居注官八員。〇三十一年、裁漢日講
　　起居注官六員。

　この康熙九年が康熙十年であることは先に考証した。日講起居注官を含めて
『世祖実録』の編纂にたずさわっていた翰林院の官人たちは、それが康熙十一
年五月に告成すると[22]、次いで『太宗実録』の重修作業がはじまり、ほとんど
の官人がそれにかかわるようになった[23]。康熙十二年に日講起居注官の増員が
みられるのはそのためかもしれない。

　康熙二十年（1681）、次のような上諭があった。

　　翰林日講官、敷陳経史、日侍顧問、賛襄典学、職務繁多、宜広其員以彰右
　　丈之治。現在満官足用、漢官尚宜増添。著即開列応用各員職名具奏[24]。

　この結果、漢人の日講起居注官が8名増やされたらしい。そして、康熙三十
一年にいたって、官人の日講起居注官6名が減らされたらしいが、その直接の
原因などは不明である。康熙三十一年の定員は、同三十八年に満・漢主事各1
名が廃された[25]以外は変化なく、その後、二十六年間にわたって続いた。

　ところが、康熙五十七年（1718）、起居注は、突然廃されてしまったのであ
る。

第 3 節 起居注の廃止と雍正朝の起居注

　康熙帝もその在位が五十年をすぎることになると、次第に文官、とくに秘書
兼補佐役たる翰林院の官人に対して不満をもつようになっていった。たとえば、
康熙五十二年十月（十六日）に、大学士等に諭したことに、

　　翰林官員内、多有不識字義、不能作詩文者。此皆教習不勤之故[26]。

とあり、同月（二十九日）の上諭には、

　　翰林官関係緊要、必読書立品、方称厥職。今翰林官甚多、聯皆不識。自講・
　　読学士以下、編検以上、満洲、漢軍由進士選入翰林者、其中或不修行検、
　　日事飲博、於詩文書法、全不究心、又或……[27]

とまで評している。康熙帝はこれらに対して厳しく臨んだが、康熙五十三年二
月の上諭によれば、暇を告げる翰林院等の官人は激増し、なんと全体の三分の
二にのぼったという[28]。康熙帝のこれらの不満が、康熙五十年に起った著名な
戴名世（翰林院編修であった）の筆禍事件[29]によるものか、それとも皇太子の廃
儲（康熙四十七年、同五十一年の二度にわたる）などの影響にあるのか、その原因
ははっきりとしない。そして、康熙五十六年三月、次のような事件がもちあがっ
た。

　両江総督であった赫寿は、江南の未納の旧欠の銭糧の徴収免除を再三要求し
たが却下された。しかし、この行動に不審をもった康熙帝が赫寿を尋問させた
ところ、起居注官の陳璋、趙熊詔は赫寿と結託して、その前年十二月の江南の
旧欠銭糧を免除する旨の上諭を、この三月に書き写してかれに渡していたこと
が判明した[30]。

　その前年十二月の時点では、康熙帝は免除の意があったようであるが[31]、時
にジューンガルのツェワン・アラブタン Tsewang Arabtan の動きが急となり[32]、
西辺の軍需銭糧を確保する必要があり、康熙五十六年は旧欠銭糧の免除は行わ
なかった[33]。結局、起居注官の陳璋、趙熊詔は革職させられただけで極刑は免
れたが[34]、この事件は翌年になると重大な役割を果たすことになる。

220 第3部 清朝文書の多様性

　康熙五十七年三月（二日）、翰林院侍読学士薄有徳は日講起居注官に任じられた[35]。しかしその翌日、康熙帝は次のように諭した。

　　諭大学士等。歴観従来帝王、設立起居注、多有更張、亦聞有裁革者。朕在
　　位日久、設立多年。近見記注官内、年少之員甚多、皆非経歴事体之人。伊
　　等且自顧不暇。又豈能詳記朕之諭旨耶。且官職卑小、不識事之軽重、或有
　　事関重大者、不能記憶。致将朕之諭旨、頗多遺漏、不行備録。甚至如趙熊
　　詔、曾私抄諭旨、攜出示人。記注之事、関係甚鉅。朕設立起居注、甚為久
　　遠。在位五十七年、一切政事、見有各衙門檔案。何必另行記載。其作何裁
　　革之処、爾等会同九卿議奏[36]。

　康熙帝は起居注の廃止を求めたわけであるが、そのなかで、「ちかごろ見ると記注官のうちに年少の官員が甚だ多い……」とするのは、康熙帝及び側近の高官らが逆に年老いたしるしでもあった。先の江南の事件に際しても、

　　今国家大臣、倶係年高髪白之人。朕亦年高。今爾（大学士）等以年老糊塗
　　推諉、或致事理失宜。諸臣能堪此乎[37]。

と諭しているとおりである。このように若く経験の乏しい起居注官と康熙帝やその高官たちとの間のギャップは、起居注官の事務処理の未熟さと相俟ってしだいにひろがっていった。そして、陳璋、趙熊詔の事件は、起居注を廃止しようとするこの上諭に大きな影響を与えたわけである。大学士、九卿らが会同して議した結果は、上諭のとおり「起居注衙門の廃止[38]」であった。

　『雍正会典』では、雍正帝の上諭を掲げて、「おそらくは史官に天子に対する溢美の辞が多すぎたために、康熙五十六年以降起居注を廃止した[39]」としており、『嘉慶事例』は、先に掲げた康熙帝の上諭を引用して、康熙五十七年に起居注が廃止されたとした記事のすぐあとに、雍正帝の上諭から、

　　……故康熙五十六年裁省記注

と矛盾した記事を載せている。このような矛盾は、会典や会典事例などではふつうにみられることであり、関係記事を無批判に羅列する編纂書としてはしかたのないところである。

　起居注の廃止ののち、その職務は続けて「ただ、翰林院の五員に、事を理め

るとき交代で侍させ、凡そ重務・要旨があれば、内閣の諸臣に記させてこれを保存[40]」させており、天子の言・行に関しては、詳細にいたらずとも中断なく記録されていたわけである。

康熙帝は在位六十一年で崩御し、その第4子胤禛すなわち雍正帝が即位すると、ふたたび起居注は復活されることになった。それは、次のような理由によるものであった。

今御門朝政之初、益当寅畏小心。綜理庶事、咸期挙措允宜。簪筆侍臣、何可関歟。当酌復旧章。於朕視朝臨御、祭祀壇廟之時、令満・漢講官各二人侍班、不独記載諭旨政務。或朕有一言之過、一事之失、皆必拠実書諸簡策。朕用以自警、冀寡悔尤。庶幾凛淵氷之懐、以致久安。慎枢機之動、以図長治。其仍復日講起居注官、如康熙五十六年以前故事。爾衙門（翰林院）即遵旨行[41]。

この雍正帝の上諭には、はじめて国政を執る天子の心情がよくあらわれていて興味深い。起居注官との年齢的なギャップは埋まり、経験的なそれは立場が逆転していた。先に述べたように、起居注官は、皇帝の言・行を記すほかにその補佐官としても機能していた。雍正帝は、自らの事跡を後世に残すといった意欲より、むしろあたらしい行政上の補佐官が必要であると考えたようである。

そして、雍正元年（1723）四月（七日）、兵部右侍郎管翰林院掌院学士事の阿克敦以下、満人6、漢人12の計18名が日講起居注官に充てられた[42]。これは上諭のとおり、康熙五十六年以前、すなわち康熙三十一年に定着した員数であった。

『雍正会典』巻二百三十四「日講起居注館」には、雍正二年の議准が掲げられ、それには当時の起居注冊の編纂方法が記されている。

月底、各該処将事情・縁由・月日、一併詳録、移送記注館。該直官補入記注冊内。凡冊籍、書明月日及該直官姓名。毎月、満・漢文各一冊、歳底、彙封用翰林院印、貯大櫃。題明、送内閣公験封鎖、会同内閣学士、送入内閣大庫収蔵。

すなわち、月末に各衙門から資料が入ってくると、天子の行動だけを記した

222 第3部 清朝文書の多様性

檔子（内記注とよぶ[43]）にそれを月・日ごとに補記入する。そして、それに日々の当直起居注官名を明記して冊子とした。これを年末に翰林院の印で騎縫し、結局内閣大庫に収められるというわけである。しかし、これは少し矛盾しているのに気付く。すなわち、これでは十二月分の起居注はその年の分に収められないのである。『嘉慶事例』巻七百九十一「起居注、設置」には、

　　　書明年月及当直官姓名、例以上年之事、至次年分月排纂。

とあり、「次の年に月を分けて排纂」したわけである。おそらく、康熙・雍正朝などの起居注冊も同様であったに相違ない。起居注冊の編纂過程については、のちに詳しく述べることにする。

　康熙朝の起居注冊は、最初を除いて一月に満・漢各1冊づつ作られた。台北・故宮博物院には、雍正朝の起居注冊が保存されているが、それは一月に満・漢各2冊、すなわち年間24冊（閏月のある場合は26冊）である。この毎月2冊という冊数は宣統朝にいたるまで同じである。

　先の雍正二年の議准には、「毎月、満・漢文各一冊」とあり、いつこの増冊が行われたのかが問題となるが、『清内閣貯旧檔輯刊』によれば、雍正五年分から毎月2冊作られるようになったことがわかる。そして『乾隆会典則例』巻一百五十三「起居注館」に、

　　　雍正元年……毎記注、清・漢各二冊。

とあるのは誤解である。『聖祖実録』と『世宗実録』の一月あたりの記事の分量を比較してみれば瞭然であるが、雍正の初めから、その「奏摺政治」と称される治世において、中央に多量の情報が流入した。そのために、雍正五年分から増冊が行われたのであろう。そして、その2冊は「上 dergi debtelin」、「下 fejergi debtelin」と区別されている。

第4節　起居注冊と草本

　起居注冊の作成にあたっては、先に草本が作られた。今西春秋は、康熙朝起居注冊草本の写真をその論文のなかで掲げている。今西の説明によれば、これ

は羅振玉の所蔵していたもので、「昭和八年鴛淵一博士が羅氏を訪ねて撮って来られたもの[44]」とのことで、写真の右下隅に蔵書印らしきものが認められる。この写真に対して、今西自身まるで解説を加えておらず、その概要などは不明である。

　台北・故宮博物院には、乾隆朝の起居注冊の草本が保存されていることは前に述べた。その草本の寸法は一様でないが、ほぼ縦30cm、横18cm前後であり、紙質はあまり良くない。表装は黄色の薄紙で、上・下2カ所が紙紐で綴じられている。その左上隅には、たとえば「起居注冊　乾隆三十七年八月上」というように、表題及びその内容の年月と上・下巻かを記し、右下隅には「賛善臣彭紹観恭纂」などと、その編纂担当起居注官の官姓名が記されている。

　草本の内容は、正本とほとんど一致し、草本ではただ誤字・脱字や蛇足と考えられる語句が訂正・削除され、文章表現上に必要と思われる語句の加筆等が若干行われているに過ぎない。また稀にではあるが、記事自体が削去される場合もみられる。乾隆三十七年七月二日の草本の記事を例にとってみると、以下のとおりである。

　　　　　初二日乙未

　　　　上奉

　　皇太后巻阿勝境進早勝菜棠晩膳　内記……注

　　（中略）……又礼部奏原但湖広総督富明安病

　　　　　　故照例給与祭葬応否謚恭候

　　　欽定一疏奉

　　　諭旨依議仍著与謚

a　　　欽定謚日恭恪　又兵部奏考験軍政並不実力稽
───
b　　　　察之参領愛柱等照例議処一疏奉

　　　　諭旨慶泰著罰俸六個月多敏著銷去紀録一次

　　　　　其罰俸四個月之処仍註於紀録抵銷舒昌著

　　　　罰俸六個月註冊余依議　又奏福建銅山営……

　すなわち、削除する語及び記事は墨で囲んで、加筆は本文の右になされてい

ることがわかる。実際、正本はこの指示に忠実に従っている。これは総辨記注
（起居注）官によってなされたものであると考えられ、そのあと翰林院掌院学士
の閲定を受けたのである[45]。しかし、このような記事全体の削除というのはめっ
たにみられず、あってもこの例のように、あまり重要とは思われない記事ばか
りである。

　上に掲げた草本の例にもみられるように、草本にはその元となった出典（こ
の例の場合「内記注」）が記されている場合がある。この記載は、同じ日のうち
でも、なされるときとなされないときがあり、おおきくみても、月によってな
されない場合もかなり多い。乾隆朝の場合、草本は一月に 2 冊づつ作られる
（漢文のみである）が、その作業は、先に述べたように、対象年の翌年に月ごと
に各編纂官がそれぞれ受けもって行うわけで、編纂官すなわち起居注官によっ
て出典記載の有無があるわけである。この例の場合、その後九月分から編纂官
は翰林院編修の陸費墀にかわるが、この官人は出典を記していない。このよう
に出典の記載は編纂官自身の自由裁量に任されていたらしく、その必然性はあ
まり感じられない。出典の記載方法は、たとえばこの乾隆三十七年七月分上で
は墨書でなされているが、これ以降は出典の名を刻した印を朱で捺す場合が多
いようである。

　東洋文庫には「清高宗皇帝乾隆三十八年起居注」という題簽が付された鈔本
が所蔵されている。この鈔本には起居注冊のもっとも基本的な記載事項である
起居注官名が削除されているかわりに、草本だけにみられる「典拠資料」の記
載がなされている。この鈔本の性格などは不明であるが、乾隆三十八年の起居
注冊草本は、現在台北・故宮博物院五・六月分（計 4 冊）を除いて保存されて
いる。

　乾隆十四年になると、翰林院の印が改められた（二品級に昇格した）。それは、
以前のものよりひとまわり大きく（10.2cm四方）なり、印面には漢文篆書で「翰
林院之印」と刻されていて、この印は、以後宣統朝にいたるまで続けて用いら
れることになる。また、乾隆三十年代後半に起居注冊の満文表題も「ilire tere
be ejehe dangse 起居を記した檔子」から、「ilire tere be ejehe cese 起居を記した

冊子」へと改められている。そして、この表題も宣統朝の起居注冊まで用いられることになる。

第5節　乾隆太上皇帝起居注冊

　乾隆帝は在位が六十年となり、翌年の元旦に皇帝の位を嘉慶帝に譲って太上皇帝となった。そして、その崩御（嘉慶四年すなわち乾隆六十四年一月三日）まで、太上皇帝起居注冊が作られた。それは四季各1冊の年4冊であるが、この太上皇帝起居注冊は、じつは2種類存在するのである。一つはかつて影印出版されたこともある嘉慶の年号を有するものであり、もう一つは乾隆の年号を有するものである。この時期には当然並行して嘉慶帝の起居注冊も存在するので、結局、嘉慶元年（1796）から同四年までの期間、なんと3種類（より正確にいうと、各々満・漢1体づつあるので、計6本）が存在したわけである。

　台北・故宮博物院には、乾隆の年号を持つ太上皇帝起居注冊が全期間、嘉慶の年号を持つものが嘉慶二年の一年分のみ保存されているが、いずれも満文本である。漢文本に関しては、影印本からその内容を知ることができる。それでは、これらの起居注冊にはどのような差異がみられるのであろうか。

　嘉慶二年の元旦の記事でみると、乾隆の年号をもつもの（仮にa本とする）は、次のようである。

abkai wehiyehe ninju juweci aniya fulahūn meihe niyengniyeri aniya biyai ice
de sahaliyan tasha inenggi, ten i dergi hūwangdi aniya inenggi hacin ucuri i doroi
hūwangdi i sasa nenehe be ginggulere deyen de genefi doroloho, amba
hūwaliyambure deyen de wesifi, hūwangdi, geren wang, beile, bithe coohai
ambasa hafasa, jai monggo wang, gung, taijisa, geren tulergi aiman i takūraha
ambasa be gaifi, iletuleme wesimbure bithe be ibebufi urgun i doroi doroloho,
dorolon šanggaha manggi, gurung de wesike, ten i dergi hūwangdi, dai g'ao
yuwan diyan deyen de genefi doroloho, gūsin be badarambure juktehen de hiya
dabuha, hūwangdi sasa amba jalafungga deyen de genefi doroloho, honin erinde,

226 第3部 清朝文書の多様性

kiyan cing gung gurung de wesifi, hūwangdi i sasa ukdung wang sade sarin
šangnaha, ……

乾隆六十二年丁巳春正月元旦壬寅の日、太上皇帝は元旦・上元の祭礼で皇
帝（嘉慶帝）と一緒に奉先殿へ行って行礼した。太和殿にかえって、皇帝、
衆王、貝勒、文武の大臣、官人等及び蒙古の王、公、台吉等、諸外藩の使
臣を連れて、賀表を賛進して、賀礼を行った。賀礼が終わったのち還宮し
た。太上皇帝は大高元殿に行って行礼した。弘仁寺に拈香した。皇寿殿に
行って行礼した。未の刻に乾清宮にかえった。皇帝と一緒に宗室の王等に
酒宴を賜った。……

これに対して、嘉慶の年号をもつもの（仮にb本とする）は、その年号が
saicungga fengšen i jai aniya fulahūn meihe（嘉慶二年壬寅）となったほかは、a
本とまったく同一である。しかし、a本がこの元旦の記事のあと、四日の火神
廟などへ拈香したという記事に続くのに比して、b本は、正月二日の記事がそ
の間に収められているなど、b本の方が若干記事の分量が多いようである。し
かし、このことがその年号の相違とどのように結びつくかは不明である。

次に、この両太上皇帝起居注冊と嘉慶帝の起居注冊との関わり合いを少しみ
る必要がある。台北・故宮博物院に蔵される嘉慶二年の起居注冊は、装丁がす
でに壊れており、題簽もすべてはがされている。なぜこのようになったのかは
あきらかではないが、何らかの事情で嘉慶の年号を有した太上皇帝起居注冊が
廃棄され、乾隆の年号を有するものに統一されたことも考えられる。

嘉慶帝自身の起居注冊の正月元旦の記事とa・b両本の相違であるが、嘉慶
帝起居注冊は当然ではあるが、その対象主体が皇帝となっており、内容はやや
詳しくなっている。そして、その記事の終わりの方に欽天監の報告が載せられ
ていて、最後には通例のとおり侍班した起居注官名が記されている。a・b両
本にはその日々の起居注官名の記載がないが、それは月末にまとめてなされて
いる。またa・b両本は、年の終わり（すなわち冬季分の最後）に、その編纂の
説明（太上皇帝に対する讃辞がほとんどであるが）と、それにあたった起居注官の
姓名がまとめて記されており、そのa・b両本の起居注官と嘉慶帝の起居注官

はいうまでもなく同一である。行政はもとより、宮中行事なども、乾隆太上皇帝と嘉慶帝は一緒に行動することが多く、その点でこれらの起居注冊は、その対象は違えど同じ記事が見られるわけである。

嘉慶四年一月三日、乾隆太上皇帝が崩御して、その起居注冊はその日をもって終わるわけであるが、この日の記事には次のような記述がある。

　　……eiten amba dorolon šanggaha amala, amcame emu aniya ilan inenggi i baita
　　be isamjame, ilire tere be ejere bithe banjibufi, kemuni ten i dergi hūwangdi
　　seme tukiyeme, g'aodzung yongkiyangga hūwangdi i yohingga bithe šanggabuha,
　　nashū ici ergi suduri hafan i ejehe babe baicaci, hūwaliyasun tob i juwan ilaci
　　aniya jakūn biyade delhentuhe hese be aliha ci, abkai wehiyehe ninjuci aniya de
　　isibume uheri emu minggan duin tanggū uyunju emu debtelin bihe, saicungga
　　fengšen i sucungga aniya aniya biyade amba doro be ulaha ci ede isibume, geli
　　juwan ilan debtelin banjibuha,　……

　〈太上皇帝を祭る〉一切の大礼を全うしたのち、追って一年と三日の事を
　　あつめ、起居注冊を編纂して、なお太上皇帝と称揚し、高宗純皇帝の全編
　　の書を完成させた。左右の史官の書いたところを査べれば、雍正十三年八
　　月に遺言の旨を受けてから、乾隆六十年にいたるまで、全一千四百九十一
　　巻であった。嘉慶元年正月に大礼を告げてからこれにいたるまで、また十
　　三巻を編纂した。……

すなわち、前年のことをその次の年に編纂するという通例にのっとり、嘉慶三（乾隆六十三）年の起居注冊と、嘉慶四年春季（正月の三日間のみ）の起居注冊がまとめて編纂されたのは、乾隆太上皇帝の葬礼の終わったのちのことであった。

乾隆元年（1736）、満人の日講起居注官２員が増設されて、満人８、漢人12の計20名となり[46]、嘉慶八年（1803）には、「満人の定員が８名であるのは、漢人のそれより４名少ない。それ故、侍班のときや典礼を挙行するとき、満・漢の両起居注官をひとしく派するのに足りない。満人の日講起居注官２員を増設することをゆるす」という上諭があり、満人10、官人12の計22名という体制

228　第3部　清朝文書の多様性

となった[47]。『光緒会典』などにみられるとおり、この定員はこれ以降ずっと
継承されることになる[48]。

　『嘉慶事例』の記載にみられるように、嘉慶年間にいたって清代起居注に関
する細かな規定が確定した。いままで述べてきたような、康熙十年の設立から
次第にその必要をみて定められてきた多くの規定が、ここに体系化されたので
ある。したがって、その記事の多くは『康熙会典』、『雍正会典』、『乾隆会典』、
『乾隆会典則例』、の引用（踏襲）であるが、『嘉慶事例』では、実録などから
あらたに記事を引用して、それらの再構成をはかっている。しかし、それ故に
先に述べたように、会典と実録の記載事実の相違から来る矛盾がかなりみられ
ることになった。『嘉慶事例』におけるこれらの規定は『光緒事例』において
もまったく同文であり[49]、実際上の変化はともかく、基本的に確立されたもの
として理解されたようである。それでは、『嘉慶事例』に湿られた規程を簡単
にみていくことにする。

　起居注官の侍班する場所は『康熙会典』にもみられるように、たとえば、

　　遇皇上御乾清門聴政、各衙門官員奏事時、記注官立於西塔上廊柱旁[50]。

などと定められてはいたが、それはさほどの数ではなかった。『嘉慶事例』に
なると「起居注、職掌」という巻が設けられ[51]、そのほとんどがこの侍班に関
する規定である。それは、天子の行動にあわせ、絶えずその場所や職務が異な
ると言えるほど非常に細かいものである。これらは、この嘉慶朝にいたって初
めて規定されたものではなく、他の官人（たとえば内閣、詹事府などの）との関
係や、品級の上下関係、ひいては記注のしやすさといった職務上の問題を通し
て慣例化してきたものを、ただ成文化したものであろう。

　一方、起居注冊の作成に関しても同様に細かな規定が示されている。起居注
冊は、先にも述べたとおり、多くの資料からの編纂物であるが、そのなかでも
骨子となるものが、天子の行動（祭祀、行礼、問安など）を記した「内記注（内
起居注）」である。編纂に際しては、これがまず最初に記され、以下諭旨、題・
奏、官員の引見などの順に記載された。それらは、「上諭簿」、「外紀檔」など
各衙門の檔冊[52]から写されたものがほとんどであり、これら檔冊は、乾隆年間

前後に確立したものが多い。

　また、「機密漏洩」の防止に関しては、次のような記載がある。起居注官が
その職上、国家機密を知りうる立場にあったことはいうまでもない。そこで、
康熙帝はその十八年（1679）に、

　　惟会議機密事情、及召諸臣近前口諭、記注官不必侍班[53]。
と大学士等に諭し、同二十三年にいたって、起居注官の記注などにあたる際の
心得などを諭したが[54]、結果的には、先に述べた康熙五十六年の趙熊詔等によ
る私抄事件が起き、起居注の廃止へと結びついたわけである。そこで、なおさ
らその再発防止などの重要性が問われるはずであろうに、これ以降、雍正朝の
若干の奏准があるほかは、乾隆朝においても、またこの嘉慶朝においても新た
な規定をみることはできない[55]。その理由が、漏洩の危惧がなくなったからで
あるのか判断しかねるが、ただ雍正朝の奏准は、起居注官の記注の際の規定と
起居注冊作成のための資料などの管理に関することであり、おそらく各部・院
や内閣、軍機処などの檔冊や起居注冊自体（正本・草本）などの管理体制の強
化が、機密漏洩を防止する一助となっていたことは確かであろう。

　清代の起居注が絶えず変化をしてきたことは、いままで述べてきたとおりで
ある。そして、その形式は一応この嘉慶朝において確立したわけであり、この
『嘉慶事例[56]』から、その「起居注」作成の過程を描き出してみる必要があろ
う。

　起居注官は、専官ではなく、翰林院、詹事府などの官人が兼官し、満人10名、
漢人12名であった。満・漢起居注官各1名[57]は、毎日侍直して天子の言・行を
メモし、それが終わったのち、満・漢文を用いて記注する。これをまとめたも
のが内記注である。起居注官は、この侍直のときや典礼、その他の天子の行動
に付随して絶えずその場所や職務が定められていた。

　前年度のこれら内記注と各衙門の檔冊などをあつめて、毎月2冊、即ち年間
24冊（閏月のある場合は26冊）の起居注冊草本を作成し、総辦起居注官による語
句の訂正や増改、削除などを経て、翰林院掌院学士の閲定を受ける。この草本
には、年・月・日、及び毎月の担当起居注官名が記されており、この閲定を受

けたものは清書し、冊中及び表紙と題簽の合わせ目の箇所にいわゆる騎縫印として翰林院の印が捺される。これがいわゆる正本であり、この清書の際に庶吉士に命じて副本を作らせた。正本は鉄の箱に納められ、鍵をかけて封印されるわけであるが、十二月に封印する前に、天子の御覧に呈し、命令をまって、起居注官は内閣学士と会同して封印し、これを内閣大庫に納めた。

　起居注官の記注及び起居注冊の編纂にあたっては細かい規定があり、起居注官やその監督官などの自由裁量に任されることは絶対にありえぬことであった。

第6節　起居注の衰退

　『嘉慶事例』の記事は、まったく『光緒事例』に受け継がれた。そして、嘉慶朝から咸豊朝にいたるまで、その起居注冊の体裁はほとんど変化がみられなかった。しかし、同治朝に入ると表装は一変した。寸法は縮小され、黄絹の表装は黄色の薄紙となり、月の誤記や干支の未記入などもみられるようになったのである。光緒朝に入ると、本来絶対開けられることのなかった記事と記事との間が、一日のなかでも諭旨などが異なると、わざわざ新しく葉替えがなされて、空白が非常に多くなってしまった。また、以前1葉が表・裏各7行の計14行であったのに、表・裏各5行の計10行に減ってしまい、その記載内容も貧弱となっていった。

　ここに試みに光緒元年正月元旦の起居注冊の記事を掲げてみるが、先に掲げた起居注冊と比較してみれば、その内容の薄さは瞭然である。

　　光緒元年歳次乙亥正月初一日己亥、上詣鍾粋宮皇太后前請安、長春宮皇太后前請安。卯刻、上詣観徳殿几筵前、行三跪九叩礼。畢、駕進宮居養心殿。内閣奉諭旨英桂著以吏部尚書協辦大学士。又奉諭旨沈桂芬着以兵部尚書協辦大学士。是日、起居注官宗室奎潤、徐致祥。

　そのうえ、満文本と比較してみると、記事の記載順序が異なっていたり、甚だしきにいたっては満文本に省略された箇所も認めることができる。たとえばここに掲げた光緒元年正月の起居注冊において、その満文本の上巻は何と正月

六日までしかなく、七日から十五日までの記事は、漢文本には存在するが、満文本では省略されている。七日から十四日まで、漢文本の記事は、

　　　上詣鍾粹宮皇太后前請安、長春宮請安。

のくり返しで、八日に短い上諭、十日に沈葆楨の奏などに関する台湾関係の諭旨が４件、そして十五日にまた短い記事があるも、満文本ではすべて省略されている。またこの両本の騎縫の印はひどく乱雑になされ、捺し忘れなどもみられる。誤記なども各所にみられ、その訂正にあたっては紙をその箇所の上に貼り、書き直すという方法をとっている。これも、以前はあまりみられなかったことである。

　満文本にみられるこのような記事の省略という事実は、「満文起居注冊の形骸化」を如実に示すものであり、元来漢文本の翻訳であった満文本が、これでまったく形式的なものになってしまったわけである。各葉にみられる記事間の空白、容易な誤記の訂正法、印の捺し忘れなどにより、いわゆる書き込みや改刪の危険性が増大したと考えられる。しかし、逆にみれば、それだけ起居注冊のもつ機密性、重要性が喪失してしまったわけである。台北・故宮博物院から出版された『宮中檔光緒朝奏摺』をみても、この時代に中央に流入する情報量が厖大なものであったことが判断できる。にもかかわらず、寸法を縮小し、１葉の行数を減らし、記事間に空白を設け、記載記事量自体の減少がみられるのは何故であろうか。もちろん光緒朝の初期において天子が幼少のため、またのちになっても西太后らの力により親政が執れなかったという「皇帝権の失墜」もその一因にあげうるであろうし、財政問題もあると思われる。そして、やはり相継ぐ内乱などによるいわゆる国力の疲弊が、それに大きな役割を果たしていたのであろう。

　宣統朝に入ると、起居注冊は一様が表・裏各４行の８行となり、印も朱ではなくインクのようなもので乱雑に捺されている。そして、その記事は極めて簡単である。

お わ り に

　起居注は、康熙十年八月に設置され、数年間の中断はあるも宣統朝まで継続された。その制度は最初から確立したものではなく、その必要に応じて次第に充実されていったものであったが、嘉慶朝を頂点としてもはや発展はみられず、起居注冊は粗略化の方向へと進んでいった。

　起居注冊は実録作成のための資料であるような見方がある。清代の起居注冊と実録との関係は、密接なものであったことは確かである。しかし、起居注冊を実録の資料のみのものとして理解することは誤りである。この両者は別個の編纂物である。先に述べたように、起居注冊が毎月末に資料がまとめられ、翌年には正本が完成するという極めて同時代の史料であるのに比して、実録は周知のように、皇帝の崩御したのちに編纂されるという、後世の改刪の危険を有する史料である。確かに、実録が同時代資料を使用して編纂されるという事実は、実録に同時代的な性格をもたせるが、やはり改刪等の危険性は無視できない。起居注冊も同じ「編纂物」であるという点は考慮せねばならないが、清代各朝皇帝の言・行を日々記した同時代の独立した冊子として、その史料的価値は高い。

註
（1）　今西春秋「明季三代起居注考」田村實造編『明代満蒙史研究』京都大学文学部、1963年、所収。この論文は、今西が以前発表した「明の起居注に就いて」『史林』第19巻第4号（1934年）、および「同補正」『史林』第20巻第1号（1935年）をまとめて補正を加えたものである（以下「起居注考」とする）。
（2）　個々の論文としては、次の2論文を掲げうる。
　　○陳捷先「清代起居注館建置略考」『清史雑筆』（一）、1977年、台北・学海出版社、所収。
　　○川越泰博「清代起居注の典拠資料について」『鈴木俊先生古稀記念東洋史論叢』1975年、東京・山川出版社、所収。

また、本論文の発表後、

〇荘吉発「清代起居注冊的編纂及史料価値」『清代史料論述』1980年、台北・文史哲出版社。

が発表された。本章と重なる部分も多いが併せ参照されたい。また、2009年に北京（中国第一歴史檔案館所蔵漢文本、32冊）と台北（台北・故宮博物院漢文本、22冊）の起居注冊が共同で影印出版された。この『清代起居注冊 康熙朝』（北京・中華書局、台北・聯経出版公司）については、

〇鈴木真「『清代起居注冊 康熙朝』」『満族史研究』第9号、2010年、51〜54頁、を参照。

（3） 『故宮文献』第2巻第3号、1971年、台北・故宮博物院、61〜68頁。また、1935年、北平・故宮博物院文献館より刊行された『清内閣貯旧檔輯刊』第4編「起居注存佚冊数表」によれば、康熙十年から宣統三年までの起居注冊、起居注冊草本などが若干の欠本はみられるものの、ほぼ完全に内閣大庫に、そしてごく一部は北京大学研究院文学部、中央研究院歴史博物館にも所蔵されていたことがわかる。

なお、台北・故宮博物院所蔵起居注冊（いずれも漢文本）については、

『清代起居注冊 道光朝』全100冊、1985年、台北・聯経出版事業公司

『清代起居注冊 咸豊朝』全57冊、1983年、聯経出版事業公司

『清代起居注冊 同治朝』全43冊、1983年、聯経出版事業公司

『清代起居注冊 光緒朝』全80冊、1987年、聯経出版事業公司

が上記『清代起居注冊 康熙朝』のほかに影印出版されている。また北京・中国第一歴史檔案館所蔵の起居注冊（いずれも漢文本）については、上記以外に、

『康熙起居注』全3冊（本書のみ排印本、他は影印本）、1984年、中華書局

『雍正朝起居注冊』全5冊、1993年、中華書局

『乾隆帝起居注冊』全42冊、2002年、広西師範大学出版社

『嘉慶帝起居注冊』全22冊、2006年、広西師範大学出版社

『光緒帝起居注冊』全16冊、2007年、広西師範大学出版社

『宣統帝起居注冊』2007年、広西師範大学出版社

が出版されている。これで漢文本については清代各朝起居注冊がほぼ公開された。

（4） 「満文『起居注冊』之現況及其価値」『清史雑筆』（二）、1977年、台北・文海出版社、所収。

（5） 『世祖実録』巻八十八、順治十二年正月甲寅。

234　第3部　清朝文書の多様性

（6）　『世祖実録』巻八十九、順治十二年二月壬戌。

（7）　『聖祖実録』巻三十三、康熙九年八月乙未。

（8）　『聖祖実録』巻三十五、康熙十年三月癸丑。

（9）　『世祖実録』巻九十、順治十二年三月癸丑。

（10）　『聖祖実録』巻三十六、康熙十年八月甲午。漢字主事ではなく漢軍主事とあり、
　　　これは会典の記事でも同じである。

（11）　『聖祖実録』巻三十四、康熙九年十二月戊子。

（12）　『聖祖実録』巻五十八、康熙十四年十一月丁酉。

（13）　たとえば『清国行政法』第1巻上、274頁。今西春秋「起居注考」595頁。陳捷
　　　先註（2）論文86頁。ただ、陳はこの実録の記事に気付いていたようで、「本文は
　　　熊賜履、哲庫納等の康熙朝名臣の資料及び大清会典等の書の記載を根拠にした。
　　　清実録の記述は、他日再び校訂を行う」（註（2）論文、93頁、註(18)）としてい
　　　る。

（14）　『聖祖実録』巻三十四、康熙九年十月甲午。

（15）　『聖祖実録』巻三十四、康熙九年十一月丙辰。

（16）　『聖祖実録』巻三十五、康熙十年二月丙戌。

（17）　『聖祖実録』巻三十五、康熙十年三月癸丑。

（18）　『光緒会典』巻七十、「翰林院、起居注館」。

（19）　この行幸が著名な「第一次東巡」である。

（20）　今西春秋「起居注考」654頁。

（21）　康熙二十九年に告成した『康熙会典』には、康熙二十年までの定員の変化が示
　　　されている（巻一百五十五、「翰林院、起居注館」）。

（22）　『聖祖実録』巻三十九、康熙十一年五月乙丑。

（23）　『聖祖実録』巻四十二、康熙十二年七月壬午。

（24）　『聖祖実録』巻九十四、康熙二十年正月辛巳。

（25）　『雍正会典』巻二百三十四、「日講起居注館」。

（26）　『聖祖実録』巻二百五十六、康熙五十二年十月庚寅。

（27）　『聖祖実録』巻二百五十六、康熙五十二年十月癸卯。

（28）　『聖祖実録』巻二百五十八、康熙五十三年二月乙酉。

（29）　戴名世は、その文集『南山集』において清朝を誹謗したとして罪に問われた。
　　　康熙五十年十月、都察院左都御史の趙申喬は、戴名世を「私に文集を刻し、肆口

游談し、是非を倒置し、その語は多く狂悖」であると弾劾した。そこで康熙帝は「この弾劾したる事情を厳しく取り調べて具奏せよ」と旨を下した（『聖祖実録』巻二百四十八、康熙五十年十月丁卯）。翌年の正月にいたって、刑部等の衙門は「戴名世の著した南山集を察審するに、そのなかの孑遺集の内に大逆等の語があり、まさに凌遅（刑）を行うべき」であると題し、結局一族の十六歳以上の男子も斬罪に処された（『聖祖実録』巻二百四十九、康熙五十一年正月丙午）。

(30) 『聖祖実録』巻二百七十一、康熙五十六年三月辛未。

(31) 註(30)参照。

(32) その年の十月、ツェワン・アラブタンは、従兄ツェリン・ドンドプ Tsering Dondob を遣わして、チベットの事実上の支配者であったホシュートのラザン・ハン Ladzang Qaγan を殺害するといった大事件が起き、それ以前から清朝の西辺には緊迫した空気が漂っていた。『聖祖実録』巻二百七十四、康熙五十六年十月乙巳、青海親王羅卜蔵丹津疏報。及び Petech, Luciano; Notes on Tibetan History of the 18th Century. *T'oung Pao*, Vol. LII, Livr. 4-5, Leiden, 1966, pp.276-277 (a), ――; *China and Tibet in the Early XVIIIth Century*. 2nd, Revised ed. Leiden, 1972, Chapter III, pp.32-50を参照。このほかに、青海ホシュートの内部問題ももちあがっていた（Petech (a) 論文、pp.266-292）。

(33) 註(30)参照。

(34) 『聖祖実録』巻二百七十二、康熙五十六年四月丁亥。

(35) 『聖祖実録』巻二百七十八、康熙五十七年三月辛亥。

(36) 『聖祖実録』巻二百七十八、康熙五十七年三月壬子。

(37) 註(30)参照。

(38) 『聖祖実録』巻二百七十八、康熙五十七年三月戊辰。

(39) 註(25)参照。

(40) 註(25)参照。

(41) 『世宗実録』巻六、雍正元年四月乙丑。

(42) 『世宗実録』巻六、雍正元年四月丙寅。

(43) 台北・故宮博物院には、乾隆五十七年、同五十九年分の「内起居注」が保存されているが、これは漢文である。

(44) 今西春秋「起居注考」653～654頁。

(45) 『嘉慶事例』巻七百九十二、「起居注、建置」。

236　第3部　清朝文書の多様性

(46)　註(45)参照。

(47)　註(45)参照。

(48)　註(18)参照。

(49)　『光緒事例』巻一千五十五、「起居注、建置」。

(50)　註(21)参照。

(51)　『嘉慶事例』巻七百九十三、「起居注、職掌」。

(52)　これらの資料も台北・故宮博物院に保存されている。

(53)　『聖祖実録』巻八十四、康煕十八年九月甲寅。これには「三藩の乱」やジューンガルのガルダン Galdan の挙兵といった当時の緊迫した情勢のなかで、軍事上の機密保持という目的も当然あったはずである。

(54)　『聖祖実録』巻一百七、康煕二十二年二月癸酉。

(55)　註(45)参照。

(56)　註(45)参照。

(57)　先に掲げた康煕二十九年元旦の起居注冊には、3人の起居注官名がみられるが、このような例は乾隆初期にもふつうにみられる。

第2章　嘉慶帝の即位と皇后の冊立
——「嘉慶元年冊封皇后貴妃妃嬪檔」の分析をとおして——

は　じ　め　に

　皇后の冊立は、ただ皇帝の正妃の決定を意味するばかりでなく、その皇帝の後継者の選出にも大きな影響を及ぼす出来事である。その清代の皇后冊立の問題を、檔案資料を利用して研究しようという動きが近年あらわれてきた。たとえば、王樹卿は主として光緒十五年（1889）の光緒帝の婚礼の次第を記した『大婚典礼紅檔』によって皇后の冊立について論じ[1]、李鵬年は、各種檔案を利用して、光緒帝の大婚について考察を加えた[2]。しかしながら、両氏ともその検討の中心は光緒朝であり、それ以前の皇后冊立に関してはまだかなり考察の餘地が残されている。

　東洋文庫には、「嘉慶元年冊封皇后貴妃妃嬪檔」と表題された檔冊が所蔵されている。この檔冊は掌儀司が嘉慶元年一月四日（1796年2月3日）に行われた孝淑皇后冊立の際に必要となったさまざまな物品、人員、典礼の次第、立后後の処理等に係わる文書を記録したものである[3]。清代の立后はその典礼の形式などは各朝の「会典」や「会典事例」などから知ることができるが、実際の運営に関しては不明な点がいまだ多々みられる。また、この檔冊が記録する嘉慶元年の皇后冊立は、乾隆帝の生前譲位と関連する、清朝では初めて、中国歴代王朝でも明の武宗以来約350年ぶりの出来事（しかもこれは土木の変で武宗が捕虜となるという特殊な事情による）であるにもかかわらず、その際の典礼が、一般に行われる場合とどのように相違するのか、またどのような特徴を有するのかという問題について、いまだ研究の手がまったく入れられていない。

　小稿はこの「嘉慶元年冊封皇后貴妃妃嬪檔」の検討をとおして、清代の立后

238　第3部　清朝文書の多様性

の実態、とくにこの乾隆帝の譲位にともなう皇后冊立典礼のすがたをあきらかにしようとするものである。

第1節　清代の立后

崇徳元年（1636）、太宗ホンタイジは「大清」と国号をあらため、さまざまな国内改革をおしすすめ、多くの新しい制度を定めたが、そのなかで、五月十四日、次のような旨を降した。

　　聖皇帝の旨により、皇帝の后妃、娘の公主、婿の称号、和碩親王、多羅郡王、多羅貝勒、固山貝子の妻、娘、婿の称号を定める。皇帝の清寧宮の中央の大夫人を皇后、東の関雎宮の夫人を東大妃、西の麟趾宮の夫人を西大妃、東の衍慶宮の夫人を東側妃、西の永福宮の夫人を西側妃という[4]。

おそらく、これが形式的な面において、清朝における中国的な「皇后」という存在のはじまりであろう。なお、太宗時代の后妃たちについては、松村潤が詳しく検討を加えている[5]。

崇徳元年七月十日、皇后以下四妃の冊封の典礼が行われた。『満文老檔』によると、それは次のようであった。

　　皇后、東大妃、西大妃、東側妃、西側妃を封じた礼、七月十日吉日、衆和碩親王、多羅郡王、固山貝子、文武の衆官人が崇政殿に集まり、等級に従って列んだ後、聖皇帝は出御して崇政殿の玉座に坐った。内三院の官人等が「皇后を封ずる冊宝、儀仗を準備し終わった」と聖皇帝に上奏した。皇帝が旨を下し「冊封の儀物を持って行け」といった後、皇后を封ずる冊宝を、卓の上に左に冊、右に宝を置いて、節を持った二人が前導し冊宝を捧げて儀仗を率い、清寧宮の前に至ると、皇后、諸妃は皆起立した。内院の官人が封冊を卓から取って、東側の卓上に置いて西に向いて立ち、冊に書いた満洲、蒙古、漢の三国の文を皆読み上げた。（…「冊文」は略す…）このように冊文を読み上げた後、その内院の官人は冊書を捧持して女官に授けた。もう一人の内院の官人は宝を捧持してもう一人の女官に授けた。二人の女

官は倶に跪いて一つずつ受け取って、両側に侍立した女官に授けた。すると女官も跪いて受け取って、前に置いた黄色の覆いの卓上に置いた。それから金椅、儀仗を皆列べ終えた後、皇后は金椅に坐った。皇后を封ずる例が終わると、内院の官人等は節を先に立てて崇政殿に来て跪き、「皇后を封ずる礼が終わった」と上奏した。聖皇帝の旨により、続いて四妃を封ずる冊書を同時に捧持して、同じく節を持った二人が前導し、清寧宮の前に至ると、内院の官人等は先ず東大妃を封ずる満洲、蒙古、漢の三国の文で書いた冊書を卓上に置いて、次次と読み上げた。（…「冊文」は略す…）さように東宸大妃を封ずる冊文を読み上げ終わった後、その内院の官人は冊を捧持して女官に授けた。女官は跪いて受け取って、持って行って東宸大妃に授けると、妃は跪いて受け取って、側に立った女官に授けた。すると女官も跪いて受け取って、前に置いた卓上に置いた。さように東宸大妃を封ずる礼が終わった後、内院の官人は続いて西貴大妃を封ずる冊文を読み上げた。

　このあと東宸大妃と同様に典礼を行い、続いておなじかたちで、東側淑妃、西側荘妃を冊封した。この典礼ののち、皇后と二大妃、二側妃は太宗に謝礼し、あわせて、和碩睿親王（ドルゴン）が満洲を代表して満洲文の賀表を読み上げ、それに続き固倫額駙エジェイが蒙古を代表して表文の賀表を読み上げ、最後に石廷柱が漢人を代表して漢文の賀表を読み上げた[6]。すなわち、この皇后の冊立にあたっては、それが満洲、蒙古そして漢の三つの集団を代表する存在であるという意識が大きくあらわれていたのである。

　清朝は、やがて、1644年に入関を果たし、北京において、順治八年（1647）、同十年、康熙四年（1665）に皇后の冊立が行われた。ただ、これらの典礼がどのようなものであったのか、史料的な問題で具体的な姿ははっきりとしない。そして康熙十六年にいたり、大きな皇后冊立の典礼が行われた。それは、康熙の『大清会典』に詳しいが[7]、後で触れるように、後代の皇后の冊立は皆おおむねこの時の形式に従うことになる。しかし、細かな点（たとえば礼の方法）においては差異がみられるものの、このときの典礼のかたちは基本的に『大明会

240　第3部　清朝文書の多様性

典』にしたがっていると考えてよいであろう⁽⁸⁾。そののち、康熙二十八年、雍正元年（1723）、乾隆元年（1736）、乾隆十五年と冊立が行われた⁽⁹⁾。

　そして、乾隆六十年（1795）九月、乾隆帝は第15子嘉親王顒琰を皇太子とし、翌丙辰の年を嘉慶元年と建元して皇太子を皇帝に即けることをあきらかにし⁽¹⁰⁾、自らは太上皇帝となることになったのである⁽¹¹⁾。乾隆帝は同時に、同年十一月乙丑（十八日）、皇太子を紫禁城内毓慶宮にすまわせて、また皇太子の生母を「孝儀皇后」として追封した（ただ、この皇后は、正皇后であった孝賢皇后の次に位置することもあらためて示している）⁽¹²⁾。これとともに、皇太子の皇帝即位とともに皇太子妃ヒタラ（喜塔喇）氏を皇后に冊立し、ニオフル（鈕祜禄）氏を貴妃に、劉氏を妃に、侯氏を嬪にそれぞれ冊封することになった⁽¹³⁾。その新皇后の冊立にあたって、典礼執行作業の一翼を担っていたのが内務府に属する「掌儀司」であった。そして、その掌儀司が新皇后冊立に関する事務上の文書をまとめて抄写したものが「嘉慶元年冊封皇后貴妃妃嬪檔」（公益財団法人東洋文庫所蔵）である。

第2節　「嘉慶元年冊封皇后貴妃妃嬪檔」と皇后冊立

　東洋文庫所蔵「嘉慶元年冊封皇后貴妃妃嬪檔」の概要は、次のとおりである。体裁としては縦41.2cm、横29.2cmで、全90葉からなる。表紙には、

　　　　　皇后

　　　嘉慶元年冊封貴妃檔

　　　　　　妃嬪

と墨書されており、記録されている檔案は原文書どおり満洲文、漢文の二種類の言語が使用されて、その配列は年月日順でいわゆる「左綴じ」がなされている。これは、おそらくは満洲文檔案を意識したためであろう（本稿では、この綴じ方にならって丁数をふることにする）。また、本檔冊の「扉」の部分には、「乾隆六十年九月起至次年正月初四日」と記されているが、本檔冊に収録された各檔案は、乾隆六十年十一月十五日から嘉慶元年六月十六日までのものである。

第 2 章　嘉慶帝の即位と皇后の冊立　241

一般に各衙門の檔冊は改竄・書き入れを防ぐことなどを目的として、一葉ごと
に「騎縫印」が捺されるものが多いが、本檔冊にはそれがなされていない。

　本檔冊に収められた檔案は、満文が19件、漢文が43件の計62件であり、この
皇后の冊立にあたって、掌儀司が他の官署（鑾儀衛、内務府、内閣典籍庁、儀制司
等）に事務上のことなどで照会を行ったもの、また、上部組織である礼部から
の事務上の連絡、上奏文、他の官署からの照会、連絡などが主な内容である。

　本檔冊を作成した掌儀司（dorolon be kadalara fiyenten）という官署は、光緒の
『大清会典事例』によると、初めは「鐘鼓司」と称し、順治十三年にいたって
「礼儀監」とあらためられて、同十七年に「礼儀院」となった。掌儀司という
名称に変わったのは、康熙十六年からである[14]。乾隆『大清会典』によれば、
その職掌は内廷の礼楽にかかわる事務を司り、兼ねて「太監の品級を考察し、
また果園の収入を検閲す」というものであった[15]。この点からみれば、本檔冊
はこの嘉慶元年の皇后冊立典礼に関する直接の第一級史料ということができよ
う。

　さて、欽天監の報告により、皇后の冊立は嘉慶元年一月四日午時と決定した
が、この冊立典礼は、おおむね次のような順序で準備が進められていった。

　まず、典礼に必要な冊、宝（璽）、儀駕等の作成の準備がなされた。日付は
ないが、乾隆六十年十二月上旬に出されたと思われる礼部の知照には次のよう
にある。

　　礼部知照の事の為にす。儀制司の案呈に「恭み照らすに、嘉慶元年正月初
　　四日の皇后冊立ならびに同日の貴妃、妃、嬪冊封の件は、すでに礼部より
　　上奏して認められている。関係の与えるべき金冊、宝印および儀仗、采仗、
　　封号はおしなべ各衙門に行文して即ち仰せのとおりに処理を行わせる」と
　　あり、そのままその知照を記録している。査するに、定例に貴妃を封ずる
　　ときには金冊、蹲龍鈕の金宝、儀仗を給する。冊文、宝文、印文は内閣、
　　翰林院から撰擬、繕写させよう。金宝、金印は礼部が造班処と共同して鋳
　　造させよう。金冊、儀仗、采仗并びに盛冊、宝、印の匣架、袱褥及び執事
　　人等が着る袍服等は、ともに工部に交与して製造せしめよう。また内務府

に行文して、行わなくてはならない準備処理のことがあれば、あわせてい
そぎ処理するのがよろしい。……[16]

　このような準備と並行して、のちに詳述するように典礼をとりしきる女官の
選定、およびそれに係わるさまざまな事務が掌儀司で行われた一方、冊封に重
要な妃、嬪の封号に関しては、次のように決定された。皇后、貴妃とは相違し
て、妃、嬪には封号が必要であり、その選定作業が行われた。まず、内閣はい
くつかの封号の案をもって御覧に供し、乾隆帝にリストに硃筆で丸をつけて選
んでもらうかたちをとった。そのようにして決定された封号は、妃劉氏が「誠
（満洲語は yargiyangga）」、嬪侯氏が「瑩（満洲語は nilgiyangga）」であった[17]。そし
て、これらの準備を経て、嘉慶元年一月四日、皇后冊立の典礼が挙行された。
また、その日は太上皇帝（乾隆帝）が、千叟宴[18]を催した日でもあった。

　「嘉慶元年冊封皇后貴妃妃嬪檔」には礼部が上奏した冊立典礼当日の次第が
収められている（日付はみられないがその前後の記事からみて乾隆六十年十二月二十
日から二十二日までの間に第一案[19]が上奏され、そして、同月二十七日に第二案〈修正
案〉[20]が出ている）。その詳細は後述のようであるが、実はこれにはその前日の
祭礼の記述がみられない。乾隆六十年十一月二十八日付、最初の礼部上奏は、
典礼のおおまかな次第を説明したものであるが、そのなかに次のような記事が
みられる。

　　臣等恭み査するに、冊立の典礼は、勅旨を奉ずるのを俟って、冊立の前一
　　日に、官各一員を遣し。天・地・大廟後殿に告祭する。並びに嗣皇帝に親
　　しく奉先殿に詣って行礼していただく。その際の祝文は翰林院に依頼して
　　撰擬させ、祭品及び遣官行礼の部分は、太常寺、内務府が管理する[21]

　この冊立前日の祭礼に関しては、『高宗実録』の記載により実施されたこと
が確認できるので[22]、本檔冊中にそれに関する具体的な記事はみられないが、
この計画のとおり実行されたのであろう。そして、嘉慶元年一月四日当日の皇
后冊立、貴妃、妃、嬪冊封典礼の次第は、さきの礼部の上奏によると次のよう
であった。

　　当日朝、鑾儀衛は皇帝の法駕鹵簿[23]をならべ、楽部は和声の楽懸を仮設

第2章　嘉慶帝の即位と皇后の冊立　243

する[24](「事例」によれば太和門外に)。礼部と鴻臚寺の官は節案(「節」をのせるための案)四張を太和殿内部の中央に置いて、皇后、貴妃、諴妃、瑩嬪の冊案(冊立、冊封のための「冊」をのせるための案)をその左側に設置し、皇后、貴妃の宝(璽)案と諴妃の印案をその右に設ける。また龍亭(皇后用)を二、綵亭(貴妃、妃、嬪用)を五つ、内閣門外に用意する。内鑾儀衛は、皇后の儀駕、貴妃の儀仗、諴妃、瑩嬪の采仗を各宮の門前に陳べ、内監は、皇后、貴妃、諴妃、瑩嬪の各宮内の中央にあらかじめ節案を各一張設置し、前に香案を、また冊案を各一張、各宮内の左旁に設ける。皇后、貴妃の宝案、諴妃の印案は各宮内の右旁に設ける。楽を皇后の宮に設ける。時間となったとき、鴻臚寺の官は親王以下八分公以上までを導いて太和殿の丹陛の上に立たせ、正・副使は丹墀内において東班し、西に向かって立たせ、文武の各官は各々品級に照らして丹墀内に翼をおもわせるようにならべ立たせる(最初の案ではこのあとに「朝鮮、安南、暹羅等からの使臣は西班する百官の最後に立たせる」と記されているが、十二月二十七日の最終案では削除されている)。礼部の堂官(長官)は節を捧げ持ち、内閣と礼部の官は冊・宝・印を捧げ持ってあらかじめ設けた各(龍・綵)亭のなかに置く。校尉は亭を担ぎ、亭の前には黄蓋各一を開き、御仗(儀仗兵)を整列させる。それから、中央をとおって太和門に入り、太和殿の階下に至る。亭をそこに停止させる。そこで、礼部の堂官は節を捧げ持ち、内閣と礼部の官が冊・宝・印を捧げ持って、中央の階段より太和殿内に入り、各案上にそれらを置く。欽天監が乾清門の外で吉刻になったことを報ずると、礼部の堂官は、太上皇帝に千叟宴の典礼が終わって、駕して乾清宮に帰るのに合わせ、乾清宮に御して陞座されるように奏請する(最初の案にはなし)。内監はあらかじめ拝褥(叩礼に用いる敷物)を乾清宮の月台の上に設けておく。皇帝は礼服を着けて、その拝礼をするところに行き、太上皇帝の前に立ち、三跪九叩の礼を行う。礼が終わって、皇后もまた礼服にて拝礼を行うところに行って六粛三跪三拝の礼を行う。礼が済んで、太上皇帝は座を起つ。礼部堂官は、皇帝に太和殿に陞ることを奏請する。皇帝は礼服を着けて輿に乗っ

て乾清宮を出る。午門の鐘鼓を鳴らし、礼部堂官が前導する。太和殿に至ったのちに皇帝は輿から降りる。皇帝が太和殿に御すとあわせて楽を奏でる（楽部によると「降平の章」）。礼部堂官は皇帝を導いて冊・宝・印が置いてある案の前に至らせる。皇帝はこれらの品を閲し、終わったならば楽の演奏を止める。鑾儀衛の官はそこで「鳴鞭」と叫ぶ。階下で三度鞭を鳴らす。鳴賛官は「排班」と叫び、丹陛では大いに楽を奏でる（「慶卒の章」）。鴻臚寺の官は王以下の者及び正・副使、文武各官（これも最初の案では朝鮮、安南、暹羅等の使臣が入る）を導いてならべ立たせ、鳴賛官が「進」と叫び、つづいて「跪」、「叩」、「興」と叫ぶ。王以下の者は三跪九叩の礼を行う。礼が済んで楽を止める。鴻臚寺の官は正・副使を導いて丹陛上の中央の路の左に至らせ、北向して立つ。鳴賛官は太和殿の簷下の東旁に立って西向して「有制」と叫ぶ。正・副使はそれから跪く。宣制官は殿の中門の東旁に西向して立ち、「制」と宣す。終わって、大学士らが殿の左門を入り、節を捧げ持って中門から出る。それから、正使にそれを授ける。正使は節を受けて起つ。鑾儀衛はそこで「鳴鞭」と叫び、階下で三度鞭を鳴らす。それにあわせて楽を奏でる（「顕平の章」）。皇帝は遷宮し、楽を止める。内閣、礼部、鴻臚寺の官は、冊・宝印を差し上げて退出する。正使は節をもって冊の前を行き、それから副使が随行し、中央の階段から下る。冊・宝・印を捧げ持ち亭のなかに置く。礼部堂官が前薄して校尉が亭を担ぎ、亭の前に各々黄蓋をさしかけ、御仗各一対を整列させて中央の路より太和門から出、王等もそれと共に出る。正使は節をもって副使はそれに随行する。冊・宝・印が置かれた亭は、協和門の中央の門から出て前星門外に出る。正使は節を捧げ持ち、そして内監に授ける。内監は節を持ち、冊・宝・印を担ぎ、それから皇后、貴妃、誠妃、瑩嬪の各宮の門外に至る。各々節を持ち、冊・宝・印を捧げ持って皇后の宮に入る。そのとき楽が奏でられる。皇后は礼服を身に着けて宮門の内の右に立ってそれを迎え、節・冊・宝の通過するのをまつ。皇后はそれらの品にしたがって宮に入り、拝礼する所に行って東面する（最初の案にはなし）。内監は節・冊・宝を捧げ持って各

案の上に置く。そこで楽が止む（最初の案では皇后が跪したところで楽が止む）。引礼女官（最初の案では賛礼女官）が「跪」と叫ぶと、皇后は跪す。そして「宣冊」と叫ぶと、宣冊女官は冊案のところに行って冊を捧げ持って宣す。それがすむと「受冊」と叫ぶ。宣冊女官は冊を捧げ持って左に侍した女官に授ける。その女官は跪して受け皇后に授ける。皇后はその冊を受け、右に侍した女官に手渡す。女官は跪して受け取り、起立する。次に引礼女官は「宣宝」を叫び、節と同じ様な順序で礼を行う。それが終わると再び楽が奏でられ、つづいて「興」と叫び皇后は身を起こす。そして「行礼」と叫び、皇后は六粛三跪三拝の礼を行う。礼が終わって、楽が止む。内監は節を捧げ持って宮を出る。楽が奏でられ、皇后は節を宮門内の右に立って見送る。節が通過すると楽は止み、皇后は還宮する。また、貴妃の宮内では「宣冊・受冊、宣宝・受宝」の礼が、また誠妃の宮内では「宣冊・受冊、宣印・受印」の礼が、瑩嬪の宮内では「宣冊・受冊」の礼が各々行われる。これらは皇后の宮内で行った礼と同様に行われる。それが終わると、内監は節を捧げ持って前星門内に至る。みなそろうのを待って共に出て、節を正使に授け、礼の済んだことを報告する。各正・副使は太上皇帝の宮の門前、皇帝の宮の門前に詣り、復命する。

　これが、典礼当日の次第であるが、皇后の行動に関しては、別の礼部の上奏に詳しい。それによれば、

　　まず当日朝、内鑾儀衛は皇后の儀駕を宮の階下と宮の門外に陳べ、内監は楽懸を丹陛の上に設ける。また、節案一張を宮内の中央に設け、その前に香案一張を設けて、拝礼するところを香案の南に設け、その左に冊案一張、右に宝案一張を設けておく、時間となったとき、内監は皇后に礼服を着けて乾清宮に詣り、太上皇帝の前において六粛三跪三拝の礼を行うように奏請する。礼が済んだのち、皇后は還宮して内監が節・冊・宝を捧げ持って入ってくるのを俟つ。楽が奏でられて、皇后は礼服にてそれらの品を宮門内の右に立って迎える。それらの物が通り過ぎるのをまって皇后はそれに随って宮に入り、東面して立つ。内監は節・冊・宝ならびに冊文、宝文を

246 第3部 清朝文書の多様性

各案の上に置いて退く。そこで楽が止む。引礼女官は皇后を導いて拝礼を
するところに就かせ、北面して立たせる。侍儀の女官四名は拝礼をすると
ころの左右に東・西面して立ち、宣読女官二人は東の案の南に立って西面
する。引礼女官が「跪」と叫ぶと、皇后は跪し、「宣冊」と叫ぶと、宣冊
女官が冊案のところに行って冊文を奉る[25]。

　以下は全礼の次第とほぼ同じであるので略すが、このほかに、貴妃の典礼、
誠妃の冊封に関する次第も見受けられる[26]。これも皇后の場合と同様であるの
で、ここでは省略する。

　さて、翌五日の典礼については本檔冊に収められた礼部の上奏によると次の
ようなものであった。

　　皇后は貴妃、誠妃、瑩嬪を率いて、皇帝の前で謝恩の礼を行う。当日、
　　朝、内監は皇帝に内殿に御して陞座されるように奏請する。そして内監は
　　皇后、貴妃、誠妃、瑩嬪を皇帝の前に導いて、皇后らは六粛三跪三拝の礼
　　を行う。礼が済んで、皇子が皇帝の前に詣り、三跪九叩の礼を行う。礼が
　　終わると皇帝は起座し、皇后は還宮する。内監は皇后に交泰殿に御される
　　ように奏請し、内監は貴妃、誠妃、瑩嬪が公主、福晋以下二品命婦以上を
　　率いて皇后の前で六粛三跪三拝の礼を行うのを導く。礼が済んで、皇后は
　　起座し、貴妃、誠妃、瑩嬪は還宮し、皇子は皇后の前に詣って三跪九叩の
　　礼を行う[27]。

　このようにして皇后冊立、貴妃、誠妃、瑩嬪冊封の典礼は進行・終了したの
である。

第3節　嘉慶元年皇后冊立の準備・典礼・事後処理

　次に、本檔冊所収の各檔案の検討をとおして、嘉慶元年の皇后冊立に係わる
いろいろな特徴についてみることにする。まず、漢文檔案であるが、これは事
務一般から他の官署との往復の文書にいたるまで多くの種類を有しており、先
に示した典礼の次第などもこれで記されている。その他、十二月十九日掌儀司

は敬事房に明年一月五日に皇后の前で慶賀の礼を行う公主、福晋、命婦等は、当日どの門から宮に入り、どこに集まり、どこで礼を行うのかはっきりしないので詳細に知らせてくれる旨照会したりしている[28]のは、その一例といえよう。また、旧来の例のかたちを踏襲しようとする礼部その他の官署と乾隆帝の間に意見の相違がみられる部分もある。

　従前の例によると、皇后冊立の翌日は、皇帝が太和殿に出御して、王、公、官人らの慶賀の表を受け、天下に頒詔布告するのが一般である。しかし、嘉慶元年の立后では前述の典礼次第でもあきらかなようにこれらのことは行われていない。しかし、最初の計画ではこの表賀の典礼と頒詔布告が行われることになっていた。

　乾隆六十年十一月二十八日付、礼部の上奏には、

　　嗣皇帝は殿に陞られ、賀を受けて天下に詔を頒せられる。その詔書並びに
　　臣工等の慶賀の表箋は、内閣より撰擬し進呈する[29]。

とある。この上奏に乾隆帝自ら「知道了」と硃批しているように、当初は従来どおり行う予定であったらしい。しかし、十二月十三日、乾隆帝は次のように内閣、衙門に諭した。

　　丙辰正月初四日、勅を降して嗣皇帝を冊立し元妃を皇后と為すとき、例に
　　照らして恩詔を撰擬して進呈する、このような虚礼は、必ずしも行わなく
　　てもよい。明年元旦帰政した後、朕は太上皇帝となり、嗣子は皇帝となり、
　　その嫡妃は当然冊立して皇后となる。これすなわち宮庭（廷）のきまった
　　礼儀である。ただまさに従前の例にしたがい、天・地・宗廟に祭告し、昭
　　茂の典をもってすればよい。どうして必ず恩詔を撰擬して、天下に布告し
　　なくてはならないのか。多くは煩わしい作法や虚礼である。皇后はまさに
　　きちんと内宮にあって恪み内職を修むもので、皇太后が母后となるのとは
　　異なる。きちんと尊崇しなければならぬ者を考えなくてはならない。我朝
　　の家法では、宮壼（内宮）は粛清にして、従って外事に干預しないもので
　　ある。来歳挙行の皇后を冊立する典礼では、特には恩詔せず、しかも預
　　（頒）発する必要もない。即ち王・公・大臣、以て外省の督撫等に及ぶま

で、また立后ということで朕の前及び嗣皇帝の前にて慶賀の表箋を呈進することはない。且つ皇后壽節暨び元旦・冬至（等の日のお祝い）は、外庭（廷）と渉りは無い。これ以後、倶に永へに箋賀を停止すること。並びにこれを例とし、以て体制をととのえて法を作り守るように(30)。

すなわち、これによって嘉慶元年一月五日の表賀の典礼や恩詔頒発は突然中止されてしまったのである。この上論が降される直前に、掌儀司が、一月四日、五日の典礼の際に太和殿で用いる棕毯の件で営造司に照会しているところからみて(31)、五日の太和殿の行事の中止が急遽決定されたことはあきらかである。この中止の理由ははっきりとしないが、以前の皇后の冊立とは相違して、「我朝の家法では、宮壼（内宮）は粛清にして、従って外事に干預しないものである。来歳挙行の皇后を冊立する典礼では、特に恩詔せず、しかも預（頒）発する必要もない。即ち王・公・大臣、以て外省の督撫等に及ぶまで、また立后ということで朕の前及び嗣皇帝の前にて慶賀の表箋を呈進することはない」としている点は興味深い。これは乾隆帝が即位して孝賢皇后が冊立されたときに王、公以下百官が上表慶賀したのとは大きな違いである。また、太宗が立后するときも前述のような様子であったことを思えば、ここに大きな変化があったとみなすことができよう。しかし、はるか時代がくだる光緒十五年の大婚＝皇后冊立の例をみると、乾隆帝の指示とは異なり、頒詔を行った上に多くの官人が慶賀の礼を行っている(32)。とすれば、この乾隆帝の措置は、皇帝の「譲位」の伴うこのときだけの特殊なケースであったと理解せざるをえない。

そして、乾隆帝はこの度の皇帝の譲位、皇后の冊立といった問題に際して、乾隆六十年十二月八日に次のように論している。

明年元旦、内殿に御して賀を受ける。嗣皇帝の皇后は、そのまま毎年の常例に照らして重華宮にて礼を行うこと。班次する公主福晋と嗣皇帝及び皇后にあっては均しく同輩であり、そのまま家人の常礼を行い、倶にかならずしも跪叩しなくてよろしい。もし（新）皇帝が冊封を受け、交泰殿・蠶壇に御し諸大礼を行うに及んでは、公主・福晋らは、自らまさに外班旧例に照らして（礼を）行うように。また嗣皇帝の貴妃・妃・嬪等、即ち皇子

第 2 章　嘉慶帝の即位と皇后の冊立　249

等側福晋の一例と同じく、其職分はともに朕前での行礼をすることはない。
　明年元旦、即ち此旨に照らして、総管太監に交与して記録させ、その時に
　遵行せしめよ。(33)

　ここで皇后冊立の直前まで「班次する公主福晋と嗣皇帝及び皇后にあっては
均しく同輩であり、そのまま家人の常礼を行い、倶にかならずしも跪叩しなく
てよろしい」としているのは、この度の皇帝の譲位ならびに皇后の冊立の重み
を知り得て興味深い。

　一方、満文檔案の内容は、ほとんどは典礼に係わる女官に関することである。
乾隆六十年十一月二十六日、掌儀司は、値年旗衙門に、「明年正月初四日に皇
后、貴妃、妃、嬪に冊を授け、冊立（封）の儀を執り行う典礼で、宝貝（皇后、
貴妃の印）を捧げ持つ、典礼を導く（引礼）、冊文を読み上げる、宝貝の文面を
読み上げるために皆満洲語のできる女官が必要」であるとして、各々所属の旗
から文武の官の妻、または東三省（dergi ilan golo 原文のまま）の官人らの妻のう
ち満洲語のできる者を各旗から十日のうちに推薦してほしい、そして、推薦さ
れた臨時の「女官」を「本司に送ってこさせて、典礼の予行練習をするのに備
えをさせたい」と連絡を行った(34)。

　冊文や宝文などは満洲語も記されていたので、先に記した皇后や貴妃などの
宮で行う典礼の際、それらを読む女官が必要となるのである。また、この記事
から判断すると典礼の進行も満洲語で指示されていたようである。しかし、こ
の時代になると満洲語のできる女官が不足し、なんと東三省にまで呼びかけね
ばならなかったのである。これと同文の咨文は乾隆六十年十二月朔日付で掌関
防管理内管領処にも送られている(35)。また、上部機関の礼部からも同年十二月
三日付で、内務府に同様な咨文が送られている(36)。ところが十二月十一日付の
掌儀司の移文によると、今まで届いた連絡では、鑲藍旗満洲に満洲語のできる
女官が二人いるだけで、のこりはまったく満洲語ができないということであっ
た。ことは緊急を要することで掌儀司はまた各関係機関に要請を行った(37)。そ
して、ようやく二十日になって副都統ダイサボー Daisaboo 岱塞保らの 6 夫人
が女官として決定し(38)、次には予行演習のため内閣典籍庁に冊文の満・漢文の

250　第3部　清朝文書の多様性

文章を送って欲しいと連絡している[39]。続いて掌儀司は、これらの（臨時）女官たちが十二月二十六日巳時に先蠶壇（nenden biyoo i mukdehun）に必ず集合させるむね値年期衙門に連絡をとった[40]。それと同時に先蠶壇を管理する奉宸苑に、同壇の同月二十六日から明年一月二日までの使用を要請している[41]。

　そして、十二月二十八日には広儲司に、女官25人分の礼冠、礼服の準備を要請している[42]。それとともに、翌二十九日に、啓運門の当直の者と、営造司経由で総管衙門に正月四日典礼当日亮鐘（夜明けの鐘）に、女官25人が神武門を通るので、門の東西の柵門を開けて、車輛にのせたまま通して欲しいと連絡を行っている[43]。そして、先の典礼の準備が進められたわけである。

お わ り に

　嘉慶元年一月十一日、太上皇帝は皇后の兄弟のうちシェンジュ Šenju に、旧例のとおり、「侯」の爵位を与えた。一方、典礼に従事した女官らには衣装代、車代が支払われることになった。それは、乾隆五十九年の妃嬪冊封に準じ、宣冊、宣宝、賛引が20両銀、外の女官が各10両であった。掌儀司はこの請求を蘇拉車輛事務処にまわした[44]。これは、後日談であるが、この車代はなかなか女官のてもとに渡らず、掌儀司は再三催促を行って、半年後の六月十七日にようやく支払われることになった。そして、掌儀司は値年旗衙門、各佐領、管領に饗し典礼に係わった女官の名簿を付して、連絡を行った[45]。その女官の名簿には次のように記されている。

　　冊立皇后執事女官
　　　宣冊

宣宝	副都統	岱塞保	之妻	正紅旗満洲	隆福佐領下
賛引	護軍参領	常清	之妻	常齢佐領下	
対引	前鋒参領	烏利喜	之妻	鑲藍旗満洲	永愨佐領下
授冊	郎中	徳清	之妻	正黄旗	仏英管領下
接冊	庫掌	恒寧	之妻		

授宝	内管領	哈豊阿	之妻		
接宝	内管領	達翰	之妻		

冊封貴妃執事女官

宣冊

宣宝	員外郎	武実	之妻	福慶佐領下	
賛引	護軍参領	福徳	之妻	倭昇額佐領下	
対引	護軍参領	那拉善	之妻	鑲黄旗満洲	多雍武佐領下
授冊	内管領	特宝	之妻		
接冊	員外郎	海金	之妻	徳清管領下	
授宝	内管領	常凱	之妻		
接宝	三等侍衛	双金	之妻	達翰管領下	

冊封諴妃執事女官

宣冊

宣印	監造	富成	之妻	音徳布管領下	
賛引	筆帖式	法豊阿	之妻	福昇佐領下	
対引	雲騎尉	福陞額	之妻	正白旗満洲	富僧厄
授冊	内管領	常索	之妻		
接冊	副内管領	福達里	之妻	趙山管領下	
受印	内管領	常英	之妻		
接印	筆帖式	全善	之妻	常福佐領下	

冊封瑩嬪執事女官

宣冊

賛引	副護軍参領	四達塞	之妻	恒林佐領下	
対引	副護軍参領	依克他布	之妻	鑲黄旗満洲	聖保
授冊	内管領	保格	之妻		

252　第3部　清朝文書の多様性

　　接冊　護軍参領　　　和昇額　　　之妻　　　常齢佐領下

　嘉慶元年一月四日に行われた皇后冊立、貴妃、誠妃、瑩嬪冊封の典礼は基本的には康熙十六年の形式を踏襲している。しかし、同年正月元旦の皇帝譲位、四日すなわち皇后冊立と同じ日に行われた太上皇帝（乾隆帝）の行った盛大な千叟宴の影響であるかどうか不明であるが、その翌日に太和殿で行われる予定であった恩詔の頒発や文武百官の慶賀の表箋などはすべてとりやめとなってしまった。これはこの皇后冊立典礼の大きな特徴でもある。

　このようにして冊立された皇后は、翌嘉慶二年二月七日に亡くなり（孝淑睿皇后と廟号がおくられる）、当時貴妃に冊封されたニオフル（紐祜禄）氏が皇后（孝和睿皇后）に冊立されることになる[46]（しかし、のちに嘉慶帝の陵〔昌陵〕に皇帝とともに葬られたのは先の皇后、孝淑皇后であった）。また、皇后冊立の模様は、のちの光緒帝大婚時のものであるが、『紫禁城帝后生活　1644〜1911』（故宮博物院編、1982年、中国旅游出版社）所収の当時の絵図に窺うことができる。

　以上、宮中儀礼に係わる内務府所属の「掌儀司」が、嘉慶帝即位に伴う皇后冊立典礼に関して記録した「嘉慶元年冊封皇后貴妃妃嬪檔」をもとに、同典礼の準備、執行、そして事後処理について論じた。このなかでも興味深いのは、満洲語を理解する女官に関することである。冊立典礼では、満洲語で所作の指示をだす必要があり、基礎的な満洲語の知識をもつ女官が必要であったが、本檔冊からは、18世紀末にはすでに満洲語のできる女官がほとんど存在していなかったという事実が判明した。この点だけからすると、宮崎市定のいう「（乾隆帝の時代に入ると）満洲人にして満洲語を知らざる大官も生じて朝廷を狼狽せしめた」[47]という指摘は一面正鵠を得ているといえよう。

　しかしながら、そのような状態でありながら、満洲語による文書はきわめて幅広く用いられていた。掌儀司が上級、平行、また下級官署に出すまたは受領する文書の多くは満洲語によるものであった。たとえば、掌儀司と同じ内務府に所属する広儲司、営造司、奉宸苑、掌関防管理内管領処等、また各旗の佐領、管領等旗関係の官署等に対する文書はみな満洲語で記されている（一方、中央

官署たる礼部、その所属である儀制司、内閣典籍庁等とのやりとりには漢語が用いられている）。その意味では、通信工具としての満洲語は一定の空間内という限定はあるものの、有効に機能していたということができよう。

その意味でも、本檔冊は、18世紀末の清朝中央、内務府をはじめとする宮中関係の諸官署間における満洲語使用の実態を知ることができるきわめて貴重なものということができよう。

註

（1）　王樹卿「清代皇后的冊立」『故宮博物院院刊』1980年第3期。また、清代各朝の皇后の冊立については、同「清代后妃制度中的幾個問題」『故宮博物院院刊』1980年第1期、を参照。また、清代の秀女と宮女の選出については「関于清宮的秀女和宮女」『故宮博物院院刊』総2期（1960年）、王佩環「八旗"秀女"与清宮后妃」『満族史研究通信』第6号、1997年、定宜庄『満族的婦女生活与婚姻制度研究』1999年、北京大学出版社、そして趙令志「論清代的選秀女制度」中国第一歴史檔案館編『明清檔案与歴史研究論文集　慶祝中国第一歴史檔案館成立80周年』所収、2008年、北京・新華出版社、を参照。

（2）　李鵬年「光緒帝大婚備辦耗用概述」『故宮博物院院刊』1983年第2期。

（3）　ちなみに東洋文庫には、皇后冊立に関わるものではないが、乾隆四十一年の順妃、誠嬪等の冊封に関する檔冊を含め、この他に掌儀司の檔冊が6件収蔵されている。

（4）　『満文老檔』太宗・崇徳十二、崇徳元年五月十四日（満文老檔研究会訳註、『満文老檔』Ⅵ、太宗3、1053頁）。『満文原檔』「日字檔」旧：第10冊、4810〜4811頁、新：188〜189頁。

（5）　松村潤「清太宗の后妃」『国立政治大学辺政研究所年報』第3期、1972年。のちに『明清史論考』（2008年、山川出版社）所収。

（6）　『満文老檔』太宗・崇徳二十、崇徳元年七月十日（満文老檔研究会訳註、『満文老檔』Ⅵ、太宗3、1163〜1176頁）。『満文原檔』「日字檔」旧：第10冊、4947〜4962頁、新：313〜328頁。なお、この太宗朝の皇后冊立と皇后らの宮の位置等については、松村潤「清初盛京の宮殿」『日本大学文理学部人文科学研究所研究紀要』第4号（1962年12月）、を参照。のち、『明清史論考』所収。

254　第3部　清朝文書の多様性

（7）　康熙『大清会典』巻四十三（礼部四）「冊立冊封」、参照。

（8）　『大明会典』（万暦十五年刊本）巻四十八（礼部四）「冊立」一、参照。

（9）　雍正『大清会典』巻六十（礼部儀制司）「冊立皇后」、および乾隆『大清会典則例』巻五十八（礼部儀制司）「冊立」一、を参照。

（10）　『大清高宗法天隆運至誠先覚体元立極敷文奮武孝慈神聖純皇帝実録』（以下『高宗実録』と略称）乾隆六十年九月辛亥（三日）。

（11）　『高宗実録』乾隆六十年十月乙未（十八日）。

（12）　註(10)参照。

（13）　礼部、無年月（その内容からみて乾隆六十年十二月上旬に出された）漢文知照、「嘉慶元年冊封皇后貴妃妃嬪檔」所収、第18丁表～第17丁表。

（14）　光緒『大清会典事例』巻一千一百七十、「内務府」、参照。

（15）　乾隆『大清会典』巻八十三、「掌儀司」、参照。

（16）　註(13)参照。

（17）　礼部、乾隆六十年十二月二十一日付漢文知照、「嘉慶元年冊封皇后貴妃妃嬪檔」所収、第26丁表～第27丁裏。

（18）　太上皇帝（乾隆帝）の千叟宴の模様については、『高宗実録』嘉慶元年正月戊申朔、を参照。また、清代各朝（康熙、乾隆）の千叟宴については、劉桂林「千叟宴」『故宮博物院院刊』1981年第2期、を参照。

（19）　礼部、無年月（乾隆六十年十二月中旬前年に出された）漢文奏文、嘉慶元年冊封皇后貴妃妃嬪檔」所収、第52丁裏～第45丁裏。

（20）　儀制司、乾隆六十年十二月二十七日付漢文移会、「嘉慶元年冊封皇后貴妃妃嬪檔」所収、第80丁表～第72丁裏。

（21）　礼部、乾隆六十年十一月二十八日付漢文奏文、「嘉慶元年冊封皇后貴妃妃嬪檔」所収第8丁表～第6丁表。

（22）　『高宗実録』嘉慶元年正月庚戌（三日）。

（23）　鹵簿とは、皇帝が儀式を行う際のさまざまな用具、乗り物等を指す（具体的には、光緒『大清会典図』巻七十七、等を参照）。法駕鹵簿は、その組合せの種類のひとつである（光緒『大清会典事例』巻一千一百九、「鑾儀衛」参照）。また、後出の皇后の「儀駕」、貴妃の「儀仗」、妃、嬪の「采仗」もこの類いのものである。

（24）　清代の宮中で、典礼その他の機会に演奏された音楽については、万依「清代宮

中音楽」『故宮博物院院刊』1982年第2期、参照。

(25) 礼部、無年月（註(19)とほぼ同時に出された）漢文奏文、「嘉慶元年冊封皇后貴妃妃嬪檔」所収、第45丁裏〜第38丁表。

(26) 註(13)参照。

(27) 礼部、無年月（註(19)とほぼ同時に出された）漢文奏文、「嘉慶元年冊封皇后貴妃妃嬪檔」所収、第36丁表〜第29丁裏。

(28) 掌儀司、乾隆六十年十二月十九日付漢文移査（敬事房宛）、「嘉慶元年冊封皇后貴妃妃嬪檔」所収、第21丁表〜第20丁裏。

(29) 註(21)参照。

(30) 乾隆帝上諭、乾隆六十年十二月十三日（十二月二十日付掌儀司抄録）、「嘉慶元年冊封皇后貴妃妃嬪檔」所収、第244丁裏〜表。

(31) 礼部、乾隆六十年十二月十三日付漢文知照（十二月二十日抄出営造司宛）、「嘉慶元年冊封皇后貴妃妃嬪檔」所収、第56丁裏〜第55丁表。

(32) 王樹卿「清代皇后的冊立」、44〜45頁、参照。

(33) 『高宗実録』乾隆六十年十二月乙酉（八日）。

(34) 掌儀司、乾隆六十年十一月二十六日付満文咨文、「嘉慶元年冊封皇后貴妃妃嬪檔」所収、第4丁表〜裏。

(35) 掌儀司、乾隆六十年十二月一日付満文移文（掌関防管理内管領処宛）、「嘉慶元年冊封皇后貴妃妃嬪檔」所収、第5丁裏〜第6丁表。

(36) 礼部、乾隆六十年十二月三日付満文咨文（内務府宛）、「嘉慶元年冊封皇后貴妃妃嬪檔」所収、第8丁裏〜第9丁裏。

(37) 掌儀司、乾隆六十年十二月十一日付満文咨文、「嘉慶元年冊封皇后貴妃妃嬪檔」所収、第18丁表〜第19丁裏。

(38) 掌儀司、乾隆六十年十二月二十日付満文知会（値年旗衙門宛）、「嘉慶元年冊封皇后貴妃妃嬪檔」所収、第27丁裏〜第29丁表。

(39) 掌儀司、無年月（乾隆六十年十二月二十日〜二十二日の間に出された）漢文咨文（内閣典籍庁宛）、「嘉慶元年冊封皇后貴妃妃嬪檔」所収、第53丁裏〜表。

(40) 掌儀司、乾隆六十年十二月二十二日付満文咨文（値年旗衙門宛）、「嘉慶元年冊封皇后貴妃妃嬪檔」所収、第54丁裏〜第55丁表。

(41) 掌儀司、乾隆六十年十二月二十二日付満文移文（奉宸苑宛）、「嘉慶元年冊封皇后貴妃妃嬪檔」所収、第55丁表〜裏。

256　第3部　清朝文書の多様性

(42)　掌儀司、乾隆六十年十二月二十八日付満文移文（広儲司宛）、「嘉慶元年冊封皇
后貴妃妃嬪檔」所収、第80丁表～第81丁表。

(43)　掌儀司、乾隆六十年十二月二十九日付満文知会（啓運門当直の大臣宛）、「嘉慶
元年冊封皇后貴妃妃嬪檔」所収、第81丁表～第82丁表。掌儀司、同日付満文知会
（営造司宛）、同檔冊所収、第82丁表～第83丁表。および、掌儀司、乾隆六十年十
二月二十九日付漢文知会（提督衙門司務庁宛）、同檔冊所収、第83丁表。

(44)　掌儀司、無年月（嘉慶元年一月すぎに出された）満文知会（掌関防管理内管領
処宛）、「嘉慶元年冊封皇后貴妃妃嬪檔」所収、第83丁表～第84丁表。

(45)　掌儀司、嘉慶元年六月十六日付満文知会（値年旗衙門宛）、「嘉慶元年冊封皇后
貴妃妃嬪檔」所収、第87丁裏～第88丁表。掌儀司、同日付満文知会（各佐領、管
領宛）、同檔冊所収、第88丁表～裏。および、この二つの知会に付された漢文名
簿、同檔冊所収、第90丁裏～第88丁裏。

(46)　『高宗実録』嘉慶二年二月戊寅（七日）。

(47)　宮崎市定「清朝に於ける国語問題の一面」『東方史論叢』第一（北方史専号）、
1947年、55～54頁、『宮崎市定全集』14所収、1991年、岩波書店、335頁。

第3章　清代双城堡の屯墾について
──咸豊元年の副都統職銜総管設置をめぐって──

は じ め に

　清も乾隆年間に入ると、北京に居住する閑散旗人の困窮問題が深刻化し、その解決の一策として吉林、黒龍江地方への屯墾が実施された。しかしこの屯墾は、さまざまな優遇策が講じられたにもかかわらず、都会生活に慣れた旗人たちにとって北方の厳しい環境での耕作は苦痛であり結果的に失敗した、というのが通説となっている[1]。これら困窮旗人対策の一環として、双城堡（当時吉林将軍管下、現黒龍江省）の屯墾が、嘉慶年間より開始された。

　この双城堡の屯墾については、すでに戦前に米倉二郎が実地調査をふまえてその概略を述べ[2]、また、旧満洲国時代、瀋陽にあった国立中央図書館籌備処旧記整理処で研究を行っていた江嶋壽雄は、同処に保管されていた「双城堡総管衙門檔案」[3]を利用するとともに、双城堡においてフィールド調査を実施し、それをもとに検討を行った[4]。なお、江嶋はこの双城堡の旗人屯墾に関する詳細な研究を続け、その研究報告を完成したのであるが、残念なことに終戦間際の混乱のために印刷に付されずしておわった[5]。

　江嶋はこの双城堡の屯墾について、

　　嘉慶末年までに吉林盛京の屯丁の入墾するもの三千戸、京旗は道光四年より七年までに約三百六十戸。更にそれ以降の入墾者を加えて咸豊五年の一旧記（「双城堡総管衙門檔案」……加藤）には六百九十八戸といひ、同治十三年の正黄旗並びに鑲黄旗京旗戸口冊はまさしくこの数に適ひ両旗の計六百九十八戸と記し、（……中略……）道光以来盛京閑散旗丁の潜入屯墾するもの後を絶たず、道光二十四年奏留した盛京就食浮丁二千四百餘戸、同二十

258　第3部　清朝文書の多様性

　　七年奏留したもの九百餘戸、咸豊の初年には京旗を除く有業旗丁は六千餘
　　戸に上り（咸豊五年旧記）光緒年間に至るまで後続の潜来旗丁を稽査禁抑
　　するに努めたことを以て見れば双城堡屯田が少なくとも窮乏した盛京管内
　　旗丁にとっていかに歓迎せられ希望の光となってみたかを知り得る。

と述べ[6]、この屯墾が北京の旗人（京旗）のみならず盛京の旗人の救済にきわ
めて重要な役割を果たしたことを強調している。しかし、これ以後、わが国に
おいて双城堡屯墾に関する研究はみられない。これは主として史料的な限界に
よるものであった。

　中国では、東北地方の研究者を中心としてこの屯田研究が進められ、最近で
は定宜庄[7]や范厚[8]らが、檔案史料などをも参照しながら論じているが、これ
らは主として「屯墾」の経過、またはその中心となったフシュン（Fušun、富俊）
について考察したもので、屯墾後の双城堡の情況などについては残念ながら触
れられていない。

　南京大学図書館には『屯田紀略』と題された抄本が所蔵されている。この抄
本は、双城堡屯田を指導した王履泰が、この屯田に関係する諸資料を収集、編
纂したもので、双城堡屯墾関係の第一級史料である。ちなみに本抄本は『双城
堡屯田紀略』という表題のもと「長白叢書」第4集の一冊として、評点が付さ
れて鉛印されている（以下「長白叢書本」という）。この長白叢書本の「整理前言」
にしたがえば、撰者王履泰は、江蘇・呉江の人で、官は大名府知府にまで達し、
嘉慶十三年（1808）には『畿輔安瀾志』を進呈しているが、のちに「違制聴听
由」の罪で職を免じられ、道光元年に黒龍江へ発遣されている。やがてかれは、
吉林将軍フシュンにより吉林に留められて屯田の経営を請け負ったが、その業
餘に屯墾に関係する檔案を集め、それを分類・整理・摘録した。それが『屯田
紀略』十六巻である。

　本書の内容は所収檔案の種類にしたがって、「上諭」「奏略」「咨会」「札檄」
「示約」の5つに分けられている（長白叢書本では、この5分類のみによって整理さ
れており、原本の分巻状況は不明である）。本書に収められた檔案のうち、「上諭」
と「奏略」については、道光七年（1827）に成った『吉林外紀』（巻十、「双城堡」）

や、のちの『吉林通志』（巻三十一下、食貨志四、屯田下、双城堡屯田）などの編纂書にいくつか収められているが、『吉林通志』等所収の史料には単なる省略ばかりでなく、意図的に改竄された部分などもみられるので、その利用にあたっては充分な注意が必要である。また『双城堡屯田紀略』所収の「咨会」「札檄」「示約」と分類・抄写された各檔案は、いままでまったく知られなかった第一級の原史料である。ただこの『双城堡屯田紀略』の記事は基本的に道光三年までの、また江嶋が利用した「双城堡総管衙門檔案」は、基本的に総管衙門の設置に関わる道光三十年（1850）以降の檔案である。

一方、天理大学附属天理図書館（以下「天理図書館」）には、「wesimbure bukdari jise 奏摺稿」（以下「奏摺稿」）と仮称された満漢合璧の檔冊が所蔵されている。この檔冊は、哈密総辦大臣、科布多参賛大臣、杭州副都統、吉林将軍などを歴任したグキン（Gūking、固慶）の奏摺をまとめたものである。グキンが吉林将軍に任じられたのは道光三十年で、咸豊三年（1853）正月には革職させられている。「奏摺稿」に収められたかれの吉林将軍時代の檔案は、咸豊元年八月、閏八月、九月の三ヵ月分であるが、グキンはその時期、双城堡をめぐるさまざまな対応を迫られることになった。筆者はこの檔冊の概要と科布多参賛大臣時代の奏摺についてすでに紹介を行った[9]が、吉林将軍時代のかれの奏摺についてはいまだ検討が加えられていない。

近年、檔案をはじめとする原史料の公開が進んでいる。江嶋が調査・研究した「双城堡総管衙門檔案」も現在瀋陽の遼寧省檔案館で自由に閲覧できるようになり、また屯墾に実際に関与した官員の奏摺類も北京の中国第一歴史檔案館や台湾の国立故宮博物院をはじめとする機関で容易に調査できるようになった[10]。

本章は、先学の研究成果に拠りつつ、かつこれら新出の史料を用いて、19世紀中葉以降の双城堡の屯墾に関わる問題を、とくに咸豊元年（1851）の双城堡総管衙門の設置と関連しながら論じようとするものである。

第1節　双城堡屯墾

　嘉慶十七年（1812）四月初二日、嘉慶帝は困窮する北京の各旗の閑散がその増加とともに、

　　各旗閑散人等為額缺所限、不獲挑食名糧。其中年軽可造之材、或閑居坐廃、
　　甚或血気方剛、游蕩滋事、尤為可惜(11)。

という情況を呈していることを憂慮し、「国家根本之地(12)」たる東三省に屯田させてその生活の安定を図りたい、と上諭を降した。嘉慶帝のこの政策の背景には、乾隆朝に開始された拉林地方（現黒龍江省）の開発の実績(13)や、「封禁の地」に対する漢人の流入に対する考慮があったのであろう(14)。これに対して吉林将軍サイチュンガ（Saicungga、賽沖阿）は、開墾可能なところが、拉林東北の鞍子山より桶子溝にいたる地に約 5 千餘晌（晌、1 晌＝15畝）と拉林東南の夾信子溝に約 2 万餘晌あると報告した(15)。ただ、サイチュンガは吉林地方が不作のため、しばらくの猶予を申し出た。しかし、嘉慶帝はそれを認めず、まず屯墾計画（章程）を籌議し上奏するように求めた(16)。

　嘉慶十八年、フシュンが吉林将軍に任じられると、かれは積極的に屯墾を推し進めるべく、周到な計画を上奏した(17)。計画では、まず先に吉林所属の無業の閑散旗人のうち、各旗からともに丁 1 千名を選んで屯丁とし、資金、耕牛、籽種などを与えて、拉林東南の夾信（子）溝（フシュンの奏摺には「子」の字はない）を開墾させることにし、十餘年のち、京旗の蘇拉（sula、閑散）がここに移駐するとき、その開墾地の一部を給することで入植を容易にさせようとしたのである。フシュンはこの準備のため官兵を派遣し、耕牛を買い、農具や食料を手配するとともに、吉林等の閑散旗丁のうち500名を先に移して、山の木を切り、小屋をたてて、嘉慶二十年の耕作に備えさせた。残りの500名は嘉慶二十年二月に双城堡に出発させたが、その年七月半ばに降霜があり、開墾まもない双城堡は、麦に実が入らず目標の 4 割の収穫しかあげられなかった。翌年以降は順調であったが、この屯墾は、絶えずこのような自然環境にたいする脆弱性

第3章　清代双城堡の屯墾について　261

を有していたのである[18]。

　このような条件のもとで、逃亡するものが相次いだ。しかし、土地、種子、食料、耕牛、農具、そして住居まで一切の費用を負担している政府側にとって、このような逃亡にはとくに厳しく対処する必要があった。したがって、現地の官に対して、厳しい責任を負わせることになった。嘉慶二十四年正月二十日付の吉林将軍衙門から各副都統衙門への咨文に、次のようにある。

　　一旗如逃至十名以外者、将該協領記過一年、佐領逃至五名以外者、将該佐領、驍騎校参処、領催責革示懲、而双城堡協、佐領等亦不能無過。皆縁平素不善開導教誨、厳為管束、以致脱逃。嗣後毎翼如再脱逃十名以外、将該佐領、驍騎校記過、領催、屯達等厳行貴慮。両翼逃脱至二十名以外、将該協領記過。所有前報脱逃、残廃本城屯丁共五十名、著各該旗留心挑選年壮誠実力田之人、限于二月十三日呈送衙門、当堂験補撥往外、其在逃之三十名屯丁、前于正月初八日曾給限一月勒拿務獲、亦令于験補之日将拿獲者送衙門、令新補之人眼看重処。不獲者将該領催伝到比責。(…後略…)

　　（『双城堡屯田紀略』「咨会」所収、「長白叢書本」84〜85頁）

　これは、各副都統衙門あての咨文であるが、文書末に「此を将て各旗辦に伝示し双城堡に札諭せしむ」とあるので、双城堡の各官に対しても示されたものであると考えてよいであろう。このような厳しい責任を負わせなければならないほど、逃亡の問題は深刻であったのである。

　嘉慶二十三年八月、フシュン（嘉慶二十二年二月にかれは盛京将軍に転任していたが、継続してこの屯墾に関する計画立案を行っていた）は、双城堡屯墾の第二段階として、2割ほどの未開墾の荒地に盛京、吉林の旗人で満洲、蒙古、漢軍を問わず現地に行って屯墾を希望するもの2千人をおくって耕作させることにした。まず嘉慶二十四年に耕牛、農具を買い調え、井戸を掘り、小屋をたて、翌二十五年春正月に出発させることにした。そして、このあとから入植するものを「左屯」と「右屯」に分け、先に開墾した地を「中屯」と称することにした。この嘉慶二十五年に入植した人々のなかには、康熙年間に来帰し、吉林などに居住していたシベ（Sibe、錫伯）の人々も含まれていた[19]。そして、この屯墾に

は 7 万3,872両という莫大な費用が必要であった。また、京旗の入植にあたっては、嘉慶二十八年より、毎年、旗毎に満洲20名、蒙古 5 名の25名、八旗合せて200戸を移駐させることにした（ちなみに、この満・蒙の 4 対 1 の割合の案については、『吉林通志』では削除されている）[20]。

　道光元年（1821）正月、フシュンは京旗の双城堡入墾に係わる章程を上奏し[21]、各都統等を経て各旗に希望者を募ったが、約一年経過したこの時点でも、入植を希望する者はわずか28戸であった[22]。この道光元年の「章程」によれば、道光四年に京旗の閑散200戸を移住させるはずであったが、道光三年六月五日付の吉林将軍松筠の上奏[23]によれば、この段階でも入植希望者はわずか31戸にすぎなかった。そして道光四年、ついに京旗54戸がこの双城堡に入墾することになり、京旗屯墾に当初の計画段階から関与してきたフシュンが吉林将軍に復帰して、この実務を担当した[24]。

　京旗の移住は、道光四年の開始から清末光緒三十四年（1908）にいたるまで698戸であった。この数字からみて、この屯墾は当初の「京師における閑散旗人の救済」という目的を充分に果たしたとはいえない。ただ、江嶋も指摘するとおり、吉林や奉天に居住する困窮した旗人にとってこの双城堡屯墾は有効であった。この旗人の屯墾では、すくなからぬ逃亡者を出したが、反面双城堡の周辺地域には、それら旗人たちのような「恩典」にあずかれないおおくの流民が居住していた。そして、のちの咸豊元年の吉林将軍グキンの上奏によれば、吉林地方では、これら流民のなかに集団で武装化するようなものも登場していたのである[25]。

第 2 節　双城堡における屯丁管理

　計画段階における双城堡の官制については、フシュンの嘉慶十九年十一月十四日付奏摺の付件「擬設官兵屯種章程」のなかに次のように述べられている[26]。

　　一、種地屯丁千名、応設営弾圧及辦理一切事件。擬設委協領一員、総司其事、由十旗佐領内揀選調補。其佐領缺即令無兼佐領之協領署理。由防禦内

第3章　清代双城堡の屯墾について　263

　　揀選二員作為委佐領、毎員各管一翼。由委官及世職七品監生内揀選二員作

　　為驍騎校、随佐領辦理一翼。屯丁事件呈委協領、由委協領核転詳報阿勒楚

　　喀副都統衙門辦理、咨報将軍衙門。防禦并無専司之事、毋庸補設。如挑委

　　官所出之缺、係食原餉、仍出領催、前鋒内挑補。至委協領、佐領、驍騎校

　　管理屯丁千名、応請照委更換頂帯以資弾圧、食原俸餉。

すなわち、屯墾地内における一切の事務は、委協領1員に総理させ、その下

に委佐領2員を任じて左右両翼を各々管理させ、また委驍騎校1員を併せ設け

て佐領にしたがわせて各翼の事務を処理させようとするのであり、これらの官

はすべて現地の佐領（ニル）中から選ぶことにしたのである。また、おなじ章

程のなかに、

　　一、種地八旗、応按左右翼分方立屯。鑲黄、正黄毎旗屯丁一百二十八人、

　　合牛三十二具。其餘六旗、毎旗屯丁一百二十四人、合牛三十一具。毎旗設

　　立五屯、毎屯設十家長二人、屯達（tun i da……屯長）一人。五屯設総屯達

　　一名、副屯達一名、倶由屯丁内揀選充補、以資約束、有事稟官辦理。

とあるように、この屯田に関しては各旗ごとに5屯が設けられ、総屯達1名、

副屯達1名、そして各屯ごとに屯達1名が選ばれて、実際に屯丁に対する管理

を補佐させることになった。そして、この「総屯達」から「屯達」にいたるま

で、すべて「倶に屯丁内より揀選して充補」せしめることになったのである。

　　これらの計画は、ほぼこのとおり実現することになるが、双城堡屯墾におけ

る管理の特色は、委協領、委佐領という「官」からこの「屯達」にいたるまで、

すべて屯墾を行った旗人のなかから選抜する点にあったのである。

　　嘉慶二十三年八月、フシュンは北京の閑散旗丁（京旗）を迎えるためにあら

たな計画（章程）を上奏した。それによれば、

　　一、新設双城堡左右二屯、不必仍前復設委協領、請照拉林協領一員管数佐

　　領之例、将原設双城堡作為中屯、将委協領明保改為実缺三品協領、総理三

　　屯。協領処原設有領催二名、甲兵二十名、今総理三屯事務較多、応請増添

　　領催二名、甲兵十名、以資辦公。前設之委佐領二員、委驍騎校二員、各管

　　旗丁五百戸、婚喪事件、戸口滋生、催征糧石、事務不少、均請改為実缺、

264 第3部 清朝文書の多様性

以資弾圧、照品食俸。新設二屯旗丁二千名内、盛京各処結保願往旗丁一千
七百三十九名、所短旗丁二百六十一名、在于吉林各城願往丁内挑取足数。
応添設佐領四員、驍騎校四員、各管旗丁五百名。毎佐領下応設領催二名、
甲兵十五名辦公応役。（…後略…）

　　　（『双城堡屯田紀略』「奏略」所収、「長白叢書本」22～23頁）

とある。いままでの左右両翼を中屯とし、あらたに左・右両屯を添設した際に、
併せて当地の官制の変更を要請したのである。これによれば、いままでの双城
堡の現地責任者「委協領」を実欠三品の「協領」とし、「委佐領」、「委驍騎校」
もあわせて実欠として、増設の2屯に「佐領」各2員、「驍騎校」各2員をあ
らたに設け、その管理事務を担当させることにし、結果的にこれは実現した。
また将来、京旗の閑散が入植するとき（計画当時は嘉慶二十八年以降を予定）には、
あらためて佐領や驍騎校などの官を増やすことにし、それらが600戸を越した
場合は、三品の協領をも添設することにした。京旗の閑散の入植予定者は3千
名であったので、順次戸数に応じて関係官員を増やしていき、計画によれば、
最終的に協領2員、佐領11員、驍騎校11員となるようになっていた（前掲奏摺）。
しかしながら、さきにふれたように実際は京旗の入墾は少なく、清末にいたる
まで698戸にすぎなかったので、最終計画のような人事が行われることはなかっ
た。

　また、嘉慶二十四年からは、廃員の原署承徳県知県竇心伝らを双城堡に派遣
し、実際の事務処理を援助させるようになった[27]。これらの廃員たちが派遣さ
れた事情は、フシュンにかわって吉林将軍となった松筠の奏摺によれば、

　　　前任将軍富俊因該屯佐領・驍騎校等官、大率粗愚不能勧稼課耕、奏請倣照
　　　直隷営田之例、在于廃員中挑撥熟諳農田水利二三員、責令勧課。

　　　（道光三年四月初十日付奏摺、『双城堡屯田紀略』「奏略」所収、「長白叢書本」67
　　　～69頁）

とあり、農田、水利にあかるい廃員が選ばれて双城堡に派遣され、実務を担当
したのである。ちなみに、さきにふれたとおり、『双城堡屯田紀略』の撰者王
履泰自身も廃員からの登用であった。

第3章　清代双城堡の屯墾について　265

　また、道光二年六月二十日付の咨文によれば、吉林地方におくられた遺犯（とくに常犯……一般人の犯罪に係わる発遣）の一部が、釈放された際、この双城堡に屯墾を希望してゆるされ、3晌の熟地（既開墾地）と一切の農具を与えられて、正規の屯丁として補われている[28]。双城堡の近くにある拉林は、清代の著名な流刑地であるが[29]、この双城堡は、これら発遣された旗人にとって、刑期を終えたのちのひとつの重要な生活の場として機能したのであろう。逆にいえば、京旗の入植希望者が予想よりあまりに少なかったために、「遺犯」の入植希望者がこのような厚遇をもって受け入れられたのであろう。

　入植より道光末年にいたる双城堡の状況は、道光初年からの京旗の受け入れと共にほぼ順調に推移し、当初入植した吉林、盛京の旗人のほかに、盛京などで困窮化した旗人が「浮丁」という不規則なかたちで続々と居住するようになった。また、前述の遺犯として拉林等の地に送られた旗人が、刑期満了後、この地に「屯丁」として定住するようになっている。そして、これらを管理するのが現地の旗人より選出された「協領」「佐領」「驍騎校」等の官であった。すなわち、双城堡の入植は、政府の困窮旗人対策の一端として行われた事業であるが、その実態は、吉林将軍、阿勒楚喀副都統等の強い控制は受けつつも、入植した旗人たちによる一種「自治」的な管理が行われていたのである。しかし、入植後三十年を経過するころになると、他の駐防地などにはみられないこの一種「自治」的な体制のなかでさまざまな矛盾が露呈してくるようになるのである。

第3節　双城堡総管衙門の設置とその背景

　咸豊元年五月初四日、吉林将軍に着任したグキンは、都察院からの咨文に接した[30]。それは、双城堡で革職された元委筆帖式塔奇佈が北京に赴き、現地における不正を都察院に具控したことに関するものであった。グキンは旨を奉じて、阿勒楚喀副都統薩炳阿とともにこの案件の調査を行うことになった。上訴の内容は次のようなものであった。

266　第3部　清朝文書の多様性

1　双城堡右翼佐領輔勒洪阿は、官荒地に私かに民佃を招き、1,300晌（坰）を開墾して私腹を肥やしている。

2　佐領輔勒洪阿は、倉穀を監収するさいに官斛を用いず、私かに口袋をつくって倉糧を浮取してそれを転売した。

3　佐領輔勒洪阿は、倉穀70餘石をぬすみとった。

4　佐領輔勒洪阿は、その筆帖式世興と領催阿爾杭阿とともに倉糧の計量を欺いて、浮取した分を転売した。

5　筆帖式世興は、売ってはならない官地を別の屯丁の英喜等に売却し、耕種させた。

6　筆帖式世興は、戸口調査に名を籍りて、衆丁の銭文を苛斂した。

7　双城堡の員弁は、流民万餘戸を招いて、官荒を侵し、私かに数万餘晌を耕して、私腹を肥やしている。

この咨文によれば、上訴を行った塔奇佈は、双城堡の屯丁で、道光二十八年（1848）に右翼筆帖式となった人物である。同二十九年春、佐領輔勒洪阿はこの塔奇佈に倉糧販売を委ねたが、塔奇佈は多数の運搬車両の整理に心をとられ、その際に「糧票」を受け取ることを忘れてしまいそのままになっていた。その後、輔勒洪阿の筆帖式世興はこのことを調べだして、阿勒楚咯副都統衙門の裁可を経て塔奇佈を革職処分とした。また、佐領輔勒洪阿は、このときの欠損分として塔奇佈の土地を取り上げたので、かれは生計のみちを失い、この「直訴」に及んだのであった。

グキンは、阿勒楚咯副都統薩炳阿とともに、塔奇佈ならびに輔勒洪阿、世興らおおくの関係者の事情聴取をすすめ、結果的にこの塔奇佈の訴はいずれも容疑がなく、「挾嫌誣控」すなわち私怨にて事実を勝手に捏造して訴えに及んだものであると報告した。たとえば、第一の官荒地に民佃を招いて開墾させたという上訴にたいしては、この開墾が京旗の故徳忠なる人物の妻徳呉氏が、当地の関帝廟建修のために行ったものであり、輔勒洪阿とは無関係であるとしている。ちなみに徳呉氏は、道光二十八、九年に修理が終わったのち、この私墾地の耕作を捨てたという（徳呉氏はこの結果、「侵佔官田の律」〈『清律』「戸律・田宅・

盗売田宅」〉にしたがい、杖一百、徒三年に擬せられたが、女性であることから徒罪は律に照らして「収贖」とし、佃戸17名は杖80に擬せられた)。また、第4の件では、倉内にたまった検量の際の誤差の残穀36石5斗を売却した事実はあったが、これは穀倉修理の建築費を捻出するために行ったことであり、私腹を肥やすためではないと報告した。第6の件では、道光二十九年三月に、筆帖式世興は各屯の戸口清冊を調査したが、その際屯丁に対し、戸ごとに銭80文、浮丁(盛京などから非公式に双城堡に来た旗丁)には銭60文ずつ、あわせて銭39吊640文を徴収した。調査の結果、これは当局より調査の際の旅費や「紙筆墨」費を供給されなかったために、現地で調達したものであり、これも私腹を肥やしたものではないということになった。また、第7の件、すなわち双城壁の員弁が、民万餘戸を招いて官荒を侵耕させて私腹を肥やしていた、ということについては、その境界地を明らかに示すことが難しく証拠もないとし、双城堡では「侵佔」の事実はないと報告したのである。

　すなわち基本的に塔奇佈の訴状にあげられたことは、ほぼすべて事実として存在したのである。しかし、グキンは、各々適当な理由をつけて正当化し、被告の責任の回避を行った。ただ、佐領輔勒洪阿は第4の件で、あらかじめ上司に報告せず穀石を売却したことは処分の対象となるも、穀倉の修理のために行ったことであるという点を情状酌量して、皇帝の裁可を受けて、記名協領ならびに佐領を革織して防禦に降格し、筆帖式世興は、この倉穀の無断売却の罪と、第6の件すなわち「紙筆墨」費等の徴収問題で革職とした。

　一方、原告の塔奇佈については、上級衙門に呈明せず、私かに北京にいって控告したことは、「越訴の律」(『清律』「刑律・訴訟・越訴」)に抵触するので「笞五十」に処し、「当該の翼に交して厳しく管束を加」えることにしたが、生活の地がないかれのために、のちに丁地のあきが出たとき、その地をかれに「賞補」することにしたのである。

　「挾嫌誣控」を行ったとされた原告塔奇佈が誣告罪に問われず、このように寛大に扱われた背景には、開墾後約三十年を経過した双城堡には、佐領や筆帖式をはじめとする現地の官による腐敗や諸問題が顕在化しており、かれが訴え

268　第3部　清朝文書の多様性

たような不正が実質存在していたことがあったのであろう。ちなみにこの双城堡を統轄する協領も当時「失察ありて処分」⁽³¹⁾されているなど、協領から佐領までかなり混乱した状況にあったことがわかる。塔奇佈が、所轄の阿勒楚喀副都統衙門に上訴せず、北京に越訴した事情はこのようなところにあるのかもしれない。そして、このような現地の旗丁中から選ばれた官人の腐敗問題は、あらたな展開を示すようになった。

　吉林将軍グキンは、塔奇佈の上訴に関する調査報告とともに同日付の奏摺で、双城堡の抱える次のような問題点を指摘した。

　　就近査勘、該堡地方情形、頗称繁劇。京旗旗丁戸口既衆、而商賈趨赴日漸増多。惟一協領駐守、寔不足以資弾圧。而又拘於限制、此協領缺出、均由該堡佐領内抜補。未免人地牽掣。積久弊生、毎至因循朦蔽事、多不能整頓。雖有阿勒楚喀副都統兼轄、而相隔尚有二百餘里。地濶人衆・実属控制非易⁽³²⁾。

　すなわち、この双城堡を管理する協領が、「均しく該堡の佐領内より抜補」せられるので、「未だ人・地の牽掣を免がれ」ないという現状が、結果的にさまざまな弊害を生んでいったというのである。

　この問題については、この奏摺の附片でもうすこし詳しく述べている。すなわち、

　　再査、双城堡設有協領一員、佐領七員、驍騎校八員、遇有缺出、即在此各員内逓次抜補。原初設之意、亦為就地取材、俾熟悉屯務、以資有益。迨三十年来、人心漸漓、百弊叢生、都縁該堡之官、皆由該堡当差人内挑選。即至身登仕版、所轄之人皆其童而習之人。不但不能弾圧・整頓、且互相廻護・朦蔽沿成積習。即間有稍知自愛者、亦不免為其挟制、日久随和。故該堡毎多滋生事端、雖屢経降革参処、錮習未改。該堡非各城駐防可比、別城止於管轄教養、而該堡専講屯務利之所。在其間之流弊誠非一言能尽。伊等自甲兵至佐領・協領、日興屯務相習。屯務之熟不能与之較、屯務之弊亦不能為之清。況彼此顧惜情面、即明知其弊、亦無人挙発。即有挺身控訴者、亦非眞心為公。皆其貧訴、不遂所致。而阿勒楚喀副都統相隔又遠、即有聞

第 3 章　清代双城堡の屯墾について　269

　知訪査、亦難逃其欺弊。此皆由習与性成、官不外放故也。若如此相沿日久、
　因循廃弛、殊不足以重地方。且失当年設屯務、以養旗兵而楽育人材之意。
　奴才等公同商酌擬請、将該墾協領・佐領均改為公缺、不分畛域、於吉林通
　省応選。人員分別満洲・蒙古旗分、其錫伯則帰入漢軍旗分一体揀放。驍騎
　校八員亦改為通省挑選、防禦之缺分別依次陞転。其協領佐領到任三年満後、
　即准調補。各等処相当之缺、如此変通。伝知責有攸帰、止任三年必能自惜
　功名、各発天天良堯尽厥職。不但不至同声相習滋弊牽掣、其辦公商事皆係
　各城補放之人、不皆一処。亦無所用其廻護、必能破除情回、踴躍報効。則
　該堡之積習可除、而挑選武備、亦可望其得人。奴才等、因整頓地方起見、
　可否之処、理合附片奏聞。伏乞皇上訓示。謹奏(33)。

と、現地選出の官は、内部を統轄することができず、お互いにかばい合い、隠
し合うので、つねに問題が生じていたという。そして、これを解決するために
は「自治」的な現地旗人から官人を選ぶのをあらためて、「公缺」とし吉林省
全体から選ぶかたちにして、三年交代であたらせることにし、また挑選にあたっ
ては満洲、蒙古、漢軍の旗分を明確にし、シベ（錫伯）は漢軍の旗分(34)にいれ
ることにしようというのである。すなわち、グキンは、この双城堡も特別扱い
はせず、他の駐防地などと同様な管理体制におこうとしたのである。そして、
具体的には「協領」を裁撤し、黒龍江の呼倫貝爾総管の制にならって、双城堡
に副都統職銜の総管1員を設けるべきであるとした。また、双城堡の佐領内か
らは1員を委協領として任じ、この総管を「幇辦」せしむることにしたのであ
る。

　同日付のグキン、吉林副都統盛貴、阿勒楚喀副都統薩炳阿の上奏によれば、
具体的な対策はおおむね以下のようであった。

　　副都統の職銜の総管は三品であり、その俸銀は協領と増減がなく、ただ薪
　紅菜の銀両のみ添給すればよい。双城堡には徳呉氏の私墾の熟地4百餘晌
　があり、これを総管の随缺の地畝とすれば、別に費用を捻出することはな
　い。また原設の協領の随缺の地80晌は、すなわち委協領に添給し、津貼
　（手当）に資したい。もし皇帝のお許しを蒙れば、其の副都統の職銜の総

270　第3部　清朝文書の多様性

　　管の印信、委協領の関防は吉林将軍衙門より礼部に咨報して例に照らして

　　辦理頒発してもらうことにする[35]。

　ここに示されたように協領から副都統の職銜の総管に変更するにあたって、

品級上は問題なく、また費用の点もあえて国庫からの支出を得ずしても可能で

あった。しかし、入植以来の一種の「自治」的な支配は、ここにおわることに

なった。

お わ り に

　双城堡入墾は、窮乏旗人の救済のために計画・実施されたものであった。そ

して、計画段階からの特徴は、実際に屯丁を管理する屯達から総屯達、そして

屯務の一切を統轄する協領にいたるまで、すべて屯墾を行った旗人のなかから

選抜される点にあったのである。また、さきにあげたグキンの上奏のなかに、

双城堡の公欠には、吉林省内から満洲、蒙古、漢軍の旗分を分別して揀放しよ

うとあらためて触れていることから判断すると、双城堡では過去において厳密

なかたちで「旗分」による官の選抜が行われてはいなかったであろうことが推

測される。たしかに、実際上、旗色および正・鑲の区別のみによって、各営は

たてられたのであり、そこに「満洲」「蒙古」「漢軍」の旗分によるはっきりと

した規定がみられたのかどうか、管見の限りでは判断できない。

　グキンは、塔奇佈の上訴に関する報告の附件として、おおむねつぎのように

奏請した。

　　双城堡協領盛堡はちょうど失察があって処分した。この協領の欠には、吉

　　林正紅旗協領雅青阿が人もあきらかで、仕事もよくできて信頼できる。ま

　　た双城堡の屯務に習熟しており、かつかつて該堡の協領を署理したことも

　　ある。洵に人物的にも土地に習熟しているといった点でも職務に堪えうる。

　　かれにしばらくこの職を署理させよう[36]。

　総管の任命に関しては、しばらく中央の裁可が必要であったが、この塔奇佈

の事件処理の報告と同時に行われたこの協領の人事は、あらたな双城堡の支配

体制の幕開けを示すものであった。

　光緒八年（1882）、双城堡副都統の職衙の総管は廃され、ふたたび協領が復活した。しかし、同時に理事撫民通判があらたに設けられている[37]。これは双城堡に流入する漢人に対する措置であった。漢人の数が旗人とほぼ同数となった双城堡[38]では、すでに旗人だけを対象として統治できる時代ではなくなっていたのである。

　小稿は、双城堡における屯丁管理のかたち、とくに咸豊元年の総管衙門の設置の意義について論じたものである。この措置が、ちょうど生じた越訴事件を利用したグキンの意図的な管轄権掌握であったのか、それとも本質的に現地での「自治」的な管理体制が破綻した結果によるものであったのか、現在まで提示された史料では判断できない。しかし、入植から約三十年を経過したこの時期、屯田に係わるさまざまな矛盾や積弊が双城堡に重層的な広がりをみせていたことは事実であり、結果的に、このような大きな転換を餘儀なくさせられていったのである。

　なお、総管衙門設置後の双城堡の状況をみるためには、その屯丁たちの実際の生産のすがたや社会構造、また「浮丁」と称せられる不規則なかたちで双城堡に来た旗人たちや佃戸たちの法的な身分に関する検討など、多くの考察が必要であるが、その問題についてここで詳述する餘裕はない。別稿に委ねることにする。

　本章では、吉林将軍フシュンの奏摺とグキンの奏摺等を利用して検討を加えたが、それらはいずれも漢文である。天理図書館所蔵「wesimbure bukdari jise（奏摺稿）」第3冊には、先述したように、吉林将軍グキンの咸豊元年八月、閏八月、そして九月の三ヶ月分の奏摺（附件を含む）14件が収められているが、そのうち満文は6件（請安摺1件を含む）である。満文奏摺の具体的な内容は、真珠採集に関する件、人参採集の執照の剰餘分返還に関する件、吉林所属地方の小麦・大麦の収穫状況報告、ブトハ・ウラ総管の革職、そして補任に関する件等である。これらは「満缺」であるグキンにとって、いずれも満文での発信

272 第3部 清朝文書の多様性

が義務づけられている内容である。一方、漢文奏摺は、匪賊問題、殺人事件捜査報告、そして上記の塔奇佈越訴事件等、人事やルーティンの業務報告ではなく事件性を有する案件で、具体的かつ詳細な報告が必要なものに用いられている。これは、第2部第1、2章で触れたように、「伊犂」でも同じである。

　本章は、文書資料を用いて困窮旗人の救済を目的とした双城堡屯墾に関する諸問題を考察したが、清朝文書資料の観点からみると、19世紀中葉の文書は、「旗人」に関することでも、事件性を有し、かつ詳細な報告を必要とするものについては「漢文奏摺」が用いられ、満文はあくまでも作柄・収穫報告や人事等、日常業務の報告・上申等に限られていた。これは当時の清朝文書制度におけるひとつの大きな特徴である。

　　註

（1）　神田信夫「清代の満洲」（『北アジア史（新版）』1981年、山川出版社）、334～336頁参照。

（2）　米倉二郎「清代北満の屯墾──双城堡屯田の予察報告を中心として──」（『東亜人文学報』第1巻第3号、1941年）、134～149頁。

（3）　江嶋壽雄「旧記整理処の思い出」清史研究会編『清史研究』第4号、1989年、1～8頁（のち同著『明代清初の女直史研究』江嶋先生米寿記念著作集出版委員会編、1999年、福岡・中国書店、所収）。また旧記整理処が収集した檔案類については、彌吉光長「旧記問答」『資料公報』第3巻第1号、1942年、同「満洲旧記の実績及将来」『資料公報』第4巻第3号、1943年、同「旧記とは如何なるものか」『資料公報』第5巻第8・9・10合併号、1944年、同「旧国立奉天図書館の檔案始末記」『岩井博士古稀記念典籍論集』、1963年、細谷良夫・加藤直人「遼寧省檔案館を訪ねて」『清史研究』第3号、1987年、2～4頁、中見立夫「中国東北地方の檔案館」『近代日本研究通信』第11号、1989年等を参照。

（4）　江嶋壽雄「双城堡」『北方圏』第3号、1945年、54～57頁、20頁。

（5）　江嶋壽雄「旧記整理処の思い出」7～8頁。彌吉光長「旧国立奉天図書館の檔案始末記」786頁。

（6）　江嶋壽雄「双城堡」55頁。

（7）　定宜庄「試論清代中葉京旗的双城堡屯墾」『北方文物』1987年第1期。

第 3 章　清代双城堡の屯墾について　273

（8）　范厚「清代吉林地方将軍富俊」『北方民族』1991年第 1 期。

（9）　加藤直人「天理大学所蔵、グキン（固慶）の奏摺について──とくに科布特参賛大臣時代の奏摺を中心として──」神田信夫編『日本所在清代檔案史料の諸相』1993年、財団法人東洋文庫清代史研究室、91〜104頁。本書第 2 部第 3 章参照。

（10）　その他、双城県檔案館に約 5 万件の双城堡関係の清代檔案が所蔵され（双城県志編纂委員会編『双城県志』1990年、中国展望出版社、777頁）、ほかに長春の吉林省檔案館に関係の檔案が所蔵されている（蘇建新、清代吉林将軍衙門満文檔案芻議」『北方民族』1991年第 1 期、参照）。このうち双城市檔案局所蔵の当該文書については、加藤直人「黒龍江省双城市檔案局」『近代中国東北における社会経済構造の変容──経済統計資料、並びに、歴史文書史料からの分析──』（平成 9 年度〜平成11年度科学研究費補助金［基盤研究(A)（ 2 ）］研究成果報告書〈研究代表者：江夏由樹〉2000年 3 月、59〜69頁）を参照。

（11）　嘉慶十七年四月初二日付漢文上諭、王履泰撰『双城堡屯田紀略』「上諭」所収、「長白叢書本」 1 〜 2 頁。

（12）　註(11)参照。

（13）　たとえば、『欽定大清会典事例』（光緒）巻一千一百十九、「八旗都統・田宅」、ならびに衣保中編「東北屯墾史料」（「長白叢書」第 4 集所収）等を参照。

（14）　傅恒等、乾隆十九年五月十五日付満漢合璧奏摺、（満文）『宮中檔乾隆朝奏摺』第75輯、197〜212頁、（漢文）『同』第 8 輯、502〜505頁、参照。

（15）　『吉林通志』巻三十一下「食貨志四、屯田下、双城堡屯田」、第 2 葉裏。

（16）　『吉林通志』巻三十一下「食貨志四、屯田下、双城堡屯田」、第 3 葉表。

（17）　富俊、嘉慶十九年十一月十四日付奏摺、『双城堡屯田紀略』「奏略」所収、「長白叢書本」12頁。

（18）　富俊等、嘉慶二十一年十月二十六日付奏摺、『双城堡屯田紀略』「奏略」所収、「長白叢書本」18〜20頁。

（19）　安俊、呉元豊、趙志強『sibe uksurai gurineme tebunebuhe ejebun 錫伯族が移動し駐防した記録《錫伯族遷徙考記》』、加藤直人「『錫伯族が移動し駐防した記録《錫伯族遷徙考記》』」『東洋学報』第67編第 1 ・ 2 号、126〜128頁、「呉安平家譜」双城市満族錫伯族志編写組編『双城市満族錫伯族志』1992年、227頁、富俊等、嘉慶二十一年十月二十六日付奏摺（前掲）。

（20）　富俊等、嘉慶二十三年八月二十七日付奏摺、『双城堡屯田紀略』「奏略」所収、

274　第3部　清朝文書の多様性

「長白叢書本」21〜22頁。

（21）　富俊、道光元年正月十一日付奏摺、『双城堡屯田紀略』「奏略」所収、「長白叢書本」43〜46頁。

（22）　富俊、道光二年二月十一日付奏摺、『双城堡屯田紀略』「奏略」所収、「長白叢書本」50〜51頁。

（23）　『双城堡屯田紀略』「奏略」所収、「長白叢書本」70〜74頁。

（24）　『吉林外記』巻十、「双城堡」、のちの編纂物たとえば『皇朝政典類纂』巻十三「官荘」や、『双城市満族錫伯族志』18頁などでは、道光二年よりこの京旗の双城堡入植が開始されたとするが、原史料による限り道光四年から始められたと判断せざるをえない。

（25）　グキン、咸豊元年八月初一日付漢文奏摺、『奏摺稿』第3冊、第11葉裏〜第3葉裏。

（26）　『双城堡屯田紀略』「奏略」所収、「長白叢書本」13〜14頁。『吉林通志』巻三十一下「食貨志四、屯田下、双城堡屯田」、第5葉表〜第7葉裏。

（27）　富俊、嘉慶二十四年八月初一日付奏摺、『双城堡屯田紀略』「奏略」所収、「長白叢書本」37〜38頁、富俊、道光元年正月十一日付漢文奏摺、『双城堡屯田紀略』「奏略」所収、「長白叢書本」46〜47頁、富俊、道光元年十月二十六日付漢文奏摺、『双城堡屯田紀略』「奏略」、「長白叢書本」49〜50頁等を参照。

（28）　吉林将軍衙門より戸部への咨文、『双城堡屯田紀略』「咨会」所収、「長白叢書本」119〜120頁。

（29）　川久保悌郎「清代に於ける辺疆への罪徒配流について——清朝の流刑政策と辺疆、その一——」『弘前大学人文社会』第15号（史学篇Ⅱ）、1958年、同「清代満洲の辺疆社会——清朝の流刑政策と辺疆、その二——」『弘前大学人文社会』第27号（史学篇Ⅳ）、1962年。加藤直人「清代新疆の遣犯について」『神田信夫先生古稀記念論文集　清朝と東アジア』1992年、山川出版社、参照。

（30）　グキン、咸豊元年九月初六日付漢文奏摺、「奏摺稿」第3冊、38裏〜29裏（満文奏摺基準の丁数）。以下は、この奏摺の記述にしたがう。

（31）　註（30）奏摺参照。

（32）　グキン、盛貴（吉林副都統）、薩炳阿（阿勒楚喀略副都統）、咸豊元年九月初六日付漢文奏摺、「奏摺稿」第3冊、43裏〜40裏。

（33）　グキン、咸豊元年九月初六日付漢文奏摺付片（註（31）奏摺の付片）、「奏摺稿」

第 3 冊、45裏〜44表。

(34)　シベ族がどの旗分に含まれていたのかはいままではっきりとしていなかったが、この記事によって、基本的に「漢軍」に編入させられていたことが明白となった。これは上掲の安俊、呉元豊、趙志強著『錫伯族遷徙考記』でもあきらかにされていない新事実である。

(35)　註(31)参照。

(36)　グキン、咸豊元年九月初六日付漢文奏摺付片（註(30)奏摺の付片）、「奏摺稿」第 3 冊、39裏〜表。

(37)　『双城県志』1926年、双城県精益書局排印、巻三、「職官志」。

(38)　この時代、双城堡における旗人が22万、漢人が21万であったという（『双城市満族錫伯族志』26頁）。

第4章　19世紀後半、オロチョン人の編旗とブトハ問題

はじめに

　大興安嶺地区に暮らす人々、とくに独自の文字をもたぬダグ（ウ）ール（Daγur、達翰爾）人たちにとって、満洲語は、清朝の滅亡後も、いや中華人民共和国の成立ごろまで、「教養」として基本的に学ばねばならぬ言語であった[1]。筆者は、細谷良夫（東北学院大学名誉教授）、王禹浪（大連大学教授）両氏と一緒に、1992年と93年にダグール人たちの暮らす内蒙古自治区莫力達瓦達翰爾族自治旗において調査を実施したが、多くのダグール人は、民国時代に入っても幼少期から私塾などで満洲語を勉強していたという。事実、同自治旗図書館や旗文物管理所には数多くの満洲語文献が残されている[2]。ダグール人たちの満洲語受容の問題については別に論じたが、当然清代においても、いや清末にいたっても重要な通信ツールとして機能していたことは間違いない。

　さて、1858年の瑷琿条約締結は、中国北辺、とくに大興安嶺地区に暮らすさまざまな人々に大きな影響を与えた。この条約による中露「国境」の画定は、オロチョン（Orocon, Oroncon、鄂倫春）人に、黒龍江左岸での生業を奪う結果となり、併せて清朝の北辺警備の先兵となることを余儀なくされた。また、これらの歴史的な展開は、オロチョン人を管理するブトハ[3]に暮らすソロン（Solon、索倫）人、ダグール人にも少なからぬ影響を与えた。

　本稿は、ダグール人の官人が北京に直訴した際に提出した満洲語の訴状の検討をとおして、瑷琿条約で設定された黒龍江という政治的な「国境」が、大興安嶺地区に暮らす人々にいかなる影響を与えたのか論じようとするものである。

第1節　オロチョン人の編旗

　オロチョン人は、康熙年間以後、基本的に布特哈総管衙門の所轄であった[4]。オロチョン人は、貂皮の貢納を義務とする松浦茂のいう清朝の所謂「辺民」[5]で、アンダ（anda、諳達、満洲語では「朋友」の意）というダグール人の「商人」を介して貂皮の貢納や、商品毛皮と穀物、布、弾丸、火薬等の生活必需品との交換を行っていた[6]。元来、オロチョンは、毎年秋になると黒龍江左岸、外興安嶺の内側で貂の狩猟を行っていたが、璦琿条約締結後の、咸豊十年（1860）、清朝は、黒龍江右岸での狩猟を指示し、かつ集団を掌握して要衝の地に分布させて、緊急の際にはさまざまに用いよう、とする施策が講じられることになった。そのためには、口糧の支給や税の減免等も考慮されたのである[7]。これらの政策が発表される直前、この地域の歴史と地理をまとめた何秋濤の報告[8]がなされており、おそらくは、このことがオロチョン対策に影響を与えたのかもしれない。

　さて、光緒六年（1880）十一月、黒龍江将軍定安等は次のように上奏した。

　　査五路雅法罕鄂倫春内、庫瑪爾一路設有佐領三員、驍騎校二員、委官三名、畢喇爾路設有佐領二員、驍騎校二員、委官二名。…（中略）…多普庫爾河、阿哩河、托河三路未経設立佐・驍、僅有委官九名、向帰正紅、鑲白、正藍三旗。…（中略）…将此三路鄂倫春一体添設佐驍等官[9]。

　雅法罕鄂倫春（yafahan oroncon）すなわち満洲語の「歩行オロチョン」[10]が暮らす５路すべてに佐領、驍騎校といった「旗制」にともなう官職を導入するということは、清朝がより積極的にこのオロチョンにたいして支配・管理を実施しようとするあらわれであった。そして、これはのちにふれるように、ロシア人等の不法侵入に対する処置でもあった。しかしながら、定安は、この上奏に付した具体的な添設計画のなかで、

　　庫瑪爾一路仍帰鑲黄旗兼轄、畢喇爾一路仍帰正白旗兼轄、多普庫爾河、阿哩河、托河三路均帰正黄旗兼轄。縁五路鄂倫春、各有各路接済米糧之索倫、

278 第3部 清朝文書の多様性

達斡爾諳達皆係此三旗之人、是以帰其管轄、易於稽察、其五路鄂倫春皆帰
布特哈副都統衙総管統轄、以期整肅⁽¹¹⁾。

とあるように、5路すべてのオロチョン人に対して佐領、驍騎校といった官を
設けるものの、その実態はオロチョン人自身の手による管理を認めず、相変わ
らずその管理をブトハに委ねようとしたのである。

光緒七年十二月、定安にかわって、黒龍江副都統の文緒が黒龍江将軍を署理
することになった⁽¹²⁾。翌光緒八年四月、文緒はあらたに、

撤去布特哈管轄、另為部落、設官添兵建治、較為妥善。奴才等擬請将此項
丁冊、編為八旗、設立額兵一千名。照依布特哈章程、月食餉銀一両、領催
月食二両、令其毎年各交貂皮一張。分設十六佐領轄管、毎佐驍騎校一員、
委官二名。除原有外、不復加添。外設副官四員、総管一員。再由省城満洲
協領中、択其明事体者一員、設為加副都統衙総管、専司掌印。就興安嶺山
陽道中、建修衙署一所、分設左右両司、添設無品級筆帖式四名、以資辦
公⁽¹³⁾。

と上奏して、オロチョン人をブトハ管理からはずし、オロチョン独自の旗制を
設けるように提案した。この案は中央の了解を得ることとなり、文緒は、同年
九月に

勘査興安嶺太平灣地方宏敝、為五路鄂倫春族来往適中之区。堪以建城設署。
…（中略）…按照各路人丁多寡、編設八旗、分防管束⁽¹⁴⁾。

という建議を行い、絵図などをつけてより具体的なオロチョン人に対する「旗」
制施行案を中央に呈示して、興安城の設置が決定したのである⁽¹⁵⁾。

光緒十年（1884）四月、文緒は黒龍江将軍を実授された。文緒は、光緒八年
ごろより黒龍江右岸の清国領内でロシア人たちを中心として展開されていた不
法な金の採掘⁽¹⁶⁾に対処するため、さまざまな対策を講じた。まず文緒が行った
のが漠河までの卡倫（karun、哨所）20個所の増設⁽¹⁷⁾であり、またロシア人と結
託していた官人たちの処分であった。とくに、後者は黒龍江副都統成慶に対す
る処分を含む厳しいものであった⁽¹⁸⁾。成慶は無実を主張し、文緒が自分の罪を
成慶になすりつけている、と逆に訴えた⁽¹⁹⁾。結果的に、両者とも処分（議処）

を受ける結果となったが⁽²⁰⁾、文緒が急に積極的な対盗掘ロシア人対策を行った
のも、このような弾劾合戦が影響を及ぼしているのかもしれない。そして、そ
のうえに盗掘監視のため、四季ごとの巡察体制をうちだしたのである⁽²¹⁾。同年
八月、清軍の攻撃により、漠河の金の不法採掘集団は駆逐され、清朝は兵を駐
留させてその地を看守した⁽²²⁾。

　文緒の施策は、ロシア人侵入の対策としては有効であったはずである。しか
し、この政策は、この地域に居住する人々、とくにブトハの人々に多くの負担
を強いる結果となった。

第2節　布特哈総管衙門副総管ボドロの直訴

　光緒十一年（1885）九月、布特哈総管衙門副総管ボドロ（Bodoro、博多羅）は、
大興安嶺地区のさまざまな矛盾を、遠く北京に訴え出た。この上訴に及んだ過
程については、内蒙・東北少数民族社会歴史調査組翻印『有関達斡爾鄂倫春与
索倫族歴史資料』（1958年1月、打字油印本、第一輯、第二輯）第二輯所収の「布
特哈副総管博多羅上訴之補遺、光緒十一年（1885）告発」に次のようにある。

　　現任将軍（文緒）、自従到任地以来、竟和（布特哈）総管海昌、主事官群尚
　　等官員們勾結一斉、綜攬全省一切事務、又用種種穿鑿的啓奏来欺騙上級。
　　這不僅給辺疆地区帯来了尖端的阻撓、増加了旗和営中的痛苦、更其為甚的、
　　対于忠誠的官員們、利用他們的権威来、随意欺圧和非理的罷免。接速着産
　　生這種更改事務的帰例、処事不顧風俗習慣的関系、官和兵們都感到有怨屈
　　和受阻撓。因此、博等要請假去京城的請求、也被上級衙門強加阻止了。正
　　在受困難被欺圧、只得忍耐怨屈之際、在今年（光緒十一年）六月間、欽差
　　大臣臨本省城了。対此、各官員們也都很歓欣鼓舞地来到省城。関于各種受
　　冤屈和被阻撓的情形、列挙了九項、就在七月初一日、去到欽差大臣安息所
　　的寳貝門外、前後等候了十天的時日、才得到会見、並且把我們的九項控訴
　　文件呈遞了。但是我們的控訴文件竟被拒絶、使大家也都失掉了唯一的希望。
　　正在無可奈何的時候、本管将軍却認為博等幾個人是帯頭発現控訴行動者、

280　第3部　清朝文書の多様性

就下令査緝懲弁。我們甚恐其査緝、就従省城超程、情愿犠牲自己的性命、

不分昼夜、在深山密林中逃奔着、今日才来到達里了[23]。

　この内容から、ボドロの上訴がかなり周到に、しかも強い意志をもってなさ
れていることがわかる。ボドロがこのような危険を冒してまで北京に上訴に来
た理由——当時のブトハひいては清朝の北辺支配体制の矛盾——とはいったい
何であったのであろうか。ただ残念ながら、この資料集には、上訴の前文と全
9項目の要求のうち2項目を載せるにすぎず、その訴状の全体はいままでまっ
たく不明であった。ところが、筆者は1992年8月、細谷良夫、王禹浪両氏と共
同で実施した大興安嶺地区民族資料調査において、布特哈総管衙門が置かれて
いた莫力達瓦達斡爾族自治旗尼爾基鎮の自治旗図書館で、いくつかの清代関係
文書を見出したが、そのなかにこのボドロの満文訴状の抄しを発見した[24]。本
章では、この訴状の分析をとおして、19世紀後半の大興安嶺地区の状況を検討
することにしたい。

　この訴状に述べられた9項目の問題の内容は次のようであった。
　　（1）　オロチョン人問題
　　（2）　ブトハ八旗の現状と問題
　　（3）　ブトハの官兵の負担の重さ
　　（4）　貂皮の貢納をめぐる問題と官人の腐敗
　　（5）　ブトハの旗人の家奴（booi aha）の告発問題
　　（6）　不公正な人事
　　（7）　恣意的な量刑
　　（8）　アヘン税の徴収と弊害
　　（9）　銭糧等のピンハネと将軍の権力を背景とした勧進
ボドロの上訴によれば、当時のオロチョン人の状況は、概ね次のようであっ
た。
　　咸豊十年（1860）、五路のオロチョンたちに活動地域を指定してロシア人
　　の出入りを監視させていた。そのために、ブトハのソロン、ダグールのア

ンダたちに委ねて四季ごとに穀物を送るように決めていた。その当時は、オロチョン人たちはアンダから食料を得ていて逃亡することもなく、またこの辺境地域にもまったく事件はなかった。近年、黒龍江地方から官人を派遣して、毎年一度（オロチョン人たちを）集めて（軍事）訓練を開始してから、オロチョン人のなかには人々を集める苦労を厭い、原住の地をはなれて、六ヶ月近くも狩りをするものもなく誰もいなくなってしまった。ロシア人たちは不法に入国し、その地にぞろぞろとやって来て、金の出る土地を見つけて当初より盗掘していたと、（光緒）八年、黒龍江地方より協領……（原檔案欠落）……耕作するオロチョン、リェキンタイ（Liyekintai、列欽泰）等の歩行オロチョン（yafahan oroncon）に近いオロチョンらは、ムクデブ（Mukdebu、穆克徳布）たちとともにたがいに相談して城の築城を黒龍江地方に要求した。これが認められて興安城が建てられると、ムクデブを副都統職銜の総管に任じて管理させるので、（かれの出身地方である）クマル川の両岸に暮らすオロチョンたちは、ロシア人に味方して（こちら側の）様子を探って生活するものも多いので、公課の交替を望まぬものが、食料をロシア人にもとめ、一年中そこに暮らし、あるものは山林の中に隠れ逃げて、原住の地方を捨てたので、額爾古納（アルグン）河の此岸の地を人々がロシア人と一緒になって、群がってそのまま占拠し、金を掘るようになっている。今また、二千余里も遠いところの山林の木を切り、卡倫（哨所）に駐留する官兵に糧秣を伝送する道を開かせて拡充したことは、後日、ロシア人たちがひそかに呼応して侵入してくる裏道となって問題を増やすのではないだろうか。そのうえに五路のオロチョンたちの戸数は一千足らずであり、一千の数の兵に充てられたものは、老人、虚弱なもの、年少なものを含めればほぼ数に足りるとはいっても、すべて集めては選ばなかった。ただ名ばかり甲士に任じられたものも多い。オロチョンという人々は山野に（……原檔案欠落……）人々で、興安城を建てて四年になるが、かれらのこころを完全にひとつにすることはできておらず、かならずや以前の状態を損なうようになるであろうと心配となる。（オロチョンの）所属

のもの全員に対して、ムクデブは長となりたる職掌を有しているが、一年中斉斉哈爾の家に住んでいて、現在まで衙門・司（の建物）を完成させていない。もとより兵営や隊伍も整えず、ひたすら貨財のみを優先し、主要な街道を遮断して、一切の税を手にいれ、また常に二百五十名の兵をそなえねばならないのに、ただ約百名の兵をそなえるだけである。偽りの口実をもうけて、毎年これだけ（多数の）架空の官兵の俸禄や銭糧、そなえるための軍糧や銀をどうやって処理しているのか判らない。上級衙門は、彼ら（兵）が名前だけで嘘と知っていてもかくし、上級・下級の衙門が互いにひとつとなって組んで処置するので、国家の俸禄や銭糧をただ空しく浪費している。恐れるのはたまたまオロチョンたちがいろいろな所に勝手に行ったままで、のちに緊急に兵を動員する際に、いそいで（兵を）集めることが難しい（ことである）。（またオロチョン人の）ある者はロシア人たちと一緒になったまま事件を起こしたり、互いにいつまでも結んで、かれらが変心して（わが方に）異心を抱くようになったならば、まことに辺境地方の大患となるおそれに常に心をくだかねばならず、本当の平安は得られない。請うらくは、（皇帝陛下の）ご恩を及ぼされて、早急に時期をみてオロチョンたちの営と隊を調査させるために送って一人一人の名前を……（原檔案欠落）……知ることができるのであり、耳目をふさがれる弊害はなくなる。なおオロチョンたちのなかで公課（務）交代するのを欲しないものがあれば、恩賞を公平に及ぼし撫養・安撫させて、咸豊十年に定めたとおり、重要な地点に遊牧させ、その各々を地方の長官に委ねて管轄させて、元来指示した牧地から遠く離れないようにしたならば、以前の状態を損なわないで緊急に用兵する機会にあわせて参集させるのに容易となり、辺境地帯での防衛にも役となるであろう。

　内容はいくつかに分けられるが、まずひとつはオロチョン人が、以前ソロンやダグールのアンダたちから食料の供給を受けていて、まったく問題がなかったが、年一度の軍事訓練を施すようになってから、オロチョン人が指定の遊猟地を離れ、その間隙をぬってロシア人たちが不法に入り込んできたこと、そし

て、第2に、耕作オロチョンおよび歩行オロチョンを中心とする一派が黒龍江将軍に申請して興安城の設置が認められたが、その実態はロシア人と結託するものがおり、兵士の質にも問題があること、第3に、興安城総管ムクデブが、斉斉哈爾城にとどまって興安城に行かず、城の整備もしないうえに、上級の官人と組んで官兵数のごまかしなどをしていること、第4に、すべてを咸豊十年（1860）のときのようにブトハの管理にもどせばうまくいくことを指摘しているのである。

第3節　ブトハのアンダとオロチョン人

　上訴中のオロチョン人問題に関する部分は、ブトハに暮らすアンダたちの代弁でもあった。アンダたちは、オロチョン人に対して懐柔のための食料を供給したばかりでなく、先にふれたように「商人」としての性格を有していたわけである。清朝のオロチョン人に対する積極的な政治介入は、オロチョン人をロシアへと走らせかねぬ危険を有し、かつ「興安城」の設置、すなわちブトハによるオロチョン人管理の廃止は、アンダたちひいてはソロン、ダグールの人々にとって死活問題であった。しかし、オロチョン人側からみれば、アンダたちによる搾取から逃れるもっとも有効な方法であったのである。

　興安城設置を要求したときの黒龍江将軍文緒らの上奏にも、

　　オロチョンの牲丁は、昔からアンダの支配を受け、その圧迫はきわめてひどい[25]。

とあり、興安城の設置すなわちブトハ管理からの離脱の主たる目的のひとつは、アンダの経済的支配からの離脱であったと理解できる。現在のオロチョン人も興安城の設置について、

　　（ブトハによるオロチョン人管理を）廃止した主要な原因はふたつある。ひとつは、このとき布特哈総管衙門の官員がオロチョン人に対して残酷な搾取を行い、オロチョン人の猛烈な不満と反抗を引き起こしたからである。「捕らえた貂の皮は、アンダたちによってわずかなものと交換され、かれ

284 第3部 清朝文書の多様性

らの思い通りにだまされてしまい、ただ奴畜のようにされているではない
か。……（アンダたちの）コントロールはますますひどくなり、ますます
恨まれる存在となって」（『黒龍江述略』巻二）おり、オロチョン人のリェキ
ンタイがクマル路の驍騎校に任じられたのも「アンダによるコントロール
が甚しいため」（『黒龍江志稿』巻四十三）である。かれはすなわちその他各
路のオロチョン人と連合し、黒龍江将軍文緒に対して布特哈総管衙門の裁
撤を奏請してほしいと要求している。ふたつめは、当時ロシアによる我国
の東北地区に対する侵略の緊張が高まっていたため、清政府はさらに一歩
すすめてオロチョン人を編制する必要があるとして、軍事訓練を進め、辺
疆防衛を強化しようとしたのである[26]。

とする。

　本質的に、この上訴でもみられるとおり、ブトハにとってオロチョン人は
「管理される」対象にすぎず、しきりに咸豊十年の体制に戻して欲しいと訴え
るのも、じつはアンダたちの切実な要求であったのであろう。大興安嶺地区と
いうきわめて限定された地域においても、このような諸集団による経済的な矛
盾が存在し、かつ政治問題化していたのである[27]。鄭東日は、このアンダは、
一年に一度ひらかれる貢市において、貢納の貂皮を徴収し、賞賜品を給した、
かれはこのような清朝の「官人」であるとともに私に持参した穀類、布、タバ
コ、酒、弾薬等の商品とオロチョン人たちの生産品をその貢市（じつは互市）
で交易する「商人」でもあった、アンダのこのような商業活動は「官」の身分
を背景として成立するものであった、そしてこのアンダが、貢納の貂皮や賞賜
品を着服したりしたので、オロチョン人たちは清朝にたいしてきわめて大きな
不満を抱くことになった、と指摘する[28]。

　この貢納のごまかしは、さまざまなかたちで実際に行われていたようで、上
訴の別の部分では以下のような記述がみられる。

　　わがブトハ地方は、元来貂等の重要な貢納品の猟場であり、以前上奏して、
　　進貢の物品を重んじ、おろそかにしないように、貂皮に関する「執照」
　　（temgetu、鑑札）の制度をはじめて、五つの卡倫（哨所）を置き、黒龍江地

方内で勝手に貂を捕獲したり密かに売ったり、取引したり、隠匿したりする等の問題を厳しく調査させて、数量をはかり終わったときにすべて印を捺して貂の数量を衙門に報告する。そのときに貂の足にそれぞれ旗の（下の）ニル（niru、佐領）の名を書かせており、選別し終わったのち、選択したもの以外の余剰の貂の足を切って、そのままもとの持ち主に返還させるという決まりが定められている。以前はずっと人はそれぞれ正直で（あったので）、いくら多い数量が出てきても別のものに売ることはできない（だろうと）一人の人物の名の下に（貢納の貂を）選ばせていた。去年（光緒十年）六月に貂を選別するとき、正紅旗の副総管ジルトゥンガ（Giltungga、吉爾通阿）は、自分自身で（オロチョンの）他の路から（貂皮を）買って持ってきて、管下の旗（下の民）に販売し、「また、衙門に対して報告した貂皮の数のうち、20[29]」枚をひきぬいて、興安の総管ムクデブに売却している。（下略）

　これからみると、決まりの上では、貢納の貂は規定以上の数を勝手に略取することはできなかった。また、官人が商取引をみずから行うことも当然できないはずであるが、それも旗の副総管（四品官）ジルトゥンガがその決まりをみずから破っていた。それに興安城総管ムクデブもこの密売に関与していたようである。この真偽については判断する材料をこれ以上もたないが、ボドロの上訴によれば、このような問題についても上級衙門（具体的には黒龍江将軍衙門等を指す）からはまったく、その罪が論じられることはなく、かえってオロチョン側の事情にあわせて事件処理が行われたようである。

第4節　ブトハ内部の諸矛盾

　さきに述べたように、光緒八年、布特哈総管衙門からオロチョン人管理を分離するかたちで興安城総管衙門が設立されたが、その当時、ブトハ内部にもそれを促すいくつかの課題がみられた。すなわちブトハ八旗の弱体化とそれに反比例する職務負担の増大の問題である。ボドロの訴状には次のようにみられる。

われらブトハ地方の八旗は、ソロンが五旗、ダグールは三旗である。もと
もと各々暮らす村・荘によって男丁の数が一様でない旗やニルを編成して
いる。ちかごろソロンの五旗の男丁が欠けて、その甲士の欠員を補う未成
丁を得ない。十四歳以下の幼ない子等を甲士に任じたとしてもまだ足りな
い。何年もこのような状態であったまま、三百余もの甲士の欠員が出て旗
やニルという名はあるものの、その実体はなく、ある佐領にいたっては管
轄するのがわずか三・四戸だけとなっている。

　このようにニル（旗の下の単位）そのものが構成できない状況の下で、ボド
ロらは、人数の多いところにニルを増やしたいなど、さまざまな方策を建言し
たが受け入れられず、同治十三年になると、ソロン五旗ではついに三百余の甲
士の欠員を、十五年間の期限付きでダグールに頼ることにしたのである。しか
し、十余年たってもソロンの男丁の増える様子はなく、甲士の欠員を補う未成
丁もいなかった。ボドロは、ソロンの報告している兵士の数のなかには、老人、
虚弱なもの、年少者が多く、営伍とは名ばかりであり、銭糧の無駄遣いである、
またブトハはロシアと国境を接し、貂皮などの貢納などとかかわる重要なとこ
ろであるが、もっとも上の職でも三品であり、しかも掌印副都督職衙総管は、
本地の佐領のなかから任命したものでなんら問題の解決を行わない、と指摘す
る。しかも、ロシア人の進出とともに、ますますその職務負担は増大していっ
た。

　ブトハで管理するロシア人対策の卡倫は11個所、貂の密猟を監視する卡倫は
５個所、そしてあらたに設けた金の盗掘を監視する卡倫は５個所である。また
国境の巡察、河川監視など、元来他の地域よりその職務の負担は重かった。そ
のうえ、ブトハの官兵の俸禄・銭糧は、他の地域の半分であって、永年その是
正を要求していた。しかし、それはかなえられず、光緒十年冬には、ブトハの
みで50兵を出して、金の盗掘人またロシア人の監視のために兵の派遣を命ぜら
れ、光緒十一年に、文緒の建議で完成した漠河までの20卡倫のうち、５卡倫が
ブトハの担当とされてしまった。また、その卡倫を結ぶ道を開くにも、ブトハ
とその北方に位置するメルゲン（Mergen、墨爾根）のみが兵を出す負担を強い

られた。このような状況のなか、他の地域では職務負担の軽減が図られたのに、ブトハにはまったくそのような措置がなかった。文緒の理想とする対露防衛体制は、ブトハのような直接ロシアと対峙する辺境へと着実に過度の職務負担を強いていったのである。

　光緒十一年三月、ブトハの約20人の家僕（booi aha）が家長（booi da）のもとから逃亡して、黒龍江将軍衙門のある斉斉哈爾に訴え出るといった事件が起こった。その訴えは、「兄弟が引き離されて売られるので、家長から離して公のところにいさせていただけないか」というものであった。やがてこの家僕たちは組織化され、一百人を越えるにいたった。そして斉斉哈爾城内に集結し、家長たちに引き取りに来らせても数に頼ってあくまでも抵抗し、官人により逮捕するにしても凶悪化するおそれもあり、対策が講じられなかった。ボドロは上訴のなかで「いままでそのまま戻っていない」と述べているので、この抗議行動は、数カ月にわたって展開されたのであろう。なぜブトハの家僕たちがこのような行動にでたのか。ボドロは、この騒動の背景は、何者かが「手紙を（家僕たちに）寄せて、愚かな家僕たちを扇動し思い上がらせ」たのであると断じ、家僕たちを唆した者、また家僕のリーダーを処刑し、家僕たちに思い知らせるべきである、と訴えている。当時、この地区にどのような社会矛盾が存在したのか、このわずかな資料のみでは判断できないが、ボドロすなわち官人側の数字で一百人以上もの家僕が、家長からの解放を求めて行動をおこしている点は興味深い[30]。

　その他、過去、上諭で黒龍江地方で禁止していたアヘンを、光緒十年、地方から上奏して税を徴収することになった。ボドロは、これは旗人を悪習に染めるきっかけとなるなど、税収以上の大きな問題となると述べ、同地方では、人事が恣意的で、刑事事件も公正に審理されていない状況を実例をあげて訴えている。また、黒龍江将軍の子のチンプ（Cingpu、清普）がブトハに来て、廟建立のための勧進を行い、ブトハでは将軍の子ということで、官兵の俸禄・銭糧から50両銀を与えたとも指摘している。

　ロシア人たちの金盗掘にともない、大興安嶺地区の情勢は大きく変化した。

288 第3部 清朝文書の多様性

璦琿条約締結後、オロチョン人は黒龍江左岸での猟を禁じられ、かつダグール人を中心とする「官商人」アンダによって貢納以外にもさまざまな圧迫を受けていた。したがって、オロチョン人のなかにはロシア人と結ぶものもすくなくなかった。このような状況のなかで、清朝（黒龍江将軍）は、オロチョン人に旗制を施行しオロチョン人の総管による管理を行うことにより、かれらを北辺の防衛の要として、またロシア側に対する間諜として積極的に利用しようとしたのである。しかし、当時オロチョン人を管轄していたブトハにとってみれば、既得のさまざまな利権を失うことになり、かつ対ロシア人対策のためのさまざまな職務負担が増大した。本檔案には、このような19世紀後半の北辺、大興安嶺地区における問題——それは清朝とロシアというおおきな外交舞台に隠れた地域的な問題——がはっきりと示されている。そして、それはまた、清朝対オロチョン、または清朝対ブトハ政策の問題ばかりではなく、ブトハ内部におけるソロン、ダグールの政治的な矛盾をも含めたきわめて重層的な課題である。

お わ り に

　この9項目の上訴について、政府は吉林将軍希元を派遣して徹底調査を命じ[31]、上訴を行ったボドロ等は刑部に身柄送致された。その二十四日後、謹慎のあけた黒龍江将軍文緒は、病気を理由に辞職を申し出たが、再び謹慎一ヶ月を賞され、辞職には及ばないということになった[32]。希元の調査の結果、ボドロの訴えたことは悉く偽りとはいえないが、多くは誤りであるとして[33]、ボドロ等は処分（議処）対象となった[34]。ちなみに、文緒は、同年五月、再度の辞任願を出し認められた[35]。

　この問題が直接的な原因ではないが、のちに興安城は廃止され、アンダの制度も見直されていく。やがて、清朝の北辺、大興安嶺地区は義和団事件にともなうロシア軍の侵入など、金の盗掘などよりはるかに大きな環境のなかに位置づけられていったのである。

さて、この大興安嶺地区において、清朝との通信の手段として満洲語が用いられていた点は無視できない。この訴状をみてわかるようにダグール人官人の基本的な記録、通信ツールは満洲語であり、清末にいたってもその状況は変わっていない。また、別稿にて触れた[36]ように、莫力達瓦達翰爾族自治旗図書館等に所蔵される満洲語文献には『三国演義』等の「文学」とくに漢語文学の満洲語訳のものが多々みられることからも、独自の文字をもたぬダグール人にとって満洲語は、それらのものに接するためにどうしても必要な「教養」であったことがわかる。

この大興安嶺地区、とくにダグール人たちにとって、満洲語は「満缺」の「義務的」な通信用語などではなく、まさに外の「文化」に接するために必要不可欠な教養言語であったのである。

註

（1） 加藤直人「莫力達瓦達幹爾族自治旗の満文資料」『満族史研究通信』第 3 号、1993年、満族史研究会、25〜33頁。

（2） 細谷良夫「莫力達瓦達幹爾族自治旗図書館の満文本」『満族史研究通信』第 2 号、1992年11月、17〜21＋ⅰ頁。

（3） ブトハ（Butha、布特哈）とは満洲語で「狩猟」の意である。清代には嫩江中流域、現在の莫力達瓦達翰爾族治旗の中心、尼爾基鎮に布特哈総管衙門が置かれ、大興安嶺周辺の人々を統轄していた。この地域に居住する人々を、清朝は大きく分けて、ソロン（Solon、索倫）、ダグ（ウ）ール（Daɣur、達翰爾）、そしてオロチョン（Orocon、鄂倫春）と呼称していた。その多くは明末清初期には黒龍江上中流域に生活していたが、順治末年ごろにこの嫩江へと移住した。このブトハ八旗の成立については、柳澤明「いわゆる「ブトハ八旗」の設立について」『松村潤先生古稀記念 清代史論叢』所収、1994年、汲古書院、および同「清代黒龍江における八旗制の展開と民族の再編」『歴史学研究』第698号、1997年 6 月、等を参照。

（4） 柳澤明「いわゆる「ブトハ八旗」の成立について」118頁。

（5） 松浦茂「清代辺民制度の成立」『史林』第72巻第 4 号、1987年 9 月。

（6） 孟希舜「莫力達瓦達幹爾族史略 初稿」莫力達瓦達幹爾族自治旗政協文史資料委員会編『達幹爾族自治旗文史』第 2 輯、1990年 9 月、22〜23頁。

290 第3部 清朝文書の多様性

（7） 咸豊十年正月二十七日奉硃批、黒龍江将軍特普欽漢文（軍機処録副）奏摺、中
国第一歴史檔案館、鄂倫春民族研究会編『清代鄂倫春族満漢文檔案滙編』2001年
8月、北京・民族出版社、所収、339〜337頁。

（8） このとき、この報告に対して『朔方備乗』という名を賜っている（『大清穆宗
実録』咸豊十年正月己丑）。

（9） 光緒六年十一月十九日軍機大臣奉、黒龍江将軍定安等漢文（軍機処録副）奏摺、
『清代鄂倫春族満漢文檔案滙編』所収、434〜432頁。

（10） 当時、鄂倫春人は、雅法罕鄂倫春 yafahan oroncon すなわち歩行鄂倫春と
moringga oconcon 騎馬鄂倫春の二つに分類されていた。

（11） 註（9）に付せられた漢文清単「撫馭五路鄂倫春章程」『清代鄂倫春族満漢文檔
案滙編』所収、432〜427頁。

（12） 『大清徳宗実録』光緒七年十二月丙寅。

（13） 光緒八年四月二十二日付、署黒龍江将軍文緒、禄彭等漢文奏摺、『清代鄂倫春
族満漢文檔案滙編』所収、440〜438頁、台北・故宮博物院所蔵軍機処録副奏摺、
第122977号。

（14） 『大清徳宗実録』光緒八年九月丙申。

（15） 興安城は、「斉斉哈爾城の東北五百八十里」の地にあった（『黒龍江志稿』巻四
十三、職官志）。牛平漢主編『清代政区沿革総表』1990年6月、北京・中国地図
出版社、によれば、現在の黒龍江省漠北縣北興東村にあたるという（119頁）。

（16） この当時、清朝最北端、黒龍江の最上流に近いこの地域（漠河地区）に、金の
採掘のためにロシア人ばかりでなく、中国を含めて世界各国から人々が集まり、
いずれの国の干渉も受けず簡単な法制をも有する、通称「ジェルトゥガ共和国」
と呼ばれる地域が成立していた（「ジェルトゥガ共和国」今西錦司編『大興安嶺
探検──1942年探検隊報告──』1952年、毎日新聞社、246頁〜252頁）。

（17） 『大清徳宗実録』光緒十年十一月丙寅、および光緒十一年三月壬戌。

（18） 『大清徳宗実録』光緒十年十一月丙寅。

（19） 『大清徳宗実録』光緒十一年五月壬寅。

（20） 『大清徳宗実録』光緒十一年七月丁巳。

（21） 『大清徳宗実録』光緒十一年五月己酉。

（22） 『大清徳宗実録』光緒十一年八月庚寅。

（23） 『有関達幹爾鄂倫春与索倫族歴史資料 第2輯』46〜49頁。

第4章　19世紀後半、オロチョン人の編旗とブトハ問題　291

(24)　全満文の冊子で、漢文で「申奏爲北辺境應需問題」という表題を付されている（全一冊）。本冊子は、光緒十一年九月二十四日の日付を有しており、寸法は縦20.9cm、横19.1cm、記事はすべて満文を用いて半葉に11行ずつ、全17丁にわたって記されている。筆写に用いられた満文は、一般の清朝の公文でもちいられる書体とは若干違うかたちがみられ、おそらく布特哈で書写されたものと考えられる。また、紙質やまたその保存状態からみて、民国成立以後の抄写であろうと思われる。さきの『有関達斡爾鄂倫春與索倫族歴史資料』所収「布特哈副総管博多羅上訴之補遺」には、その文末に「中華民国十三年（1924）十月十七日に抄した」と記されており、この檔冊もそのころに布特哈で抄写されたものかもしれない。また、筆者は、この冊子とともに「清朝奏書　乾隆朝判決」などという漢文表題を付された冊子8冊を確認している。この冊子群は、満文『高宗聖訓』の抄写（抜き書き）であり、その注記から判断すると、乾隆以降にハルハのウリヤスタイで書き抄されたものであると判断できる。この時期になぜ布特哈で「聖訓」が必要であったのか、またなぜウリヤスタイで抄写されたのかについては不明であるが、興味深い事実である。

(25)　註(13)参照。

(26)　『鄂倫春族簡史』1983年1月、内蒙古人民出版社、46〜47頁。

(27)　このことは清中央も充分に認識していた。註(22)に付された硃批には、

鄂倫春與俄羅斯相近、牲丁為諳達所苦、難保不投俄国。挑為卒伍可以収籠其心、以備干城之用、於辺疆甚有裨益。着詳細査覈、奏明辨理。此項牲丁、編旗入伍、即今之新満洲矣。第恐創辦之初、布特哈人必有従中阻撓者。爾等宜面加曉諭、使鄂倫春心悦誠服、方能集事。

とあり、この措置に対する布特哈の反発も予想されていた。

(28)　鄭東日『鄂倫春族社会変遷』1985年12月、延吉・延辺人民出版社、63頁。

(29)　この「また、……20」の部分は、莫力達瓦旗図書館所蔵抄写本では欠落している。ただ、この部分については、『有関達斡爾鄂倫春與索倫族歴史資料』所収「布特哈副総管博多羅上訴之補遺」のなかに漢訳のうえ収録されているので、それにより補った。ただ、本資料集の翻訳は、かなり恣意的な「意訳」が多く、誤訳も散見するので、引用には注意が必要である。

(30)　「布特哈家奴冊」によれば、布特哈の家奴数は「以上共家奴婢二千五百九十一名」とある（『清代黒龍江歴史檔案選編　光緒八年〜十五年』1986年、黒龍江人

292　第3部　清朝文書の多様性

　　民出版社、116頁）。

(31)　『大清徳宗実録』光緒十一年十一月丁酉。

(32)　『大清徳宗実録』光緒十一年十一月庚申。

(33)　光緒十二年三月九日付希元漢文奏摺、『清代鄂倫春族満漢文檔案滙編』所収、
　　473～460頁。この奏摺において、希元は実際に当事者に尋問を行い、詳細にその
　　結果を報告している。

(34)　『大清徳宗実録』光緒十二年三月庚戌。

(35)　『大清徳宗実録』光緒十二年五月丙午。

(36)　加藤直人「大興安嶺地区における満洲文化」 *Altai Hakpo, Journal of the Altaic
　　Society of Korea*, No.11, pp.1～14, 2001年6月。

終章　清代文書資料の地平

　本書では、清朝における文書資料の特質を三つの側面から検討した。

　ひとつは、清朝において、満洲語だけでなく漢文を含めた各種言語で記された「文書」が、どのように出現し、かつ歴史的に展開されてきたのか、またそれらの「文書」によって編纂された「史書」はどのような性格を有するものかという側面である。

　もうひとつは、19世紀以降に作成された清代の文書資料の特徴に関する検討である。ここでは、天理大学附属天理図書館（以下「天理図書館」）に所蔵されるいわゆる「辺疆」檔案をもとに、清朝文書の変遷、とくにいわゆる「辺疆」地区における清末の満洲語文書のもつ特徴、そしてその意味について考察した。

　そして、もうひとつの側面は、清代の宮中、また旗人間といった空間で作成されたさまざまなかたちの文書に関する検討である。具体的には、清代「史書」の編纂過程において利用された文書、また「宮中儀礼」に係わる檔案類、そして「旗人」の入植に関する資料にもとづき、それらの文書から当該空間にどのような問題点がみられたのかについて考察した。また特殊事例として、清末光緒年間に提出された満洲語「直訴文」等についても触れた。

　以下、第1部より第3部までの結論を提示することにする。

　第1部は、清朝における文書制度の歴史的な展開と「史書」の編纂に関する研究である。

　まず、入関前、太祖、太宗時代に清朝で作成された文書、史書に関する学説史的な整理を行った。なかでもとくに重要と思われるのが「（内）国史院満文檔冊」であるが、筆者を含め、公益財団法人東洋文庫研究部東北アジア研究班では、台北・国立故宮博物院所蔵の「天聡九年檔」、北京・中国第一歴史檔案

館に所蔵される「天聡五年檔」「天聡七年檔」「天聡八年檔」等の研究をすすめ、それぞれの訳注を公にしている。基本的に「（内）国史院満文檔冊」は、多くは「太宗実録」の編纂に用いられた「纂修過程の一稿本」であると思われるが、「天聡五年」（数種類あるうちもっとも古いと思われる抄写本）のように、老満文で記され「内国史院」設立以前に成立したと考えられるものについては、どのように理解するか、また「（内）国史院満文檔冊」と「満文原檔」との関係などこれから解決せねばならぬ問題も数多く残されている。

　本書では、その「天聡五年檔」に付されている「当直旗」の記載に着目し、太宗即位直後から、旗色を一にする二旗が、輪番で諸事を記録していたこと、ハンの起居をはじめとする日々の出来事が、当直の旗人たちによって書き留められていたこと等をあきらかにした。それとともに、当時後金には対外往来書簡から穀物倉庫の記録までさまざまな文書が存在しており、それらのうち、往来文書といわゆる「日記」については「bithei boo、書房（文館）」で保管されていたこと、そして天聡三年四月に「書房」がこれら「文書管理と歴史叙述」の部門と、「漢籍の飜訳部門」とに分けられたことについても言及した。

　その当直旗人たちの記録「八旗値月檔」のひとつが、中国第一歴史檔案館に所蔵される「逃人檔」である。「逃人檔」は、後金から外地へ、外地から後金へ逃れてきた人々に関する、天命十一年から天聡四年までの記録である。おそらく別の檔冊から「逃人」に関わる部分のみ抜き書きされたものと思われるが、所載の記事は、そのほとんどが現在他にみることのできぬ貴重なものである。そして、とりわけ重要なのは、本檔冊に清初史研究の根本史料である『満文原檔』の編纂過程を知る記事が含まれていることである。二旗当直の「日記」が、いかに「史書」（『満文原檔』）へと編み上げられていくか、そのすがたを具体的にはじめてあきらかにした。

　第2部は、天理図書館所蔵の満・漢文檔冊に関する研究である。序章でふれたように、乾隆時代を境にして、清末には満洲語が「過去の遺物となってその生命を失っていた」という見解があるが、それにこたえるかたちで検討を加え

たものである。具体的には同館所蔵の「伊犁奏摺稿檔」「伊犁奏摺」、そして「wesimbure bukdari jise（奏摺稿）」という基本的に19世紀中葉以降の「辺疆」檔冊に検討を加えた。

　清朝は、これら「辺疆」の地では、基本的に「満缺」の官員を派遣することによってその統治を行っていた。これら「満缺」は、規程によって、巡察報告や穀物の作柄・収穫状況といったルーティン業務や人事など一定のカテゴリーにおいては、満洲語による文書作成が義務づけられていたので、19世紀中葉以降にいたってもなお数多くの満洲語による文書が往来することになった。実際、上記の檔冊においても、所載の檔案の半分以上は満洲語である。逆に、殺人事件捜査報告、越境問題、財政問題等、事件性を有するもの、また具体的な検討を必要とする特別な案件等についてはすべて漢文が用いられている。すなわち、この時代は、満文、漢文がその内容および事例によって、はっきりと使い分けられていたことをあきらかにした。

　もう一つ着目したいのが、ロシアとの通信手段に関することである。「伊犁奏摺」に収められた対露外交文書（伊犁将軍営務処とロシア西シベリア総督府間）は、いずれも露清関係を考える上できわめて貴重な往来文書であるが、みな「満洲語」が用いられている。また「伊犁奏摺稿檔」にも「咸豊元年にタルバガタイで通商が開始され、ロシア人がイリに来るようになるとロシア人は満洲語とロシア語で書いた手紙を携えてきた」（本書124頁参照）という記事があることからみても、両国間（イリ地方）では、すくなくとも満洲語がこの時代にいたっても重要な通信ツールとして機能していたことがわかる。

　結論として、19世紀中葉以降の清朝における満洲語については、すくなくとも満缺が統治に関わる「辺疆」において、かならずしも「過去の遺物」ではなく、限定的ではあるにせよ、通信ツールとして十分に機能していたと論じた。

　第3部では、入関後の清朝文書のなかでとくに「政書」「宮中」「旗人」「私文書」に分けて検討を加えた。

　「辺疆」の満缺が満洲語文書の作成を義務づけられていたことについては先

述したが、宮中や京師の八旗満洲各旗衙門でも、基本的に満洲語文書の作成が行われた。ここでは、これら満洲語文書だけでなく、漢文文書を含めた清代文書の多様な姿をあきらかにした。

皇帝の起居を記録する「起居注」は、中国の歴代王朝で実施されてきた制度であるが、現在では明代の一部を除き、清代のもののみがほぼ完全なかたちでみることができる。本書では、清代起居注の全体像をはじめてあきらかにした。

また、宮中関係では、内務府に所属する「掌儀司」の満漢文檔冊を用い、嘉慶元年の皇后、貴妃、妃、嬪等の冊立・冊封典礼について論じた。おそらく、掌儀司の檔案をもとに具体的な冊立典礼の準備・次第・事後処理についてあきらかにしたのは本稿がはじめてであろうと思われる。なかでも興味深いのは、式典で必要な満洲語のできる女官に関することである。当時（18世紀末）、すでに満洲語のできる女官はほとんどおらず、在京の旗人ばかりでなく東三省（dergi ilan golo）まで声をかけたとの記述がみられる。乾隆末年における女性を含めた旗人一般の満洲語保持の状況を知る上で、きわめて貴重な記録であろう。

次いで、困窮旗人対策として実施された双城堡屯墾の実態と、咸豊元年の副都統職衙総管設置問題について、当該屯田関係檔案史料と、前述の天理図書館所蔵「wesimbure bukdari jise（奏摺稿）」から検討を加えたものである。旗人入植の具体的な実態と矛盾、そしてその矛盾の原因であった「自治的」な管理の見直し策等についてあきらかにした。

最後に満洲語の「私的」な文書について検討を加えた。19世紀末の大興安嶺地区に居住するオロチョン人とそれを管理するブトハの人々との関係について、筆者が細谷良夫教授（当時：東北学院大学）らと1992年に内蒙古自治区莫力達瓦達翰爾族自治旗図書館で見出した同地の布特哈総管衙門副総管ボドロ Bodoro の満文「直訴状」に関する研究である。ロシアの進出とそれに対応するために過度な負担を強いられるブトハの人々、そしてそれらブトハの官商人に経済的に収奪されるオロチョン人、そしてオロチョン人たちの建旗問題と、当時の政治状況に翻弄される大興安嶺の人々のすがたをあきらかにした。このブトハに暮らすソロン人（エベンキ人）たちは、教養として、新中国の成立まで満洲語

終章　清代文書資料の地平　297

を学んでおり、19世紀末に出されたこの「直訴状」も満文で記されている。すなわち、この地域において満洲語は、清末にいたっても「過去の遺物」などではなく、清政府およびその支配機構との間のもっとも有効な通信ツールとして機能していたのである。

　本書は、中国清代の文書資料について、その歴史的な変遷、特徴について考察したものである。

　清代の文書資料の特徴のひとつとして、清朝の「国語」である満洲語文書が多く存在することである。従来、満洲語文書については、清朝の中原進出以前すなわち1644年以前の研究に多く用いられてきた。ただ、清朝の中原進出以後においても、「国語」満洲語は、通信、記録手段として幅広く用いられ、清朝の統治・支配貫徹にきわめて有効に機能しており、厖大な数の満洲語文書が残されている。

　18世紀前半、第5代雍正帝の時代は、「奏摺政治」と呼ばれるほど統治政策決定過程において「文書」が用いられたが、その際も数多くの満洲語文書が流通した。この時期の文書制度に関する研究はきわめて多く、筆者も台北・国立故宮博物院所蔵の満漢文檔案を利用していくつかの研究を公にしている[1]。それにひきかえ、乾隆帝以降の文書資料に係わる研究はそれほど多くない。

　18世紀以降に拡大した清朝の「辺疆」には、基本的に満洲、蒙古、そして漢軍旗人（「満缺」）がその支配組織の中心として活躍した。清末に例外的に「漢缺」が起用される例はあるものの、基本的に「将軍」「参賛大臣」「辦事大臣」「都統」「副都統」「城守尉」等の職は「満缺」が任命された。そして、それらの地からもたらされる奏疏類は、内容にもよるが、多く満洲語で記されていた。一方「中央」においても「満缺」に係わる官署、たとえば各旗都統衙門、そして「内務府」関係（たとえば「掌儀司」）等、中央官庁の一部においても、多く満洲語による文書の作成が行われていた。また「旗人」とくに八旗満洲の各都統衙門においても日常的に満洲語文書のやりとりがなされていた。東洋文庫には、鑲紅旗満洲都統衙門の文書群「鑲紅旗満洲衙門檔案」が所蔵されているが、

298　終章　清代文書資料の地平

それをみても、19世紀以降、いや清末にいたっても、旗人たちの職位承襲に関わる文書、系図等に、満洲語文書の占める割合がきわめて大きかったことがわかる[2]。そして、これらの満洲語文書の存在は、その種類、厖大な数量からみて、単に「辺疆」あるいは「内務府」または「旗人」の特殊事例として例外化することはできない。

　たとえば、軍機処では、京旗、駐防の旗人、また「辺疆」の官員の担当は、満洲章京であった。そのために文書作成には、その内容にもよるが、基本的に「清字」（満洲語）が用いられたのである。すなわち、すくなくとも清末にいたるまで、満洲語は情報伝達の手段として生き続けたのであり、また、それを可能にする文書システムが清朝には存在したのである。

　それではなぜ清末にいたるまで、このように多くの満洲語文書が流通し、かつ機能していたのであろうか。この理由をあきらかにするためには、政務遂行上必要な「言語」としての満洲語の位置、また漢語文書との関係を正確にとらえる必要がある。すなわち、乾隆中期以降の満洲語文書の存在を、単に「満缺」等に属する人々の「義務的な所産」として矮小化して捉えるのではなく、外交、藩部関係、「辺疆」政策、旗務、旗人生計等、清朝の基本構造に係わる場面に登場する満洲語文書のもつ意味について、漢語資料との関係をも含め具体的な検討を加えていく必要があろう。

　なお、「附篇」として付したものは、本書第1部第3章で紹介した「逃人檔」の和訳である。漢語による一部翻訳はあったが、全文のローマナイズと翻訳は本訳が最初である。

　註
（１）　加藤直人「台北・国立故宮博物院編『年羹堯奏摺』」『東洋学報』第60巻第3・
　　　　4号、1979年3月、財団法人東洋文庫、226〜235頁。
（２）　東洋文庫研究部東北アジア研究班清朝満洲語檔案資料総合的研究チーム（加藤
　　　　直人）編『東洋文庫所蔵鑲紅旗鑲光緒朝目録』総215頁、2006年3月、財団法人

東洋文庫。

附　篇

「逃人檔」訳注

附篇 「逃人檔」訳注　303

凡　　例

（1）　本附篇は、中国第一歴史檔案館蔵の「逃人檔」を基本的にメルレンドルフ（P. G. von Möllendorff, *A Manchu Grammar*, Shanghai, 1892）の方式に従ってローマ字転写し、和訳を付したものである。

（2）　本文の満洲字綴りは、無圏点の旧満文であり、Möllendorff の方式のみでは処理できない。そこで以下のような方法で転写した。

　　（a）　転写にあたっては、『tongki fuka akū hergen i bithe 無圏点字書』を参照した。

　　（b）　固有名詞の転写については、「満文原檔」、『満文老檔』等で確認できるものについてはそれを、音価が特定出来ないものについては、大文字で表記した。

　　（c）　waw + yodh で表される母音は、ü で写す。なお、「逃人檔」の満洲語表記にはゆれがあり、たまにそれが u で表記されている場合がある。その場合には、単語の末尾にアステリスク* を付して区別した。

　　（d）　閉音節末の Möllendorff 方式では一様に k で写される子音については、モンゴル語の γ に対応するものは q、g に対応するものは k で写した。

　　（e）　新満文では ū で表記されるものが、「逃人檔」では多く o で記されている。本書では原文の姿を残すためにそのまま o で転写した。

　　（f）　新満文と著しく綴りが異なる語は、そのまま転写した。

（3）　句読点については、単点はコンマ、二重点はコロンで示した。

（4）　削除された部分にはアンダーラインを付す。アンダーライン部分については訳出しないが、訳出した方が有用な場合は翻訳を付した。

（5）　加筆された部分は、/ + / で区別した。

（6）　判読不明部分については、単語については「？」で、数語にわたるものについては点線のアンダーライン　　　　　で示した。

（7）　『満文老檔』に収載されている記事については、掲載部分の巻数と日付を記し、併せて満文老檔研究会訳注本における当該部分のページ数を示した。

（8）　関孝廉氏の解釈（「盛京満文逃人檔」〈中国第一歴史檔案館編『清代檔案史料叢編』

304 附篇 「逃人檔」訳注

第14輯〉所収、1990年、北京・中華書局、 1 〜21頁）を参照した場合は、とくにその旨を記し、そのページ数を記した。

（ 9 ） モンゴル語を借用している場合、単語の場合は訳文に原単語を示し、その前にMo. と注記した。モンゴル語の転写については、基本的に Poppe 方式 （Poppe, Nicholas; *Grammar of Written Mongolian*, Wiesbaden, 1954）にしたがう。

（10） 文中の説明ならびに訳語の補い等については （ ） を用いた。

附篇　「逃人檔」訳注　305

第1号

左上欄外に「erebe araha（これを書いた）」とある。

fulgiyan tasha aniya juwan biyai juwan

丙寅の年十月十

jakon de JANG MANSA gebungge nikan loo do

八日，*JANG MANSA* という名の漢人が鹿島

loo doo ci ukame jihe: terei

鹿島から逃げてきた。かれの

alaha gisun: müsei cooha be sanahai

告げた言葉。「我が（後金の）軍が山海関に

baru geneheo seme ilan niyalma tuwanjiha

向かって行ったかどうか三人で偵察に来て

bihe jüwe niyalma jüwe niyalma[1] amasi genehe:

いたが，そのうちの二名は　帰って行った。

bi ice han tucibi* gürun be üjire

我は新しい *Han* が即位して，国人を撫養することが

sain: ukame jihe niyalma be warako seme

すばらしく，逃げてきた人を殺さない

donjibi jihe seme alaha manggi:　　v.99, 19b/19a

と聞いて来た」と告げたので，

ini sargan ahon etuku bubi* ini

その妻，兄，衣与えて，かれの

cihangga busan de bubi* ujihe*:

望んだところ *Busan* に与えて養った。

第2号　（@は荘厳点を示す……以下同じ）

@　juwan biyai orin de boigon i nirui juwe

十月二十日，*Boigon* の *niru* の二人の

306 附篇 「逃人檔」訳注

nikan ukame genehengge amasi ukame jihe
漢人で逃亡した者が戻り逃げて来た。

tede sargan: eture etuku bübi:
かれに妻と身につける衣を与えて，

kubuhe lamun i IN iogi de ujibume* bühe
鑲藍の *IN* 遊撃に養わせるために与えた。

第3号

左上に「erebe araha（これを書いた）」とある。

○ subahai nirui /+ SARONGKAi/ booi niyalma moo uwenlong de
Subahai niru の /＋*SARONGKA* の/ 家人が毛文龍のところに

ukame genebi amasi ejen be baime orin emude
逃げて行って（のちに）戻り，主を頼り二十一日に

jihe:
来た。

第4号

○ SACOKO nirui ÜKA i booi niyalma ning iowan de
SACOKO niru の *ÜKA* の家人が寧遠に

ukame genebi amasi ejen be baime orin jüwede
逃げて行って戻り，主を頼り二十二日に

jihe:　　　han hendume ere gese jihe ukanju
来た。*Han* が語るのには「このように（戻って）来た逃人が

eiman honcihin be baime jici, eiman honcihin de
一族親戚を頼り来たならば，一族親戚に

acabu:　　　ejen be baime jici　　　ejen de acabu seme
併せよ。主を頼り来たならば，主に併せよ」と

附篇 「逃人档」訳注 307

henduhe 以下塗抹 18b/18a

語った。

第5号

○ jarut i oljeitu beilei jui asan taiji
Jarut の *Oljeitu Beile* の子 *Asan Taiji* が

ajige age be baime ukame jihe.
Ajige Age を頼り逃げてきた。

第6号

左上に小さくまるく囲んで「jüwe lamun biya（両藍旗当直の月）」とある

○ omsiyon biyai ice jüwe de caharai alaqcot gürun i dürji gebungge
十一月初二日，「*Cahar* の *Alaqcot* 国の *Dorji* という名の

beile tanggo booi jüsen be gajime ukame jimbi seme jüwe niyalma
beile が百家 の *Jušen* を連れて逃げてくる」と二人の者が

alanjire jakade; han hendume jidere niyalma be dorolome
告げに来るので，*Han* が語るのには，「来る者を礼をもって

oqdorako ci ombio; jakon beilei boo ci jakon gioi yali; tahi
迎えないことができるか」と。八旗の *beile* の家から八頭の麂子（ノロ鹿）の肉，野鴨，

ulhuma; jakon malu arki; jakon hiyase handu bele; jüwe hüle
野雉，八瓶の焼酎，八斗の粳米，二石の

je bele; jakon hiyase dabsun be gamame, arna ibei jüwenofi be
小米（粟），八斗の塩を持っていかせ，*Arna* と *Ibei* の二人を

oqdo seme ünggihe; 18a/17b 17b/17a
「迎えよ」と送った。

第7号

左に大きく「arambi（書く）」とある。

308 附篇 「逃人檔」訳注

左上に小さくまるく囲んで「jüwe fulgiyan biya（両紅旗当直の月）」とある

○ sure han i sucungga aniya fulgiyan golmahon aniya aniya

Sure Han の元年丙[2]（正しくは丁）卯の年正

biyai ice uyun i de kalkai monggoi ukanju jibi

月初九日，Kalka の蒙古人の逃人が来て

alame; cahara i han j kalka be tucibi*,

告げるのには，「Cahar の Han が出て

meni kalka be gemu gamaha; jarut korcin i baru

我ら Kalka 人を皆連れていった。Jarut は Korcin に向かって

burlaha[3]seme alaha; dahaha niyalma be üjihe afaha niyalma be

敗走した」と告げた。「投降した者を養った。刃向かった者を

waha seme alaha   17a/16b

殺した」と告げた。

第8号

左に大きく「üme（書くな）」とある。

○ sure han i sucungga aniya fulgiyan golmahon aniya i

Sure Han の元年丙（正しくは丁）卯の年

aniya biyai orin de enggeder efui deo manggoltai taiji

正月二十日，Enggeder Efu の弟 Manggūltai Taiji の

harangga monggo sunja haha ilan hehe ukame genere be

所属の蒙古人の男五人，女三人が逃げて行くのを

janju beiguwan ilan niyalma be gaibi amcabi duin

Janju 備官が三人を率いて追って，四人の

haha ilan hehebe bahabi; jai emu haha be bahako

男，三人の女を得ている。また一人の男を得ずに

turibubi ünggihebi; terei turgunde janju de büre olji

取り逃がして送っている。その故に Janju に与える（べき）俘虜は

büheko; emgi genehe jüwe niyalma orin nadate siosiha

与えなかった。一緒に行った二人の者には各々二十七回鞭

siosihalaha:

鞭打った。　　16b/16a　16a/15b

第9号

左上に小さく「aniya biyai（正月の）」とある。

○　juwan jakonde dodo taiji harangga; babu fulata ere jüwe

　　十八日，*Dodo Taiji* の属下の者が *Babu* と *Fulata* この二

　　nirui tofohon isire monggo fungjipuci ukame generebe

　　niru の十五人におよぶ蒙古人が奉集堡から逃げて行くのを

　　adahai ubai kangkalai amcafi /＋leheme genebi/; durbi* de amcanabi afame

　　Adahai, Ubai, Kangkalai が追って /＋追求して行って/, *Durbi* に追って行って攻め

　　gemu waha bi; ubai feye bahabi /＋monggo be wahabi/; tere medegebe

　　皆殺している。*Ubai* は傷を得ている。/＋蒙古人を殺している/ その知らせを

han　de alara jakade　　han hendume ama han i bisire fonde

Han に告げると，*Han* が語るのには，「父 *Han* が存命のときに

　　adahai ubai be sain sembihe; uwesimbuki seci jabduhako;

　　Adahai, Ubai を素晴らしいと言っていた。昇進させようとしても余裕がなかった。

　　sain serengge mujanggai kai; tesei dabala gowa bici türibubi

　　素晴らしいということは難しいことぞ。かれらだけ（ができたことで）別の者であ

　　　れば取り

　　ünggimbihe seme hendubi; adahai ubai be süwe süweni emgi

　　逃がしていた」と語って，*Adahai* と *Ubai* に「汝等は汝等とともに

　　/＋oljime genehe monggoi hehe ＿＿＿＿＿＿＿＿＿　　bühe/（行中に追加・のち削除）

　　/＋俘虜となって行った蒙古人の女は＿＿＿＿＿＿＿＿　　与えた/

　　genebi hosun tucihe* niyalmade süwe tuwame olji boo　　15b/15a

　　行って尽力した者に，汝らが見て俘虜，家産（を与え）

310 附篇 「逃人檔」訳注

funcehebe tuwame süwe gaisu seme henduhe; jai kangkalai be
余ったものを見て汝が取れ」と語った。また，*Kangkalai* を

jüleri ujulabi yabuhako; amala urhutume yabuha seme
先頭にたって進まず，後方で勝手なことを行ったとして

olji faitaha;
俘虜を削った。

第10号

○ aniya biyai orin sunja /de/ nikan i songsan puci emu /+ SIYA KÜN/ gebungge/
正月二十五日，漢地の松山堡から一人の /+ *SIYA KÜN*/ という名の

nikan ukame jihe; kübuhe lamun i beile de bühe;
漢人が逃げてきた。鑲藍の *beile* に与えた。

第11号

○ orin jakon de jülergi giyang ci nikan duin haha
二十八日，*Julergi Giyang*（南江）から漢人の男四人が

ukame jihe; JO gülu sanggiyan de bühe;
逃げてきた。正白に与えた。

第12号

上に小さくまるく囲んで，「jüwe suwayan biya（両黄旗が当直の月）」とある。

○ jüwe biyai ice ilan de; ning iowan i ergici emu niyalma
二月初三日，寧遠の方から一人

ukame jihe; liodon be gaiha fonde; gin fujan haijuci gemu
逃げてきた。遼東を取ったときに，金副将が海州から皆

jafabubi etuku bubi; ama ahon deo baintu agei eniye de bibi acabuha　　13b/13a
捕らえて，衣与えて，父，兄弟は *Baintu Age* の母のところにおらせて併せた。

附篇 「逃人檔」訳注 311

ahai ton de üme dabure /＋encu banjikini/ te gosime üji seme afabuha;

「奴の数には入れるな /＋別に養うがよい/ 今慈しみ養え」と委ねた。

第13号

太く二度書きされている。

◯ jüwe biyai juwan duin de juwan niyalma ning iowan ci

二月十四日，十人が寧遠から

ukame jihe; juwe* niyalma de etuku bübi

逃げてきた。二人に衣与えて

aita de bühe;　　13a/12b

Aita に与えた。

第14号

◯ orin duin de; coirjal taiji booi JOQTORI

二十四日，*Coirjal Taiji* の家の JOQTORI（ほか）

ukame geneheingge cangceng ci amasi jihe;

逃げて行った者が長城から戻って来た。

tere ilan niyalma de etuku bubi*, ini ejen

その三人に衣与えて，かれの主

coirjal de bühe;

Coirjal に与えた。

第15号

左上傍らに小さく「ara（書け）」とある。

◯ ineku tere inenggi sahaliyan taiji booi enggemu faqsi nikan

その同じ日，*Sahaliyan Taiji* の家の鞍づくりの漢人の

duin haha ukame jihe; tere duin haha ubaci ukame

四人の男が逃げてきた。その四人の男はここから逃げて

312 附篇 「逃人檔」訳注

genebi, üheceme emu tanggo nikan i emu hafan ilan tanggo niyalma

行って，あわせて一百人の明の一人の官人と三百人が

solgo de bihebi terei emgi bibi müsei cooha solgo de

朝鮮に留まっており，それとともにいて，我らの（後金）軍が朝鮮に

genebi eiju hecen be gaiha sunjaci inenggi tere hafan

行って，義州城を取った第五日目，その官人は

burlahabi[4）]; ilan tanggo nikan jogon jogon i samsibi   12b/12a

敗走している。三百人の漢人は，道々に流散して

duin niyalma ebsi ukame jihebi; terei emu deo enggemu

四人がこちらに逃げてきている。それのうち一人は，弟の鞍

faksi sahaliyan taiji de bibi ini deo de acabuha;

づくりが *Sahaliyan Taiji* のところにいて，かれの弟に併せた。

emte jergi etuku; emte fakori bühe;   üme   12a/11b

各自に衣と褲子を与えた。   書くな

第16号

左上に「gosin de（三十日）」とあるが削除されている。

○   korcin i sanggarjai nakcu i harangga sibeci ukame jihe ilan

Korcin の *Sanggarjai Nakcu* の属下の *Sibe* から逃げてきた三人の

nikan de emte etuku; emte fakori bubi* han i booi teinju de

漢人に各自に衣と褲子を与えて *Han* の家の *Teinju* に

afabume ini ümiyahai nikan de acabu seme juwe* biyai gosin

委ね，その養蚕の（関孝廉，3頁）漢人と一緒にせよと二月三十日

de /＋juwe niyalma/ bühe;   ○   dodo agei süje jodoro nikan de emu niyalma acabume

に /＋二人を/ 与えた。 ○   *Dodo Age* の緞を織る漢人に一人併せ

bühe;   11b/11a   11a/10b

与えた。

附篇　「逃人檔」訳注　313

第17号

左上に小さくで囲んで「jüwe lamun i biya（両藍旗当直の月）」とある。

@　ilan biyai ice ilan de korcin i sanggarjai nakcui

　　三月初三日，*Korcin* の *Sanggarjai Nakcu* の

　　harangga sibeci sunja niyalma ukame jihe;

　　所属の *Sibe* から五人が逃げてきた。

han de emu niyalma bi;　　○　kübuhe lamun i beile de duin

Han のもとに一人いる。鑲藍の *beile* のもとに四

　　niyalma bi;

　　人いる。

第18号

左上に小さく「jüwe sanggiyan i biya（両白旗当直の月）」とあり，左上横に「ara（書け）」
とあったが消されている。

○　duin biyai ice inenggi gülu lamun i oota i nirui büsuri boo i /+ emu/ nikan;

　　四月朔日。正藍の *Oota* の niru の *Bušuri* の家の /+ 一人の/ 漢人が

　　nikan i dalingho ci amasi ukame jihe; etuku fakori emu jergi

　　明の大凌河から戻って逃げてきた。衣，褲子を一揃い

　　bübi ini ejen büsuri de bühe; terei alaha medege ginju　　10b/10a

　　与えてかれの主 *Bušuri* に与えた。その者の告げた情報，「錦州

　　dalingho be dasame sahambi seme jüwe tayara olhome

　　大凌河城をあらためて築く」，「両所は焼けるのを恐れ

　　hadumbi, ginju dalingho hoton ici de gemu üsin tarimbi

　　（草を）刈る，錦州，大凌河城の方に皆田地に種をまく」

　　seme alaha; siberi janggin de afabume bühe;

　　と告げた。*Siberi Janggin* に委ね与えた。

314 附篇 「逃人档」訳注

第19号

○ ice duin de niojan ci ukame jihe jüwe nikan benjihe;

初四日，牛荘から逃げてきた二人の漢人を送ってきた。

ice ninggun de saling ci; ukame jihe emu nikan benjihe;

初六日，*Saling* から逃げてきた一人の漢人を送ってきた。

tere ilan niyalma de fonjici gemu dalingho dasan be sahambi

その三人に問えば，皆「大凌河の衙門を築く」

seme alaha; niyaman honcihin ere ＿＿＿ de guriha;

と告げた。　親戚この ……に移した。

＿＿＿＿＿ alaha gisun facuhon /＋facuhon/ ofi ilan

告げた言葉が乱れている/＋乱れている/ので，三

niyalma be waha;　（用紙を一葉挿入）10a/vol.99, 1b

人を殺した。

第20号

左上に小さくまるく囲んで「jüwe suwayan i biya（両黄旗当直の月）」とあり，左上横に大きく「ara（書け）」とある。（『満文老檔』太宗天聰六，天聰元年六月十二日，84〜85頁）

@ ninggun biyai juwan jüwe de; arui /＋caharai/ aohan i beise gürun yoni[5]; naiman i beise gürun yoni[6];

ubasame

六月十二日，*Aru* の /＋*Cahar* の/ *Aohan* の諸王，国人が悉く，*Naiman* の諸王，国人が悉く

抜き

jimbi seme ＿?dain genebi jiderede; hoton /＋de/ tehe beise okdome[7] hafan takoraha bihe; tere inenggi

来るというので，（*Han* は）戦いに行って戻るとき，在京の *beile* たちは，（*Han* を）迎えるため，官人を遣わしていた。その日

附篇 「逃人檔」訳注　315

hoton de dosibi jihe ilan elcin jakon gosai niyalma de beisei morin yalububi, ubasame jidere tasaon[8];

城に入って，来た三人の使者，八旗の者に *beile* たちの馬に乗らせて，「叛き来ることが嘘か

mujanggoseme tuwana seme takoraha; takoraha niyalmabe jürceme jidere mujangga jooyang i birade

誠か見に行け」と遣わした。遣わした者と入れ違いに「来るのは本当。遼陽（jooyang……『満文老檔』の解釈に従う。84頁）の河に

isinjiha bi seme o aohan naiman i ilan elcin elincin; juwan ninggun de alanjiha;

到着している」と *Aohan*, *Naiman* の三人の使者が，十六日に告げに来た。

第21号

（『満文老檔』太宗天聡六，天聡元年六月十七日，85頁）

○　juwan nadan de omsat corji lama be jimbi seme asidarahan dayaci jakon niyalma be gaibi emu malu

十七日，*Omdzat Corji Lama* が来るというので，*Asidarahan*, *Dayaci* が八人を率いて一瓶の

nüre gamame oqdonubi mudari jihe;

黄酒持って迎えに行って，折り返し（戻って）来た。

第22号

匡郭外（右上）に小さな字で記される。

juwan uyun de

十九日

/＋ukaka/

/＋逃げた/

bumbu be wabi

Bumbu を殺して

316　附篇　「逃人檔」訳注

majige alanjiha;

情報を告げに来た。

waha niyalma de

殺した者に

ukanjui sargan

逃人の妻

morin be baha

馬を得た

niyalma de

者に

第23号

第21号に続けて記録される。(『満文老檔』太宗天聡六，天聡元年六月二十一日，85頁)

○　orin emu de, abang hosioci; güyeng hosioci; küken batur; tofohon isire niyalma

二十一日，*Abang Hošooci, Guyeng Hošooci, Keoken Baturu*，十五人ばかりの者

gajime /＋jüwe menggun i/ küküri arki gajime elcin jihe.

連れてきて，/＋二つの銀の/ 背壷（扁平な形をした壷）の焼酎を持って使者として
　来た。

第24号

第23号に続けて記録される。(『満文老檔』太宗天聡六，天聡元年六月二十一日，85頁)

○　orin jüwe de han boo de dosimbubi sarin sarilaha

二十二日，*Han* の宮殿に進ませて，酒宴を催した。

jihe gisun meni caharai han ahon deo be takarako doro efulere jakade　　1b/1a

来た言葉。「我らの *Cahar* の *Han* は，兄弟を認めず道義をやぶるので

han　　be baime jihe; mimbe abide[9] te sembi; han i ciha tere gisunde

Han を頼り来た。われらが何処に住めというのも *Han* の意のままに」と。その言葉に

附篇 「逃人檔」訳注　317

han　ishun henduhe gisun /＋me/ süwe caharai han ahon deo be takarako doro efulembi

Han が答えて語った言葉 /＋るのには/，「汝等が *Cahar* の *Han* が兄弟を認めず道義をやぶる

　　seme mimbe baime jici; bi babe ainu jorimbi /＋bilambi/ süweni cihangga bade te seme

　　henduhe;

　　と我を頼ってくれば，我は場所をどうして指示することがあろう /＋限ることがあろう/か汝等の願う所に住め」と語った。　1a / vol.99, 9b

第25号

左欄外に「jüwe suwayan biya」(両黄旗当直の月) とあるが，塗抹されている。(『満文老檔』太宗天聡六，天聡元年六月二十五日，85～86頁)

@　/＋caharai/ aohan naiman jüwe goloi gürun; caharai han ci ubasame

　　/＋*Cahar* の/ *Aohan*, *Naiman* 二地方の国。*Cahar* の *Han* に叛いて

　　jimbi seme; ninggun han biyai orin sunjade

　　来るとて，六月二十五日，

　　han emu nirui sunjate üksin gaibi oqdome meihe

　　Han は一 *niru* あたり各五人の甲士を率いて，出迎えるために巳の

　　erin de jurahan[10]; jurabi jing an pude deduhe; orin

　　刻に出発した。出発して靖安堡に駐蹕した。二十

　　ninggun de jurabi dürbi alade deduhe; tere dobori

　　六日に出発して *Durbi* の丘に駐蹕した。その夜

　　müsei takoraha ajuho arsan; monggoi elcin düreng;

　　われらの遣わした *Ajuhū* と *Aršan*，蒙古の使者 *Düreng*,

　　secen joriq tu; hong batur ilan beilei elcin isinjiha;

　　Secen Joriq-tu, *Hūng Batur* の三王の使者が到着した。

　　jihe gisun amargi üncehen be alici[11];

　　来た (者の) 言葉「最後尾の者たちを待つと

318 附篇 「逃人檔」訳注

han amba niyalma neneme jibi alici[12] ehe; aohan i düreng;

Han 大人が先に来て待たせることになればよくない。*Aohan* の *Düreng*

naiman i hong baturu jüwe beile neneme jimbi; secen joriq tu   9b/9a

Naiman の *Hūng Baturu* の二王は先に来る。*Secen Joriq-tu* は，

gowa buya beise gaibi amargi üncehen be gajime jimbi,

別の小 *beile* らを率いて最後尾の者たちを連れて来る。

jai nikan i elcin jüsen de ainu genembi; cende jio seme

また，明の使者が，*Jušen* に何故行く。かれら（明側）に来いと

jüwe jergi bithe gajime jihe bihe; bithe be neneme gajiha;

二度書信持って来ていた。書信を先に持ってきた。

jüwe elcin be jafabi amala gajimbi seme alaha;

二人の使者を捕らえてあとで連れてくる」と告げた。

第26号

第25号と同筆。文左上に大きく「üme（書くな）」の文字あり。

○ orin nadan boo de takoraha gisun;

二十七日。（瀋陽の）宮殿に送った言葉。

han i bithe abutai age de ünggihe; solgo de tehe

Han の書，*Abutai Age* に送った。「朝鮮に駐した

cooha be halame genere ambasa, hoton de tehe ambasa be

兵を交替しに行く大臣等，城に留守した大臣等を

gemu isabubi morin ulebure jalin de gisure; horibi ulebuci

皆集めて，馬を養うために議せ。（馬を）囲って飼育すれば

jeku ako seri orho baharako; adulabi waliyaha üsin de   9a/8b

穀なくほとんど草は得ない。放牧して放棄した畑に

hara baime ülebu; hodun tarhobu; darin be saikan obubu

莠（えのころぐさ）を求めて飼養せよ。速やかに肥やせ。鞍擦れをきれいに直せ」

附篇　「逃人檔」訳注　319

seme bithe arabi wasi_____, muduri erin de takoraha; tere

と書を書いて下し……，辰の刻に送った。その

inenggi jidere monggoi beise be oqdome emu gosai

日来る蒙古の *beile* らを迎えるため，一旗毎に

sunjata bayara morin silibi beisei morin i emte yalububi

各五の *bayara* と馬を選んで，*beile* らの馬にそれぞれ騎乗させて

jüwe gosai emte amba poo gamame liyooha ubahai be ejen arabi

二旗毎に各一本の大砲を持ち，*Lioha* と *Ubahai* を主となして

ünggihe; henduhe gisun neneme jidere beise amargi üncehen be

送った。（*Han* が）語った言葉「先に来る *beile* たちは後尾を

alime jikini poo be gamabi KILTAKAi[13] ninggude sinda; süwe

待って来るように。砲を持って *KILTAKA* の上に置け。汝らは

amala tutabi bijanjilame[14] karun tuwame jio seme hendubi ünggihe;

後ろに残って，折返し哨所を見てこい」と語って送った。

第27号

○　orin uyun de　　han beise dürbi amargi tüngkuba nimaha

二十九日，*Han* と *beile* たちは *Durbi* の北の網漁場で魚

hory horhadaha;　　8b/8a

を網で捕った。

第28号

左上に「ara（書け）」とある。また左欄外に小さくまるく囲んで「jüwe lamun biya（両藍旗当直の月）」とある。（『満文老檔』に記事なし）

nadan biyai icede; müsei elcin dayaci; dümei isinjiha;

七月朔日，我が使者 *Dayaci* と *Dumei* が到着した。

jidere monggoi beise amargi üncehen be alime jimbi dürbi ci

「やって来る蒙古の *beile* たちは最後尾を待って来る。*Durbi* より

320 附篇 「逃人檔」訳注

susai bai dübade isinjiha seme alaha; tere inenggi aohan

五十里の先に到着した」と報告した。その日 *Aohan*,

naiman i elcin be jurambuha; aohan i / + sonom（別筆）/ düreng; secen joriq tu

Naiman の使者を出発させた。*Aohan* の / + *Sonom* / *Düreng*, *Secen Joriq-tu*

naiman i hong baturu; coq tu; tüsike tu; ocir; dülba;

Naiman の *Hūng Baturu*, *Coq-tu*, *Tüsike-tu*, *Ocir*, *Dülba;*

ere nadan beilei elcin de; samsui ergume emte; foloho imisun

この七人の *beile* たちの使者に，藍布の朝衣各一，彫刻した腰帯

emte; beri emte buhe; sanggarjai elcin de samsui ergume canggi

各一，弓各一を与えた。*Sanggarjai* の使者に藍布の朝衣だけを

bühe; ere jakon elcin de üheri neneme boo de juwete* yan menggun;

与えた。この八人の使者に全員先に宮で各二両銀

kütuci de sunjata yan menggun bühe;   8a/7b

案内人（Mo. *kötüči*）に各五両銀与えた。

第29号

左上に「üme（書くな）」とある。

○ ice jüwe de müsei neneme jafaha sümer jargoci; bebugei:

初二日，我らが先に捕らえた *Sumer*, *Jargūci*, *Bebugei*,

dalantai; dasi; minggai; nomci ere nadan niyalma be ceni jüse

Dalantai, *Dasi*, *Minggai*, *Nomci* この七人を，それぞれの子ら

sargan de acana seme ünggihe;

妻に会いに行けと送った。

第30号

○ ice ilan de amba beilei seter tabunang harangga emu monggo

初三日，*Amba Beile* の *Seter Tabunang* の所属の一蒙古人が

附篇 「逃人檔」訳注　321

emu morin gamame ukaha seme emu gosai emte niyalma beisei

一馬を連れて逃げたとて一旗から各一人づつ *beile* らの

morin yalubi amcame genehe

馬に乗って追って行った。

第31号

左上に「ara（書け）」とある。（『満文老檔』太宗天聡七，天聡元年七月初四日，89頁）

○　ice duin de　　han jidere monggoi beise be tehei

初四日，*Han* はやって来る蒙古の *beile* らを（城に）居たままに

alime gaici ehe seme dürbi alaci liooha be doome ibebi

出迎えては悪いと，*Durbi* の丘から遼河を渡り前進して

bakcilame juwan bai dübede tataha; monggo inu ibe isinjibi

（蒙古の *beile* たちに）対すること十里の先に設営した。蒙古側も前進到着して

hanci bakcilame tataha; tere yamji jase jafabi müsei ulha be　　7b/7a

近くに相対して設営した。その夜，柵を設けて，「我らの家畜を

monggo de acarako; monggoi ulha be müsede acarako

蒙古人のものと一緒にならぬよう，蒙古人の家畜をわれらの家畜に一緒にならぬよう，

balai facuhon üme yabure seme niyalma tuwakiyabuha:

みだりに乱し行うな」と人に見張らせた。

第32号

（『満文老檔』太宗天聡六，天聡元年七月初五日，89〜91頁）

○　ice sunja de monggo beise be acambi seme;

初五日，蒙古の *beile* たちと会うというので，

han i booi jüleri　　han i cacari caha; jakon gosai cacari be

Han の帳房の前に，御用の布涼棚を張った。八旗の布涼棚を

jüwe ergi de gala arame cabi monggoi beise jiderede;

両側に翼のかたちにつくって張って，蒙古の *beile* たちがやって来るとき，

han beise jase tücime oncodome acaha bade;

Han と諸王は柵を出て，出迎え見えた場所で，

abka de ilanggeri hengkilehe; hengkileme wajiha manggi

天に三度叩頭した。叩頭し終わったのち

han neneme jibi sorin de tehe; amba beile ici ergi de tehe;

Han は先に来て玉座に坐した。*Amba Beile* は右側に坐した。

amin beile hasho ergide tehe; taijisa gosa be gaibi jüwe de   7a/6b

Amin Beile は左側に坐した。*taiji* たちは旗を率いて両側に

gala arame tehe; teme wajiha manggi; monggoi beise jase dosime

翼のかたちをつくり坐した。坐し終わったのち，蒙古の *beile* たちが柵を入って

jibi kükuri arki be jüleri jafabi; jakon morin de enggemu

来て背壷の焼酎を前に持って，八頭の馬に鞍

tohobi yarhodame jülesi ibebi hendume; caharai han be ehe

置いて牽いて前に進んで語るのには，「*Cahar* の *Han* が悪い

seme;   han be baime jihe; han de hoturi baime hengkilembi

とて *Han* を頼って来た。*Han* に福求め叩頭する」

seme asidarhan naqcu; taiji tabunang be   han de alabuha;

と *Asidarhan Naqcu, Taiji Tabunang* を *Han* に告げさせた。

han hendume; caharai han be ehe seme mimbe baime goro baci

Han の語るのには，「*Cahar* の *Han* が悪いとて我を頼り遠くの処から

jobome jihe beise be; bi ainu hengkilebumbi gese tebeliyeme acaki

苦労して来た *beile* たちを，我はどうして叩頭させられようか。一様に抱き会したい」

seme jabuha manggi; monggo beise jabume meni bade bici

と答えたので，蒙古の *beile* たちが答えるのには，「我らの処にあれば

tebeliyeme acambi dere;   han be baime jibi

抱き見えるであろう。*Han* を頼って来て

han i irgen obi   han de hengkilerakoi geli ai fondo   6b/6a

Han の民となって *Han* に叩頭しないと，またなんの道理が通るか。

han de henkilebi ilan amban[15] beilede hengkileki seme jabuha

Han に叩頭して三大 *beile* に叩頭したい」と答えた

manggi; beise jabume goro baci jobome jihe beise be; be

ので，諸王が答えるのには，「遠いところから苦労して来た *beile* たちを，我らが

ainu hengkilebumbi;　　han de hengkilehe manggi müse sei

どうして叩頭させることができよう。*Han* に叩頭したのち，我らは年齢の

ahon i bodome acaki seme jabuha; tere gisun de monggoi beise

長幼の順で会そう」と答えた。その言葉に蒙古の *beile* たちが

hendume be caharai han be ehe seme jibi;　　han beile beise

語るのには，「我らは *Cahar* の *Han* を悪いとて来て，*Han* と諸王

de hengkileki seme jihe; beise gosime sei bodome acaki seci

に叩頭したいと思い来た。諸王が慈しみ年齢順で会そうと言うのであれば

beisei ciha dere seme jabubi;　　han de hengkileme jidere de;

諸王の意のままに」と答えて，*Han* に叩頭しに来るとき，

han geren beile ambasa gemu iliha; monggoi beise hengkilerede;

Han，衆王，諸大臣は皆起立した。蒙古の *beile* たちは叩頭するとき

han beise ishun tebeliyehe; ere ilan beile de

Han は *beile* たちと抱きあった。この三人の *beile* に

han kemuni ishun hengkilebi tebeliyehe; tereci　　han tehe　　6a/5b

Han はそのまま叩頭しあって抱いた。それから *Han* は坐した。

monggoi buya beise ilhi ilhi han de hengkilebi tebeliyeme

蒙古の小 *beile* たちは，順々に *Han* に叩頭して抱き

acaha; tereci amba beile; amin beile; hong batur be

見えた。それから *Amba Beile* と *Amin Beile* は，*Hūng Batur* を

ahon seme tehe bade genebi hengkilebi tebeliyeme acaha;

年長として坐したところに行って叩頭して抱き会した。

hong batur inu ishun niyakorabi hengkilebi tebeliyehe; tereci

Hūng Batur も跪いて叩頭しあって抱いた。それから

324　附篇　「逃人檔」訳注

amba beile amin beile sorin de tehe; düreng; secen joriktu

Amba Beile, *Amin Beile* は座に坐した。*Düreng, Secen Joriktu*

jüwe beile jibi hengkilebi tebeliyehe; jüwe beile ishun hengkilebi

二人の *beile* が来て叩頭して抱いた。二人の *beile* は叩頭しあって

tebeliyehe; monggo taiji ilhi ilhi jüwe beilede acaha;

抱いた。蒙古の *taiji* は順々に二王に会した。

tereci müsei monggo beise acaha; müsei taiji sa jihe

それから我々の蒙古の *beile* たちが会した。われらの *taiji* らが来た。

ilan amba beilede hengkilebi tebeliyeme acaha; monggoi ilan beilei

三大 *beile* に叩頭して抱き会った。蒙古の三 *beile* の

beile inu ishun hengkilebi tebeliyehe acame wajiha manggi　　5b/5a

beile も叩頭しあって抱いた。会し終わったのち

mendu fonjibi gajiha arki be angga isinaha; morin be gajiha

ご機嫌（Mo. *mendü*）を問うて，持ってきた焼酎を口に運んだ。馬を連れてきた

manggi　　　han i ice[16] ergi de hong batur be tebuhe; hong batur

のち，*Han* の右側に *Hūng Batur* を坐らせた。*Hūng Batur* に

sirame amba beile tehe; hasho ergide düreng be tebuhe;

次いで *Amba Beile* が坐した。左側に *Düreng* を坐らせた。

düreng sirame amin beile tehe; amin beilei sirame secen joriktu

Düreng に次いで *Amin Beile* が坐した。*Amin Beile* に次いで *Secen Joriktu*

be tebuhe; buya beise be ilhi ilhi ujen sirame tebubi;

を坐らせた，小 *beile* らを順々に重軽順に座らせて，

jakon gosai ihan honin wabi arki nure emu tanggo ninju

八旗の牛，羊を屠って焼酎，黄酒一百六十

malu tukiyebi* sarin sarilaha; wajiha manggi; jakon morin de

瓶揃えて酒宴を催した。終わったのち，八頭の馬に

foloho enggemu tohobi gajibi uju jergi ilan morin de

彫刻を施した鞍を置いて持って来て，上等の三頭の馬に

附篇 「逃人檔」訳注　325

acinggiyame foloho ilan enggemu tohobi /＋ilan/ amba beilede yalubuha;　　5a/4b

精巧な彫刻を施した三つの鞍を置いて（蒙古の）/＋三/ 大 beile に乗らせた。

jai sunja morin de jai jergi enggemu tohobi buya beise de

他の五頭の馬に第二級の鞍を置いて，小 beile らに

ilhi ilhi yalubuha manggi monggo beise han de

順々に乗らせたのち，蒙古の beile たちは Han に

hengkilebi bederehe;

叩頭して引きあげた。

第33号

第32号に続けて記事あり。

○　ice ninggun de; beise acabi tataha bai julergi ala de;

初六日，beile たちが会して駐した場所の南の丘にて，

han; monggoi dabubi bithe tacime gashoha; gashome wajiha

Han は蒙古の香を焚き（誓いの）書を（天に）教えて誓った。誓い終わった

abka de hiyan beise acabi tataha bai jülergi ala de;

天に香 beile たちと会して駐した場所の南の丘に

abka de hiyan dabubi bithe tacime gashome

天に香焚き，（誓いの）書を（天に）教えて誓い

wajiha manggi;　　han i tatan de bederebi; jakon gosai

終わったのち，Han の宿営に戻って，八旗の

ihan honin jakon wabi sarin sarilaha;　　4b/4a

牛，羊八頭を屠って酒宴を催した。

第34号（蒙文）（『満文老檔』太宗天聡七，天聡元年七月初六日，91頁）

左上に「● han;（●は○を黒く塗ったもの）」

seĉen qaɣan

Seĉen Qaɣan は

326 附篇 「逃人檔」訳注

deger-e tngri-dü öčimüi; čaqar-un qaγan öber-ün törüben

上天に誓う。Čaqar の qaγan は自らの法を

ebdejü, törügsen törül-iyen ülü tanĭju, ĭala ügei tabun otuγ

破って，同じ出自の自分の身内を認めず，罪のない五部の

qalq-a-yi ebdegsen-ü tula; aoqan, naiman-i noyad; čaqar-un

Qalqa を滅ぼしたので，Aoqan, Naiman の諸王が，Čaqar の

qaγan-du maγulaĭu;　　sečen qaγan-du tüsiy-e gejü iregsen-i

qaγan に虐げられて，Sečen Qayan に頼りたいと言ってきたのを

ülü sanaĭu, kerem-ün dotur-a oruγulĭu öber-ün irgen-dür

慮ることなく，境内に入ることを許して自らの民と

adali abču ĭabuqul-a;　　sečen qaγan, yeke noyan, amin noyan,

同列の扱いで召しかかえるならば，Sečen Qayan, Yeke Noyan, Amin Noyan,

manggultai noyan, abutai; degelei; ĭirγalang; ajige; düdü; yotu;

Manggultai Noyan, Abutai; Degelei; Ĭiryalang; Ajige; Düdü; Yotu;

siotu, saqaliyan, qoo ge; ede bügüde-yi　　tngri buruγusiyaĭu

Siotu, Saqaliyan, Qooge，これら皆を天は咎めて

amin nasun mani oqur bultuγai; enggijü qayiralaĭu yabudal-a;

我らの寿命が短くあれ。このように愛しみ行っても，

dügüreng; qong baγatur; sečen joriγ-tu; tüsiy-e tu; dayičing

Dügüreng; Qong Bayatur; Sečen Ĭoriγ-tu; Tüsiy-e tu; Dayičing

darqan; sangγarĭai; očir; dulba edün bügüde noyad-ta čaqar-un

Drqan; Sangyarĭai; Očir; Dulba これら多くの諸王等が Čaqar の

qadquγan ügen-dür oruĭu; mani-yi orkiĭu burγu sanaqula,

煽動の言葉にのって我らを棄てて異心を抱けば，

tan-i　　tngri burγusiyaĭu amin nasun tan-i oqur bultuγai;

汝らを天は咎めて，汝等の寿命が短くあれ。

ali-ba kümün kelelčegsen ügen degen kürĭü yabuqul-a;

何人でも我の誓った言葉に致し行えば，

tngri orüsiyeǰü amin nasun bidan-i urtu boluɣad; aǰi,

天は慈しんで我らの寿命を長くなし，我々の子

ür-e bidan-i delgereǰü tümen od; mingɣan üy-e-dür kürtel-e

孫は繁栄し，万年千代にいたるまで

ǰirɣaqu bultuɣai;

安楽たれ。　　3b/3a

第35号

（『満文老檔』太宗天聡七，天聡元年七月初七日，92頁）

○　ice nadan de monggoi beise; orin ihan ǰüwe morin; duin tanggo

初七日，蒙古の *beile* たちは，二十頭の牛，二頭の馬，四百頭の

honin wabi karu sarin sarilaha;

羊を屠って返礼の酒宴を催した。

han tere inenggi liooha i ebergi dalin de dooha manggi; düreng

Han はその日，遼河の此岸に渡ったのち，*Düreng*,

secen joriq tu ǰuwenobi* füdeme ǰidere jakade;

Secen Joriq-tu の二人が見送るために来るので，

han; düreng de enggemu hadala tohohoi emu morin emu loho bühe,

Han は *Düreng* に鞍と轡をつけた一頭の馬，一振りの腰刀を与えた。

secen joriq tu de enggemu hadala tohohoi emu morin; emu jebele de

Secen Joriq-tu に鞍と轡をつけた一頭の馬，ひとつの箭袋に

beri niru sisihai bühe; sanggarjai taiji de menggun i cara bühe;

弓矢挿したまま与えた。*Sanggarjai Taiji* に銀の杯を与えた。

hong baturu nutuq goro obi jiheko bihe, tere emu beri juwan

Hūng Baturu は，居る場所（Mo. *nutuɣ*）が遠いので来れなかった。その一弓と十

sirdan bübi ünggihe;　　3a/2b

本の箭を与えて送った。

328 附篇 「逃人檔」訳注

han tubade dedubi; jakon de jurabi jing an poo de dedubi

Han はその地に駐蹕して，八日に出発して靖安堡に駐蹕した。

uyun /＋juwan/ de　　han hecen de honin erin de dosiha;　　2b/2a, 2a/1b, 1b/1a, vol.98,
　21b/21a

九日 /＋十日/, Han は城に未の刻に入った。

第36号

左（21a）に「üme（書くな）」の文字あり　　21a/20b

○ SANOKAI deoi hojihon i booi soojang gebungge nikan; ilan biyaide ukame

SANOKAI の弟の女婿の家の Soojang という名の漢人が三月に逃げて

/＋genehe bihe/ nadan biyai juwan jakon de ning iowan ci /＋amasi/ ukame /＋amasi/jihe;

/＋行っていた。/ 七月十八日，寧遠から /＋戻り/ 逃げて /＋戻り/ きた。

terei alaha gisun ginju hoton be waliyaha; jüwe tanggo

かれの告げた言葉。「（明は）錦州城を放棄した。二百人の

karun i niyalma bi; üsin i jeku be niowanggiyan uthai

哨所の者がいる。田の穀を緑のままに（まだ熟さないうちに）

hadubi waliyaha seme alha; ere ukanju be; yang

刈って棄てた」と告げた。この逃人を，Yang

beiguwan de bühe;　　20b/20a

備官に与えた。

第37号

○ sahaliyan taiji booi ton i nirui NIKARI booi emu jüsen

Sahaliyan Taiji の家の数の niru の NIKARI の家の一人の Jušen

haha ilan biyade; nikan de ukame genehe bihe; jai centu

の男が三月に，漢地に逃げて行っていた。また，前屯

üi ci amasi ninggun jüsen ukame jiderebe; ning iowan i

衛から戻り六人の Jušen が逃げてくるのを，寧遠の

teisu monggo ucarabi gamahabi; NIKARI booi haha

付近の蒙古人が出会って連れて行っている。*NIKARI* の家丁は

emhun monggoci ukame; nadan biyai orin de isinjiha;

単身蒙古人のところより逃げ，七月二十日に到着した。

terei alaha gisun; nikan ginjui hoton be waliyaha;

かれの告げた言葉。「明は錦州城を放棄した。

ürehe jekube ajige ajige hadume gajiha; eshun jekube

熟した穀を少々刈って持ってきた。空穂を

gemu hadubi waliyaha /+ ning iowan be jase obuha/ seme alaha; ere ukanju be

皆刈り取って棄てた /＋寧遠を境界とした/」と告げた。この逃人を

amba beile de bühe;　　20a/19b

Amba Beile に与えた。

第38号

左上に小さくまるく囲んで「juwe* sanggiyan i biya（両白旗当直の月）」とあるも消去。

orin uyunde

二十九日

○　ning iowan ci emu nikan ukame jihe

寧遠から一人の漢人が逃げてきた。

ajige agede bühe;

*Ajige Age*に与えた。

第39号

左上欄外に「jakon biya juwe* sanggiyan○ 八月，両白旗の当直」とある。

○　ice ninggunde caharai bayot ilan haha duin

初六日，*Cahar* の *Bayot* の三人の男が四頭の

morin gajime ukame jihe　　19b/19a　　19bから18aまで欠葉

馬を連れて逃げてきた。

330 附篇 「逃人檔」訳注

第40号

左上に四角く囲んで「jakon biya jüwe sanggiyan（八月，両白旗の当直）」とあるも消去される。

○ tofohon de ning iowanci emu jüsen; jüwe nikan ukamejihe:
十五日，寧遠から一人の *Jušen*，二人の漢人が逃げてきた。

tesei alara gisun; ginjui ci taikiyan　　han de
かれらの告げる言葉に「錦州の *Ci* 太監が（明の）皇帝に

bithe uwesimbume ginjui fe dasahako hecen de cooha de
上奏し，『錦州の古い修築以前の城で（*Jušen* の）兵に

kabubi bici dame jiheko; jai jüsen i hoton tuwame
囲まれていても救援に来なかった。また *Jušen* 軍の（錦州）城を調

simnebi genehe komso cooha; müsei cooha be hoton i
査して行ったわずかな兵が，我ら（明）の兵を城の

dade isitala bihebume sacici tüciheko seme uwesimbure
下に至るまで追いつめて切ったときにも（城から）出なかった』と奏する

jakade iowan dutan be wasimbubi gamaha seme alaha;
ので *Iowan* 都堂を降格して連れていった」と告げた。

tere jihe emu jüsen jüwe nikan be ini cihangga bade
その来た一人の *Jušen* と二人の漢人を，「自分の希望するところで

banji sere jakade, emu jüsen emu nikan ini nirui ejen busan i
暮らせ」というので，一人の *Jušen*，一人の漢人はその *nirui ejen* である *Busan* の

boode banjiha; jai emu nikan ini da ejen warka ecikei　　17b/17a
家に，もう一人の漢人はかれの元の主 *Warka Ecike* の

boode aja, deo bisime tede banjiha /＋genehe/　　17a/16b
家に母，弟がおり，そこに /＋行った/。

附篇 「逃人檔」訳注 331

第41号

左上横に大きく「ara（書け）」とある。（『満文老檔』太宗天聡七，天聡元年八月十八日，
99～100頁）

○ juwan jakon de caharai alaqcot gürun i maha satu; nomun dalai;

十八日。*Cahar* の *Alaqcot* 国の *Maha Šatu*（＝*Bar Baturu*），*Nomun Dalai*,

coir jamsu; ere ilan taiji tofohon haha; juwan duin hehe;

Coir Jamsu この三人の *taiji* が，十五人の男，十四人の女，

juwan jüse; dehi sunja morin gajime ukame jihe;

十人の子，四十五頭の馬を率いて逃げてきた。

tüsiy-e tu efu de bühe hehebe fudeme genebi yamji sarin sarilame

（*Han* は）*Tüsiy-e tu Efu* に与えた女（*Junje* 公主）を見送りに行って，晩に酒宴催し

wajime isinjiha; maha satu　　　han de acame jiderede

（送別宴が）終わり帰城した。*Maha Šatu* が *Han* に会いに来るとき

han　beise ilicabi alime gaiha;　　　han de niyakorame acarade

Han と諸王は共に立って迎え入れた。*Han* に跪き見えるとき

han　ishun niyakorabi hengkilebi tebeliyeme acaha; taiji ilan amba

Han は向かい合って跪き叩頭して抱きあって見えた。*taiji* は三大

beise de siran siran i　　　han de acaha songkoi acaha;

beile に次々に *Han* に見えたとおりに会した。

nom-un dalai; coir jamsu; acarade; han beise tehei

Nom-un Dalai と *Coir Jamsu* が見えるとき，*Han* と諸王は座したまま

assaha ako tebeliyame acaha; acabi amasi bederebi aldangga tehe;　　16b/16a

動かずに抱きあって見えた。見えてうしろに戻って離れたところに坐った。

tereci maha satu; jirgalang taiji; ajige taiji; sahaliyan taiji;

それから *Maha Šatu* が，*Jirgalang Taiji*, *Ajige Taiji*, *Sahaliyan Taiji*,

hooge taiji de acarade　　　tecehe baci ishunde ibenubi gese

Hooge Taiji に会するとき，一同坐ったところから向かい合って一同前進して同じよ

　うに

332 附篇 「逃人檔」訳注

niyakorabi hengkilebi tebeliyeme acaha; tereci bederebi tecehe manggi

跪いて叩頭して抱きあって会した。それから戻って一同坐ったのち

taiji sai tehe bade jibi nom-un dalai; coir jamsu; musei

taiji 等の座したところに来て *Nom-un Dalai, Coir Jamsu* は，われらの

taiji sei tehe bade jibi siran i siran i gajirede ishun ilibi gese

taiji 等の座したところに来て次々に連れてくるとき，向かい合って立って同じように

niyakorabi hengkilebi tebeliyeme acaha; acame wajiha manggi;

跪いて叩頭して抱きあって会した。会し終わったのち，

ici ergi ashan de tebühe; hehesi be hasho ergi ashan de

右側の傍らに坐らせた。女たちは左側の傍らに

tebühe; ihan wabi sarin sarilaha;   16a/15b

坐らせた。牛を殺して酒宴を催した。

第42号

葉の中ごろ上に四角く囲んで「jüwe fulgiyan」（両紅旗が当直の月）とあるも削除されている。

<u>uyun biyai juwande gülu lamun i beilei booi duin</u>

<u>九月十日，正藍の *beile* の家の</u>

duin nikan haha amasi ukame   15b/15a

四人の漢人の男が戻り逃げて

第43号

15a 大きく「üme（書くな）」とある。   15a/14b

左上欄外に四角く囲んで「jüwe fulgiyan（両紅旗の当直）」とある。

gülu lamun i beilei booi nikan duin haha ninggun boigon loodao

正藍の *beile* の家の漢人四名，女六戸が鹿島

/tun* de/ ukame genebi uyun biyai juwande geli amasi ukame

/島に/逃げて行って，九月十日にまた戻り逃げて

附篇 「逃人檔」訳注 333

jihe seme jihe bihe; beyebe seoleme tuwara jakade

来たと来ていた。身体を調べてみると

jasigan i bithe gajihabi, ini ama eme be gajime jihe seme waha;　　14b/14a　　14a/13b

書信を持ってきている。かれの父母を連れに来たとて殺した。

第44号

左上に丸く囲んで「jüwe suwayan i biya（両黄旗の当直の月）」とある。

○　juwan biyai ice ilan de jakon gosai jüwete amban de meni meni gosai

十月初三日。「八旗の各二名の *amban* に各々の旗の

bade jecen i bade genefi[17] de; ukanju ukaci tere genehe amban golo de

境界のところに行って，逃人が逃げるとき，その行った *amban* が，地方に

tehe emu nirui emte niyalmabe gaifi[18] dübe tücitala amca seme

駐在の（者を）一 niru ごとに各一名を率いて，先の先まで追え」と

ünggihe; jüwe suwayan i turusi sargio abutai golohoi; jüwe

送った。両黄の *Turusi, Sargio, Abutai, Golohoi,* 両

fulgiyan i naimda nomhon kalcunggi besei; jüwe lamuni siondui

紅の *Naimda, Nomhon, Kalcunggi, Besei,* 両藍の *Šundui*

langgida budari bakemu; jüwe sanggiyan i tambai hosintai hasitan

Langgida, Budari, Bakemu, 両白の *Tambai, Hūsintai, Hasitan*

mandulai;　　13b/13a

Mandulai。

第45号

左上に小さく丸く囲んで「jüwe lamun biya（両藍旗当直の月）」とある。

omsion biyai orin uyun de; buyandai efui ninggun niyalma

十一月二十九日，*Buyandai Efu* の六名が

dehi morin gamame ukaha seme alanjiha jakade; jakon beile

四十頭の馬を連れて逃げたと告げに来たので，八旗の *beile* は

334　附篇　「逃人檔」訳注

jakon niyalma; jüwete morin tücibubi; buyandai efu de

八人の者と各二頭の馬を出して，*Buyandai Efu* に

adabubi fargabuha;

付けてあとを追わせた。

第46号

左上に大きく「ara（書け）」とあり，また上に四角く囲んで「ba ako obi amala araha; 書く場所がないのでのちに書いた」とある。（『満文老檔』太宗天聡八，天聡元年十一月初七日，107頁）

ice nadan de caharai angkon düreng beile ilan jui ukame jimbi seme

初七日，*Cahar* の *Angkūn Düreng Beile* と三人の子が逃げてくると

han beise ambasa geren hiyajisa[19] gemu seke silun i daho jibca etubi; hecen

Han, 諸王, 大臣ら，*hiya* たちは，皆貂，猞猁猻の上衣を着て，城を

tücime emu tai dü dübede oqdobi gajiha; gajibi　　　han beise yamun de

出て一台の先に迎えて連れてきた。連れてきて *Han* と諸王は衙門に

tehe; angkon düreng beile　　han de goro hengkileme acabi; jai julesi ibeme

坐した。*Angkūn Düreng Beile* は *Han* に遠くから叩頭し見えて，次いで前に進み

　　/＋genebi geli hengkilebi han de tebeliyeme acaha; jai ilan amba beile ilibi/

　　/＋行って，また叩頭して *Han* に抱き見えた。次いで三大 *beile* は立って/

angkon düreng ishun de hengkilebi tebeliyeme acaha; geren taiji sa ilhi ilhi tebeliyeme

Angkūn Düreng Beile と叩頭しあって抱き会した。*taiji* らもかわるがわる抱き

acaha; tuttu acame wajiha manggi; jakon gosai amba sarin　　　13a/10b（12,11葉缺）

会した。そのように会し終わったのち，八旗で大酒宴

sarilaha; hacin hacin i ebiyen ebiyehe;

催した。いろいろと満腹に食べた。

第47号

左上に丸く囲んで「juwe* sanggiyan biya（両白旗当直の月）」とある。

附篇 「逃人檔」訳注 335

jorgon biyai ice inenggi caharai alaqcot güruni dorji ildeng,
十二月朔日，*Cahar* の *Alaqcot* 国の *Dorji Ildeng*

taiji isinjibi　　　han beise yamun de tücibi
Taiji が到着して *Han* と諸王は衙門に出て

monggo taiji be acara de jihe taiji aldangga geren be
蒙古の *taiji* と見えるとき，来た *taiji* は，遠くから衆を

gaibi　　　han de hengkilehe; hanci ibeme jibi emu jergi
率いて *Han* に叩頭した。(*Han* の) 近くに進み来て一度

niyakorabi hengkilebi　　　han be tebeliyerede
跪いて叩頭して，*Han* を抱くとき

han ishun oqdome ibebi ishun bühi arame niyakorabi
Han は向かい合って進んで互いに膝を組んで坐し，跪いて

hengkilebi dergi be tebeliyeme acaha; terei sirame ilan amba
叩頭して，上膝を抱き見えた。それに続いて三大

beile de　　　han de acaha doroi fejergi buhi* be tebeliyeme
beile に *Han* に見えた礼で下膝を抱き

acaha; tereci biyanggo beile de ishunde gese niyakorabi
会した。それから *Fiyanggū Beile* に互いに同じく跪いて

hengkilebi emte oho be tebeliyeme acaha; acame wajiha manggi　　　10b/10a
叩頭して，一度づつ腋の下を抱き会した。会し終わったのち，

jihe taiji be　　　han i hasho ergi de manggoltai
来た *taiji* を，*Han* の左側に *Manggūltai*

beile sirame tebuhe; jakon buho i yali bujubi
Beile を続けて座らせた。八頭の鹿の肉を煮て

sarin sarilaha;
酒宴を催した。

336 附篇 「逃人檔」訳注

第48号

左上に大きく「üme（書くな）」とある。

○ jorgon biyai ice jüwe de babutai age de kamciha

十二月初二日，*Babutai Age* のところに併せた

jin beiguwan; samha de kamciha li beiguwan ukaha;

金備官，*Samha* のところに併せた李備官が逃げた。

第49号

○ ice jakon de ukaha jin beiguwan; li

初八日。逃げた金備官，李

beiguwan   beiguwan be mandarhan iogi   10a/9b

備官。備官を *Mandarhan* 遊撃が

amcabi waha;

追って殺した。

第50号

@ ice uyun de jakon beilei booi jüwete morin emte niyalma

初九日。八旗の *beile* の家の各二頭の馬，各一名の人，

jüwe sümingguwan siden de jüwe morin emte niyalma tücibubi

二人の総兵官の間で二頭の馬，各一名の人出して，

aohan aiman i ukanju ukambi seme übai gaibi genehe;   9b/9a   9a/8b

Aohan 部の逃人が逃げるとて，*Ubai* が率いていった。

第51号

左上に丸く囲んで「jüwe sanggiyan biya（両白旗当直の月）」とあるも削除。

jorgon biyai orin ninggun de yooju de jirgalang taiji;

十二月二十六日。耀州に *Jirgalang Taiji*,

附篇 「逃人檔」訳注　337

gosai ejen cergei tenehe;

旗の主 *Cergei* が駐留しに行った。

第52号

第51号の文に続けて記されている。

niojan de yoto taiji

牛荘に *Yoto Taiji*

sahaliyan taiji; adahai fujan tenehe;

Sahaliyan Taiji, *Aadahai* 副将が駐留しに行った。

第53号

jang i san de degelei taiji; gosai ejen namtai tenehe;

章義山（站）に *Degelei Taiji*, 旗の主 *Namtai* が駐留しに行った。

ere ilan bade emu gosai juwante bayara be gamame tenehe;　　8b/8a

この三地方に一旗の各十人の *bayara* を連れて駐留しに行った。

第54号

第8葉表右に大きく「üme（書くな）」とある。　　8a/7b

左上に四角く囲んで「jüwe fulgiyan biya（両紅旗当直の月）」とあり，その右横に「suwayan
muduri* aniya（戊辰の年）;」とある。

suwayan muduri* aniya; aniya biyai ice ilan de ajige i agei

戊辰の年。正月初三日。*Ajige Age* の

jafu arara faksi KEO JIN KÜNG gebungge nikan, ilan nikan jui

絨毯をつくる工匠 *KEO JIN KÜNG* という名の漢人が三人の漢人の子

be gaigi fulgiyan tasha /+ aniya/ ukame genehe SOW bihe; aniya

を連れて，丙寅 /+の年/ 逃げて行っていた。正

biyai ice ilan de amasi ini beile be baime jihe seme

月の初三日に戻ってかれの主を頼り来たとて

ini beile be üji bühe;

かれの主に「養え」と与えた

第55号

○ fulgiyan tasha aniya ajige agei KEO JIN KÜNG

丙寅の年。*Ajige Age* の *KEO JIN KÜNG*

gebungge nikan ini ilan jui be gamame ning

という名の漢人がかれの三人の子を連れ，寧

iowan de ukame genehe bihe; suwayan muduri

遠に逃げて行っていた。戊辰の

aniya; aniya biyai ice ilan de ini ilan jui be   7b/7a

年，正月初三日，自らの三人の子を

gajime amasi beile be baime jihe;

連れて戻り *beile* を頼り来た。

第56号

○ juwan emu de aisin gürun i   han i bithe;

十一日，金国の *Han* の書

solgo gürun i wang de ünggihe; aniya biyai

「朝鮮国の王に送った。正月

ice sunja de li fuma i harangga WANG ING

初五日，李駙馬（李永芳）の属下の *WANG ING*

IOWAN; TIYAN IO MING, LI AN YOWAN duin haha

IOWAN, TIYAN IO MING, LI AN YOWAN が四人の男，

ninggun hehe juwan juwe* morin; i ilan morin loosa

六人の女，十二頭の馬，三頭の騾馬，

gamame ukabi suweni* solgo de dosika;

連れて逃げて，汝の朝鮮に入った」。

附篇 「逃人檔」訳注　339

ere bithe be sanuka benehe;　　　7a/6b

本書簡を *Šanuka* が届けた。

第57号

○　orin jakon de cahara ci sajin tabunang; jai emu

二十八日，*Cahar* より *Šajin Tabunang* 及び一人の

monggo; emu hehe; duin morin gajime ukame

蒙古人が，一人の女，四頭の馬を連れ逃げて

jihe;　　　6b/6a　　6a/5b

来た。

第58号

左上に四角く囲んで「jüwe suwayan i; jüwe biya;（両黄旗当直の二月）」とある。

○　tofohon de; dajuho kangkalai jibi alambi ／＋alame/;

十五日，*Dajuhū* と *Kangkalai* が来て ／＋告げるのには/

jülergi jase be ukanju songko ambula tücikebi

「南の境界を逃人の足跡がたくさん出ている」

sere; ukanju tuwakiyambi seme tehe niyalma jai ai

という。「逃人を見張るために駐在している者は，また何

ba tuwakiyambi; orho moo ganara niyalmai

処を見張っているのだ。草，木を取りに行く者の

songkoi tülergi be saikan songko faida;

足跡以外のものをしっかりと跡を追え」（と *Han* が語った）。

第59号

○　han be baime caharai KO?　／＋monggo/ gosin haha, gosin ilan hehe boigon

Han を頼り *Cahar* の蒙古人の三十人の男，三十三人の女が戸口を

340 附篇 「逃人檔」訳注

KO? gajime ukame ji gosin de
連れて逃げて三十日に

第60号

○ gosin de caharai ukanju gosin haha; gosin ilan hehe
三十日，*Cahar* の逃人，三十人の男，三十三人の女が

ukame jihe;　　5b/5a
逃げてきた。

第61号

左上に四角く囲んで「jüwe lamun i ilan biya（両藍旗当直の三月）」とある。

juwan jakon de caharai ukanju sunja haha jüwe hehe
十八日，*Cahar* の逃人，五人の男二人の女が

ukame jihe; tere ukanjui alarangge caharai han
逃げてきた。その逃人の告げることに，*Cahar* の *Han* が

bon saciko coohai agora dehereme nikan be dailambi seme
鉄挺，刃物，兵器をかき集め，明を討つと

nikan i ? jasei baru nükteme jihe seme alaha;
明の境界に向かって家畜を連れて来たと告げた。

第62号

○ orin de cahar ci emu tanggo haha; emu tanggo
二十日，*Cahar* から一百人の男，一百人の

hehe, jihe ukame jihe;　　5a/4b
女が逃げてきた。

附篇 「逃人檔」訳注　341

第63号

@　NAMITA nirui jüwe niyalma nikan de ukame genebi;

　　NAMITA niru の二人が漢地に逃げて行って，

　　orin jüwe de amasi ukame jibi alame müsei ukanju be

　　二十二日に戻り逃げてきて告げるのには，「我が方の逃人を

　　isabubi mükebe jüwe biya olhon be emu biya IO NAN i

　　集めて，水行二月，陸行一月（移動し）*IO NAN* の

　　bade jüse sargan bisire niyalmabe falibume gamaha; emteli

　　地に子等妻のある者を拘禁して連れていった。独身の

　　niyalmabe gemu waha seme alaha;　　　4b/4a　　4a/3b

　　者を皆殺した」と告げた。

第64号

左上にまるく囲んで「duin biya jüwe sanggiyan（四月，両白旗当直）」とある。

○　ice ilan de ning iowanci emu nikan

　　初三日，寧遠より一人の漢人が

　　ukame jihe tede emu jergi etuku sangnabi

　　逃げてきた。かれに一そろいの衣を賞賜して

　　ini ama sefu de acabubi alban ako

　　かれの父師に併せて，公課を免除

　　obuha; TAINTA de afabuha;　　　3b/3a

　　した。*TAINTA*に委ねた。

第65号

左上に四角く囲んで「duin biya jüwe sanggiyan（四月，両白旗当直）」とあるが消されて
いる。

　　ice sunja de caharai alaqcit[20] gürun i juwan jakon haha

　　初五日，*Cahar* の *Alaqcot* 国の十八人の男

342 附篇 「逃人檔」訳注

ninggun hehe ilan jui ukame jihe;

六人の女，三人の子が逃げてきた。

第66号

○ orin sunja de caharaci ninggun haha; ilan hehe

二十五日，*Cahar* より六人の男，三人の女が

ocir cagan subarhan ci ukame jihe;

Ocir Cagan Subarhan より逃げてきた。

第67号

○ ineku tere inenggi gusans gusantai efui nirui

またその日，*Gusantai Efu* の *niru* の

jüwe niyalma nikan de ukame genehengge songsanci

二人の漢地に逃げていった者が松山から

amasi ukame jihe; 3a/2b

戻り逃げてきた。

第68号

左上に大きく「ara（書け）」とある。（『満文老檔』太宗天聡十，天聡二年四月二十五日，129頁）

○ duin biyai orin sunja de barin i seter beile sereng hong

四月二十五日，*Barin* の *Seter Beile*，*Sereng Hūwang*

taiji; aiosi taiji; manjusiyari taiji han de acaraha;

Taiji，*Ayusi Taiji*，*Manjusiri Taiji* が *Han* に謁見した。

sunja bai dübede han beise oqdobi gajibi amba

五里の先に *Han* と諸王は出迎えて，連れてきて大きな

sarin sarilaha; seter sereng sa dade monggoi kalkai gürun i

酒宴を催した。*Seter*，*Sereng* らは元々蒙古の *Kalka* 国の

barin i beise bihe; caharai kalka be efulehe de, seter

Barin の諸 beile であった。Cahar が Kalka を破ったとき，Seter

angga sa ini harangga gürun nisihai korcin de dayanaha bihe;

Angga らは，その所属の国人すべて Korcin を頼って行っていた

korcin i beile nungneme ujir ujirako ojoro jakade

Korcin の王が虐げ，養わなくなるので，

süre han de nikebi banjiki seme jihe mamai majige bi seme

Sure Han に頼って暮らしたいと来た。出痘の情報があるというので

acabuhako bihe; sereng hong taiji cahara de gamabuha bihe;

あわずにいた。Sereng Hong Taiji は Cahar に連れて行かれていた。

caharai han waki serebe sarabi korcin de ukame genebi   2b/2a

Cahar の Han が殺そうというのを知って，Korcin に逃げて行って

korcin ci ini ahon deo seter angga be baime jihe;

Korcin からかれの兄弟 Seter Angga を頼って来た。

oqdoro de   han beise geren gemu sanggiyan i ergume

迎えるとき，Han と諸王はみな白い朝衣

etubi sanggiyan suru morin yalubi oqdoho oqdobi gajibi

を着て，白い芦毛の馬に乗って迎えた。迎えて連れてきて

han beise cacari de tehe; jihe beise ceni gajiha ninggun

Han と諸王は布涼棚に坐した。来た beile たち，かれらが持ってきた六頭の

morin jüwe temen jüwe sekei daho; arki juleri sindabi

馬，二頭の駱駝，二着の貂皮の皮端罩，焼酎を前に置いて

baqcilame tehe; tehe baci seter sereng aiosi manjusiyari

対座した。坐したところから Seter, Sereng, Ayusi, Manjusiri が

gerenci jülesi ibebi emu jergi hengkilerede

衆より前に進んで，一度叩頭するとき，

han beise ishun buhi araha;   han be acame tebeliyerede   2a/1b

Han と beile たちは互いに膝を組んで坐した。Han に見え抱くとき，

344 附篇 「逃人檔」訳注

han ishun moncon acinggiyabi dergi be tebeliyeme acaha;

Han は互いに帽子の菊花頂を揺らして膝上を抱き見えた。

ilan amba beile de　　han de acaha doroi ahon i bodome

三大 *beile* に，*Han* に見えた礼にならい，長幼に従い

acaha; tereci taijisa de ishunde gese hengkilebi niyakorabi

会した。それから *taiji* たちに互いに同じように叩頭して跪いて

tebeliyeme acaha; acame wajiha manggi ceni gajiha arki be

抱き会した。会し終わったのち，かれらの持ってきた焼酎を

han beise de angga isibume wajiha manggi; seter be

Han と諸王に口につけさせ終わったのち，*Seter*を

han i ici ergide adame gaibi tehe; sereng be amba beilei

Han の右側のとなりに連れてきて座らせた。*Sereng* を *Amba Beile*

adame tebuhe; j jakon ihan; juwan ninggun /＋honin/ wabi; dehi

のとなりに座らせた。八頭の牛，十六頭の /＋羊/ を屠って，四十

dere dasabi nikan i hacin hacin i ebiyen ebiyeme sarilaha;　　1b/1a　1a/vol.97,37a（37b

　　欠葉）

卓整えて，漢の種々なもので大満腹に酒宴を催した。

37a/36b

第69号

左上欄外に「jüwe fulgiyan i biya（両紅旗当直の月）」とある。

○　sunja biyai ice duin de

五月初四日，

jarut sirababai jüse sabun; lama; temurjin ere ilan taiji isinjiha;

Jarut の *Sirababa* の子供 *Sabun*, *Lama*, *Temurjin* この三人の *taiji* が到着した。

附篇 「逃人檔」訳注　345

第70号

○ ice ninggunde caharai kesikten i guyeng* taiji ini sargan
　初六日，*Cahar* の *Kesikten* の *Guyeng Taiji* がその妻
　nadan haha be gajime ukame jihe
　七人の男を連れて逃げてきた。

第71号

後補か。小さな字で記されている。

○ juwan ilan de LIJINGSAI booi lio el; JAMCI booi howangta ukame jihe bihe; h han de
　　alara jakade
　十三日，*LI JING SAI* 家の *Lio El*, *JAMCI* 家の *Hūwangta* が逃げて来ていたと *Han*
　　に告げるので，
　ini ejen aqdun gonici üjikini aqdun ako gonici wakini seme henduhe; jüwe niyalmai
　「その主が信頼できると思えば養うがよい信頼できないと思えば殺すがよい」と語っ
　　た。二人の
　ejete aqdun ako obi waha;
　主は信頼できないとしたので殺した。

第72号

○ juwan jakon de yarai emu monggo nikan de ukame genebi
　十八日，*Yarai* の一人の蒙古人が漢地に逃げて行って
　songsan de isihabi amasi bedereme jihe jilakan
　松山に至って戻り帰ってきた。あわれだ
　seme sini cihangga niyalma de bisu sere jakade　　36b/36a
　と，「汝の望む者のところにおれ」というので，
　ayusi nirui BAMBRAN be ini honcihin seme T? tede
　Ayusi niru の *BAMBRAN* がかれの親戚とて，そこで

346 附篇 「逃人檔」訳注

banjimbi genehe;　　36a/35b
暮らすと行った。

第73号

○ orin ilande caharci b ka kalkai hong baturu beilei hoto
　　二十三日, *Cahar* から *Kalka* の *Hūng Baturu Beile* の *Hoto*
　　/+ tabunang/ juwan haha jafagan ukame jihe;
　　/+ *Tabunang* と/ 十人の男が徒歩で逃げてきた。

第74号

中央上にまるく囲んで「jüwe fulgiyan i biya（両紅旗当直の月）」とあるも消去されている。

sunja biyai juwan　　35b/35a
五月十

第75号

左上に四角く囲んで「jüwe suwayan i biya（両黄旗当直の月）」とある。

ninggun biyai juwan emu de caharaci ilan haha ilan hehe
六月十一日, *Cahar* から三人の男が, 三人の女,

jüwe jui; juwan jüwe morin gajime ukame jihe;
二人の子, 十二頭の馬を連れて逃げてきた。

第76号

○ juwan ilan de ning iowan ci duin niyalma ukame jihe;
　　十三日, 寧遠から四人が逃げてきた。

jihe türgun sargan ako; alban de dosorako obi
来た理由, 妻なく, 公課に堪えられないので,

jihe seme alambi /+ alaha/, emu niyalma liodong /+ be/ gaiha ? aniya
来たと /+ 告げた/。一人は遼東 /+ を/ 取った年に

ukame genehebihe; jai ilan niyalma s golmahon aniya

逃げて行っていた。三人は卯の年

jorgon biyade genehebihe; jüwe niyalmabe dade imbe

十二月に行っていた。二人は元来

beilengge /+ düdu agei/ toqsoi niyalma bihe; emu niyalma amba　　35a/34b

/+ *Dudu Age* / の荘園の者であった。一人は *Amba*

beilei nimaha baire niyalma bihe; ini cihangga bade

Beile の魚を取る者であった。「自らの希望のところに

banjikini sere j jakade; meni meni da ejete banjiki

暮らすがよい」と（*Han* が）いうと，それぞれ元の主が養いたいと

/+ sehe manggi ini üweribi genehe aha gajiha jakabe buo* seme/;/ + bühe/

/+ 言ったので，「その残して行った奴僕，持ってきたものを与えよ」と/, /+ 与えた/

sere jakade　meni meni ejete de afabume; /emte jergi etuku bühe;/ jai emu

というのでとき，それぞれ主に委ね，/各一揃いの衣を与えた。/また一

niyalma hendume m mini eniye bihe /+ eniye be baime jihe seme alaha/ dahalara jüwe

　　niyalmai emgi bihe

人が語るのには，「我の母がいた」。/+ 「母を求め来た」と告げた。/ 従った二名と

　　一緒にいた

eniye be acaci eniyei emgi banjiki; eniye be acarakoci

母と合わせていただければ，母と一緒に暮らしたい，母と合わせていただけなければ，

jusei emgi banjiki sehe; jai emu niyalmabe niyaman honcihin

子らと一緒に暮らしたい」と言った。また一人は親戚が

ako obi; gosai idu bodome; kübuhe fulgiyan de goibume bühe

ないので，旗の順番を考慮し，鑲紅に割り当て与えた。

korcan de afabuha; sargan jeku emu jergi etuku sidende

Kürcan に委ねた。妻，穀，一揃いの衣を共通に

bühe;　　34b/34a

与えた。

348　附篇　「逃人檔」訳注

第77号

@　juwan jakon de

十八日

第78号

@　aniya biya de dajuho agei booi jüwe nikan

正月に *Dajuhū Age* の家の二人の漢人と

si fujan i emu nikan ning iowan i de ukame

石副将の一人の漢人が寧遠に逃げて

genehe bihe; b ninggun biyai juwan jakon de

行っていた。六月十八日に

amasi ukame jihe; erebe SIKAN, SAMAN be

戻り逃げてきた。これを *SIKAN* と *SAMAN* に

? asara seme afabume bühe; jai amala alaha gisun

「収監せよ」と委ねて与えた。次いでのちに，告げた言葉が

yargiyan obi meni meni ejetede afabume bühe; emte jergi

本当なので，各々の主に委ねて与えた。各々一揃いの

etuku sidende bühe;

衣を共通に与えた。

第79号

○　orin duin de songsanci emu nikan ukame jihe: terei gisun

二十四日，松山より一人の漢人が逃げてきた。かれの言葉

düleke aniya, aniya biyade ukame genehe bihe;

「昨年，正月に逃げて行っていた。

nikan de sargan ako alban de dosorako obi　　34a/35b

漢地に妻なく，公課に耐えられないので，

附篇 「逃人檔」訳注 349

mini amha be juwangduri obuha seme donjibi

我の岳父を *juwangduri*（荘頭？……関孝廉，12頁）となしたと聞いて

jui sargan be /＋baime/ jihe sehe manggi; gülu lamun i

子妻を /＋頼って/ 来た」と言ったので，正藍の

beilei busan de afabuha; ini jui sargan bübi

beile の *Busan* に委ねた。かれの子，妻与えて

dergi goloi toksode ünggihe;

東の地方の荘屯に送った。

第80号

上に四角く囲んで「jüwe lamun nadan biya（両藍旗当直の七月）」とある。また，その右
に同じく四角く囲んで当直旗の記録があるが，つよく消去されており判読不明。

○ erke cühur i ARSO gebungge monggo nikan de

Erke Cühur の *ARSO* という名の蒙古人が漢地に

ukame genebi; amasi ukame juwan de isinjiha;　　33b/33a

逃げて行って，戻り逃げて十日に到着した。

第81号

左上に四角く囲んで「jüwe lamun i biya（両藍旗当直の月）」とある。

juwan ninggun de turgei gosai SINIOKE KERKEN i <u>emu</u>

十六日，*Turgei* の旗の *SINIOKE KERKEN* の

emu monggo; gusantai gosai loosantai nirui emu

一人の蒙古人，*Gusantai* の旗の *Loosantai* の *niru* の一人の

monggo nikan de ukame genehe bihe songsan fuci

蒙古人が漢地に逃げて行っていた。松山堡から

karun jibi amasi nadan morin gajime ukame jihe;

（後金側の）哨所に来て戻り七頭の馬を連れて逃げてきた。

350　附篇　「逃人檔」訳注

gajiha nadan morin be gemu bübi meni meni beile be
連れてきた七頭の馬を皆与えて各々の *beile* に

üji seme bühe;　　33a/32b
「養え」と与えた。

第82号

左上に「jakon biya jüwe sanggiyan（八月，両白旗の当直)」とある。

○　ice jüwe de kubuhe* sanggiyan i sitekui nirui emu
　　初二日，鑲白の *siteku* の *niru* の一人の

niyalma /＋jüsen/ nikan de ukame genehengge sanahai dorgi
/＋*Jušen* で/ 漢地に逃亡していった者が山海関の内

nadan inenggi onci amasi ukame jihe tede fonjici
七日行程の地から戻り逃げてきた。かれに問うたが

ümai medege ako; ini gosai beile be üji
全く情報はない。かれの旗の *beile* に「養え」

seme bühe;　　32b/32a
と与えた。

第83号

@　ice ilan de kubuhe sanggiyan i harsungga nirui
　　初三日，鑲白の *Harsungga niru* の

donggoru gebungge niyalma golmahon aniya ilan biyade
Donggoru という名の者が卯の年三月に

ukame genebi songsanci ukame jihe tede umai
逃げて行って松山から逃げてきた。その地にまったく

medege ako; gosai beile de üji seme bühe;
情報はない。

附篇 「逃人檔」訳注　351

ini beile gurbusi efu de üji seme bühe;

かれの *beile* である *Gurbusi Efu* に「養え」と与えた。

第84号

○　ice uyun de waqda agei baturi ui ning de

初九日，*Waqda age* のところの *Baturi* が威寧に

tuwasihiya sindame genebi emu nikan jidere be bahabi

tuwašihiya[21] に任じられて行って，一人の漢人が来るのを得て

fonjici ukame jihe seme alaha manggi; gajibi　　32a/31b

問えば，「逃げてきた」と告げたので，連れてきて

fonjici ini eme ? be gajiha sirame ama; sargan dungsan

問うたところ，「自分の母を連れてきた，さらに父[22]，妻が *Dungsan*

/+ fujan/ de bi seme alaha manggi; ama eme sargan de acabubi

/＋副将/ のところに居ると」告げたので，父，母，妻に併せて

dungsan de bühe;

Dungsan に与えた。

第85号

juwan juw?

十二

第86号

○　juwan duin de caharai OBONG daicing taiji

十四日，*Cahar* の *OBONG Daicing Taiji* の

j ilan haha; ilan hehe ukame jihe;　　31b/31a

三人の男，三人の女が逃げてきた。

352 附篇 「逃人檔」訳注

第87号

○ to tofohon de sitingju booi jüwe nikan
十五日，石廷柱の家の二人の漢人が

golmahon aniya ukame genebi jakon biyai
卯の年に逃げて行って，八月

tofohonde amasi ukame jihe; ini da ejen de
十五日に戻り逃げてきた。かれの元の主に

üji seme bühe;　　31a/30b
「養え」と与えた。

第88号

○ juwan jakonde si ceng dooi jüwe niyalma
十八日，石城島の二人が

ukame jibi yamun de inggoldai sanjan de
逃げてきて，衙門にて *Inggūldai* 参将に

niyakorabi bi ukame jihe seme alaha;
跪いて，「我は逃げてきた」と告げた。

terebe　　han de alabi emte jergi
それを *Han* に告げて各々一揃いの

etuku sangnabi ini da ejen de
衣を賞賜して，かれの元の主

hooge taiji de saikan üji seme buhe;　　30b/30a
Hooge Taiji に「よろしく養え」と与えた。

第89号

○ juwan uyun de caharai alaqcot gürun i
十九日，*Cahar* の *Alaqcot* 国の

nadan haha; hehe jüse tofohon; juwan jakon

七人の男が，女，子十五人，十八頭の

morin gajime naiman darhan hong baturu

馬を連れて *Naiman* の *Darhan Hūng Baturu*

de ukame jihe;

のところに逃げてきた。

第90号

○ gülu lamun i beilei booi jüwe niyalma; damin i booi

正藍の *beile* の家の二人の者，*Damin* の家の

emu niyalma; TONTASI booi emu niyalma jüwe biyade

一人，*TONTASI* の家の一人が二月に

ukame genebi jakon biyai orin emu de amasi

逃げて行って，八月二十一日に戻り

ukame jihe; emte jergi etuku sangnabi ilan　　　30a/29b

逃げてきた。各々一揃いの衣を賞賜して三

niyalma beile de banjimbi seme beile de bühe;

名は「*beile* のもとで暮らす」というので *beile* に与えた

TONTASI niyalma; da ejen de banjiki seme ejen

TONTASI の者は，「元の主のもとで暮らしたい」というので，主

de bühe;

に与えた。

第91号

○ sü iogi i kadalara jüwe nikan ukame genebi

Sü 游撃の所属の二人の漢人が逃げて行って

jakon biyai orin duin de amasi ukame jihe;

八月二十四日に戻り逃げてきた。

354 附篇 「逃人檔」訳注

emte jergi etuku sangnabi ini da ejen sü iogi de
各々一揃いの衣を賞賜して，かれの元の主 *Sü* 游撃に

üji seme bühe;　　29b/29a
「養え」と与えた。

第92号

○ orin sunjade caharaci jüwe niyalma ukame jihe;　/＋uijeng taiji/
二十五日，*Cahar* から二人の者が逃げてきた　/＋*Wejeng Taiji*/

JASTO taiji ahon deo emte morin yalubi
JASTO Taiji 兄弟が各々一頭の馬に乗って

ukame jihe;
逃げてきた。

第93号

中央上にまるく囲んで「jüwe suwayan biya（両黄旗当直の月）」とある。

○ juwan biyai orin sunja de /＋anafu tenere/ emu gosai ilata amban de
十月二十五日，/＋戌守のため駐留しに行く/ 毎旗各三名の大臣に

henduhe gisun; aika baita tücici feksire, coohai
（*Han* が）語った言葉。「もし事が起こった時は馬を馳せる。兵

niyalma morin be funfulabi sinda; ukanju ukaci
員は馬を準備して放牧せよ。逃人が逃げれば

geren komso be teisuleme /＋tuwame/ farga; ukanju oqdome
多寡にあわせて /＋見て/ 追え。逃人を迎え

gaire batai niyalma cuwan üweihu funfulabi　　29a/28b
受ける敵人が船，丸木船を準備して

sindahabio; absijeko mükei dalin i ? ebsihe
置いていることがあるか。おかしいぞ。河岸まで

附篇 「逃人檔」訳注　355

farga andasi üme bederere;

追え。途中で引きあげるな」。

第94号

中央上やや左側に四角く囲んで「jüwe lamun i biya（両藍旗当直の月）」とある。

omsiyon biyai ice nadan de darhan i booi emu nikan

十一月初七日，*Darhan* の家の一人の漢人の

haha; ukame jihe be gülu fulgiyan i fukana niru

男が逃げてきたのを正紅の *Fukana niru* の

sitangga bahabi benjihe; erebe ini ejen darhan de

Sitangga が得て送ってきた。これをかれの主 *Darhan* に

uji* seme bühe;　　28b/28a

「養え」と与えた。

第95号

左上に「jüwe lamun i omsiyon biya;（両藍旗当直の十一月）」とある。

○　ice ilan de cahara ci duin haha jüwe hehe

初三日，*Cahar* から四人の男，二人の女が

ukame jihe;

逃げてきた。

第96号

○　juwan jüwe de ning iowan ci ilan monggo ukame

十二日，寧遠から三人の蒙古人が逃げて

jihe;　　28a/27b

来た。

356 附篇 「逃人檔」訳注

第97号

左上に四角く囲んで「jorgon biya juwe* sanggiyan（十二月，両白旗の当直）」とある。その右に大きく「ara（書け）」の文字がある。（『満文老檔』太宗天聡十四，天聡二年十二月，192頁）

○ orin jakon de sebun mani ubasame jihe;

二十八日，*Sebun* と *Mani* が逃げてきた。

sebun mani monggoi jarut goloi baq beilei deote

Sebun と *Mani* は，蒙古の *Jarut* 地方の *Baq Beile* の弟で，

cahar han i cooha jihe de burlabi[23] korcin i gürun de

Cahar Han の兵が来たときに敗走して *Korcin* 国に

dayanaha bihe; korcin i beise üjirako obi

頼って行っていた。*Korcin* の諸王が養わないので，

süre han gürun üjire sain　　　han de nikebi banjiki

Sure Han は国人を養うことがすばらしく，*Han* に頼って暮らしたい

seme gürun nisihai übasame jihe; jimbi seme donjibi;

と国をあげてそむいてきた。来ると聞いて，

han i hoton ci emu bai dübede geren taijisa

皇城から一里の先に衆 *taiji* らを

oqdobi gajiha; yamun de　　　han beise tucibi*

迎えて連れてきた。宮殿に *Han*，諸王が出て

aniya doroi jibca daho etubi soorin de tehe;　27b/27a

新年の礼をもって皮襖，皮端罩を着て玉座に座った。

jihe monggoi beise　　　han de acara de aldangga

来た蒙古の *beile* たちは，*Han* に見えるとき遠くから

emu jergi niyakorabi hengkilebi; hanci ibebi

一度跪いて叩頭して，近くに進んで

niyakorabi hengkilehede　　　han beise ishun

跪いて叩頭したとき，*Han* と *beile* たちは向かい合って

ilibi buhi araha;　　　han i fejergi ba tebeliyeme

立って，膝を組んで坐した。*Han* の膝下を抱いて

acaha; ilan amba beile de　　　han de acaha

見えた。三大 *beile* に *Han* に見えた

songkoi acaha; jakon buhoi yali, duin sakdai

とおりに会した。八頭の鹿の肉，四頭の老

sogu bujubi arki nure juwan ninggun malu sarilaha;

牝鹿（Mo. *soγu*）煮て，焼酎，黄酒十六瓶で酒宴した。

han de sebun; mani emte temen; emte morin gajiha　　　27b/27a

Han に *Sebun* と *Mani* は各々一頭の駱駝，各々一頭の馬を持ってきた

ilan amba beile de emte morin; jakon gosa de

三大 *beile* に各々一頭の馬，八旗に

jakon morin gajiha; monggoi beise de emu

八頭の馬を持ってきた。蒙古の *beile* らに一

inenggi bühengge emte gio; sunjata ulhoma;

日あたり与えたものは，各々一頭の麠子（ノロ鹿），各々五羽の雉，

sunjata nimaha; jüwe-te moro bele; emte gin dabsun;

各々五匹の魚，各々二升の穀，各々一斤の塩，

emte sioro jaka; emte dengjan;

各々一つのかごに入れたもの，各々一つの灯蓋。

第98号

○　juwan emu de caharaci sümur hong taiji monggo gosin

十一日，*Cahar* から *Sumer Hong Taiji*，蒙古の三十

ninggun haha; tofohon hehe; emu morin emu ihan gajime（以下欠）　27a/26b

六人の男，十五人の女が一頭の馬，一頭の牛を連れて

358 附篇 「逃人檔」訳注

第99号

左横に大きく「üme（書くな）」とある。

○ orin uyun de caharaci jüwe haha; emu

　二十九日，*Cahar* から二人の男，一人の

　haha jui, emu hehe ukame jihe;

　男児，一人の女が逃げてきた。

第100号

左横に大きく「ara（書け）」とある。（『満文老檔』太宗天聡十四，天聡二年十二月一日，191～192頁）

○ orin uyun de gobiltu jui gendur juce; goltu jui

　二十九日，*Gobiltu* の子 *Gendur Juce, Goltu* の子

　sanggol sanggarjai jihe; monggoi güruni jarut goloi

　Sanggūl Sanggarjai が来た。*Monggo* 国の *Jarut* 地方の

　beise gobiltu; goltu caharai dain de korcin de

　王 *Gobiltu* と *Goltu* は，*Cahar* の戦いの時，*Korcin* に

　dayanaha bihe; goltu bücehe; gobiltu korcin i

　頼って行っていた。*Goltu* は死んだ。*Gobiltu* は *Korcin* の

　nungneme gejurere de doosorako　　　han de nikebi　　26a/25b

　搾取に堪えられず，*Han* に頼って

　banjiki seme gürun be yoni gajime jibi; keyen i amala

　暮らしたいと国人をことごとく率いて来て，開原の北に

　ilibi gobiltu jui gendur juce emu morin; emu temen;

　立営して，*Gobiltu* の子 *Gendur Juce* は，一頭の馬，一頭の駱駝

　goltui jui sanggol sanggarjai emu morin; emu temen

　Goltu の子 *Sanggūl Sanggarjai* は，一頭の馬，一頭の駱駝

　gajime jihe; aniya cimari　　　han de jakon gosai

　持ってきた。正月元旦，*Han* に八旗の

附篇 「逃人檔」訳注　359

beise hengkileme wajiha manggi; acara an i acabuha;

諸王が叩頭し終わったのち，見える例のとおり見えさせた。

han de cohome gajiha temen orin be gaihako badarabuhe;

Han に特に持ってきた駱駝二十頭を受け取らずに戻させた。

jakon gosa de jakon morin gajiha be alime gaiha;　　25b/25a

八旗に八頭の馬引いてきたのを受け取った。

第101号

左に大きく「üme（書くな）」とある。

○　golmahon aniya jorgon biyai ice de

卯の年十二月朔日，

biyanggo beilei WANG CANSON; nikan de

Fiyanggū Beile の WANG CANSON が漢地に

ukame genebi, süwayan müduri aniya

逃げていった。戊辰の年

jorgon biyai orin ilan de /+ amasi/ ukame jihe;　　25a/24b

十二月二十三日に /＋戻り/ 逃げてきた。

第102号

左上に四角く囲んで「sohon meihe aniya; aniya biya jüwe fulgiyan（己巳の年，正月。両
紅旗の当直）」とある。

sure han i ilaci aniya; sohon meihe aniya; aniya

Sure Han の三年，己巳の年，正

biyai juwan ninggunde monggoi cahara kesikten i

月十六日，蒙古の Cahar の Kesikten の

gürun i sunja haha; ilan hehe juwan jakon

国の五人の男が，三人の女，十八頭の

360　附篇　「逃人檔」訳注

morin gajime ukame jihe;　　24b/24a

馬を連れて逃げてきた。

第103号

左上に四角く囲んで「jüwe suwayan i biya（両黄旗当直の月）」とある。

○　jüwe biyai juwan jüwe de ning iowan ci duin nikan

二月十二日，寧遠から四人の漢人が

cuwan de tebi ini bai baru ukame generede;

船に乗ってかれの本処に向かって逃げていくとき，

edun de maktabubi gaiju de tühenjihe be;

風に流されて蓋州に漂着したのを

yooju de tehe güsantai efu bahabi benjihe;

耀州に駐留した *Gusantai Efu* が得て送ってきた。

erebe wara anggala üjiki seme; si üli efu de

「これを殺すよりは養おう」と，佟養性に

jüwe nikan; si fujan; sitingju de emte nikan

二人の漢人，石副将，石廷柱に各々一人の漢人を

üji seme buhe;　　24a/23b

「養え」と与えた。

第104号

○　/＋ineku tere inenggi/ caharaci ninggun haha; duin hehe; yafahan ukame

/＋同じくその日/ *Cahar* より六人の男，四人の女が徒歩で逃げて

jihe; tofohon de isinjiha;

来た。十五日に到着した。

附篇 「逃人檔」訳注 361

第105号

juwan ilan de

十三日

第106号

○ orin jüwe de caharaci orin ilan haha; orin

二十二日，*Cahar* から二十三人の男

hehe jüse gosin duin

女，子等 三十 四人

han be baime ukame jihe;　　23b/23a　23a/19b（22〜20葉は欠落）

Han を頼り逃げてきた。

第107号

左上に四角く囲んで「jüwe lamun ilan biya（両藍旗当直の三月）」とある。

juwan jüwe de dajuho; garda; tanggio ere amban

十二日，*Dajuhū*, *Garda*, *Tanggio*, この大臣が

jüwe suwayan ilan niyalma; gülu fulgiyan i NAIJO;

両黄旗の三人，正紅の *NAIJO* と

dandari nadan niyalma; kübuhe fulgiyan i BORKIO ilan niyalma;

Dandari ら七名，鑲紅の *BORKIO* 等三名，

kübuhe sanggiyan i TÜRTA ilan niyalma; gülu sanggiyan i ergulen

鑲白の *TÜRTA* 等三名，正白の *Ergulen*

jamju nadan niyalma; gülu lamun i jibcu dayangga jakon

Jamju 等七名，正藍の *Jibcu*, *Dayangga* 等八

niyalma; kübuhe lamun i emu niyalma; ere gosin jüwe niyalmabe

名，鑲藍の一名，この三十二名が

ini bai niyalmabe gamame ningguta TANG daname genehe;

その地の者を連れて *Ningguta* に救援に行った。

362 附篇 「逃人檔」訳注

第108号

○ ineku tere inenggi gülu lamun i karun i etuku NINGNIYAN
おなじその日，正藍の *Etuku* が *NINGNIYAN*（娘娘廟？）
ci ukame jidere ilan nikan be bahabi benjihe   19b/19a
から逃げてくる三人の漢人を得て送ってきた。

第109号

○ tofohon de gülu lamun i kowaktaka nirui
十五日，正藍の *Kūwaktaka niru* の
TANAKA ukame jidere duin nikan be
TANAKA が逃げてくる四人の漢人を
liohai cargi de bahabi benjihe; erebe
遼河の向こう岸で得て送ってきた。これを
uji* seme jüwe fulgiyan i beile de jüwe
「養え」と両紅旗の *beile* に二
niyalma bühe; gülu sanggiyan i   19a/18b
人与えた。正白の
beile /+ de/ emke bühe; gülu suwayan i
beile /+ に/ 一人与えた。正黄の
beile de emke bühe;
beile に一人与えた。

第110号

○ juwan nadan de ginju hoton ci ukame jihe
十七日，錦州城から逃げてきた
jüwe monggo be ini jüse sargan de acabubi
二人の蒙古人とかれの子等，妻と併せて

uji* seme gumbu* cohuru de afabume bühe;　　18b/18a

「養え」と *Gumbu Cūhur* に委ね与えた。

第111号

○　orin ilan de /＋nikan i/ ginju ci　　18a/17b

　　二十三日 /＋ 漢地の/ 錦州 から

第112号

○　orin ilan de nikan i ginju hoton ci

　　二十三日，漢地の錦州城から

　　monggo duin haha; emu hehe emu jui

　　蒙古人の四人の男，一人の女一人の子が

　　ukame jihe; erebe gümbu cohuru de bühe;　　17b/17a

　　逃げてきた。これを *Gumbu Cūhur* に与えた。

第113号

左上に四角く囲んで「duin biya jüwe sanggiyan（四月，両白旗の当直）」とある。

○　ice inenggi caharaci JIT monggo jüwe haha;

　　朔日，*Cahar* から蒙古人の二人の男，

　　jüwe hehe; I ilan haha jui; emu sargan jui

　　二人の女，三人の男児，一人の娘が

　　ukame jihe; erebe ini da ejen sonomn taiji

　　逃げてきた。これをかれの元の主 *Sonon Taiji*

　　de bühe;

　　に与えた。

364　附篇　「逃人檔」訳注

第114号

○ ice ninggun de caharaci toktohoi tabunang; TOOLANTO
　初六日，*Cahar* から *Toktohoi Tabunang*，*TOOLANTO*

　tabunang ere jüwe tabunang jüwe tanggo ukanju haha;
　Tabunang の二人の *tabunang* が二百人の逃人の男

　hehe jüw jüse jüwe tanggo jüwe; dehi uyun morin;
　女，子等二百二人，四十九頭の馬，

　orin sunja ihan jihe gajime ukame jihe;　　17a/16b
　二十五頭の牛を連れて逃げてきた。

　ere jüwe tabunang be erkecuhehur taiji de bühe;
　この二 *tabunang* を *Erke Cūhur Taiji* に与えた。

　jai geren be sonon taiji susai haha; nomci taiji de
　次いで衆人を *Sonon Taiji* に五十人の男，*Nomci Taiji* に

　susai haha; KUNCOS tabunang de dehi jakon haha bühe;
　五十人の男，*KUNCOS tabunang* に四十八人の男を与えた。

　tereci funcuke haha be jakon gosai beise be üji
　その余の男を八旗の諸 *beile* に「養え」

　seme dendeme bühe;
　と分け与えた。

第115号

○ juwan emu de caharai sümur hong taiji monggo
　十一日，*Cahar* の *Sumer Hong Taiji* が蒙古人の

　gosin ninggun haha; tofohon hehe; emu morin; emu ihan
　三十六人の男，十五人の女，一頭の馬，一頭の牛を

　gajime ukame jihe;
　連れて逃げてきた。

附篇 「逃人檔」訳注　365

第116号

第115号に続けて,

○ juwan duin de erke cihur emu sirdan faksi

　　十四日, *Erke Cūhur* の一人の箭匠で

　　ukame genehengge amasi ukame jibi mergen daicing i sirdan sa

　　逃げていった者が 戻って逃げてきて, *Mergen Daicing* の箭

　　faksi boode yamji dosikabi faksi jafabi benjibi fonjici gisun 以下欠　16b/15b　16aは欠

　　匠の家に晩に入っている。匠人が捕らえて送ってきたので問えば, 言葉

第117号

○ tofohon erke cohuher emu sirdan faksi

　　十五日, *Erke Cūhur* の一箭匠で

　　ukame genehengge amasi ukame mergen daicing

　　逃げていった者が戻って逃げ, *Mergen Daicing* の

　　sirdan faisi boode yamji dosikabi; sirdan faksi

　　箭匠の房に晩に入っている。箭匠が

　　jafabi dele benjibi fonjici gisun ehe obi; wambi

　　捕らえて上に送ってきたので問うたところ, 言葉が悪いので, 殺す

　　seme duka de asaraha bihe; dukai niyalma turibubi*

　　と門に監禁していた。門番が逃がして

○ genere be ineku sirdan faksi bahabi benjibi waha; sirdan

　　（逃げて）行くのを, 元の箭匠が得て送ってきたので殺した。箭

　　faksi be jafaha sain seme gosin menggun salibubi

　　匠に対し, 捕えたことがすばらしいと三十（両）銀相当の

　　mocin bühe;　　15b/15a

　　毛青布を与えた。

366 附篇 「逃人檔」訳注

第118号

○　orin duin de ginjui emu monggo jüwe

二十四日，錦州の一人の蒙古人が二頭の

morin gajime ukame jihe;

馬を連れて逃げてきた。

第119号

中央上に四角く囲んで「anagan i duin biya jüwe fulgiyan（閏四月，両紅旗の当直）」とある。

orin nadan de caharai duin monggo emte

二十四日，*Cahar* の四人の蒙古人が各一頭の

morin gajime jinong efu de ukame jihe;　　15a/14b

馬を連れて *Jinong Efu* のところに逃げてきた。

第120号

左上に四角く囲んで「jüwe suwayan i biya;（両黄旗当直の月）」とある。

sunja biyai ice uyun de; caharai loosa jargoci;

五月初九日，*Cahar* の *Loosa Jargūci*

esgel hiya; susai jakon haha; hehe juse* emu

Esgel Hiya，五十八人の男，女，子供，一

tanggo ninju uyun; uheri haha hehe jüwe tanggo

百六十九，あわせて男，女，二百

orin nadan niyalma; uyunju duin temen; orin nadan morin / + ihan/

二十七人，九十四頭の駱駝，二十七頭の馬 /＋牛/

ninju emu ihan /+ morin morin/ jüwe tanggo honin; g??

六十一頭の牛 /＋馬/，二百頭の羊

gajime ukame jihe;

連れて逃げてきた。

附篇 「逃人檔」訳注 367

第121号

○ ineku tere inenggi ilan niyalma jüwe temen gajime
同じくその日，三人の者が二頭の駱駝を連れて

caharaci ukame jihe;　　14b/14a
Cahar から逃げてきた。

第122号

○ tofohon de jüwe monggo ning iowan ci ukame jihe
十五日，二人の蒙古人が寧遠から逃げてきた。

hoton ci juwan bai dübede; emu tanggo morin
城から十里の先に，一百頭の馬が

getereme genebi tanggo morin be yoni dalime gajibi
ことごとく行って，百頭の馬をすべて放牧していて，

gajici muterako obi emu niyalma ilata morin jihe
連れてくることができないので，一人あたり三頭の馬で

jihe; emke waqda agei monggo;　　tusiye-tu*
来た。一人は *Waqda Age* の蒙古人で，*Tusiye-tu*

efui sargan gege de füdehe bikini; füdehe baci
Efu の妻である公主降嫁の際に送った(地に)いるように(と送った)。その送った地から

ukame dosika bihebi; waqda agebe saikan gosime
逃げて入ってきている。*Waqda Age* に「よろしく慈しみ

üji seme bühe; jai emke niyalma hong batur　　14a/13b
養え」と与えた。次いで各一人は *Hüng Batur*

harangga monggo; ini da ejen de bühe;
所属の蒙古人，かれの元の主に与えた。

368 附篇 「逃人檔」訳注

第123号

○ orin emu

　　二十一

第124号

○ orin ilan de /+ han be baime/ caharaci; duin haha; juwe hehe; emu sargan

二十三日，/+ *Han* を頼って/ *Cahar* より，四人の男，二人の女，一人の

jui, gosin morin gajime ukame jihe; ere niyalma

娘が，三十頭の馬を連れて逃げてきた。この者は

tofohon morin morin gamame; enggeder efui deo; manggul

十五頭の馬を連れ，*Enggeder Efu* の弟，*Manggul*

be baime genehe; jai juwe niyalma; juwan ninggun morin be

を頼って行った。次いで二人は，十六頭の馬を

gajime 　　　han be baime jihe; 　　13b/13a

連れてきて，*Han* を頼ってきた。

第125号

○ orin nadan de; ginju ci juwe monggo yafahan ukame

二十七日，錦州から二人の蒙古人が徒歩で逃げて

jihe;

きた。

第126号

中央やや左上に四角く囲んで「juwe lamun i ninggun biya;（両藍旗当直の六月）」とある。

○ ice juwe de moo üwenlung i emu tüse, emu jüsen;

初二日，毛文龍の一都司，一人の *Jušen*,

ilan nikan; uile bahabi; loo de horibi

三人の漢人が罪得て，牢に繋がれて

horiha looci tücibi ukame jidere be;

繋がれた牢より出て逃げてくるのを

KONDAi beye emu jüsen; jüwe nikan be jakdan de

KONDA 自身が一人の *Jušen*，二人の漢人を *Jakdan* にて

bahabi benjihe; jai tüsei beye emu nikan be;

得て送ってきた。次いで都司自身と一人の漢人を

inggoldai nirui süksun sarho de bahabi benjihe;　　13a/12b

Inggūldai niru の *Šuksun* が *Sarhū* にて得て送ってきた。

ere sunja niyalma be ukame jihe seme tüse

この五人を逃げてきたとて，都司

be üjihe; jüsen iresen niruci ukame genehe

を養った。*Jušen* は *Irešen niru* から逃げて行って

bihe; ejen de bühe k; ilan nikan; emu jüsen be

いた。主に与えた。三人の漢人，一人の *Jušen* を

üji seme beise boode bühe;

「養え」と *beile* たちの家に与えた。

以下，前半とは異なる筆跡で以下のように付されている。

tuse* be ujibi* mergen daicing de goiha

都司を養って *Mergen Daicing* に割り当てた。

jakon gosai siden de sunja juru aha jüwe ihan;

八旗共通で五対の *aha*，二頭の牛

emu eihen; jetere jeku; sain sargan, etuku sujei

一頭の驟馬，食べる穀物，麗しい妻，衣は緞

emu jergi mocin i emu jergi; jibehun sishe;

一揃い，毛青布一揃い，掛け布団，褥

mahala golha ci aname gemu siden i kuci

冠，靴ほかおしなべ皆共通の庫から

370 附篇 「逃人檔」訳注

gaibi bühe;　　12b/12a　（12aは半分破損，その紙背を利用）

取って与えた。

第127号

○　orin ninggun de ning iowan ci emu nikan ukame

二十六日，寧遠から一人の漢人が逃げて

jibi liohai cargide ilibi holarabe

来て遼河の向こう岸に立って呼ぶのを

fadu sabi cuwan i ganabi benjihe; ere be

Fadu が気付いて舟で連れに行って送ってきた。これを

han i boode üji seme bühe;

Han の家に「養え」と与えた。　　12a/12a紙背

第128号

第128号は，12a の紙背に記されている。

○　orin ilan de, soohai nirui emu jüsen; daimungga nirui

二十三日，*Soohai niru* の一人の *Jušen*, *Daimungga niru* の

emu jüsen nikan de ukame genehe bihe; siyantu ui ci amasi

一人の *Jušen* が漢地に逃げて行っていた。*Siyantu* 衛から戻って

ukame jihe;　　12a 紙背/11b

逃げてきた。

第129号

○　orin emu de ginju ci emu monggo

二十一日，錦州から一人の蒙古人が

ukame;　　　han be baime jihe;　　11b/11a

逃げ，*Han* を頼って来た。

附篇 「逃人檔」訳注　371

第130号

左上に四角く囲んで「nadan biya jüwe sanggiyan（七月，両白旗の当直)」とある。

○　juwan duin de caharai umai tabunang ama jui emu
　　　十四日，*Cahar* の *Umai Tabunang* 父子と一人の

　　　gucu duin morin gajime ukame jihe;
　　　供の者が四頭の馬を連れて逃げてきた。

第131号

○　orin emu de ginju ci emu monggo ukame
　　　二十一日，錦州から一人の蒙古人が逃げて

　　　han be baime jihe; erebe dayaci tabunang
　　　Han を頼って来た。これを *Dayaci Tabunang*

　　　de üji seme bühe;
　　　に「養え」と与えた。

第132号

○　orin nadan de　　　11a/10b
　　　二十七日

第133号

○　gülu sanggiyan i haisahai nirui JANTAI monggo eigen
　　　正白の *Haisahai niru* の *JANTAI* という蒙古人の夫

　　　sargan; müduri aniya; aniya biyade nikan de ukame genebi;
　　　妻が，辰の年，正月に漢地に逃げて行って，

　　　sohon meihe aniya nadan biyai orin nadan de tasan /＋songsan/（後筆補）
　　　己巳の年，七月二十七日，塔山 /＋松山/

　　　hoton ci eigen sargan emte morin yalubi ukame jihe;
　　　城から夫妻が各々馬に乗って逃げてきた。

372　附篇　「逃人檔」訳注

ere be erkecohur taiji de üji seme bühe;　　10b/10a

これを *Erke Cūhur Taiji* に「養え」と与えた。

第134号

左横に大きく「ara（書け）」とあり，左上に四角く囲んで「jakon biya jüwe fulgiyan（八月，両紅旗の当直）」とある。（「ara」とはあるが，『満文老檔』，「原檔」ともに，天聡三年八月の記事を欠いている）

○　ice uyun de asan ukabi; juwan ninggun ni dobori amasi

初九日，*Asan* が逃げて，十六日の夜に戻り

dosinjiha;　　　asan da manju giran; ama altasi

入って来た。*Asan* はもともと満洲人。父 *Altasi* は

genggiyen han de jeku jafaha amban bihe; ama bucehe ci juse* be

Genggiyen Han のときに穀物を取り扱った大臣であった。父が死んでから子たちを

ambula gosime üjihe bihe; nikan be dailabi

大いに慈しみ養っていた。明を攻めて

gaibi jaibinde gurihe* manggi; asan adahai babi

界藩（関孝廉，17頁）に移ったのち，*Asan* と *Adahai* は

uile türgun ako ukabi geren beise amcabi

罪も理由もなく逃げて，諸 *beile* が追って

asan i emu jui feye de bücehe ini beye feye bahabi

Asan の一子は傷がもとで亡くなり，かれ自身も

amasi dosika;　　han derei ehe be gonihako

戻り入った。*Han* は体面の悪さを気にせず

ahon deo be fujan obubi gosime üjihe; terei　　10a/9b

兄弟を副将となして慈しみ養った。その

amala simiyan de gurihe* manggi; genggiyen han bederehe; / + genggiyen han bederehe manggi,/

のち瀋陽に移ったのち，/ + *Genggiyen Han* が崩じたのち，/

附篇 「逃人檔」訳注 373

adahai be ini esgen i jui arjin gercileme uile duilere

Adahai をかれの叔父の子 *Arjin* が告発し，罪を審理する

bade nenehe 　　　han i etuhe saca be na de maktaha

場所にて先の *Han* の身につけた盔（かぶと）を地に投げつけた

seme emu üile; han i biyanggo jui erke cohur

とて一罪，*Han* の末子 *Erke Cūhur*

beile be siosihiyehe emu uile; jüwe ilan amba

Beile を唆かしたのが一罪，二，三の大

uile de tühebubi adahai be wara uile maqtabi;

罪に定めて，*Adahai* を死罪に断じて，

han de alaha manggi; 　　　han seolebi wahako üjibi hafan

Han に告げたのち，*Han* は思慮して，殺さず助命して，官を

efulehe boigon be hontoholome gaiha bihe;

革めた。家産を半分にし取っていた。

uile arabi inenggi goidaha ako, adahai morin

処罰して日が余りたたないうちに。*Adahai* は馬を

karmara šajin be efuleme; juwan ilan morin geren gucu be 　　　9b/9a

保護する法を破り，十三頭の馬と多くの供の者を

gamame jase tücime monggo bade nimaha baime genehebe; sanjan

連れて辺境を出て蒙古の地に魚を捕りに行っていた。参将

hergen i keceni ini encu baitai yabure de donjibi amcahabi

職の *Keceni* は，自分の別の用で行くとき，（このことを）聞いて追っていって，

amasi danjiha; jidere jugon de ini gucusei baru hendume

戻るよう行って指示した。（*Adahai* が）帰る道でかれの供の者に向かって語るのには，

ere keceni be fondo fondo gabtabi geneki seci suwe

「この *Keceni* をずぶりずぶりと射殺して行こうといっても，汝等は

oho ako seme henduhebe jugon i emu hehe donjibi alabi

きかなかった」と語ったのを路上の一婦人が聞いて，告げたので，

374 附篇 「逃人檔」訳注

tereci ulan ulan i gisurebi dele donjibi dacilaci
それより次々と議して，上は聞いて問いただすと

yargiyan oho manggi; adahai be waha; ahon asan
本当であったので，*Adahai* を殺した。兄の *Asan* は

ini beyebe geli waraho seme ukame genehe; tere
自分自身をまた殺すのではないかと逃げて行った。

第135号

○ tere inenggi erke cohur taiji emhe be oqdome genebi   9a/8b
その日，*Erke Cūhur Taiji* は妻の母を迎えに行って，

salin salilame yali teni tükiyebi /＋he/ bade angga isire onggolo
酒宴を催しており，肉がちょうど出て，口に入る前に

asan be ukaha seme donjibi   amba beile; yoto taiji;
Asan が逃げたと聞いて，*Amba Beile, Yoto Taiji*

sahaliyan taiji; geren be taiji sa be gaibi uining ing ni
Sahaliyan Taiji は，衆 *taiji* らを率いて威寧営の

golobe; ○（小さな○）ajige age jüwe sanggiyan i gosa be gaibi
地方を，*Ajige Age* は両白旗を率いて

jakumu niowanggiyaha golobe; amin beile janggisan i golobe;
Jakumu，清河地方を，*Amin Beile* は章義山（站）地方を

manggoltai beile tolaito i golobe; abtai taiji[24]; hooge
Manggūltai Beile は *Tolaito* 地方を，*Abatai Taiji, Hooge*

taiji funghowang ceng ni golobe; jirgalang taiji simiyan i
Taiji は鳳凰城地方を，*Jirgalang Taiji* は瀋陽

golobe fargame genehe; asan siosan de gai ini morin
地方を追跡して行った。*Asan* は首山にてかれの馬を

gaibi howangni wai tücike seme jirgalang taiji
連れて黄泥窪に出たと *Jirgalang Taiji* が

附篇 「逃人檔」訳注　375

donjibi songkoi bosiome genehebi; abtai taiji[25];　　8b/8a

聞いて，追跡して行っている。*Abatai Taiji*,

hooge taiji jirgalang taiji songkode dosibi genehe be

Hooge Taiji は，*Jirgalang Taiji* が（*Asan* の）足跡に（従い）進んで行ったことを

donjibi liodonci bederebi geli songkode genehe bi;

聞いて，*Liodon* から引きあげて，また足跡に（従い）行っている。

gülu lamun i beilei asan ci nendebi ini baduho arai

正藍の *beile* は *Asan* に先行し，その（配下の）*Baduhū*, *Arai* ら

üheri tofohon niyalmabe tücibubi kame ilibuhabi;

全十五人を出して，囲んで行く道を塞いでいる。

asan tesei hanci sunja bai dübebe düleme generebe hori

Asan が，かれらの近く五里の先を通っていくのを包囲している者が

sabi arai baduho de alanabi arai baduho goro

知って，*Arai* と *Baduhū* に告げに行って，*Arai* と *Baduhū* は遠く

amnahako, hanci amcabi bahako bederehe seme bi;

追って行かなかった。近く（のみ）追って（*Asan* を）捕えることができず引きあげている。

asan tereci casi genebi howangni cargi dübei tai de

Asan は，それより進んで行って，黄泥の向こう側の先の台に

isinabi jüwe niyalma be takorame be ukame jihebi; mimbe

至って，二人の者を遣し，「我らは逃げてきている。

membe dosi baime yabu seme takoraha jüwe niyalma be uju　　8a/7b

我らを入れよ，と求めに行け」と遣した二人を，（台の者は）首を

faitame wahabi; takoraha niyalma be goidambi seme ceni

切って殺している。遣した者が遅いとかれら

beye tai de tuwana-me geneci jüwe niyalma be uju faitamebi

自身が台に見に行ってみると，（台の者が）二人を首切って（その）

bethe assarabe sabubi tereci asan golobi

足が動くのを見て，それから *Asan* は恐れて

376 附篇 「逃人檔」訳注

caharai baru ukame genebi bayan hara alin de isinabi
Cahar に向かって逃げて行って，Bayan Hara 山に至って

tere dobori ini gücu KOSIBO, MAKO jüwe niyalma sain
その夜，かれの供の者 KOSIBO, MAKO の二人が良い

duin morin be gajime jihe; terei sirame asan ni amasi
四頭の馬を連れて来た。それにつづいて Asan があとに

songkoi bedereme juwan ninggun i dobori isinjiha;
したがい引きあげて，十六日の夜に到着した。

第136号

○ juwan jakon de AI BAII arai beiguwan; bayamu beiguwan be efulehe
十八日，Arai 備官，Bayamu 備官を革職した

türgun asan be sabubi latuhako /+ seme/ sajin de duilebi arai beiguwan
理由。Asan を知って通告しなかった /+ と/，法で審理して，Arai 備官

be efulehe; beyebe tanggo siosihai jalinde gosin ilan yan　　7b/7a
を革職した。百鞭打つかわりに，三十三両

ilan jiha /+ gaiha/ beiguwan bayamu beiguwan /+ be/ efulehe; tanggo siosiha
三銭 /+取った/。Bayamu 備官 /+ を/ 革職した。百鞭

tantaha; baduho be boigon talaha, TOBOKO ecike jui
打った。Baduhū を家産没収した。TOBOKO Ecike の子

dalai be tanggo siosihai ju? jalin de gosin ilan yan
Dalai を百鞭のかわりに三十三両

ilan jiha gaiha; tumburu nirui BAKINA; kituren nirui EKEI,
三銭取った。Tumburu niru の BAKINA, Kituren niru の EKEI,

dandari nirui ünggadai; AIJOKO nirui nanggo;
Dandari niru の unggadai, AIJOKO niru の Nanggū,

tuntasi nirui dartai KILTABA; irsen nirui homise
Tuntasi niru の dartai, KILTABA, Iršen niru の Hūmise

ere nadan niyalmabe wara uile tühebubi tanggote

この七人を死罪に擬して各百

siosiha tantaha;

鞭打った。

第137号

大きく「üme（書くな）」とあり。

○ juwan jakon de gülu suwayan i ubahai nirui bahoi jui minggatu

十八日，正黄の *Ubahai niru* の *Bahū* の子 *Minggatu* が

golmahon aniya nikan de ukame genebi han i hecen i cargi howang hoo　　7a/6b

卯の年，漢地に逃げて行って，京師（北京）の彼方，黄河

birabe dobubi ilin i hecen ci ilaci aniya amasi ukame jihe

河を渡らせて，*Ilin* 城（楡林か……関孝廉，18頁）から三年目に戻り逃げてきた。

ede emu jergi etuku bübi ini fe niru de acabuha;

これに一揃いの衣を与えて，かれのもとの *niru* に併せた。

第138号

○ juwan uyun de samsika nirui namdari; nansangga juwe* niyalma muduri*

十九日，*Samsika niru* の *Namdari, Nansangga* という二人の者が辰の

aniya duin biyade ukame genebi; dosi wambi seme gamarade

年四月に逃げて行って，内地で「殺す」と（内地の者が）連行する時，

sanahai hoton ci dobori tücibibuha tücibi ukame amasi jihe;

山海関城から夜出て逃げ戻ってきた。

ini fe niru de banji seme emte jergi etuku bübi inggoldai de

「かれの元の *niru* で暮らせ」と各々一揃いの衣を与えて，*Inggūldai*

de afabuha;　　6b/4a　（6bと4aが表裏合わされている）

に委ねた。

378 附篇 「逃人檔」訳注

第139号

左上欄外に四角く囲って「uyun biya jüwe suwayan（九月，両黄旗の当直）」とある。

○ uyun biyai ice ilan de sanahaci sele age booi

九月初三日，山海関から *Sele Age* の家の

emu jüsen ukame jihe; jüwe biya de ukame genehe

一人の *Jušen* が逃げてきた。二月に逃げて行って

bihe; banjici ojorako obi ilan niyalma be gajime

いた。暮らすことができないので，三人を連れて

amasi jidere de; karacin i donoi gunji de tuhenebi

戻って来るとき，*Karacin* の *Donoi Gunji* に捕われて

duin niyalmai etuku be gemu süme gaire jakade; ilan

（*Donoi Gunji* が）四人の衣を皆脱がし取るので，三

niyalma jiheko tutaha / + bi/; emu emu sele booi niyalma emu morin

人は来ずに残っている。*Sele* の家の者が一頭の馬

holhabi tereci jihei; subudi dureng* de; tuhenjibi

盗んでそこから来たまま *Subudi Dureng* の手に落ちて，

morin be geli durime* gaire jakade; dasame holhabi

（*Subudi Dureng* が）馬をまた奪い取るので，再度盗んで

ukame jihe; erebe ini da ejen de M?__ uji*

逃げてきた。これをかれの元の主に「養え」

seme bühe;   4a/3b

と与えた。

第140号

○ ice ninggun / + de/ kübuhe lamun / + i/ hakjan nirui emu niyalma;

初六日，鑲藍の *Hakjan niru* の一人，

gülun[26) suwayan i soohai booi niyalma; muduri* aniya sunja

正黄の *Soohai* の家の者が辰の年五

附篇 「逃人檔」訳注 379

biyade ukame genebi šanaha[27] de isinabi; banjici üjirako

月に逃げて行って，山海関に至って，暮らすことができない

obi; amasi;　　han be baime; uyun biyai ice ninggunde;

ので戻り，Han を頼り，九月初六日に

ukame jihe　　han emte jergi etuku bübi meni meni

逃げてきた。Han は各々一揃いの衣を与えて各々

ejete be saikan uji* seme afabume bühe;

各主に「よろしく養え」と委ねて与えた。

第141号

○　ice nadan de ginju ci emu nikan ukame jihe; erebe

初七日，錦州から一人の漢人が逃げてきた。これを

fonjibi gisun facuhon obi waha; amba beile amha

尋問して言葉が乱れていたので殺した。Amba Beile の夫人の父

tümet beile de bübi ünggihe;　　3b/3a

Tumet Beile に与えて送った。

第142号

○　ice jakon de ginju ci emu JANG I SONG ni

初八日，錦州から一人の JANG I SONG と

gebungge nikan emu /+ morin/ gajime ukame jihe ere niyalma

いう名の漢人が一頭の /＋馬/ を連れて逃げてきた。この者

be sibiya maktabi gülu suwayan de goibi samha de

を籤をひいて，正黄に割り当てて Samha に

afabuha ede jüwe juru aha, emu nikan sargan

委ねた。これに二対の aha，一人の漢人の妻

bühe; ere niyalma be dendere de

与えた。この者を分配するとき

380 附篇 「逃人檔」訳注

han hendume ereci amasi jai i niyalma jici

Han が語るのには，「以後，この次にある者が

　ukame jici; I? KA? jai i be gebuleme jici

　逃げてきたときは，またある者を指名して来たならば

　gebulehe ejen de buo; siden de jici

　指名した主に与えよ。（それ以外）公に来たならば

　neigenjeme sibiya maktame dende seme henduhe,　　3a/2b

　公平に籤をひいて分配せよ」と語った。

第143号

○ ice uyun de; yoto taiji de bisire daicing

　初九日。*Yoto Taiji* のところにいる *Daicing*

　tabunang be baime; emu monggo ukame jihe;

　Tabunang を頼り，一人の蒙古人が逃げてきた。

第144号

○ juwan jüwe

　十二日

　juwan jüwe de caharai cügehur beilei omolo

　十二日，*Cahar* の *Cühur Beile* の孫の

　doji taiji jai emu monggoi eigen sargan müsei niyengniyeri

　Doji Taiji 及び一組の蒙古人夫妻が，我らが春に

　genehe monggoi cooha de ceni jüse sargan be gaibubi

　行った蒙古の戦いで，子供，妻を殺されて

　CAKI ceni beye burlame tücibi aru de genehebi; aru ci orin morin

　かれら自身は敗走し出て *Aru* に行っている。*Aru* から二十頭の馬

　gajime　　han be baime ukame jihe;　　2b/2a

　を連れて *Han* を頼り逃げてきた。

附篇 「逃人檔」訳注 381

第145号

@ juwan ilan de ginjuci emu JAO SI KOWA

十三日，錦州から一人の *JAO SI KOWA*

gebungge nikan ukame emu morin gajime ukame

という名の漢人が，一頭の馬を連れて逃げて

jihe; sibiya maktahabi JA??? kübuhe sanggiyan

来た。籤をひいて鑲白の

mergen daicing de goibi ama ahon deo be

Mergen Daicing に割り当てて，父，兄弟を

sargan be gemu acabubi ubai de afabuha;

妻を皆併せて，*Ubai* に委ねた。

第146号

@ tofohon de songsanci emu JOO JOO TA

十五日，松山から一人の *JOO JOO TA*

gebungge nikan emu morin gajime ukame

という名の漢人が一頭の馬を連れて逃げて

jihe; da de SINGKEI KÜi niyalma bihe   2a/1b

来た。もともとは興凱湖（関孝廉，19頁）の者であった。

niyalma wara de genehe; sibiya maktabi

人を殺すとき（逃げて）行った。籤をひいて

kübuhe fulgiyan KOII? de goibi aha jüwe

鑲紅に割り当て，*aha* を二

juru* emu nikan sargan etuku bubi* saikan

対，一人の漢人の妻，衣を与えて，「よろしく

üji seme ubahai de afabuha;

養え」と *Ubahai* に委ねた。

382 附篇 「逃人檔」訳注

第147号

○ juwan nadan de ning iowan ci emu TO gebungge nikan

十七日，寧遠から一人の *TO* という名の漢人が

ukame jihe; dade kakamu nirui nikan bihe; ede ini

逃げてきた。元々 *Kakamu niru* の漢人であった。これにかれの

sargan be acabubi; etuku fakori emu jergi bübi

妻を併せて，衣と褲子を一揃い与えて

inggoldai <u>agebe</u> / + de/ / + be/ saikan üji seme afabuha;　　1b/1a

Inggūldai に「よろしく養え」と委ねた。

第148号

左上に四角く囲んで「jüwe sanggiyan i biya（両白旗当直の月）」とある。

süre han i duici aniya（*Sure Han* の第四年）;

○ ilan biyai orin nadan de siolingho i jülergi

三月二十七日，小凌河の南

niyangniyan mio ci ilan nikan ukame jihe;

娘娘廟から三人の漢人が逃げてきた。

jihe türgun be fonjici jeterengge ako

来た理由を問うと，「食べるものがない

obi jihe seme henduhe; jüwe niyalma de

ので来た」と語った。二人に

<u>ede gemu</u> sargan <u>BO</u> etuku; I emu ihan

妻，衣，一頭の牛

bübi sanggiyan /+ fu/ de ünggihe; jai emu niyalma

与えて *Šanggiyan Fu* に送った。もう一人は

ini banjiha eme; / + sargan;/ deo; ahon i jui si üli

その生母，/＋妻/，弟，兄の子が *Si Uli*

附篇 「逃人檔」訳注 383

efu de S͟ bi seme /+ emu jergi etuku bübi/ si üli efui JOO   1a/vol.96, 30a紙背 （30bは
　欠葉）

Efu（佟養性）のところにいるとて /+ 一揃いの衣与えて/ *Si Uli Efu* の *JOO*

CIKU de afabume bühe; tede si üli harangga bihebi;   30a紙背/30a

CIKU に委ねて与えた。今まで *Si Uli Efu* の所属としている。

第149号

左上に四角く囲んで「nadan biya jüwe sanggiyan（七月，両白旗の当直）」とある。

sanggiyan morin aniya; nadan biyai ice

庚午の年七月初

nadan de　daisungga nirui emu jüsen; meihe

七日，*Daisungga niru* の一人の *Jušen* が巳の

aniya jakon biyade ukame liosiongko de genebi

年八月に逃げ，旅順口に行って

amasi ukame jihe; gosai amba beile de

戻り逃げてきた。旗の *Amba Beile* に

üji seme bühe;

「養え」と与えた。

第150号

第149号に改行せずつづけて

○　tere inenggi kubuhe* lamun i

その日，鑲藍の

tubai nirui emu jusen* düleke aniya juwe*

Tubai niru の一人の *Jušen* が，昨年二

biyade sanaha de ukame genebi sanahaci karacin i

月に山海関に逃げて行って山海関から *Karacin* の

384 附篇 「逃人檔」訳注

donoi gunji de ukame genebi terei amasi

Donoi Gunji のもとに逃げて行って，それから戻り

ukame jihe; gosai jirgalang beile de

逃げてきた。旗の *Jirgalan Beile* に

benehe;

送った。

第151号

○ ginju ci sanggarjai

錦州から *Sanggarjai*

第152号

○ orin ilan de; ginju ci sanggarjai jüwe

二十三日，錦州から *Sanggarjai* のもとの二人の

monggo jüwe morin yalubi ukame jihe;

蒙古人が二頭の馬に乗って逃げてきた。

erebe naiman hūng baturi de emke; düral

これを *Naiman* の *Hūng Batur* に一人，*Dural*

hūng baturi jui bandi de emke üjiseme bühe;　29b/29a

Hūng Batur の子 *Bandi* に一人「養え」と与えた。

第153号

○ TAM?R sanggarjai jüwe monggo

TAM?R Sanggarjai は二人の蒙古人

第154号

左上に四角く囲んで「jüwe suwayan uyun biya（両黄旗当直の九月）」とある。

附篇 「逃人檔」訳注 385

ice sunja de cahar ci labasi taiji beyei teile /＋jai emu gücu/ ukame jihe

初五日，*Cahar* から *Labasi Taiji* が一人きりで／＋および一人の供の者／が逃げてきた。

erei ahon deo degelei taiji de bi seme ini ahon deo de

これの兄弟が *Degelei Taiji* のところにいるとて，その兄弟に

acabuha;

併せた。

第155号

○ ineku tere inenggi cahar ci sanjai gebungge emu monggo

同じくその日，*Cahar* から *Sanjai* という名の一人の蒙古人が

ukame jihe;

逃げてきた。

第156号

ice uyun de kübuhe lamun i KEO CARLAAI booi nikan

初九日，鑲藍の *KEO CARLAI* の家の漢人が

nadan biyade ukame genebi sisansan i ebergi tai de　　29a/28b

七月に逃げて行って，十三山（站）のこちら側の台に

bihebi ini deo be gajime ukame jihe; ukanju i

とどまっている。かれの弟を連れて，逃げてきた。逃人に

baru sini cihangga bade banji seme jakade ini ejen

向かって，「汝の望んだところにて暮らせ」というと，「自分の主

CARLAI de banjiki sehe manggi ini ejen de gosime

CARLAI のもとで暮らしたい」と言ったので，かれの主に「慈しみ

uji* seme buhe*;　　○

養え」と与えた。

386 附篇 「逃人檔」訳注

第157号

○ juwan jüwe de songsan ci emu nikan emu morin gajime ukame

十二日，松山から一人の漢人が一頭の馬を連れて逃げて

jihe bihe; gülu sanggiyan de goibume bühe; gosime uji* sehe; /＋ede

来ていた。正白に割り当てて与えた。「慈しみ養え」といった。 /＋これに

emu jergi etuku jüwe juru niyalma ihan emke bühe;/ （付加部分は行間に細字でなされる）

一揃いの衣，二対の人，牛各一頭を与えた。/

第158号

○ juwan ninggun de tümet gürun i ombu cühur i harangga

十六日，*Tümet* 国の *Ombu Cühur* 所属の

tanggo boo isire niyalma ukaha seme alanjiha manggi;

百家に近い人が逃げたと告げてきたので，

△ /＋toqtoho/ fargame unggihengge; cahara; siojan; furdan; gaiju; toqtoi（toqtoi は後補）;

/＋決定して/ 追うために送った者は，*Cahara, Šojan, Furdan, Gaiju, Toqtoi*

moodase hele; lungtai; yenggene; esede emu nirui　　28b/28a

Moodase, Hele, Lungtai, Yenggene。これらに一 *niru* に

emte niyalma be adabubi, ünggihe; esede hendubi ünggihe

各一人の者を付けて送った。これらに（*Han* が）語っておくった

gisun; cahara i gisun be tuwame yabu; amcabuha manggi

言葉。「*Cahara* の言葉に従い行え，追いつかせたのち

ume wara faksikan i dahabubi ganjio[28], süwe olji be

殺すな。うまく従わせて連れて来よ。汝等は俘虜を

gonime warako; i ukanju daharako ohode wabi; jai emu

思い殺さず，逃人が従わなくなったとき殺して，また一

indebi[29] cargi be gaime songko faida emke jüwe

息に彼方を求めて足跡を追え，（逃人らは）一人二人では

附篇 「逃人檔」訳注　387

tücirako; ombu cühur serengge buyeme* baime jihe niyalma

（境外に）出ない。*Ombu Cūhur* という者は，（みずから）願い頼ってきた者である。

terei ukanju be banjibi gajaha manggi gemu ejende büki

かれの逃人を生かして連れてきたのち，皆主に与えよう」

sehe;　　　○

と言った。

第159号

○　orin emu de ukanju fargaha cahara se isinjiha;

二十一日，逃人を追った *Cahara* たちが到着した。

fargaha ukanju amcabuhako seme alaha;　　28a/27b

「追った逃人に追いつかなかった」と告げた。

第160号

○　ineku tere inenggi ginju ci jüwe JOSAN; wang el

同じくその日，錦州から二人の *JOSAN*, *Wang El*

gebungge jüwe nikan ukame jihe; wang el i

という名の二人の漢人が逃げてきた。*Wang El* の

ama ahon deo sanjan u siyo jin i kadalara irgen de

父，兄弟は参将呉守進の所轄の民のなかに

bi seme ini? u sanjan de sai saikan üji seme

いるとて呉参将に「よろしく養え」

seme bühe; JOSAN i aja ahon deo günggun i deo

と与えた。*JOSAN* の母，兄弟 *Gunggun* の弟

LADOKO hiya i boode bihe; ? ahon deo de acabuha

LADOKO Hiya の家にいた。兄弟に併せた。

banjibi, banjirako han gosici mini ahon deo be

「養っていただけるか，否か，もし *Han* のご厚情をいたければ，我の兄弟を

388 附篇 「逃人檔」訳注

minde acabubi han de banjiki sere jakade ini
我に併せていただき，*Han* のもとで暮らしたい」というので，かれの

ahon deo be gajibi acabubi samha de afabume
兄弟を連れてきて併せて *Samha* に委ねて

bühe; esede emte jergi etuku bühe;　　27b/27a
与えた。これらに各自一揃いの衣与えた。

第161号

○　orin ilan de BANSAN i amargi tai ci SOITA gebungge
二十三日，*BANSAN* の北の台から *SOITA* という名の

emu nikan jüwe morin gajime ukame jihe; niyalma jüwe
一人の漢人が二頭の馬を連れて逃げてきた。人二

jüru ihan emke bübi yebken üji seme kübuhe suwayan de
対，牛各一頭与えて，「*Yebken* が養え」と鑲黄に

goibume bühe;
割り当てて与えた。

第162号

○　orin uyun de caharaci jakon haha; ninggun hehe;
二十九日 *Cahar* から八人の男が，六人の女，

uyun juse*; gosin morin gajime ukame jihe;　　27a/25b（26葉は欠）
九人の子供，三十頭の馬を連れて逃げてきた。

第163号

左上に四角く囲んで「juwe lamun i juwan biya（両藍旗当直の十月）」とある。

○　juwan de tümet gürun i jüwe haha; jüwe hehe; jüwe sargan jui
十日，*Tümet* 国の二人の男，二人の女，二人の娘が

附篇 「逃人檔」訳注　389

ukame jihe; minggan beile be üji seme bühe;

逃げてきた。*Minggan Beile* に「養え」と与えた。

第164号

○　juwan ilan de; arui jinong i juwan monggo; juwan morin

十三日，*Aru* の *Jinong* の十人の蒙古人が，十頭の馬に

yalubi ukame jihe; arui gürun be caharai cooha dosibi

乗って逃げてきた。「*Aru* の国を *Cahar* の兵が入って

gaiha seme mejige alaha;

取った」と消息を告げた。

第165号

○　juwan nadan de; kübuhe sanggiyan i suna fujan be sanggiyan

十七日，鑲白の *Suna* 副将に *Šanggiyan*

fui nikan be kadala seme afabuha;

Fu の漢人を管轄せよと委ねた。

第166号

○　juwan jakon de arui jinong i joboi cecen baqsi;

十八日，*Aru* の *jinong* の *Joboi Cecen Baqsi;*

baiho mergen hiya; heri juwan duin niyalma; juwan nadan

Baihū Mergen Hiya が，全十四名の人，十七頭の

morin; duin loosa; emu ihan gajime ukame jihe;　　25b/25a　25a/24b　24b欠葉，24aの

紙背

馬，四頭の騾馬，一頭の牛を連れて逃げてきた。

第167号

左上に四角く囲んで「omsion biya jüwe sanggiyan（十一月，両白旗の当直）」とある。

390 附篇 「逃人檔」訳注

○ juwan nadan de songsanci emu nikan morin yalubi
十七日，松山から一人の漢人が馬に乗って
ukame jihe; ede jüwe juru niyalma; emu ihan; emu jergi etuku
逃げてきた。これに二対の人，一頭の牛，一揃いの衣
fakori bübi gülu fulgiyan de goibuha;
褲子与えて正紅に割り当てた。

第168号

○ gülu sanggiyan i gosai colmu nirui LOOCIKA moo
正白の *Colmu niru* の *LOOCIKA* が木を
sacime genehebe nikan jafabi gamaha bihe; omsion
切りにいったところ，漢人が捕えて連れていっていた。十一
biyai juwan jakon de ping dooci amasi ukame jihe;
月十八日に *Ping Doo* から戻り逃げてきた。

第169号

○ orin jüwe de caharaci jüwe niyalma morin yalubi
二十二日，*Cahar* から二人の者が馬に乗って
ukame jihe;　　24a紙背/24a　24a/23b
逃げてきた。

第170号

○ orin ninggun de arui jinong i juwan booi monggo
二十六日，*Aru* の *jinong* の十家の蒙古人が
ukame jidere be sübudi düreng i jüwe niyalma
逃げてくるのを *Subudi, Dureng* の二名が
benjihe; benjihe seme jüwete yan i menggun sangname bühe;
送ってきた。送ってきたとて各二両銀賞賜し与えた。

附篇 「逃人檔」訳注 391

ukame jihe monggo imbe benjihe seme jüwe

逃げてきた蒙古人を送ってきたとて，二

niyalma de acan emu morin bühe;

人に併せて一頭の馬を与えた。

第171号

○ orin jakon de caharaci emu monggo jüwe morin

　二十八日，*Cahar* から一名の蒙古人が二頭の馬に

yalubi ukame jihe;　　23b/23a

　乗って逃げてきた。

　註

1）「jüwe niyalma」が重複して記されている。

2）丙卯は丁卯の誤り。第8号檔案でも同様に誤っている。

3）burulaha

4）burulahabi

5）yooni

6）yooni

7）oqdome

8）tašan

9）aibide

10）juraha

11）aliyaci

12）aliyaci

13）KILTAKA の意味不明。giltakan すなわち「光り輝くように」という意味であれ
　ば，光り輝くように上に向かって（大砲を）撃て，ということになろう。

14）bijanjilambi の意味不明

15）amba

16）ici

17）動詞完了連用形の語尾は，「逃人檔」ではほとんどが「-bi」で記録されている

が、ここでは、後世標準化される「-fi」が用いられている。

18)　註(10)参照。

19)　hiya の複数形と理解した。

20)　他のところでは「alaqcot」と記録されている。

21)　監視官か？

22)　「sirame ama」を「継父」する解釈もなりたつが、ここではこのように訳した。

23)　burulabi

24)　abatai　taiji

25)　abatai taiji

26)　gülu

27)　この部分以外、「逃人檔」では「š」は「s」で表記されている。

28)　gajio

29)　indembi は休息とるという意味であり、いったん休息をとって追跡せよ、という意味にも解釈できる。

参考資料、引用文献

1．史　料

①満文原檔

「満文原檔」台北・国立故宮博物院所蔵

　「天字檔」「閏字檔」「昃字檔」「張字檔」「荒字檔」「陽字檔」「地字檔」

　「成字檔」「満附二」(天聡六年檔)

【影印出版】

『旧満洲檔』全10冊、1969年、台北・国立故宮博物院。

『満文原檔』全10冊、2005年、台北・国立故宮博物院。

②満文老檔

「満文老檔　有圏点本 tongki fuka sindaha hergen i dangse 圏点を付した文字の

　檔子」一百八十巻、中国第一歴史檔案館所蔵

「満文老檔　無圏点本 tongki fuka akū hergen i dangse 圏点のない文字の檔子」

　一百八十巻、中国第一歴史檔案館蔵

【影印出版】

『満文老檔』(影印、逐語訳、漢訳)、中国第一歴史檔案館編、2009年、遼

　寧民族出版社。

③(内) 国史院満文檔冊

「(内) 国史院満文檔冊」中国第一歴史檔案館所蔵 (「天聡九年檔」のみ一部台北・

　国立故宮博物院所蔵)

「nenehe / genggiyen / han sain yabuha kooli 太祖紀」「天聡五年檔」「天聡六年

　檔」「天聡七年檔」「天聡八年檔」「天聡九年檔」「崇徳三年檔」「崇徳四

　年檔」、「金史」(満洲語訳) 草稿、中国第一歴史檔案館「内国史院檔」

394 　参考資料、引用文献

（巻号001、冊号1）

④盛京満文原檔

「逃人檔」（老満文、モンゴル語）中国第一歴史檔案館所蔵

「崇徳三、四年刑部満文檔案」中国第一歴史檔案館所蔵（第160号～第231号）

⑤その他入関前満文檔案

「値月檔」台湾・中央研究院歴史語言研究所所蔵「内閣大庫檔案」（登録号：
167602）

⑥入関前板刻資料

「七大恨告示（天聡四年〈1630〉）」（漢文、写真）中国第一歴史檔案館所蔵、中
国第一歴史檔案館編『歴史檔案』2012年第2期、封面二、2012年5月。

「崇徳四年戸部禁烟葉告示」（満漢文、写真）中国第一歴史檔案館所蔵、北平・
故宮博物院文献館編『文献特刊』1936年。

「後金檄明万暦皇帝文」（満文、影印）パリ・ギメ博物館 Musée Guimet 図書館
所蔵、Manuscript 61626、Pang, Tatjana A. and Stary, Giovanni; *New Light
on Manchu Historiography and Literature, the Discovery of Three Documents
in Old Manchu Script.* Wiesbaden, 1998, Harrassowitz Verlag, pp.263-340.

「後金檄明万暦皇帝文」（漢文、写真）国家（北京）図書館所蔵、今西春秋「後
金檄明万暦皇帝文について」『朝鮮学報』第67号、1973年4月、137～158
頁。

「後金檄明万暦皇帝文」（漢文、排印）国家（北京）図書館所蔵、潘喆、孫方明、
李鴻彬編『清入関前史料選輯』第1輯、1984年、北京・中国人民大学出
版社、289～296頁。

⑦入関前碑刻資料

「東京（新）城天祐門門額」調布市立博物館（寄託資料）

「牛荘城徳盛門門額」瀋陽故宮博物院所蔵

⑧漢文旧檔

「朝鮮国来書稿」（天聡元年より同八年十二月）

「各項稿簿」（天聡二年九月より天聡五年十二月、排印）市村瓚次郎「各項稿簿」

参考資料、引用文献　395

『史苑』（立教大学史学会）第 2 巻第 1 号（1929年 4 月）～同 3 巻 3 号（1929年12月）。

「朝鮮国王来書」（天聡九年より崇徳四年十二月）

「朝鮮国王来書簿」（崇徳元年より崇徳四年）

「朝鮮国来書」（崇徳五・六年分）

「奏疏稿」

　【排印出版】

　　「奏疏稿」（「天聡朝臣工奏議」として羅振玉輯『史料叢刊初編』に排印の上収録。1924年、東方学会排印）。

　　「楊方興條陳時政奏」（「奏疏稿」所収、のち「天聡朝臣工奏議」『史料叢刊初編』所収）。

　　「太宗文皇帝日録残巻　天聡二年、崇徳六年（部分）」（排印の上『史料叢刊初編』に収録）。

⑨太祖実録

『daicing gurun i taidzu horonggo enduringge hūwangdi yargiyan kooli 大清太祖承天広運聖徳神功肇紀立極仁孝武皇帝実録（太祖武皇帝実録）』（順治重修、満文本、漢文本）。北京・中国第一歴史檔案館、首都（北京）図書館、台北・国立故宮博物院所蔵。満文本巻一のみは、北京・中国第一歴史檔案館だけに所蔵される。

『大清太祖承天広運聖徳神功肇紀立極仁孝睿武弘文定業高皇帝実録（太祖高皇帝実録）』（康熙三修、満文本、漢文本）。漢文本のうち一本は内閣文庫蔵「大清三朝実録」（私抄本）、満文本は中国第一歴史檔案館のみで確認。

『大清太祖承天広運聖徳神功肇紀立極仁孝睿武端毅欽安弘文定業高皇帝実録（太祖高皇帝実録）』（乾隆四修、満文本、漢文本、蒙文本）。漢文本は、中国第一歴史檔案館所蔵大紅綾本（1986年、中華書局影印出版版）、満文本は、中国第一歴史檔案館所蔵本、蒙文本は、中国第一歴史檔案館所蔵本（1988年、内蒙古文化出版社）。

『満洲実録』（奉天本、大蔵出版社影印出版版、1986年、中華書局影印出版版）。

396　参考資料、引用文献

【影印出版】

『太祖武皇帝実録』（順治重修、漢文本）台北・国立故宮博物院『図書季刊』
　　（第 1 巻第 1 号、1970年）収載。

『太祖武皇帝実録』（順治重修、満文本、国家（北京）図書館本の巻二～四）、
　　今西春秋「太祖大清武皇帝実録」『東方学紀要』 2 、1967年、173～274
　　頁、収載。

【排印出版】

『太祖武皇帝実録』（順治重修、漢文本）

『清太祖武皇帝努児哈斉実録』（漢文本）、1932年、北平・故宮博物院。

⑩太宗実録

『daicing gurun i taidzung genggiyen šu hūwangdi yargiyan kooli 大清太宗応天
　　典国弘徳彰武寛温仁聖睿孝文皇帝実録（太宗文皇帝実録）』（順治初纂、満
　　文本、漢文本）。漢文本は、台北・国立故宮博物院所蔵本、満文本は、北
　　京・中国第一歴史檔案館所蔵本。

『大清太宗応天興国弘徳彰武寛温仁聖睿孝隆道顕功文皇帝実録（太宗文皇帝実
　　録）』（康熙重修、満文本、漢文本）。漢文本のうち一本は内閣文庫蔵「大清
　　三朝実録」（私抄本）、満文本は中国第一歴史檔案館のみで確認。

『大清太宗応天興国弘徳彰武寛温仁聖睿孝隆道顕功文皇帝実録（太宗文皇帝実
　　録）』（乾隆三修、満文本、漢文本、蒙文本）。漢文本は、中国第一歴史檔案
　　館所蔵大紅綾本（1985年、中華書局影印出版）、満文本は、中国第一歴史檔
　　案館所蔵本、蒙文本は、中国第一歴史檔案館所蔵本（1988年、内蒙古文化
　　出版社）。

「清太宗実録稿本」北京（国家）図書館所蔵

『清三朝実録採要』村山芝塢、永根伍石編（舶来康熙年間纂修「清三朝実録」摘
　　録）（寛政九年自序、文化四年柴邦彦序）。

【排印出版】

『清太宗実録稿本（清初史料叢刊第三種）』1978年、遼寧大学歴史系排印。

⑪入関後の各朝実録

参考資料、引用文献　397

『大清世祖體天隆運英睿欽文大德弘功至仁純孝章皇帝実録（世祖章皇帝実録）』
　　（康熙初纂、漢文本、満文本）。漢文本のうち一本は内閣文庫蔵「大清三朝
　　実録」（私鈔本）、満文本（正本）は中国第一歴史檔案館のみで確認。

『大清世祖體天隆運英睿欽文大德弘功至仁純孝章皇帝実録（世祖章皇帝実録）』
　　（乾隆重修、満文本、漢文本、蒙文本）。漢文本は、中国第一歴史檔案館所
　　蔵大紅綾本（1985年、中華書局影印出版）、満文本は、中国第一歴史檔案館所
　　蔵本、蒙文本は、中国第一歴史檔案館所蔵本（1991年、内蒙古文化出版社）。

『大清聖祖合天弘運文武睿哲恭倹寛裕孝敬誠信中和功德大成仁皇帝実録（聖
　　祖仁皇帝実録）』（乾隆勅撰、満文本、漢文本、蒙文本）。漢文本は、中国第一
　　歴史檔案館所蔵大紅綾本（1985年、中華書局影印出版）、満文本は、中国第
　　一歴史檔案館所蔵本、蒙文本は、中国第一歴史檔案館所蔵本（1991年、
　　内蒙古文化出版社）。

『大清世宗敬天昌運建中表正文武英明寛仁信毅大孝至誠憲皇帝実録（世宗憲皇
　　帝実録）』（乾隆勅撰、満文本、漢文本、蒙文本）。漢文本は、中国第一歴史
　　檔案館所蔵大紅綾本（1985年、中華書局影印出版）、満文本は、中国第一歴
　　史檔案館所蔵本、蒙文本は、中国第一歴史檔案館所蔵本（1991年、内蒙
　　古文化出版社）。

『大清高宗法天隆運至誠先覚体元立極敷文奮武孝慈神聖純皇帝実録（高宗純皇
　　帝実録）』（嘉慶勅撰、満文本、漢文本）。漢文本は、中国第一歴史檔案館所
　　蔵大紅綾本（1985～86年、中華書局影印出版）、満文本は、中国第一歴史檔
　　案館所蔵本。

『大清宣宗効天符運立中體正至文聖武智勇仁慈倹勤孝敏成皇帝実録（宣宗成皇
　　帝実録）』（咸豊勅撰、満文本、漢文本）。漢文本は、中国第一歴史檔案館所
　　蔵大紅綾本（1986年、中華書局影印出版）、満文本は、中国第一歴史檔案館
　　所蔵本。

『大清文宗協天翊運執中垂謨懋徳振武聖孝淵恭端仁寛敏顕皇帝実録（文宗顕皇
　　帝実録）』（同治勅撰、満文本、漢文本）。漢文本は、中国第一歴史檔案館所
　　蔵大紅綾本（1986～87年、中華書局影印出版）、満文本は、中国第一歴史檔

398 　参考資料、引用文献

案館所蔵本。

『大清穆宗継天開運受中居正保大定功聖智誠孝信敏恭寛毅皇帝実録（穆宗毅皇
　　帝実録）』（光緒勅撰、満文本、漢文本）。漢文本は、中国第一歴史檔案館所
　　蔵大紅綾本（1987年、中華書局影印出版）、満文本は、中国第一歴史檔案館
　　所蔵本。

『大清徳宗同天崇運大中至正経文緯武仁孝睿智端倹寛勤景皇帝実録（徳宗景皇
　　帝実録）』（民国年間修、満文本、漢文本）。漢文本は、中国第一歴史檔案館
　　所蔵大紅綾本（1987年、中華書局影印出版）、満文本は、中国第一歴史檔案
　　館所蔵本。

⑫起居注冊

「起居注冊」（満文・漢文）

　　「康熙朝」「雍正朝」「乾隆朝」「嘉慶朝」「道光朝」「咸豊朝」「同治朝」
　　「光緒朝」「宣統朝」中国第一歴史檔案館、台北・国立故宮博物院所蔵
「乾隆朝起居注冊草本」台北・国立故宮博物院所蔵
「内記注（内起居注）」台北・国立故宮博物院所蔵
「太上皇帝起居注冊」満文本、台北・国立故宮博物院所蔵
「清高宗皇帝乾隆三十八年起居注」鈔本、東洋文庫所蔵
「乾隆太上皇帝起居注」満文本、台北・国立故宮博物院所蔵

　【起居注冊（漢文本）排印出版】

　　『康熙起居注』全3冊、1984年、中華書局。

　【起居注冊（漢文本）影印出版】

　　『清代起居注冊　康熙朝』全32冊、2009年、中華書局、『同』全22冊、2009
　　　年、台北・聯経出版公司。

　　『雍正朝起居注冊』全5冊、1993年、中華書局。

　　『乾隆帝起居注冊』全42冊、2002年、桂林・広西師範大学出版社。

　　『嘉慶帝起居注冊』全22冊、2006年、広西師範大学出版社。

　　『清代起居注冊　道光朝』全100冊、1985年、台北・聯経出版事業公司。

　　『清代起居注冊　咸豊朝』全57冊、1983年、聯経出版事業公司。

　　　　『清代起居注冊　同治朝』全43冊、1983年、聯経出版事業公司。

　　　　『清代起居注冊　光緒朝』全80冊、1987年、聯経出版事業公司。

　　　　『光緒帝起居注冊』全16冊、2007年、広西師範大学出版社。

　　　　『宣統帝起居注冊』2007年、広西師範大学出版社。

⑬個別檔案

　　　「双城堡総管衙門檔案」遼寧省檔案館所蔵

　　　「呉安平家譜」双城市満族錫伯族志編写組編『双城市満族錫伯族志』所収、
　　　　　1992年、227頁。

　　　「清朝奏書　乾隆期判決（満文『高宗聖訓』抄録)」莫力達瓦達翰爾族自治旗図
　　　　　書館所蔵

　　　「申奏爲北辺境應需問題」莫力達瓦達翰爾族自治旗図書館所蔵

　　　「布特哈家奴冊」『清代黒龍江歴史檔案選編　光緒八年〜十五年』所収、1986
　　　　　年、黒龍江人民出版社。

　　　「屯田紀略」南京大学図書館所蔵、王履泰撰『双城堡屯田紀略』「長白叢書」
　　　　　第４集に排印の上収録、1990年、吉林・吉林文史出版社。

　　　「撫駁五路鄂倫春章程」『清代鄂倫春族満漢文檔案匯編』所収、432〜427頁。
　　　　　台北・故宮博物院所蔵軍機処録副奏摺、第122977号。

　　　「国史館伝包」台北・故宮博物院所蔵

　　　「変通回疆銭法」那彦成等『那文毅公籌画回疆善後奏議』所収、近代中国史
　　　　　料叢刊第21輯、1968年、台北・文海出版社影印。

⑭日本所在の清代檔冊

　　　「伊犂奏摺」天理大学附属天理図書館所蔵

　　　「wesimbure bukdari jise（奏摺稿)」天理大学附属天理図書館所蔵

　　　「伊犂奏摺稿檔」天理大学附属天理図書館所蔵

　　　「塔爾巴哈台奏稿」天理大学附属天理図書館所蔵

　　　「吐魯番事宜清漢奏摺」天理大学附属天理図書館所蔵

　　　「塔爾巴哈台奏檔」天理大学附属天理図書館所蔵

　　　「鑲紅旗満洲衙門檔案」東洋文庫所蔵

400　参考資料、引用文献

「嘉慶元年冊封皇后貴妃妃嬪檔」東洋文庫所蔵

「道光二十八年正月起至十二月底止清漢奏稿」東洋文庫所蔵

「広州奏摺稿」天理大学附属天理図書館所蔵

⑮編纂檔案資料

『明清檔案存真選輯』李光濤編著、中央研究院歴史語言研究所専刊38、1959
　　年、台北・中央研究院歴史語言研究所。

『明清檔案存真選輯』二集、李光濤、李学智編著、中央研究院歴史語言研究
　　所専刊38-2、1973年、台北・中央研究院歴史語言研究所。

『明清檔案存真選輯』三集、李光濤編著、中央研究院歴史語言研究所専刊38-
　　3、1975年、台北・中央研究院歴史語言研究所。

『宮中檔乾隆朝奏摺』国立故宮博物院図書文献処文献科編輯、1987〜1988年、
　　台北・国立故宮博物院。

『宮中檔光緒朝奏摺』国立故宮博物院編輯、『故宮文献』特刊、1973〜1975年、
　　台北・国立故宮博物院。

『籌辦夷務始末（咸豊朝）』1979年、北京・中華書局。

『四国新檔・俄国檔』中央研究院近代史研究所編、中国近代史資料彙編、1966
　　年、台北・中央研究院近代史研究所。

『道光咸豊両朝籌辦夷務始末補遺』中央研究院近代史研究所編、中国近代史
　　資料彙編、1966年、台北・中央研究院近代史研究所。

『有関達斡爾鄂倫春与索倫族歴史資料』1958年、内蒙・東北少数民族社会歴
　　史調査組翻印、打字油印本、第一輯、第二輯。

『清代鄂倫春族満漢文檔案匯編』2001年、鄂倫春民族研究会編、北京・民族
　　出版社。

『清代檔案史料叢編』中国第一歴史檔案館編、第14輯まで刊行、北京・中華
　　書局。

『明清史料』甲編〜癸編、中央研究院歴史語言研究所。

⑯政書類

『大明会典』万暦十五年奉勅撰・刊本（台湾・中央図書館所蔵、明司礼監刊本）、

1952年、台北・東南書社影印。

『大清会典』康熙二十九年勅撰・刊本（漢文本）、東洋文庫所蔵

『大清会典』雍正十年勅撰・刊本（漢文本）、東洋文庫所蔵

『大清会典』乾隆二十五年勅撰（漢文本）、東洋文庫所蔵

『大清会典則例』乾隆十三年勅撰・刊本（漢文本）、東洋文庫蔵

『大清会典』嘉慶二十三年勅撰・刊本（漢文本）、東洋文庫所蔵

『大清会典事例』嘉慶二十三年勅撰・刊本（漢文本）、東洋文庫所蔵

『大清会典図』嘉慶十六年勅撰・刊本（漢文本）、東洋文庫所蔵

『大清会典』光緒十二年勅撰、光緒二十五年刊本（漢文本、台湾・中央図書館所蔵）、1952年、台北・啓文出版社影印。

『大清会典事例』光緒十二年勅撰、光緒二十五年刊本（漢文本、台湾・中央図書館所蔵）、1952年、台北・啓文出版社影印。

『大清会典図』光緒十二年勅撰、光緒二十五年刊本（漢文本、台湾・中央図書館所蔵）、1952年、台北・啓文出版社影印。

『皇朝政典類纂』席裕福等輯、光緒二十九年上海図書集成局排印本、東洋文庫所蔵

『daicing gurun i fafun i bithe 大清律例』（満文刊本）、東洋文庫所蔵

『大清律例』（道光六年刊本底本）上海大学法学院、上海市政法管理幹部学院、張栄錚、劉勇強、金懋初点校、1993年、天津古籍出版社。

『大清律輯註』乾隆十一年刊本、家蔵本

『欽定理藩院則例』漢文、道光二十三年刊本、家蔵本

⑰その他

『無圏点字書 tongki fuka akū hergen i bithe』中国第一歴史檔案館所蔵、乾隆四十三年重修本、1987年、天津・天津古籍出版社。

『欽定平定陝甘新疆回匪方略』突訴奉勅撰、光緒二十二年刊本、1968年、台北・成文出版社影印。

『皇清開国方略』勅撰、乾隆五十一年刊本、東洋文庫所蔵

『十二朝東華録』1963年、文海出版社影印。

402　参考資料、引用文献

『清史稿』趙爾巽等撰、1976〜77年、北京・中華書局排印本。

『順天府志』張之洞等纂、光緒十一年至十二年刊本、東洋文庫所蔵

『南山集』戴名世撰、近代中国史料叢刊3編第39輯、1988年、文海出版社影印。

『枢垣記略』梁章鉅、朱智撰、1984年、中華書局排印本。

『朔方備乗』何秋濤輯、1964年、文海出版社影印本。

『明代満蒙史料 明実録抄』1954〜1959年、京都大学文学部。

『明代満蒙史料 李朝実録抄』1954〜1959年、東京大学文学部。

『清国行政法』（臨時台湾旧慣調査会第一部報告）第一巻「汎論」（下）。

『吉林通志』長順修、李桂林等纂、光緒十七年（1891年）刊本。

『吉林外記』薩英額撰、道光年間修、光緒二十一年（1895年）刊本。

『黒龍江志稿』万福林修、張伯英等纂、民国二十二年（1933年）排印本。

『双城県志』1990年、双城県志編纂委員会弁公室編、北京・中国展望出版社。

『双城市満族錫伯族志（送審稿)』油印本、1990年、双城市満族錫伯族志編写組編。

『双城市満族錫伯族志』排印本、1992年、双城市満族錫伯族志編写組編。

『鄂倫春族簡史』1983年、呼和浩特・内蒙古人民出版社。

『総統伊犂事宜』永保撰、中国社会科学院中国辺疆史地研究中心編『清代新疆稀見史料滙輯』所収、1990年1月、北京・全国図書館文献縮微複製中心。

2．引用文献

①日本語（五十音順）

石橋崇雄「清朝の檔案をめぐって——中国史料調査の1例——」平成3年度東洋文庫秋期東洋学講座における口頭発表。

石橋崇雄「無圏点満洲文檔案『先ゲンギェン＝ハン賢行典例・全十七条』」『國士館史学』第8号、2000年。

参考資料、引用文献　403

石橋崇雄「清初入関前の無圏点満洲文檔案『先ゲンギェン＝ハン賢行典例』
　　をめぐって」『東洋史研究』第58巻第 3 号、1999年。

今西春秋「崇徳三年分満文原檔について」『東方学紀要』（天理大学おやさと研
　　究所）第 1 号、1959年。

今西春秋「満和対訳満文老檔」（1）～（6）『書香』第15巻第11号（1943年）～
　　第16巻第 5 号（1944年）。

今西春秋「我国伝存の清三朝実録に就て」『稲葉博士還暦記念満鮮史論叢』
　　所収、1938年、京城・稲葉博士還暦記念会。

今西春秋『満和対訳 満洲実録』1938年、新京・日満文化協会。

今西春秋「満文老檔の重鈔年次」天理大学おやさと研究所『東方学紀要』第
　　1 号、1959年。

今西春秋「清三朝実録の纂修」『史林』第20巻第 3 号、1935年。

今西春秋「清三朝実録の纂修　補」『史林』第20巻第 4 号、1935年。

今西春秋「清太宗実録の初修開始年次と摂政王上諭」『東洋史研究』第 2 巻
　　第 1 号、1936年。

今西春秋「天命建元考」『朝鮮学報』第14輯、1959年。

今西春秋「後金檄明万暦皇帝文について」『朝鮮学報』第67号、1973年。

今西春秋「明季三代起居注考」田村實造編『明代満蒙史研究』所収、1963年、
　　京都・京都大学文学部。

今西春秋「明の起居注について」『史林』第19巻第 4 号、1934年。

今西春秋「明の起居注について　補」『史林』第20巻第 1 号、1935年。

今西春秋「清太祖実録纂修考」『対校 清太祖実録』所収、1974年、東京・国
　　書刊行会。

今西春秋「満文太祖武皇帝実録の原典」『関西大学東西学術研究所論叢』第
　　40号、1960年（のち『東方学紀要』第 2 号、1967年、に再録）。

今西春秋「影印　［満文］大清太祖武皇帝実録」『東方学紀要』第 2 号、1967
　　年。

江嶋壽雄「旧記整理処の思い出」清史研究会編『清史研究』第 4 号、1989年

404　参考資料、引用文献

（のち江嶋壽雄著、江嶋先生米寿記念著作集出版委員会編『明代清初の女直史研究』1999年、福岡・中国書店、所収）。

江嶋壽雄「双城堡」『北方圏』第 3 号、1945年。

岡洋樹「定辺左副将軍の権限回収問題と〈将軍・参賛大臣・盟長・副将軍辦理事務章程〉」『史観』第119冊、1985年 9 月。

岡田英弘「清の太宗嗣立の事情」山本博士還暦記念事業会編『山本博士還暦記念東洋史論叢』所収、1972年、山川出版社。

鴛淵一、戸田茂喜「満文老檔邦文訳稿」『史学研究』第 9 巻第 1 号、1937年。

鴛淵一『満洲碑記考』1943年、東京・目黒書店。

加藤直人「〈七人のホージャたち〉の聖戦」『史学雑誌』第86編第 1 号、1977年。

加藤直人「『欽定回疆則例』について」『日本大学史学科五十周年記念歴史学論文集』所収、1978年、東京・日本大学史学科五十周年記念事業実行委員会。

加藤直人「清代起居注の研究」『東方学』第57輯、1979年 1 月、東方学会。

加藤直人「天理図書館蔵『伊犁奏摺』について」『史叢』第32号、1983年、日本大学史学会。

加藤直人『伊犁奏摺』所収の満洲語檔案（1）」『武蔵野女子大学紀要』第21号、1986年。

加藤直人「天理図書館所蔵の清代檔案──奕山、図伽布『伊犁奏摺稿』を中心として──」『第一届中国域外漢籍国際学術会議論文集』所収、1987年、台北・聯経出版社。

加藤直人「檔案資料よりみた清代の立后──「嘉慶元年冊封皇后貴妃妃嬪檔」の分析をとおして──」『東洋法史の探究　島田正郎博士頌壽記念論集』所収、1987年、東京・汲古書院。

加藤直人「天理大学所蔵、グキン（固慶）の奏摺について──とくに科布多参賛大臣時代の奏摺を中心として──」神田信夫編『日本所在清代檔案史料の諸相』所収、1993年、東洋文庫清代史研究室。

参考資料、引用文献　405

加藤直人「アンジュン、呉元豊、趙志強著『錫伯族が移動し駐防した記録
　　《錫伯族遷徙考記》』」『東洋学報』第67編第1・2号、1985年。

加藤直人「清代新疆の遣犯について」『神田信夫先生古稀記念論文集　清朝
　　と東アジア』所収、1992年、山川出版社。

加藤直人「入関前清朝の法制史料」『中国法制史　基本資料の研究』所収、
　　1993年、東京大学出版会。

加藤直人「莫力達瓦達翰爾族自治旗の満文資料」『満族史研究通信』第3号、
　　1993年。

加藤直人「中国第一歴史檔案館所蔵「逃人檔」について」『松村潤先生古稀
　　記念清代史論叢』所収、1994年、汲古書院。

加藤直人「清代双城堡の屯墾について――咸豊元年の副都統職銜総管設置を
　　めぐって――」『清代中国の諸問題』所収、1995年、山川出版社。

加藤直人「大興安嶺地区における〈民族〉と〈地域〉――光緒十一年、布特
　　哈総管衙門副総管ボドロの上訴をめぐって――」『歴史学研究』第698号、
　　1997年、歴史学研究会。

加藤直人「黒龍江省双城市檔案局」『近代中国東北における社会経済構造の
　　変容――経済統計資料、並びに、歴史文書史料からの分析――』、平成
　　9年度～平成11年度科学研究費補助金［基盤研究（A）(2)］研究成果報
　　告書（研究代表者：江夏由樹）所収、2000年。

加藤直人『逃人檔』東北アジア文献研究叢刊3、2007年、東北アジア文献研
　　究会。

加藤直人「八旗の記録が如何に史書となったか」細谷良夫編『清朝史研究の
　　新たなる地平――フィールドと文書を追って――』2008年、山川出版社。

加藤直人「清初の文書資料と〈逃人檔〉」『満族史研究』第9号、2010年、満
　　族史研究会。

川久保悌郎「清代に於ける辺疆への罪徒配流について――清朝の流刑政策と
　　辺疆、その一――」『弘前大学人文社会』第15号〔史学篇Ⅱ〕、1958年。

川久保悌郎「清代満洲の辺疆社会――清朝の流刑政策と辺疆、その二――」

406　参考資料、引用文献

『弘前大学人文社会』第27号〔史学篇Ⅳ〕、1962年。

川越泰博「清代起居注の典拠資料について」『鈴木俊先生古稀記念東洋史論叢』所収、1975年、山川出版社。

河内良弘、趙展共編「天理図書館蔵満文書籍目録」『ビブリア』第84号、1985年。

河内良弘『中国第一歴史檔案館所蔵　内国史院満文檔案訳註　崇徳二・三年分』2010年、松香堂書店。

河内良弘「自著『中国第一歴史檔案館所蔵　内国史院満文檔案訳註　崇徳二・三年分』について」『満族史研究』第9号、2010年。

河内良弘、趙展共編「天理図書館蔵満文書籍目録」『ビブリア』第84号、1985年。

神田信夫「清初の文館について」『東洋史研究』第19巻第3号、1960年（のち神田信夫著『清朝史論考』所収、2005年、山川出版社）。

神田信夫「清朝の実録について」『歴史教育』第12巻第9号、1964年。

神田信夫「旧満洲檔と天聡九年檔について」『東洋文庫書報』第3号、1971年。

神田信夫「李光濤編『明清史料癸編』」『東洋学報』第58巻第1・2号、1976年。

神田信夫「清代の満洲」『北アジア史（新版）』1981年、山川出版社。

神田信夫「清朝興起史の研究──序説『満文老檔』から『旧満洲檔』へ──」『明治大学人文科学研究所年報』第20号、1979年（のち神田信夫著『満学五十年』1992年、東京・刀水書房、所収）。

神田信夫編『清代檔案史料の諸相』1993年、東洋文庫清代史研究室。

神田信夫「『朝鮮国来書簿』について」『満族史研究通信』1995年、第5号（のち『清朝史論考』所収）。

楠木賢道「天聡五年大凌河攻城戦からみたアイシン国政権の構造」『東洋史研究』第59巻第3号、2000年。

楠木賢道「清太宗ホンタイジによるモンゴル諸王の冊封」野口鐵郎先生古稀

記念論集刊行委員会編『中華世界の歴史的展開』所収、2002年、汲古書院。

呉元豊（楠木賢道、村上信明訳）「満文月摺包と『清代辺疆満文檔案目録』」『満族史研究通信』第9号、2000年。

佐口透「ジハンギールの聖戦とウイグル民族陣営」『18-19世紀東トルキスタン社会史研究』所収、1963年、吉川弘文館。

承志『ダイチン・グルンとその時代──帝国の形成と八旗社会──』2009年、名古屋大学出版会。

天理図書館『天理図書館善本写真集六　満文書籍集』1955年、天理大学出版部。

東洋文庫清代史研究室（神田信夫、松村潤、岡田英弘）『旧満洲檔　天聡九年　1（東洋文庫叢刊第十八）』1972年、東洋文庫。

東洋文庫清代史研究室（神田信夫、松村潤、岡田英弘）『旧満洲檔　天聡九年　2（東洋文庫叢刊第十八）』1975年、東洋文庫。

東洋文庫（廣瀬洋子）編『東洋文庫所蔵中国石刻拓本目録』2001年、東洋文庫。

東洋文庫清代史研究委員会（神田信夫、松村潤、加藤直人、細谷良夫、中見立夫、柳澤明）『内国史院檔　天聡七年』2003年、東洋文庫。

東洋文庫研究部東北アジア研究班清朝満洲語檔案資料総合的研究チーム（加藤直人）編『東洋文庫所蔵鑲紅旗満洲衙門檔案光緒朝目録』2006年、東洋文庫。

東洋文庫東北アジア研究班（楠木賢道、加藤直人、中見立夫、細谷良夫、松村潤）『内国史院檔　天聡八年』全2冊、2009年、東洋文庫。

東洋文庫東北アジア研究班（柳澤明、加藤直人、楠木賢道、杉山清彦、中見立夫、細谷良夫、松村潤）『内国史院檔　天聡五年1』2011年、東洋文庫。

東洋文庫東北アジア研究班（柳澤明、加藤直人、楠木賢道、杉山清彦、中見立夫、細谷良夫、松村潤）『内国史院檔　天聡五年2』2013年、東洋文庫。

中島竦『蒙古通志』1916年、民友社。

408　参考資料、引用文献

中島竦「増訂亀田三先生伝実私記」『書苑』第6巻第4号、1942年。

中島竦「蒙文析微」(稿本)、筆者未見、村山吉廣、関根茂世『玉振道人詩存』
　28頁言及。

中島竦『清朝史談』善隣書院支那語講義録　第7号、1918年、善隣書院。

中島疎旧蔵『三合便覧』(漢語、モンゴル語、満洲語) 2帙14冊、天理大学附属
　天理図書館蔵

中見立夫「中国東北地方の檔案館」『近代日本研究通信』第11号、1989年。

中見立夫「盛京宮殿旧蔵「漢文旧檔」と「喀喇沁本蒙古源流」──史料の再
　検証──」『近代中国東北における社会経済構造の変容──経済統計資
　料、並びに、歴史文書史料からの分析──』、平成9年度～平成11年度
　科学研究費補助金［基盤研究 (A)(2)］研究成果報告書 (研究代表者：江
　夏由樹) 所収、2000年。

中見立夫「内外満学剳記」『満族史研究』第1号、2002年。

中見立夫「北京警務学堂、高等巡警学堂与川島浪速」『檔案与北京史国際学
　術討論会論文集』所収、2003年、北京・中国檔案出版社。

野田仁『露清帝国とカザフ＝ハン国』2011年、東京大学出版会。

野見山温「咸豊年間伊犂における露清外交関係満文資料とその研究Ⅰ・Ⅱ」
　『福岡大学研究所報』第8号 (1966年11月)、第11号 (1969年11月)。

野見山温『露清外交の研究』1977年、酒井書店。

羽田明「倭里汗の乱の一資料」『塚本博士頌寿記念仏教史学論集』1961年、
　京都・塚本博士頌寿記念会、所収。

藤岡勝二訳『満文老檔 (太祖の巻、太宗天聡の巻、太宗崇徳の巻)』全3冊、1939
　年、岩波書店。

細谷良夫「〈満文原檔〉〈黄字檔〉について──その塗改の検討──」『東洋
　史研究』第49巻第4号、1991年。

細谷良夫、加藤直人「遼寧省檔案館を訪ねて」『清史研究』第3号、1987年、
　清史研究会。

細谷良夫「莫力達瓦達斡爾族自治旗図書館の満文本」『満族史研究通信』第

２号、1992年、満族史研究会。

松浦茂「清代辺民制度の成立」『史林』第72巻第４号、1987年。

松村潤「崇徳三年の満文木牌について」『和田博士古稀記念東洋史論叢』所
　　収、1961年、講談社（のち松村潤著『明清史論考』所収、2008年、山川出版
　　社）。

松村潤「清初盛京の宮殿」『日本大学文理学部人文科学研究所　研究紀要』第
　　４号、1962年（のち『明清史論考』所収）。

松村潤「崇徳元年の満文木牌について」『日本大学文理学部人文科学研究所
　　研究紀要』第13号、1971年（のち『明清史論考』所収）。

松村潤「清朝の開国説話について」『山本博士還暦記念東洋史論叢』所収、
　　1972年、山川出版社（のち『明清史論考』所収）。

松村潤「清太宗の后妃」『国立政治大学辺政研究所年報』第３期、1972年、
　　台北・国立政治大学辺政研究所（のち『明清史論考』所収）。

松村潤「順治初纂清太宗実録について」『日本大学文理学部七十周年記念論
　　文集』所収、1973年、東京・日本大学文理学部（のち『明清史論考』所収）。

松村潤「清太祖武実録の編纂について」榎博士還暦記念東洋史論叢編纂委員
　　会編『榎博士還暦記念東洋史論叢』所収、1975年、山川出版社（のち
　　『明清史論考』所収）。

松村潤「天命朝の奏疏」『日本大学史学科五十周年記念歴史学論文集』所収、
　　1978年、日本大学史学科五十周年記念事業実行委員会（のち『明清史論考』
　　所収）。

松村潤「寒字檔漢訳勅書」『内陸アジア史研究』第２号、1985年、東京・内
　　陸アジア史学会（のち『明清史論考』所収）。

松村潤「康熙重修清太宗実録について」『内陸アジア史研究』第５号、1989
　　年（のち『明清史論考』所収）。

松村潤「清太祖武皇帝実録と満洲実録」『内陸アジア史研究』第６号、1990
　　年（のち『明清史論考』所収）。

松村潤「牛荘城老満文門額について」『満族史研究通信』第４号、1994年

（のち『明清史論考』所収）。

松村潤「清朝開国説話再考」『二松学舎大学 人文論叢』第61輯、1998年。

松村潤『清太祖実録の研究』東北アジア文献研究叢刊 2 、2001年、東北アジア文献研究会。

松村潤『明清史論考』2008年、山川出版社。

松村潤「太祖朝満文内国史院檔」『明清史論考』所収、2008年、山川出版社。

満文老檔研究会訳註『満文老檔』全 7 冊、1955年～1963年、東洋文庫。

三田村泰助「満文太祖老檔と満洲実録との対校並に訳」『Azia Gengo Kenkyû』第 7 号、1955年。

三田村泰助「満文太祖老檔と清太祖実録との対校」『立命館文学』第150・151号、1957年。

三田村泰助「満文太祖老檔と清太祖実録との対校」（上）、（中）、（下）『立命館文学』第161～163号、1958年。

三田村泰助「清太祖実録の纂修」『東方学』第19輯、1959年（のち三田村泰助著『清朝前史の研究』1965年、京都・東洋史研究会、所収）。

三田村泰助「近獲の満文清太祖実録について」『立命館文学』第141号、1957年（のち『清朝前史の研究』所収）。

三田村泰助「満文太祖老檔と清太祖実録との対校」『立命館文学』第200号、1962年。

三田村泰助「満文太祖老檔と清太祖実録との対校」『立命館文学』第329・330号、1972年。

三田村泰助『清朝前史の研究』京都・東洋史研究会、1965年。

三田村泰助「満文史料解説」『清朝前史の研究』所収、1965年。

宮崎市定「清朝に於ける国語問題の一面」『東方史論叢』第一（北方史専号）、1947年（のち『宮崎市定全集』第14巻所収、1991年、岩波書店）。

村山吉廣『評伝・中島敦　家学からの視点』中央公論新社、2002年。

村山吉廣、関根茂世『玉振道人詩存』明徳出版社、2012年。

森下正明等「ジェルトゥガ共和国」今西錦司編『大興安嶺探検──1942年探

検隊報告——』所収、1952年、毎日新聞社。

柳澤明「内閣俄羅斯文館の成立について」『早稲田大学大学院文学研究科紀要』別冊第16集、哲学・史学編、1989年。

柳澤明「いわゆる「ブトハ八旗」の設立について」『松村潤先生古稀記念清代史論叢』所収、1994年、汲古書院。

柳澤明「清代黒龍江における八旗制の展開と民族の再編」『歴史学研究』第698号、1997年。

柳澤明「解説」東洋文庫清代史研究室訳註『内国史院檔 天聡七年』所収、2003年、東洋文庫。

柳澤明「解説」東洋文庫東北アジア研究班訳註『内国史院檔 天聡五年 1』所収、2011年、東洋文庫。

山本守「満漢二体の満洲実録に就いて」『満洲史学』第1巻第2号、1937年。

彌吉光長「旧記問答」『資料公報』第3巻第1号、1942年、新京（長春）・国立中央図書館籌備処。

彌吉光長「満洲旧記の実績及将来」『資料公報』第4巻第3号、1943年。

彌吉光長「旧記とは如何なるものか」『資料公報』第5巻第8・9・10合併号、1944年。

彌吉光長「旧国立奉天図書館の檔案始末記」『岩井博士古稀記念典籍論集』所収、1963年、東京・岩井博士古稀記念事業会。

吉田金一「書評：野見山温著『露清外交の研究』」『近代中国』第3巻、1978年、巌南堂書店。

米倉二郎「清代北満の屯墾——双城堡屯田の予察報告を中心として——」『東亜人文学報』第1巻第3号、1941年。

和田清「清の太祖の顧問龔正陸」『東洋学報』第35巻第1号、1952年。

和田清「龔正陸伝補遺」『東洋学報』第40巻第1号、1957年。

②漢語（漢語拼音字母表記による字音でアルファベット順に排列）

陳捷先「『旧満洲檔』述略」『旧満洲檔』（一）所収、1969年、台北・国立故

412 参考資料、引用文献

宮博物院。

陳捷先「清代起居注館建置略考」『清史雑筆』（一）所収、1977年、学海出版社。

陳捷先「満文『起居注冊』之現況及其価値」『清史雑筆』（二）所収、1977年、学海出版社。

丁進軍編選「清代新疆貨幣檔案　上、下」『歴史檔案』2012年第1期、第2期。

定宜庄「試論清代中葉京旗的双城堡屯墾」『北方文物』1987年第1期。

定宜庄『満族的婦女生活与婚姻制度研究』1999年、北京大学出版社。

故宮博物院文献館編「起居注存佚冊数表」『清内閣貯旧檔輯刊』第4編、1935年、北平・故宮博物院文献館。

故宮博物院編『紫禁城帝后生活　1644〜1911』1982年、北京・中国旅游出版社。

広禄、李学智「老満文原檔与満文老檔之比較研究」『中国東亜学術研究計画委員会年報』第4期、1965年。

広禄、李学智訳註『清太祖朝満文原檔（第一冊　荒字檔満文檔冊）』中央研究院歴史語言研究所専刊之五十八、1970年、台北・中央研究院歴史語言研究所。

広禄、李学智訳註『清太祖朝満文原檔（第二冊　荒字檔満文檔冊）』中央研究院歴史語言研究所専刊之五十八、1971年、台北・中央研究院歴史語言研究所。

関嘉禄、佟永功、関照宏『天聡九年檔』中国少数民族古籍叢書、1987年、天津・天津古籍出版社。

関孝廉「盛京満文逃人檔」中国第一歴史檔案館編『清代檔案史料叢編』第14編、1990年、中華書局。

関孝廉編訳「天聡五年八旗値月檔（一）〜（五）」『歴史檔案』2000年第4期（2000年11月）〜2001年第4期（2001年11月）、中国第一歴史檔案館。

関孝廉「盛京満文逃人檔」北京社会科学院満学研究所編『満学研究』第2輯、

参考資料、引用文献　413

1994年、北京・民族出版社。

郭成康、劉景憲『盛京刑部原檔』1985年、北京・群衆出版社。

范厚「清代吉林地方将軍富俊」『北方民族』1991年第 1 期。

方甦生「清実録修改問題」『輔仁学誌』第 8 巻第 2 号、1939年。

黄潤華、屈六生主編『全国満文図書資料聯合目録』1991年、北京・書目文献
　　出版社。

季永海、劉景憲訳編『崇徳三年満文檔案訳編』1988年、瀋陽・遼瀋書社。

金梁輯『満洲老檔秘録』2 冊、1929年、金氏排印本（のちに『満洲秘檔』とし
　　て再刊）。

加藤直人「十九世紀后半鄂倫春人的編旗与布特哈問題」（漢語）『清史論叢
　　慶賀王鍾翰教授九十華誕』所収、2003年、北京・紫禁城出版社。

加藤直人「関于八旗値月檔」（漢語）『清史研究』中国人民大学清史研究編輯
　　部、2011年第 1 期。

李鵬年「光緒帝大婚備辦耗用概述」『故宮博物院院刊』1983年第 2 期。

遼寧大学歴史系『重訳満文老檔　太祖朝（清初史料叢刊第 1 種)』（全 3 冊）、第
　　一分冊：1978年 9 月、第二分冊：1979年 3 月、第三分冊：1979年 5 月、
　　瀋陽・遼寧大学歴史系。

遼寧大学歴史系『漢訳《満文旧檔》（清初史料叢刊第 2 種)』1979年、遼寧大学
　　歴史系（東洋文庫刊『旧満洲檔　天聡九年』の漢訳)。

遼寧大学歴史系『天聡朝臣工奏議（清初史料叢刊第 4 種)』1980年、遼寧大学
　　歴史系（羅振玉『史料叢刊初編』本を排印)。

劉桂林「千叟宴」『故宮博物院院刊』1981年第 2 期。

劉家駒「本院典蔵清代檔案目録（一）起居注」『故宮文献』第 2 巻第 3 号、
　　1971年、台北・国立故宮博物院。

万依「清代宮中音楽」『故宮博物院院刊』1982年第 2 期。

孟希舜「莫力達瓦達斡爾族史略　初稿」莫力達瓦達斡爾族自治旗政協文史資
　　料委員会編『達斡爾族自治旗文史』第 2 輯、1990年。

中見立夫「旗人金梁与清史檔案」中国第一歴史檔案館編『明清檔案与歴史研

究論文集慶祝中国第一歴史檔案館成立80周年』所収、2008年、北京・新華出版社。

牛平漢主編『清代政区沿革総表』1990年、北京・中国地図出版社。

龐曉梅（Pang, Tatjana A.)、斯達理（Stary, Giovanni)「最重要科学発現之一：老満文写的《後金檄明万暦皇帝文》」北京社会科学院満学研究所編『満学研究』第 6 輯、2000年、北京・民族出版社。

喬治忠「"後金檄明万暦皇帝文" 考折」『清史研究』1992年第 3 期。

屈六生「清代軍機処満文檔案綜述」『歴史檔案』1989年第 1 期。

単士元「関于清宮的秀女和宮女」『故宮博物院院刊』総 2 期、1960年。

蘇建新「清代吉林将軍衙門満文檔案芻議」『北方民族』1991年第 1 期。

王履泰撰『双城堡屯田紀略』吉林師範学院古籍研究所編「長白叢書」第 4 集所収、1990年、吉林・吉林文史出版社。

王佩環「八旗 "秀女" 与清宮后妃」『満族史研究通信』第 6 号、1997年。

王樹卿「清代皇后的冊立」『故宮博物院院刊』1980年第 3 期。

王樹卿「清代后妃制度中的幾個問題」『故宮博物院院刊』1980年第 1 期。

王永生「為平定張格爾叛乱鋳造貨幣考」『中国歴史文物』2009年第 5 期。

文某（名は不詳）漢訳『盛京崇謨閣満文老檔訳本』（金毓黻編「東北文献叢書」所収）。

衣保中編『東北屯墾史料』吉林師範学院古籍研究所編「長白叢書」第 4 集所収、1990年、吉林文史出版社。

張存武、葉泉宏編『清入関前与朝鮮往来国書彙編　1619-1643』2000年、台北・国史館。

張葳『旧満洲檔訳註　清太宗朝　一』1977年、台北・国立故宮博物院。

張葳『旧満洲檔訳註　清太宗朝　二』1980年、台北・国立故宮博物院。

趙令志「論清代的選秀女制度」中国第一歴史檔案館編『明清檔案与歴史研究論文集　慶祝中国第一歴史檔案館成立80周年』所収、2008年、北京・新華出版社。

鄭東日『鄂倫春族社会変遷』1985年、延吉・延辺人民出版社。

莊吉発「清代起居注冊的編纂及史料価値」『清代史料論述（二）』所収、1980
　　年、台北・文史哲出版社。

中国第一歴史檔案館編『清初内国史院満文檔案訳編（上）　天聡朝、崇徳朝』
　　（天聡七、八、九年、崇徳二、三、四、五、七、八年分）1989年、北京・光明
　　日報出版社。

中国第一歴史檔案館、中国社会科学院歴史研究所編『満文老檔』全 2 冊、
　　1990年、中華書局。

中国第一歴史檔案館、中国人民大学清史研究所、中国社会科学院中国辺疆史
　　地研究中心編『清代辺疆満文檔案目録』1999年、桂林・広西師範大学出
　　版社。

朱懐津「満文天聡當十大銭賞析」『陝西金融』1996年第12期。

③欧文

Fletcher, J.; The Heyday of the Ch'ing Order in Mongolia, Sinkiang and Tibet, *The
　　Cambridge History of China, Cambridge*, 1978, vol. 10, Late Ch'ing 1800-
　　1911, Part 1., Chapter 8.

Kanda, Nobuo; From Man Wen Lao Tang to Chiu Man-chou Tang, *Memoirs of the
　　Research Department of the Toyo Bunko.* No. 38, 1980.

Möllendorff, P. G. von; *A Manchu Grammar*, Shanghai, 1892.

Pang, Tatjana A. and Stary, Giovanni; *New Light on Manchu Historiography and
　　Literature, the Discovery of Three Documents in Old Manchu Script.* Wiesbaden,
　　1998, Harrassowitz Verlag.

Pang, Tatjana A. and Stary, Giovanni; *Manchu versus Ming, Qing Taizu Nurhaci's
　　"Proclamation" to the Ming Dynasty.* Aetas Manjurica, tomus 14, Wiesbaden,
　　2010, Harrassowitz Verlag.

Petech, Luciano; Notes on Tibetan History of the 18th Century. *T'oung Pao*, Vol.
　　LII, Livr. 4-5, Leiden, 1966.

Petech, Luciano; *China and Tibet in the Early XVIIIth Century.* 2nd, Revised ed.

Leiden, 1972.

Poppe, Nicholas; *Grammar of Written Mongolian*, Wiesbaden, 1954.

Ross, D.; *Three Turki Manuscripts from Kāshghar*, Lahore, 1908.

Waley-Cohen, Joanna; *Exile in Mid-Qing China: Banishment to Xinjiang, 1756-1820*, New Heaven, 1991.

Fuchs, Walter; *Beiträge zur Mandjurischen Bibliographie und Literatur*, Tokyo, 1936.

Валиханов, Ч. Ч.; *Собрание сочинений в пяти томах*. том Ⅱ, Алма-ата, 1962.

Налихкин, В. П.; *Краткая История Кокандского Ханстова*, Казан, 1886.

④シベ文

安俊、呉元豊、趙志強『sibe uksurai gurineme tebunebuhe ejebun シベ族が移動し駐防した記録《錫伯族遷徙考記》』1982年、烏魯木斉・新疆人民出版社。

⑤モンゴル文

李保文編『十七世紀蒙古文文書檔案（1600-1650）arban doluduγar ǰaγun u emün-e qaγas tu qolbuγdaqu mongγul üsüg ün bicig debter』1997年、通遼・内蒙古少年児童出版社。

初 出 一 覧

序　章　書き下ろし
第 1 部

第 1 章　「入関前清朝の法制史料」『中国法制史　基本資料の研究』539〜582頁、1993年 2 月、東京大学出版会、に加筆。

第 2 章　「八旗の記録が如何に史書となったか」細谷良夫編『清朝史研究の新たなる地平──フィールドと文書を追って──』 4 〜21頁、2008年 2 月、山川出版社、に加筆。

第 3 章　「清初の文書記録と「逃人檔」」『満族史研究』第 9 号、 9 〜33頁、2010年12月、満族史研究会、に加筆。

第 2 部

第 1 章　「天理図書館所蔵の清代檔案──奕山、図伽布『伊犂奏摺稿』を中心として──」『中国域外漢籍国際学術会議論文集』593〜601頁、1987年、台北・聯經出版社、に加筆。

第 2 章　「天理図書館蔵『伊犂奏摺』について」『史叢』第32号、18〜40頁、1983年11月、日本大学史学会、に加筆。

第 3 章　「天理大学所蔵、グキン（固慶）の奏摺について──とくに科布多参賛大臣時代の奏摺を中心として──」『日本所在清代檔案史料の諸相』91〜104頁、1993年 3 月、財団法人東洋文庫清代史研究室、に加筆。

第 3 部

第 1 章　「清代起居注の研究」『東方学』第57輯、62〜83頁、1979年 1 月、東方学会、に加筆。

第 2 章　「檔案資料よりみた清代の立后──「嘉慶元年册封皇后貴妃妃嬪檔」の分析をとおして──」『東洋法史の探究　島田正郎博士頌壽記念論集』45〜64頁、1987年 9 月、汲古書院、に加筆。

418　初 出 一 覧

第3章　「清代双城堡の屯墾について――咸豊元年の副都統職衙総管設置を
　　　　めぐって――」『清代中国の諸問題』141～158頁、1995年7月、山川出
　　　　版社、に加筆。

第4章　「大興安嶺地区における〈民族〉と〈地域〉――光緒十一年、布特
　　　　哈総管衙門副総管ボドロの上訴をめぐって――」『歴史学研究』第698号、
　　　　2～9、78頁、1997年6月、歴史学研究会、および「十九世紀后半鄂倫
　　　　春人的編旗与布特哈問題」（漢語）『清史論叢　慶賀王鍾翰教授九十華誕』
　　　　559～567頁、2003年8月、北京・紫禁城出版社、に加筆。

終　章　書き下ろし

附　篇　『逃人檔』東北アジア文献研究叢刊3、2007年、東北アジア文献研究
　　　　会。

あ と が き

　筆者が所属する公益財団法人東洋文庫東北アジア研究班（満文老檔研究会、清代史研究委員会、清代史研究室）では『満文老檔』訳注をはじめ、『旧満洲檔　天聡九年』『鑲紅旗檔　雍正朝、乾隆朝』『内国史院檔　天聡五年、同七年、同八年』等、清代満洲語資料の訳注ならびに研究を世に問うている。なかでも、東洋文庫に保存される「鑲紅旗満洲都統衙門檔案（鑲紅旗檔）」は、当該衙門において満洲語および漢語で作成された一括文書群であり、衙門創設の雍正初年から清末にいたるまで、ほぼすべての時代を網羅する学術的にもきわめて大きな価値を有するものである。本研究班のメンバーは、この檔案群について、雍正朝ならびに乾隆朝の一部について訳注を出し、それ以降の分については、文書目録ならびに文書概要について「東洋文庫欧文論叢」の記念すべき第 1 冊として出版した（*The bordered Red banner archives in the Toyo bunko*, Toyo bunko Research Library 1, 2001, Tokyo, Toyo bunko）。ちなみに、この英文書作成にあたっては、ハーヴァード大学の畏友エリオット Elliott, Mark C. 教授と、大雪の中、同氏の研究室で作業にあたったことを思い出す。エリオット教授には、筆者のカリフォルニア大学サンタバーバラ校での研究時代、大変にお世話になった。

　そして現在、本研究班では、鑲紅旗檔に含まれる各時代各種檔案に関する研究論文集『鑲紅旗檔　研究篇』を欧文論叢で出版する準備をすすめている。筆者の担当は、嘉慶朝から同治朝までの部分である。ただ、いままでの清代文書研究、とくに満洲語文書に関する考察は、筆者の作業を含めて、比較的数量が多く記事内容が充実している清入関前から雍正朝までが中心であり、乾隆中期以降の研究はほとんどみられない。とくに、嘉慶、道光、咸豊から同治年間にいたる時期、すなわち18世紀末から19世紀中葉にいたる時代の清朝公文書、とくに満洲語文書に関する検討は皆無に近い。『鑲紅旗檔　研究篇』出版構想からすでに10年以上の時間が経過しているが、筆者がなかなか最終稿を仕上げる

420　あとがき

ことのできない理由のひとつ（もっとも大きなものは、もちろん筆者の怠慢による
ものであるが）は、「鑲紅旗檔」だけみていても、当該時代に作成された清朝文
書資料全体の姿が見えてこなかったことによる。

「鑲紅旗檔」をはじめとして、旗衙門、宮中各衙門、そして辺疆発信の文書
は、清末にいたるまで多く満洲語が用いられた。話し言葉としての満洲語の位
置が著しく低下したこの時期、なぜこのように数多くの満洲語文書が作成され
たのか。それは単なる規程による義務的な所産であったのか、それともいわゆ
る「アイデンティティ」によるものであったのか、またその満洲語文書を収受
する側にはどのようなシステムが存在したのか（満洲語が読解できる人員のいる
機関だけに送付されたのか）等々さまざまな疑問が生じてきた。これが本書を執
筆した理由である。

　筆者の卒業論文は、19世紀後半、東トルキスターンに成立したヤクーブ・ベ
ク政権に関するものであった。修士論文でも同時代に起こった清朝以前に同地
を統治していたホージャ一族による失権回復運動（「聖戦」）と清朝統治下の民
衆反乱について検討を加えた。それらをもとに書いた処女論文が「〈七人のホー
ジャたち〉の聖戦」（『史学雑誌』第86編第1号、1977年）である。なぜこの時代
の東トルキスターンに興味をもったのかは定かではないが、おそらく「クリル
タイ」での影響があったのであろう。現在でも毎年夏に長野県野尻湖で開催さ
れている内陸アジア研究者集会「野尻湖クリルタイ」には、学部生のころから
参加した。ちなみに、筆者と同じ学年でやはり学部生で参加していた中見立夫
氏とは、現在でもいわゆる刎頸の友である。

　当時、クリルタイは、青木富太郎、植村清二、佐口透、山田信夫先生をはじ
め当該分野を代表する先生方から学部生にいたるまで型にはまらないインター
カレッジな集いであった。まさにそこは、出身大学や年齢を問わない自由な学
びの場でもあり、学部生が斯界の泰斗に的外れな質問をすることも許されてい
た。そして、この大学の垣根を越えた参加者同士の交流は、クリルタイの期間
にとどまらなかった。ここでお会いしたというだけで、卒業論文執筆の際、当

あとがき　421

時大阪大学大学院に在学中の堀直先生にお願いし、新婚間もない蛍池のお宅に居候して、チャガタイ語を教えていただいたのもその縁であった。

　大学院進学が決まると、松村潤先生にメルレンドルフの『満洲語文法』(Möllendorf, P, Von, *A Manchu Grammar*, Shanghai, 1892) のコピーを手渡された。先生からはこれを入学までによく読んでおくようにと指示された。文法学習はこれだけであった。4月からは『満洲実録』、そしてそのあと『年羹堯奏摺』(1971年、台北・国立故宮博物院) を読むことになった（後者は、筆者から先生に希望したものである）。当時、受講生は筆者一人、毎回数十頁を読んだ。ワープロなどない時代、毎日のように簡易型タイプライターを用いて満洲語文書をローマナイズし、訳をつける作業が続いた。我が国だけでなく世界でも雍正時代の満文檔案を読むこと自体がほとんどなかった時代、松村先生のご指導・ご教示の下、まさに訳語を確定していく作業に没頭した。

　そのようなとき、松村先生から『旧満洲檔　天聡九年　2』(1975年、東洋文庫) の索引作りを依頼された。大正年間に建てられた暗い東洋文庫の研究室で、エルメスのタイプライターをたたいて作業をすすめるなか、松村潤、神田信夫、岡田英弘、そしてときに細谷良夫先生が参加されて繰り広げられる訳語の確定バトルを目の当たりにした。そして、訳語確定というのは、本当に真剣勝負なのだということをこのとき知った。先生方は「論争」に疲れると、毎回ティーブレークに入った。いつも松村先生自らが準備され、筆者の分までいれてくださった。ニクロム線むきだしの電熱器で沸かした紅茶（寒さ対策のブランデー入り）の味は格別だった。

　清史を文書資料をもとにあきらかにしたいという願望は益々強くなり、1970年代前半から台北・国立故宮博物院図書文献処や中央研究院歴史語言研究所で調査をはじめた。故宮では、員工福利食堂（従業員食堂）で食事をとりながら、日々檔案のなかに埋没した。その後、北京の中国第一歴史檔案館、そして瀋陽の遼寧省檔案館をはじめとする世界各地の清代文書資料保存機関を訪れた。そこで調査した檔案は、1千数百万件を数えるという現存清代文書数からみれば、九牛の一毛に過ぎないが、実際に流通した文書を直接手にし、それに依拠した

422 あとがき

研究ができたことは何にも勝る幸せであった。思えば時代はまだ「実録」至上主義の時代。恩師松村潤（日本大学名誉教授）、岡田英弘（東京外国語大学名誉教授）、そして、故神田信夫（明治大学名誉教授）先生のご指導のもと、未知の研究領域に踏入り、いくつかの先駆的な研究成果を学界に問うことができたのは幸運であった。

　本書は、2014年度に早稲田大学に提出した博士学位請求論文「清代文書資料の研究」を基礎としたものである。一読してわかるとおり、全篇文書資料を中心とした「文献学」に基づく研究である。現在、清代以降の中国史研究にとって、文書資料は、その参照なくしては論が進められぬ存在となっている。17世紀以降のチベット史、モンゴル史の研究においても、檔案の利用が無視できないものとなっているのはうれしい限りである。ただ、多くの研究者の関心は専ら「史実」の解明のための「檔案」収録記事のみに限られ、史料そのものに対する文献学的研究がなおざりにされているのが現状である。とくに乾隆以降の満洲語文書資料自体についてはほとんど研究の手が入れられていない。その意味で、本書がすこしでもその方面への関心を促すことになれば幸いである。

　筆を擱くにあたって、満洲語および清代文書資料の読解および研究について根本からお教えいただき、現在もご指導いただいている恩師松村潤先生にまず感謝を申し上げたい。松村先生はいまでも不肖の弟子である筆者を温かく見守ってくださる。また、現地主義（実際に文書を手にする、資料が表現している空間に立つ）の大切さ、そして墨で消された記事を紙背から懐中電灯を照らして読解する方法をも教えていただいた細谷良夫先生にも御礼申し上げたい。そして東洋文庫、満族史研究会等で温かくご教示いただいた故神田信夫、岡田英弘、河内良弘、故吉田金一の諸先生方、研究プロジェクトのメンバーである中見立夫、柳澤明、楠木賢道、杉山清彦の諸先生、そして石橋秀雄、石橋崇雄、マーク・エリオットをはじめとするこれまでお世話になった数多くの先生方に心より感謝を申し上げたい。また、最後に私事にわたり恐縮であるが、妻靖子と娘遼子にも感謝したい。結婚以来、資料調査のため、夏休みはほとんど家にいたこと

がないからである。

　本書の刊行にあたっては、平成27年度日本学術振興会科学研究費補助金（研究成果公開促進費）の交付を受けた。また出版に際しては、元汲古書院代表取締役社長石坂叡志氏にはことのほかお世話になった。大学の先輩である石坂氏からは、長い間筆者の研究成果公表を求められていたが、ようやくその責を果たすことができたと思う。ここに同社石坂元社長、三井久人現社長、ならびに校正に際して多大なご面倒をおかけした同社編集部の飯塚美和子さんに御礼を申し上げる次第である。

　2016年1月

　　　　　　　　　　　　　　　　　　　加　藤　　直　人

索　　引

事項索引………425
人名索引………432
地名索引………436

事 項 索 引

ア行

璦琿条約　157, 160, 276, 277,
　288
阿克蘇辦事大臣　120, 146,
　157
阿勒台烏梁海散秩大臣　198,
　204
阿勒楚喀副都統　263, 265,
　266, 268, 269, 274
アンダ（諳達）　77, 78, 277,
　278, 280〜284, 288, 291
アーファーク系　162, 163
委協領　262〜264, 269, 270
委驍騎校　263, 264
委佐領　263, 264
イシカガ・ベク（isikaghā
　（isigan）beg）　152
伊犁参賛大臣　10, 118, 120,
　121, 138, 140, 158, 167,
　183
伊犁将軍（総統伊犁等処将
　軍）　10, 116, 118, 120, 121,

124, 148, 149, 156〜159,
　167, 169〜171, 173, 179
　〜183, 190, 295
伊犁将軍営務処　10, 159,
　170, 171, 173, 179〜181,
　295
「伊犁奏摺」　10, 116, 123,
　135, 139, 156〜160, 164,
　165, 167, 190, 191, 295
「伊犁奏摺稿檔」　10, 115〜
　121, 133, 135, 136, 138,
　139, 157, 190, 191, 199,
　295
伊犁塔爾巴哈台通商章程
　119, 120, 123, 125, 133
伊犁駝馬処　151
伊犁領隊大臣　120, 149
伊犁糧餉処　149
烏里雅蘇台将軍　157, 193,
　195, 196, 198, 203
烏里雅素台将軍　175
烏魯木斉都統　116, 120, 153
雲騎尉　122, 144, 147, 150,

154, 251
雲南銅　126
営造司　248, 250, 252, 255,
　256
鉛銭　126
俄羅斯佐領　125

カ行

「各項稿簿」　45〜47
「嘉慶元年冊封皇后貴妃妃
　嬪檔」　14, 237, 240, 242,
　252, 254〜256
『嘉慶事例』　211〜213, 220,
　222, 228, 230, 235, 236
カルン（卡倫）　130〜132,
　139, 141, 147, 148, 152,
　170, 174, 175, 178, 181,
　182, 185, 193, 195, 200,
　203, 204, 278, 281, 284,
　286
漢軍　4, 211, 218, 219, 234,
　261, 269, 270, 275, 297
漢缺　4, 297

426 事項索引 カ行

漢語 3, 6, 7, 41, 75, 115, 117, 134, 253, 289, 298

閑散(→蘇拉) 130, 140, 144, 257, 260, 262〜264

官票 126

「漢文旧檔」 45, 46, 56

翰林院 37, 211〜215, 217〜222, 224, 229, 230, 234, 241, 242

喀什噶爾参賛大臣 192

喀什噶爾辦事大臣 141

カーシュガル・ホージャ家 133

「外紀檔」 228

起居注 11, 52, 209〜213, 217〜222, 224, 225, 228〜230, 232〜236, 296

起居注官 57, 209, 211, 212, 214〜224, 226〜230, 236

起居注冊 11, 17, 52, 57, 209, 210, 213, 214, 217, 221〜233, 236

『吉林外紀』 258

吉林将軍 10, 12, 190, 192, 193, 257〜259, 260〜262, 264, 265, 268, 270, 271, 274, 288

『吉林通志』 259, 262, 273, 274

吉林副都統 269, 274

『宮中檔乾隆朝奏摺』 273

『宮中檔光緒朝奏摺』 231

『旧満洲檔』(台北・国立故宮博物院、→「満文原檔」『満

文原檔』) 18, 21, 22, 33, 49, 50, 52, 71, 75, 78, 110, 253

京都大学人文科学研究所 28, 45, 46

協領 121, 122, 129, 140, 142〜145, 150, 153, 155, 173, 177, 185, 186, 205, 261〜265, 267〜271, 278, 281

「金史」 38, 39

金字(→清字、満洲語) 69, 70

欽天監 226, 241, 243

儀制司 241, 253, 254

ギメ美術館 44, 45

驍騎校 122, 123, 142, 145〜147, 150〜152, 154, 170, 175, 182, 183, 185, 189, 194, 202〜205, 261, 263〜265, 268, 269, 277, 278, 284

義和団事件 288

庫車辦事大臣 157, 172, 192

軍機処 3, 5, 14, 115, 126, 135, 141, 144, 158, 159, 229, 298

軍機処満文月摺包 4, 118, 159

軍機処録副奏摺 118, 138, 290

経筵講官 212

京旗 5, 134, 257, 258, 260, 262〜266, 268, 272, 274,

298

京師警務学堂 117, 136

刑部 33〜36, 48, 54, 127〜129, 140, 141, 144〜146, 148, 150, 152, 154, 192, 235, 288

遣犯 10, 121, 127〜130, 139, 152, 168, 265, 274

『乾隆会典』 228

『乾隆会典則例』 211, 212, 222, 228

「乾隆太上皇帝起居注」 11, 225

『康熙会典』 211〜213, 218, 228, 234

後金 3, 8, 9, 17, 33, 41, 45〜47, 61, 63, 70, 74, 75, 77, 80〜82, 92, 99, 100, 109, 112, 294

後金檄明万暦皇帝文 44, 55

「広州奏摺稿」 136

杭州副都統 192, 259

『皇清開国方略』 18

「荒字檔」 21, 22, 59, 71, 72

「黄字檔」 22, 50, 110

弘仁寺 226

紅銭 126, 138

『高宗聖訓』 291

『皇朝政典類纂』 274

『光緒会典』 214, 228, 234

広儲司 250, 252, 256

『光緒事例』 228, 230, 236

工部 241

行文檔 118

事項索引　カ～サ行　427

紅綾本　　26, 29, 31, 52
鴻臚寺　　243, 244
故宮博物院（北平・北京）
　　21, 26, 44, 51, 75, 233,
　　252～255
故宮博物院（台北）　21, 22,
　　25, 31, 36, 37, 50, 71, 110,
　　120, 159, 191, 209, 210,
　　213, 216, 222～226, 231,
　　235, 236, 259, 290, 293,
　　297, 298
故宮博物院（瀋陽）　18, 42,
　　46
故宮博物院文献館　44, 233
国語　3, 5, 13, 134, 256, 297
国立中央図書館籌備処旧記
　　整理処　　257
『黒龍江志稿』　　284, 290
黒龍江将軍　120, 277, 278,
　　283～285, 287, 288, 290
『黒龍江述略』　　284
黒龍江副都統　　278
「呉安平家譜」　　273

サ行

佐領　121, 122, 125, 142～
　　144, 146, 150, 151, 154,
　　169, 171, 173, 174, 176
　　～179, 181, 183～186,
　　189, 194, 203, 205, 250
　　～252, 256, 261～269,
　　277, 278, 285, 286
山海関副都統　　157
『三合便覧』　　117, 136

「三朝実録」　28, 29, 51, 52
三藩の乱　　236
シェンジュ　　250
『四国新檔・俄国檔』　159
七人のホージャたちの聖戦
　　120, 133, 162, 164
錫伯領隊大臣　　145
シャン・ベク（shang beg）
　　153
秀女　　237, 253
掌関防管理内管領処　249,
　　252, 255, 256
掌儀司　5, 11, 12, 14, 237,
　　240～242, 246, 248～250,
　　252～256, 296, 297
将軍・参賛大臣・盟長・副将
　　軍辦理事務章程　193, 196,
　　198, 200
小黄綾本　　19
鐘鼓司　　241
「尻字檔」　22, 39, 47, 56, 58,
　　59, 71, 72
『書香』　　19, 49
書房（bithei boo、→文館）
　　9, 27, 40, 48, 49, 64, 67,
　　69, 70, 110, 294
『史料叢刊初編』　45, 56, 69
ジェルトゥガ共和国　　290
『重訳 満文老檔 太祖朝』
　　18
「閏字檔」　　86
鑲紅旗満洲都統衙門　5, 297
「上諭簿」　　228
鑲藍旗満洲　12, 249, 250

「清高宗皇帝乾隆三十八年
　　起居注」　　224
『清国行政法』　200, 234
清国史館伝包　　191
『清三朝実録採要』　29
『清史稿』　　68, 120
清初史料叢刊　18, 32, 46
『清初内国史院満文檔案訳
　　編』　34, 37, 56, 74
清字（→金字、満洲語）　5, 6,
　　298
「申奏爲北辺境應需問題」
　　291
「清太宗実録稿本」　31, 32,
　　53
『清太祖武皇帝弩児哈斉実
　　録』　　26
『清太祖朝老満文原檔 第二
　　冊：尻字老満文檔冊』　71
『清代檔案史料叢編』　47,
　　72, 78, 111
清朝　3, 4, 6～9, 11, 13～15,
　　17, 18, 33, 38, 46, 48, 49,
　　51, 53, 54, 56, 57, 71, 75,
　　109～113, 115, 117, 118,
　　120, 123, 126, 132, 134,
　　139, 152, 156, 157, 159
　　～162, 164, 165, 172, 173,
　　181, 190, 192～194, 196,
　　198, 199, 207, 211, 234,
　　235, 237～239, 253, 256,
　　272, 274, 276, 277, 279,
　　280, 283, 284, 288～291,
　　293, 295, 297, 298

428　事項索引　サ～タ行

『清朝史談』　117, 137

「清朝奏書　乾隆朝判決」
　291

清入関前史料選輯　44, 51

『清入関前与朝鮮往来国書
　彙編』　46

新満洲　291

瀋陽故宮博物院　18, 42, 46

「清律」　53, 127, 138, 139,
　266, 267

ジャハンギールの聖戦　133,
　164, 166

崇徳会典　53, 54

「崇徳三年檔」　34, 35

『崇徳三年満文檔案訳編』
　35, 54

「崇徳四年戸部禁烟葉告示」
　（満漢文）　44

蘇拉（→閑散）　260

蘇拉車輛事務処　250

請安摺　118, 121, 137, 140
　～154, 191, 204, 271

靖逆将軍　120

『盛京刑部原檔』　34, 35, 54

盛京将軍　261

『盛京崇謨閣満文老檔訳本』
　18

盛京満文原檔　33

正黄旗満洲　191, 199

正紅旗蒙古都統　157

「清摺檔」　36

「成字檔」　64, 65, 79

『世宗実録』　222, 235

『世祖章皇帝実録』　28～30,

51, 52

『聖祖実録』　209, 211, 222,
　234～236

西寧辦事大臣　120

詹事府　211, 212, 217, 218,
　228, 229

『全国満文図書資料聯合目
　録』　43

善隣書院　117, 137

双城市檔案局　273

双城堡協領　205, 270

「双城堡総管衙門檔案」　257,
　259

『双城堡屯田紀略』　12, 258,
　259, 261, 264, 273, 274

「奏疏稿」　45, 47, 56, 69

「奏摺稿」（wesimbure bukdari
　jise）　9, 116, 158, 190, 200,
　271, 295, 296

総屯達　263, 270

総辦起居注官　229

総辦記注起居注官　224

タ行

「太上皇帝起居注冊」　210,
　225, 226

太常寺　242

大銭　10, 124, 126～128, 138,
　143, 144, 155

大銭私鋳事件　127

「太宗実録」（「太宗文皇帝実
　録」）　13, 21, 23～26, 28
　～33, 36～38, 49, 52～
　54, 56, 60, 67, 68, 70, 73,

79, 82, 104, 108, 218, 294

「太祖紀」（nenehe genggiyen
　han sain yabuha kooli）
　39, 47, 58, 59, 73

「太祖高皇帝実録」　28～30

「太祖実録戦図」　23, 24, 26,
　28

「太祖太后実録」　23, 25, 27,
　28, 38, 40, 41, 48, 70

「太祖武皇帝実録」　19, 23
　～31, 40, 50～52, 70

太平天国　126, 128～130,
　133, 157, 165

台湾・国家図書館　25

塔爾巴哈台参贊大臣　157

「塔爾巴哈台奏稿」　116, 135,
　136

大黄綾本　19

『大婚典礼紅檔』　237

『大清会典』　211, 239, 241,
　254

『大清会典事例』　211, 241,
　254

『大清会典則例』　211, 254

『大清律例』　138, 139

第二次アヘン戦争　157, 165

『大明会典』　53, 77, 79, 111,
　239, 254

値月檔　9, 40, 48, 49, 54, 57,
　62, 67, 73, 74, 78, 79, 109,
　112, 294

「地字檔」　64～66, 79

値年旗衙門　249, 250, 255,
　256

中央研究院歴史語言研究所
　32, 41, 47, 71, 74
中央研究院歴史博物館 233
中国社会科学院歴史研究所
　19
中国人民大学清史研究所
　13, 137, 166
中国第一歴史檔案館　4, 6,
　9, 13, 14, 19〜21, 25〜
　27, 29〜34, 36〜40, 44,
　47, 48, 52, 54〜56, 61,
　64, 67, 72〜76, 78, 79,
　85, 104, 110, 111, 118,
　137, 138, 159, 166, 233,
　253, 259, 290, 293, 294
『籌辦夷務始末』　159
「張字檔」　41, 55
「朝鮮国来書」　45, 46, 56
「朝鮮国来書簿」45, 46, 56
朝鮮国王　38, 45, 46
「朝鮮国王来書」　45, 46
「朝鮮国王来書簿」45, 46
「朝鮮国来書稿」　45
長白叢書　258, 261, 264, 273,
　274
定辺左副将軍　196, 200
鉄銭　126
「天字檔」21, 64, 83〜86,
　88, 91〜93, 96, 97, 99〜
　103
「天聡五年檔」9, 39〜41,
　48, 64, 67, 70, 73, 109,
　294
「天聡七年檔」　38, 294

『天聡朝臣工奏議』　45, 46
「天聡六年檔」38, 64, 66, 79
天地会　128〜130
添弟会　128, 129
天理図書館　7〜10, 12, 113,
　115〜119, 135, 136, 139,
　156, 190, 191, 199, 259,
　271, 293, 294, 296
『東華録』　18
東京大学教養学部図書館
　28
當五十　126〜128, 151, 155
當五百　126〜128, 151
當十　126, 128, 138, 151, 155
「逃人檔」9, 23, 33, 50, 59,
　61〜65, 67, 72, 75〜83,
　85〜88, 91〜93, 95, 99
　〜105, 108, 109, 111, 112,
　294, 298
『逃人檔』(加藤直人訳注)
　72, 76, 111
當千　126〜128, 138, 151
當百126〜128, 151, 154, 155
東北文献叢書　18
東洋文庫　5, 12, 14, 19, 28,
　40, 43〜46, 49, 50, 52〜
　54, 56, 73, 110, 135, 159,
　224, 237, 240, 253, 273,
　293, 297〜299
『東洋文庫所蔵中国石刻拓
　本目録』　43
都察院　217, 234, 265
「吐魯番事宜」　116
吐魯番領隊大臣　149

屯達　261, 263, 270

ナ行

内閣　3, 4, 13, 28, 29, 125,
　137, 158, 211, 217, 222,
　228〜230, 233, 241〜244,
　247
内閣俄羅斯文館　125, 137
内閣大庫　20, 21, 47, 221,
　222, 230, 233
内閣典籍庁　241, 249, 253,
　255
内閣文庫　28
内閣満文檔簿　36
「内起居注」　235
内国史院　8, 21, 36, 37, 48,
　64, 294
(内)国史院(満文)檔冊　32,
　34〜41, 48, 54〜56, 64,
　67, 73, 74, 79, 108, 293,
　294
『内国史院檔　天聡五年』(東
　洋文庫)　54, 70
『内国史院檔　天聡七年』(東
　洋文庫)　40, 54
『内国史院檔　天聡八年』(東
　洋文庫)　40, 56
内三院　3, 37, 48, 211, 238
内務府　5, 14, 240〜242, 249,
　252〜255, 296〜298
内鑾儀衛　243, 245
南京大学図書館　12, 258
『南山集』　234
西シベリア総督府　10, 159,

430　事項索引　ナ〜マ行

171, 173, 179〜181, 295

「日字檔」　　　　　32, 53

日講官　211〜213, 215, 218

日講起居注官　211, 212, 217,
　218, 220, 221, 227

ハ行

白山黒水文庫　　　　　19

白山党　　　　　　　　161

ハズィーネチ・ベク（khazīnechi
　beg）　　　　　　　153

八王　　　　　　　　　81

八旗　5, 9, 40, 42, 48, 49, 61
　〜64, 67, 70〜74, 79, 95
　〜97, 99〜101, 109, 111,
　125, 253, 262, 263, 273,
　278, 280, 285, 286, 289

八旗値月檔　9, 40, 48, 49,
　54, 57, 62, 67, 73, 78, 79,
　109, 112, 294

八旗満洲　　　6, 296, 297

発遣　129, 130, 144, 152〜
　154, 258, 265

ハーキム・ベク（hākim beg）
　142, 143, 145, 148, 152,
　174

ハーヴァード大学燕京研究
　所　　　　　　　　　18

「秘書院檔」　　　　　36

筆帖式　68, 124, 145, 152,
　167, 176, 201, 205, 218,
　251, 265〜267, 278

「票籤檔」　　　　　　36

副屯達　　　　　　　263

浮丁　　257, 265, 267, 271

呼倫貝爾総管　　　　269

「布特哈家奴冊」　　291

布特哈総管衙門　13, 277,
　279, 280, 283〜285, 289,
　296

ブトハ八旗　280, 285, 289

文館（→書房）　3, 9, 40, 48,
　56, 67, 68, 70, 71, 79, 109,
　111, 125, 137, 139, 166,
　294

『文宗実録』　　　159, 162

米国議会図書館 the Library
　of Congress　　　　14

北京・国家図書館　25, 31,
　43, 44, 54

北京条約　　　　　　119

北京大学研究院文学部　233

北京大学明清史料研究会
　　　　　　　　　　32

宝鈔　　　　　　126, 146

奉宸苑　　250, 252, 255

奉先殿　　　　　226, 242

寶玲文庫　　　　　　117

歩行オロチョン　277, 281,
　283

ホブド印務処　　　　201

科布多参賛大臣　10, 135,
　190, 192〜196, 198, 199,
　201, 203, 259

和闐辦事大臣　　　　145

『穆宗実録』　137, 138, 290

マ行

満缺　4〜7, 14, 121, 271, 289,
　295, 297, 298

満洲語（→金字、清字）　3〜
　8, 10〜14, 38, 41, 42, 44,
　57, 76, 110, 115, 117, 118,
　121, 124, 134〜136, 157,
　165, 166, 190, 199, 242,
　249, 252, 253, 276, 277,
　289, 293〜298

満洲章京　　　　　5, 298

『満洲実録』　19, 23, 24, 26
　〜28, 30, 49, 51, 52

満洲人　　4, 106, 252, 375

『満洲碑記考』　　　　44

『満洲老檔秘録』　　　18

『満洲秘檔』　　　　　18

満鉄大連図書館　　19, 46

「満附二」　　　64, 66, 79

満文月摺包　4, 14, 118, 159

「満文原檔」（→『満文原檔』
　『旧満洲檔』）　8, 9, 18〜
　24, 32, 33, 36, 39, 41, 47
　〜51, 53, 55, 56, 58, 59,
　63, 64, 71, 72, 75, 76, 78,
　79, 83〜86, 88, 91〜93,
　96, 99, 102〜104, 108〜
　110, 294

『満文原檔』（台北・国立故宮
　博物院）　22, 50, 55, 71,
　79, 83, 88, 93, 102, 110

「満文老檔」　18〜22, 33, 37,
　41, 49, 50, 55, 58, 63, 65,

事項索引　マ〜ラ行　431

70〜72, 75, 76, 78, 79, 82, 84, 86, 88, 90, 91, 99, 100, 103, 110, 238, 253

『満文老檔』（東洋文庫満文老檔研究会）　19, 22, 50, 55, 82, 90, 253

『満文老檔』（北京・満文老檔訳注工作組）　19

「満文老檔」（二体本）28, 52

「密本檔」　36

明　3, 4, 8, 9, 14, 17, 18, 20〜23, 25, 28, 29, 32〜35, 37, 38, 43〜58, 60, 65〜68, 72〜80, 85, 92, 102, 103, 106, 109〜111, 115, 119, 123〜125, 127, 128, 131, 133, 135〜138, 148, 159, 160〜162, 166, 168〜178, 180〜186, 191, 193, 197〜199, 205, 209, 213, 215, 216, 218, 219, 221〜224, 226, 232, 237, 239, 242, 247, 248〜250, 252〜254, 258, 263, 267〜269, 272, 275, 278, 280, 289, 291, 296

明実録　47

『明清史料』　47, 135

『明清檔案』　47

『明清檔案存真選輯』41, 47

『明代満蒙史料　明実録抄』　47

『明代満蒙史料　李朝実録抄』　47

「明律」　53

『無圏点字書』（tongki fuka akū hergen i bithe）57, 76

無圏点本　20

『蒙古通志』117, 118, 136, 137

莫力達瓦達翰爾族自治旗図書館　13, 289, 291, 296

ヤ行

葉爾羌参賛大臣　146, 150, 153

有圏点本　20, 90

ユズ・ベク（yuz beg）　152

「陽字檔」　64, 65, 67, 79

『雍正会典』218, 220, 221, 228, 234

ラ行

鑾儀衛　241〜245, 254

六部　37, 48, 49, 69

『李朝実録』　47

理藩院　125, 179, 180, 196〜198

『理藩院則例』　132

両黄　62, 63, 65〜67, 79

両紅　62, 63, 65, 66, 79, 81

領催　122, 142, 261, 263, 264, 266, 278

遼寧省檔案館　20, 259, 272

遼寧大学歴史系　18, 32

両白　62, 63, 65〜67, 79, 82, 107

両藍　62, 63, 65〜67, 79, 81

礼儀院　241

礼儀監　241

礼部　215, 217, 223, 241〜247, 249, 253〜255, 270

老満文　20, 21, 25, 38, 40〜42, 44, 55, 57, 64, 66, 67, 71, 76〜78, 91, 110, 138, 294

ロシア語学校　124, 125, 145

人 名 索 引

ア行

青木宣純 117
アク・チャパン・ホージャ 161, 162
阿克敦 221
アサン 59, 61, 103〜109
アシダルハン・ナクチュ 95, 99
アジゲ 84, 107
アダハイ 61, 88〜91, 104, 106
アバタイ 84, 107, 108
アミン・ベイレ 84, 95, 96, 98, 100, 107
アライ 104, 108
アルタシ 59, 106
アンガラ 61, 89〜92
安俊 273, 275
アンバ・ベイレ 82, 84, 95, 96, 98, 100, 107
池内宏 45
石橋崇雄 25, 31, 37〜39, 53, 54
石橋秀雄 19, 123
イシャン（奕山、Išan） 10, 116, 118〜129, 132, 133, 135, 137〜155, 195, 199
市村瓚次郎 45
衣保中 273
今西春秋 18, 19, 23, 25, 28

〜30, 42, 44, 49〜52, 55, 58, 157, 209, 222, 232, 234, 235
胤禛 221
上野精一 117, 199
ウバイ 61, 88〜91
ウバシ 68, 74
ウルデヘ 203
ウルトゥナスン 196, 197, 204
エジェイ 239
江嶋壽雄 257, 259, 262, 272
江夏由樹 56, 273
エルケ・チュフル 89, 106, 107
エルデニ・バクシ 39, 47, 57〜60, 70
王永生 138
王樹卿 237, 253, 255
王佩環 253
王履泰 12, 258, 264, 273
岡田英弘 19, 23, 50, 110
岡本敬二 19
鴛淵一 19, 44, 49, 223

カ行

海蘭 22
赫寿 219
郭成康 34, 36, 53
嘉慶帝 14, 225〜227, 233, 237, 252, 260

段洸前 128〜130
何秋濤 277
嘉親王顒琰 12, 240
加藤直人 14, 50, 54, 72, 111, 112, 135, 137, 139, 167, 199, 200, 272〜274, 289, 292, 298
川久保悌郎 274
川越泰博 232
川島浪速 136
河内良弘 41, 54, 55, 117, 135, 167, 190, 199
カンカライ 61, 88, 89
関孝廉 40, 54, 62, 63, 67, 72, 73, 75, 78, 103, 110 〜112
神田信夫 18〜22, 29, 31, 32, 37, 46, 49, 50, 52〜 54, 56, 58, 67, 68, 71, 73, 74, 79, 110, 111, 115, 135, 139, 272〜274
咸豊帝 124, 129, 142, 175
ガリン（剛林） 30, 44, 48, 68, 70, 74
ガルダン 236
希元 288, 292
北村敬直 3, 13
キチク・ハーン 161, 162
龔正陸 47, 56, 57, 71
金毓黻 18
金梁 18, 46, 56

人名索引　カ～タ行　433

玉振道人（中島竦）　135, 136, 157, 158, 191

楠木賢道　14, 73

屈六生　6, 14, 43

栗林均　22

クリーヴス（F. W. Cleaves）　18

クルチャン　48, 57, 64, 68～70, 74

グキン　9, 10, 12, 135, 190～205, 259, 262, 265～271, 273～275

グルマフン　68, 74

ケチェニ　106

乾隆帝　4, 12, 216, 225, 240, 242, 247, 248, 252, 254, 255, 297

ゲンギェン・ハン　47, 58, 59, 106

康熙帝　21, 29, 30, 52, 214, 219～221, 229, 235

孝賢皇后　240, 248

孝儀皇后　240

孝淑皇后　237, 252

黄潤華　43

光緒帝　233, 237, 252, 253

広禄　21, 22, 71, 110

孝和睿皇后　252

呉元豊　4～6, 13, 14, 273, 275

呉六　128～130

サ行

サイチュンガ　260

サハリィェン　84

サハリヤン　107

薩炳阿　265, 266, 269, 274

サリムサク　160

嶋田襄平　19

島田正郎　53

シャジンデルゲル　197

承志　71

松筠　262, 264

ショト　61, 84

沈葆楨　231

ジェクネ（折庫納、哲庫納）　211, 212, 215, 234

ジェブツンダンバ・ホトクト　10, 194, 199, 201, 203

ジハンギール（ジャハンギール）　139, 166

ジャスカ　68, 74

ジャハンギール（張格爾）　126, 133, 138, 161～164, 166

ジャラフンタイ（札拉芬泰）　116, 156～159, 161, 165, 167, 169, 173, 175, 178, 183, 184, 188

ジャンバ　68, 74

恂郡王胤禵　120

スターリ、ジョヴァンニ（Stary, Giovanni 斯達理）　44, 45, 55

ジルガラン　107, 108, 211

ジルトゥンガ　285

スカイ　68, 74

鈴木真　233

スメル・ホンタイジ　80

盛貴　269, 274

成慶　278

西太后　231

石廷柱　239

関根茂世　136

世興　266, 267

セチェン・ジョリクトゥ　84, 96, 100, 102

宣統帝　233

荘吉発　25, 233

宋徳宜　211, 215

蘇建新　273

タ行

タイジ・タブナン　95, 99

太上皇帝　11, 210, 225～227, 240, 242, 243, 245, 247, 250, 252, 254

太祖（→ヌルハチ）　8, 11, 18, 19, 22～24, 30, 39～41, 45, 47, 48, 51, 53～56, 59, 68, 70, 74, 106, 214, 293

太宗（→ホンタイジ）　8, 9, 18, 23, 26, 30, 31, 33, 39, 40, 43, 45, 47, 48, 50, 60, 65, 67, 68, 70, 73, 74, 78, 79, 82, 90～92, 99, 103, 104, 106, 109, 214, 238, 239, 248, 253, 293, 294

戴名世　219, 234, 235

タヴァックル・ホージャ　162, 163

434　人名索引　タ〜ハ行

タグナ　193
塔奇佈　265〜268, 270, 272
ダイサボー（岱塞保）　249,
　250
ダハイ・バクシ　48, 58, 61,
　68, 73
ダルマアジャラ　198, 200
張蔵　22
趙志強　273, 275
張晋藩　53
長清　138
趙熊詔　219, 220, 229
趙令志　253
陳璋　219, 220
陳捷先　22, 110, 209, 232,
　234
チンプ　287
ツェリン・ドンドプ　235
ツェワン・アラブタン　219,
　235
定安　277, 278, 290
定宜庄　253, 258, 272
丁進軍　138
鄭東日　284, 291
デゲレイ　84
トゥジャブ（図伽布）　10,
　116, 118〜122, 126, 127,
　135, 137, 138, 140〜155,
　199
竇心伝　264
杜訓　127, 128
戸田茂喜　19, 49
特普欽　290
トプチ　68, 74

鳥居龍次郎　43
鳥居龍蔵　43
ドゥドゥ　84, 88, 89
ドゥレン　84, 96, 98〜100,
　102
道光帝　197
ドルゴン　25, 27, 30, 239
ドノロブドルジ　196, 197,
　204

ナ行

内藤湖南　18, 28, 29, 45, 46
中島竦（竦之助）　116〜119,
　135〜137, 157〜180, 191,
　199
中島撫山　117
中見立夫　46, 56, 136, 272
那彦成　138, 164
ナリフキン（Наливкин, В.
　П.）　162
ヌルハチ（→太祖）　8, 17,
　24, 41, 44, 47, 57〜60,
　62, 78
野田仁　132, 139
野見山温　159

ハ行

薄有徳　220
長谷川辰之助（二葉亭四迷）
　136
バドゥフ　104, 108
バハシャン　129
バハー・エッディーン　160
パン、タチアナ（Pang, Tatjana

A.、龐暁梅）　44, 45, 55,
　161, 162
ヒタラ　240
ファフリ　158, 167
フキオ　68, 74
傅恒　124, 125, 273
フシュン（富俊）　136, 258,
　260〜264, 271, 273, 274
藤岡勝二　19
藤原楚水　136
フダリ（傅達礼）　211, 215
フックス　42
輔勒洪阿　266, 267
フレッチャー（Fletcher, J.）
　162
ブツルグ・ハーン　161〜163
ブヤンダイ・エフ　81
ブルハーン・エッディーン
　160
文緒　278, 279, 283, 284, 286
　〜288, 290
細谷良夫　12, 22, 50, 110,
　272, 276, 280, 289, 296
本田實信　19
ホン・バトゥル　84, 95, 96,
　98〜100, 102
ホーゲ　84, 107, 108
ホーレー（Frank Hawley）
　117
ボドロ（Bodoro）　13, 296
ポッペ（Poppe, Nicholas）
　76, 77
ホンタイジ（→太宗）　8, 9,
　17, 23, 35, 60, 61, 63, 64,

人名索引　ハ〜ワ行　435

70, 73, 78, 80, 82, 85, 93,
100, 138, 238

マ行

松浦茂　　　　　277, 289
松村潤　19〜25, 27〜31, 37
　〜40, 43, 46, 49〜55, 58,
　71, 72, 110, 111, 238, 253,
　289
マングルタイ・ベイレ　84,
　107, 108
三田村泰助　19, 25, 49, 51,
　58, 70, 71, 74
宮崎市定　3, 4, 6, 13, 115,
　134, 166, 252, 256
ミンジュルドルジ　197, 198,
　200, 204
ムクデブ　　281〜283, 285
ムクデンゲ　　　　　124

村上信明　　　　　　14
村山吉廣　　　　117, 136
メルゲン　　　　　　286
メルレンドルフ（Mollendorff,
　P.G. von）　57, 71, 76
孟希舜　　　　　　　289

ヤ行

ヤクーブ・ベク　　　165
柳澤明　25, 32, 54, 137, 289
山本守　　　　　　28, 52
彌吉光長　　　　　　272
ヤングリ・エフ　　　89
賜履　　　　211, 212, 234
雍正帝　　220, 221, 297
楊方興　　48, 56, 69, 70
ヨト　　　　　　84, 107
米倉二郎　　　　257, 272

ラ行

ラザン・ハン　　　　235
羅振玉　　　　　45, 223
リェキンタイ　　281, 284
李学智　21, 22, 41, 71, 110
李鵬年　　　　237, 253
李保文　　　　　　　85
劉家駒　　　　209, 210
劉景憲　　34〜36, 41, 54
ロス（Ross, D.）　　161
羅卜蔵丹津　　　　235

ワ行

和田清　　47, 56, 57, 71
ワリハーノフ（Валиханов,
　Ч. Ч.）　161, 162, 164
ワリー・ハーン（倭里汗）
　10, 160〜164, 166, 172

地 名 索 引

ア行

アオハン　63, 64, 82, 84, 85,
　　92, 93, 99, 100, 101, 102,
　　109
アクスゥ　126, 148, 175
アラガイトゥ　160, 171
額爾古納　281
アルタイ　193, 195, 204
アルタン・ジョー　194, 202
アルティ・シャフル　140,
　　160
鞍子山　260
アンディジャン　162, 164
安南　243, 244
毓慶宮　240
威寧営　107
伊犁オールド営　153, 174,
　　176, 179, 180, 182, 185,
　　186, 189
伊犁河　160, 169, 171
伊犁ソロン営　143, 146, 181,
　　186, 189
伊犁チャハル営　146, 151,
　　171, 175, 188, 189
伊犁満営　142, 144, 145, 147,
　　150, 152, 154, 169, 170,
　　171, 173, 174, 176～179,
　　183～186
ウイグル　134, 139, 161, 164,
　　166

ウシュ　148, 162, 175
ウリヤスタイ　195, 291
ウリヤンハイ　193, 195, 198,
　　201, 204
エベンキ　13
衍慶宮　238
オシュ　160
オロチョン（鄂倫春）　12,
　　276～285, 288～292, 296
オールド　130, 131, 134, 142,
　　143, 148, 152, 170, 180,
　　193, 194, 202

カ行

回彊　126, 138, 140, 160, 164,
　　167, 172, 176, 177, 181,
　　184
界藩　106
カザフ（哈薩克）　5, 123, 132,
　　134, 139, 144, 146, 152,
　　161, 169, 173, 174, 182,
　　183, 198, 201, 202, 204
カラシャール　141, 175
関睢宮　238
観徳殿　230
カーシュガル　133, 141, 153,
　　160, 161, 164, 168, 175,
　　183, 185
夾信子溝　260
協和門　244
金国　17, 42, 43, 69, 85

錦州　80
牛荘城　42, 43, 55
クチャ　148, 168, 169, 172,
　　175
クマル川　281
クルグズ（→ブルート）　123,
　　130～134, 162
啓運門　250, 256
恵遠城　127, 129, 141, 144,
　　146～148, 150, 155, 180,
　　183, 185
薊州　215
ケシクテン　81
乾清宮　27, 226, 243～245
乾清門　215, 228, 243
興安城　278, 281, 283, 285,
　　288, 290
皇寿殿　226
交泰殿　246, 248
黄泥窪　108
江南　126, 127, 219, 220
黒龍江　11, 13, 123, 257, 258,
　　260, 269, 273, 276～278,
　　281, 284, 287～291
古城　195
コムル　192, 193, 197, 199
　　～201
コーカンド　157, 160, 162,
　　164, 183
午門　215, 244

地名索引　サ～ハ行　437

サ行

暹羅　243, 244

首山　108

章義山　107

鍾粹宮　230

小凌河　112

新疆　9, 10, 13, 116, 118, 120,
123, 124, 126～134, 137
～139, 145, 147, 152, 153,
159, 166, 168, 175, 177,
186, 190, 274

神武門　250

瀋陽　18～20, 28, 35, 42, 43,
45, 46, 63, 82, 90, 102,
103, 106, 108, 257, 259

盛京　13, 18, 27, 33～35, 54,
56, 72, 75, 78, 111, 253,
257, 258, 261, 264, 265,
267

シベ（錫伯）　10, 134, 159,
171, 173, 174, 179～181,
185, 261, 269, 275, 295

ジャクム　107

ジャハチン　193, 194, 202

ジューンガリア　156, 157

松山　80

崇謨閣　18, 20, 28, 45, 46

青海ホシュート　235

清河　107

清寧宮　238, 239

先蠶壇　248, 250

前星門　244, 245

双城堡　11, 12, 193, 200, 205,
257～275, 296

ソロン（索倫）　13, 134, 142,
143, 146, 152, 181, 186,
189, 276, 277, 279, 280,
282, 283, 286, 288～291,
296

タ行

大興安嶺　11, 13, 14, 276,
279, 280, 284, 287～290,
292, 296

大高元殿　226

太廟　215

太和殿　226, 243, 244, 247,
248, 252

太和門　212, 217, 243, 244

タシクルガン　162

塔爾巴哈台　169, 170

大金　43, 44, 85

ダグール（ダウール、達翰爾）
11, 13, 14, 276, 278, 289,
296

斉斉哈爾　282, 283, 287, 290

チベット　194, 235

チャハル　80, 81, 84, 95, 98,
99, 108, 134, 142, 143,
146, 148, 170, 171, 175,
180, 188, 189

中和殿　217

長春宮　230, 231

朝鮮　8, 17, 22, 38, 45～47,
57, 60, 67, 217, 243, 244

朝陽門　215

天祐門　42, 43

トゥルン緑営　143, 154

東京城　42, 43

東三省　12, 249, 260, 296

桶子溝　260

徳盛門　42, 43

トライト　107

トルグート　10, 140, 141,
145, 171, 181, 183, 189,
193, 196～198, 200, 202
～204

ドゥルビ・アラ　64, 82, 88,
89, 92, 93

ドルベト　193, 195, 197, 204

嫩江　289

ナ行

ナイマン　63, 64, 82, 84, 85,
92, 93, 99, 101, 102, 109

尼爾基鎮　280, 289

寧遠　80, 104

熱河　52, 216

ハ行

ハルハ　9, 10, 190, 193, 195,
196, 198, 199, 291

漠河　278, 279, 286, 290

バヤンダイ　121, 122, 140,
142, 143, 151, 153, 155,
178, 182

フレー（庫倫）　10, 193, 194,
198, 199, 201, 203

ブトハ（布特哈）　12, 13, 205,
271, 276～280, 283～289,
291, 296

ブルート(→クルグズ) 123,
　130〜134, 142, 144, 152,
　162, 170, 180, 182
ペシャワール　　　　162
鳳凰城　　　　　　　107
ホシュート　141, 175, 181,
　193, 235
ホブド　9, 10, 149, 190, 192
　〜197, 199, 201〜204

マ行

ミンガト　193, 194, 201, 203
蒙古(→モンゴル)　4, 5, 13,
　53, 56, 64, 66, 81, 85, 88,
　89, 92, 93, 95〜102, 104,
106, 116, 117, 120, 131,
132, 152, 157, 170, 217,
226, 238, 239, 261, 262,
269, 270, 276, 291, 296,
297
モンゴル(→蒙古)　8〜10,
20, 22, 53, 57, 60, 61, 63,
64, 66, 67, 71, 73, 76, 80,
82, 85, 100, 109, 111, 117,
130, 131, 134, 136, 194
〜196, 198, 199

ヤ行

ヤールカンド　　161, 185
養心殿　　　　　　　230

ラ行

ラバ島　　　　　　　　81
拉林　　　　　260, 263, 265
遼河　　　　　92, 93, 102
遼東　　　　41, 45, 80, 108
遼陽　　　　　41, 43, 108
旅順口　　　　　82, 112
麟趾宮　　　　　　　238
ロシア(俄羅斯)　10, 12, 119,
120, 123〜125, 132, 134,
157, 159, 160, 164, 165,
170, 171, 173, 174, 179
〜183, 198, 277〜284,
286〜291, 295, 296

著者略歴

加藤　直人（かとう　なおと）

1951年、東京都生まれ
1974年、日本大学文理学部史学科卒業
1979年、日本大学大学院文学研究科東洋史学専攻博士後期課程満期退学
現在、日本大学文理学部史学科教授、博士（文学）（早稲田大学）

主要著作

『内国史院檔　天聡七年』（共編著）東洋文庫、2003年。
『逃人檔』（単著）東北アジア文献研究叢刊 3、東北アジア文献研究会、2007年。
『内国史院檔　天聡八年』（共編著）東洋文庫、2009年。
『内国史院檔　天聡五年　1、2』（共編著）東洋文庫、2011年、2013年。

清代文書資料の研究

2016年 2 月25日　初版発行

著　者	加　藤　直　人
発行者	三　井　久　人
整版印刷	富士リプロ㈱
発行所	汲　古　書　院

〒102-0072 東京都千代田区飯田橋2-5-4
電話03(3265)9764　FAX03(3222)1845

ISBN978 - 4 - 7629 - 6030 - 7　C3322　汲古叢書131
Naoto KATO ©2016
KYUKO-SHOIN, CO., LTD. TOKYO.

汲 古 叢 書

1	秦漢財政収入の研究	山田　勝芳著	本体 16505円
2	宋代税政史研究	島居　一康著	12621円
3	中国近代製糸業史の研究	曾田　三郎著	12621円
4	明清華北定期市の研究	山根　幸夫著	7282円
5	明清史論集	中山　八郎著	12621円
6	明朝専制支配の史的構造	檀上　寛著	13592円
7	唐代両税法研究	船越　泰次著	12621円
8	中国小説史研究－水滸伝を中心として－	中鉢　雅量著	品　切
9	唐宋変革期農業社会史研究	大澤　正昭著	8500円
10	中国古代の家と集落	堀　敏一著	品　切
11	元代江南政治社会史研究	植松　正著	13000円
12	明代建文朝史の研究	川越　泰博著	13000円
13	司馬遷の研究	佐藤　武敏著	12000円
14	唐の北方問題と国際秩序	石見　清裕著	品　切
15	宋代兵制史の研究	小岩井弘光著	10000円
16	魏晋南北朝時代の民族問題	川本　芳昭著	品　切
17	秦漢税役体系の研究	重近　啓樹著	8000円
18	清代農業商業化の研究	田尻　利著	9000円
19	明代異国情報の研究	川越　泰博著	5000円
20	明清江南市鎮社会史研究	川勝　守著	15000円
21	漢魏晋史の研究	多田　狷介著	品　切
22	春秋戦国秦漢時代出土文字資料の研究	江村　治樹著	品　切
23	明王朝中央統治機構の研究	阪倉　篤秀著	7000円
24	漢帝国の成立と劉邦集団	李　開元著	9000円
25	宋元仏教文化史研究	竺沙　雅章著	品　切
26	アヘン貿易論争－イギリスと中国－	新村　容子著	品　切
27	明末の流賊反乱と地域社会	吉尾　寛著	10000円
28	宋代の皇帝権力と士大夫政治	王　瑞来著	12000円
29	明代北辺防衛体制の研究	松本　隆晴著	6500円
30	中国工業合作運動史の研究	菊池　一隆著	15000円
31	漢代都市機構の研究	佐原　康夫著	13000円
32	中国近代江南の地主制研究	夏井　春喜著	20000円
33	中国古代の聚落と地方行政	池田　雄一著	15000円

34	周代国制の研究	松井　嘉徳著	9000円
35	清代財政史研究	山本　　進著	7000円
36	明代郷村の紛争と秩序	中島　楽章著	10000円
37	明清時代華南地域史研究	松田　吉郎著	15000円
38	明清官僚制の研究	和田　正広著	22000円
39	唐末五代変革期の政治と経済	堀　　敏一著	12000円
40	唐史論攷－氏族制と均田制－	池田　　温著	18000円
41	清末日中関係史の研究	菅野　　正著	8000円
42	宋代中国の法制と社会	高橋　芳郎著	8000円
43	中華民国期農村土地行政史の研究	笹川　裕史著	8000円
44	五四運動在日本	小野　信爾著	8000円
45	清代徽州地域社会史研究	熊　　遠報著	8500円
46	明治前期日中学術交流の研究	陳　　　捷著	品　切
47	明代軍政史研究	奥山　憲夫著	8000円
48	隋唐王言の研究	中村　裕一著	10000円
49	建国大学の研究	山根　幸夫著	品　切
50	魏晋南北朝官僚制研究	窪添　慶文著	14000円
51	「対支文化事業」の研究	阿部　　洋著	22000円
52	華中農村経済と近代化	弁納　才一著	9000円
53	元代知識人と地域社会	森田　憲司著	9000円
54	王権の確立と授受	大原　良通著	品　切
55	北京遷都の研究	新宮　　学著	品　切
56	唐令逸文の研究	中村　裕一著	17000円
57	近代中国の地方自治と明治日本	黄　　東蘭著	11000円
58	徽州商人の研究	臼井佐知子著	10000円
59	清代中日学術交流の研究	王　　宝平著	11000円
60	漢代儒教の史的研究	福井　重雅著	12000円
61	大業雑記の研究	中村　裕一著	14000円
62	中国古代国家と郡県社会	藤田　勝久著	12000円
63	近代中国の農村経済と地主制	小島　淑男著	7000円
64	東アジア世界の形成－中国と周辺国家	堀　　敏一著	7000円
65	蒙地奉上－「満州国」の土地政策－	広川　佐保著	8000円
66	西域出土文物の基礎的研究	張　　娜麗著	10000円

67	宋代官僚社会史研究	衣川　強著	品切
68	六朝江南地域史研究	中村　圭爾著	15000円
69	中国古代国家形成史論	太田　幸男著	11000円
70	宋代開封の研究	久保田和男著	10000円
71	四川省と近代中国	今井　駿著	17000円
72	近代中国の革命と秘密結社	孫　　江著	15000円
73	近代中国と西洋国際社会	鈴木　智夫著	7000円
74	中国古代国家の形成と青銅兵器	下田　誠著	7500円
75	漢代の地方官史と地域社会	髙村　武幸著	13000円
76	齊地の思想文化の展開と古代中國の形成	谷中　信一著	13500円
77	近代中国の中央と地方	金子　肇著	11000円
78	中国古代の律令と社会	池田　雄一著	15000円
79	中華世界の国家と民衆　上巻	小林　一美著	12000円
80	中華世界の国家と民衆　下巻	小林　一美著	12000円
81	近代満洲の開発と移民	荒武　達朗著	10000円
82	清代中国南部の社会変容と太平天国	菊池　秀明著	9000円
83	宋代中國科擧社會の研究	近藤　一成著	12000円
84	漢代国家統治の構造と展開	小嶋　茂稔著	10000円
85	中国古代国家と社会システム	藤田　勝久著	13000円
86	清朝支配と貨幣政策	上田　裕之著	11000円
87	清初対モンゴル政策史の研究	楠木　賢道著	8000円
88	秦漢律令研究	廣瀬　薫雄著	11000円
89	宋元郷村社会史論	伊藤　正彦著	10000円
90	清末のキリスト教と国際関係	佐藤　公彦著	12000円
91	中國古代の財政と國家	渡辺信一郎著	14000円
92	中国古代貨幣経済史研究	柿沼　陽平著	13000円
93	戦争と華僑	菊池　一隆著	12000円
94	宋代の水利政策と地域社会	小野　泰著	9000円
95	清代経済政策史の研究	薫　武彦著	11000円
96	春秋戦国時代青銅貨幣の生成と展開	江村　治樹著	15000円
97	孫文・辛亥革命と日本人	久保田文次著	20000円
98	明清食糧騒擾研究	堀地　明著	11000円
99	明清中国の経済構造	足立　啓二著	13000円

100	隋唐長安城の都市社会誌	妹尾　達彦著	未　刊
101	宋代政治構造研究	平田　茂樹著	13000円
102	青春群像－辛亥革命から五四運動へ－	小野　信爾著	13000円
103	近代中国の宗教・結社と権力	孫　　江著	12000円
104	唐令の基礎的研究	中村　裕一著	15000円
105	清朝前期のチベット仏教政策	池尻　陽子著	8000円
106	金田から南京へ－太平天国初期史研究－	菊池　秀明著	10000円
107	六朝政治社會史研究	中村　圭爾著	12000円
108	秦帝國の形成と地域	鶴間　和幸著	13000円
109	唐宋変革期の国家と社会	栗原　益男著	12000円
110	西魏・北周政権史の研究	前島　佳孝著	12000円
111	中華民国期江南地主制研究	夏井　春喜著	16000円
112	「満洲国」博物館事業の研究	大出　尚子著	8000円
113	明代遼東と朝鮮	荷見　守義著	12000円
114	宋代中国の統治と文書	小林　隆道著	14000円
115	第一次世界大戦期の中国民族運動	笠原十九司著	18000円
116	明清史散論	安野　省三著	11000円
117	大唐六典の唐令研究	中村　裕一著	11000円
118	秦漢律と文帝の刑法改革の研究	若江　賢三著	12000円
119	南朝貴族制研究	川合　　安著	10000円
120	秦漢官文書の基礎的研究	鷹取　祐司著	16000円
121	春秋時代の軍事と外交	小林　伸二著	13000円
122	唐代勲官制度の研究	速水　　大著	12000円
123	周代史の研究	豊田　　久著	12000円
124	東アジア古代における諸民族と国家	川本　芳昭著	12000円
125	史記秦漢史の研究	藤田　勝久著	14000円
126	東晉南朝における傳統の創造	戸川　貴行著	6000円
127	中国古代の水利と地域開発	大川　裕子著	9000円
128	秦漢簡牘史料研究	髙村　武幸著	10000円
129	南宋地方官の主張	大澤　正昭著	7500円
130	近代中国における知識人・メディア・ナショナリズム	楊　　韜著	9000円
131	清代文書資料の研究	加藤　直人著	12000円

（表示価格は2016年2月現在の本体価格）